图解城市

图解城市

ATLAS OF CITIES

[美] 保罗·诺克斯 编著
周剑云 戚冬瑾 庞晓媚 译
鲍梓婷 校

中国城市出版社

著作权合同登记图字：01-2016-4078号
图书在版编目（CIP）数据

图解城市 /（美）保罗·诺克斯编著；周剑云，戚冬瑾，庞晓媚译. —北京：中国城市出版社，2020.12
书名原文：Atlas of Cities
ISBN 978-7-5074-3299-2

Ⅰ.①图… Ⅱ.①保… ②周… ③戚… ④庞… Ⅲ.①城市史—世界—图解 Ⅳ.①K915-64

中国版本图书馆CIP数据核字（2020）第172860号

Atlas of Cities, 9780691157818

All rights reserved. No part of this publication may be reproduced, stored in a retrieval system, or transmitted in any form or by any means, electronic, mechanical, photocopying, recording, or otherwise, without the prior consent of publishers.

Copyright © The IVY Press 2014
This translation of Atlas of Cities originally published in English in 2014 is published by arrangement with THE IVY PRESS Limited.
本书英文版于2014年出版，本书中文版经The Ivy Press Limited授权我社翻译出版。

责任编辑：戚琳琳　刘颖超
责任校对：王　烨

图解城市
ATLAS OF CITIES
[美] 保罗·诺克斯　编著
周剑云　戚冬瑾　庞晓媚　译
鲍梓婷　校

*

中国城市出版社出版、发行（北京海淀三里河路9号）
各地新华书店、建筑书店经销
北京锋尚制版有限公司制版
天津图文方嘉印刷有限公司印刷

*

开本：889毫米×1194毫米　1/12　印张：22⅓　字数：670千字
2022年4月第一版　　2022年4月第一次印刷
定价：288.00元
ISBN 978-7-5074-3299-2
　　　（904281）

版权所有　翻印必究
如有印装质量问题，可寄本社图书出版中心退换
（邮政编码100037）

目录

8
序
理查德·佛罗里达

10
译者导言

24
前言
保罗·诺克斯

31
第1章 奠基性城市
莉拉·列昂提督
吉多·马丁诺蒂

核心城市
雅典、罗马

次级城市
克诺索斯、桑托里尼、斯巴达、
佩拉、锡拉丘兹、马赛、亚历山大、
君士坦丁堡、巴比伦

49
第2章 网络城市
拉夫·韦尔布鲁根
迈克尔·霍伊尔
彼得·泰勒

核心城市
奥格斯堡、伦敦、威尼斯、佛罗伦萨、
因斯布鲁克、吕贝克、布鲁日、
巴黎、根特

67
第3章 帝国城市
阿斯利·杰伊兰·奥内尔

核心城市
伊斯坦布尔

次级城市
罗马、圣彼得堡、维也纳、
伦敦、墨西哥城、莫斯科

85
第4章 工业城市
简·克劳斯科

核心城市
曼彻斯特

次级城市
柏林、芝加哥、底特律、杜塞尔多夫、
格拉斯哥、设菲尔德

103
第5章 理性城市
安德鲁·赫罗德

核心城市
巴黎

次级城市
维也纳、纽约、伦敦、
布达佩斯、华盛顿特区

121
第6章 全球城市
本·德吕代
彼得·泰勒
迈克尔·霍伊尔
弗兰克·韦特洛克斯

核心城市
伦敦、纽约

次级城市
法兰克福、旧金山、
日内瓦、孟买、内罗毕

139
第7章 名人城市
伊丽莎白·柯里德–哈尔克特

核心城市
洛杉矶

次级城市
纽约、伦敦、米兰、孟买、拉斯韦加斯

155
第8章 超大城市
简·纳吉曼
迈克尔·希恩

核心城市
孟买

次级城市
开罗、墨西哥城、雅加达、卡拉奇、上海、圣保罗、纽约

173
第9章 速生城市
露西娅·科尼–西达德

核心城市
巴西利亚

次级城市
阿布贾、昌迪加尔、堪培拉

191
第10章 跨国城市
简·纳吉曼
迈克尔·希恩

核心城市
迈阿密

次级城市
温哥华、香港、迪拜、新加坡、都柏林、洛杉矶

209
第11章 创意城市
保罗·诺克斯

核心城市
米兰

次级城市
巴黎、纽约、伦敦、波特兰、洛杉矶

225
第12章 绿色城市
海克·迈耶

核心城市
弗莱堡

次级城市
斯德哥尔摩、波特兰、库里蒂巴、马斯达尔城、古辛、维尔德波尔茨里德

241
第13章 智能城市
凯文·C.德苏扎

核心城市
伦敦

次级城市
阿姆斯特丹、东京、纽约、新加坡、首尔、旧金山、芝加哥、悉尼、维也纳

术语表 258
参考文献 260
主要作者 264
致谢 266
译后记 267

序

理查德·佛罗里达

我们的世界是一个城市世界，指出世界上一半以上的人口现在生活在城市里已成为老生常谈，但这并不意味着这不是事实。更重要的是，我们将在今后一两代人的时间里把数以百万计的人安置在城市里，并花费数万亿美元在世界各地重建旧城和建设新城。

尽管早已是陈词滥调，但是"城市是人类最伟大的发明"是千真万确的。从人类历史的开端，文化和技术的发展就已经和人口密度的增长紧密地联系在一起。从小规模的人口聚居点逐渐扩张成为功能复杂的城市，城市形成的过程推动了史前时期工具、农业、宗教的发展。世界上伟大的思想家、艺术家以及企业家——莱昂纳多·达·芬奇、威廉·莎士比亚、本杰明·富兰克林、阿尔伯特·爱因斯坦、史蒂夫·乔布斯，几乎全部来自城市。今天的情况更是如此，城市已经成为社会核心，成为新知识推动创意经济的单元。人类的创造性也就是人类城市的创造性。

"世界是平的"这一假说可以收起来了，地球上的城市形态和结构不断地被联结起来。世界又是尖的，因为全世界的财富都集中到大城市中的天才和企业家的手里，他们拥有创新力量，掌握着贸易组织，打造着新型的商务模式。密集而互动的联系使得城市是经济和社会组织的机器，城市带来人口的同时也带来了思想，并为人与思想的融合或重组的无限可能性提供平台。城市是经济发展的基本动力，同时也推动着艺术、技术、经济共同发展。

从古代雅典和罗马时期开始，城市就是自由和民主的代名词。1871年的"巴黎公社运动"、1917年的"圣彼得堡十月革命"、1968年的《芝加哥公约》、2011年的"开罗解放起义"，这些历史事件都是以城市为核心。城市是人们聚集在一起表达美好生活诉求的场所。

城市是一个巨大的多层结构，这个结构不断地变化，在城市的建成环境、海关和政治性建筑中都留下过去的痕迹。当你漫步在一个欧洲城市和古罗马街道的时候，你会发现第二次世界大战时炮弹遗留的蛛丝马迹和后工业的棕地；你也会发现紧挨教堂耸立的未来主义建筑，而那些教堂的历史早已超过千年。

  本书将引领我们游览全球各地的古代和现代的伟大城市——从古代城市雅典、罗马、亚历山大到伦敦、威尼斯、布鲁日和其他中世纪的贸易中心；从伟大的帝国城市君士坦丁堡到曼彻斯特、杜塞尔多夫、底特律等工业之都；从现代的全球城市纽约、伦敦，到孟买、开罗、雅加达等第三世界的超大城市；从智能城市东京、绿色城市弗莱堡，到创意城市米兰、巴黎、波特兰、洛杉矶。本书的文字、地图、图表和插图揭示了建成环境和文化上的相似性，也就是城市的多样化统一，同时，城市多样性也存在着难以置信的差异性。

理查德·佛罗里达（Richard Florida） 是多伦多大学罗特曼管理学院马丁繁荣研究所的主任、纽约大学全球研究教授。他也是《大西洋月刊》杂志的资深编辑，以及《大西洋城市》杂志的联合创始人和主编。

译者导言

本书英名原名"ATLAS OF CITIES",直译为"城市图集"。名为图集,其中文字约占一半篇幅,而且文字的作用与图像作用相当。图像和文字是描述与表达客观事物的两种形式,本书将这两种形式紧密结合,直观的图示和精炼的文字互为补充地概述了13种城市类型与城市特征。文字有象形和记音两种原型,西语多为记音文字,当一个客观存在的城市被语言编码转换为声音符号进行表达与传递时,由接收者解码还原的城市与原物能有多少符合就值得怀疑了。比较而言,使用"图"来描述城市就比较直观与可信。"图"使用约定的图示符号描述空间,"画"是通过线条、色彩、明暗等造型手段来描绘客观事物的外部特定形态,绘画是在感知层面保持与外部事物的相似性;"图"是客观存在的抽象表达,是通过严格约定的方式规定客观事物的表达,比如:将山表示为具有平行关系的封闭线圈,建筑简化为几何方块并注明文字,水概括为波纹线等,绘图符号的排列采用正投影和比例原则等。因此,基于制图规则还原的城市图纸就具有较高的可靠性。尽管如此,城市的巨大性和复杂性是任何图纸和语言都无法全面而真实还原的,模型和电影都不能替代置身真实的城市场景所能感受到的尺度、温度、味道、质感,这些综合体验就是城市旅游的价值,也是符号感知与场所感知的差异。本书所述多为世界著名城市,像巴黎、伦敦、希腊、罗马等许多国人作为旅游者都直接体验过这些城市,熟知这些城市的历史和其中著名的场所;然而,却未必真正了解这些城市在城市规划发展进程中的意义。本书通过图示来揭示城市的特征及其背后的价值,以此为参照有助于理解当今城市发展的历史背景和发展趋势。

本书表达城市特征的"图"类型非常多样,有简化的位置图、准确的测量图,以及各种各样的图表、图示和照片等;除了图示的说明之外,书中正文部分的文字与图示是平行关系,非常简明扼要地概括了城市的特征,并且与图互为印证。图的优点在于直观,文字的优点在于表意,本书名为"图集",实为城市类型特征的解释,核心不是"图",而是"文",不是侧重客观描述,而是侧重解释内涵及价值,因此,中文译名为"图解城市",即:用图描述城市,用文字解释城市。

本书汇集和图解了13种城市类型和城市特征,有些类型耳熟能详,比如全球城市、网络城市、绿色城市等;像雅典、罗马这些非常熟悉的城市被命名为"Foundational City",这个词的直译是"基础性城市",但这种说法在中文语境中从未出现过;像帝国城市、名人城市、速生城市等名称在中文语境亦非常少见。就翻译而言,依据词典进行符号转化的工作不难,难的是作为翻译作品就意味着应该可以脱离英文语境而在中文语境中独立的阅读,即译文应该与中文文脉有内在的联系。将"Celebrity City"翻译为"名人城市"或"明星城市"的文脉差异较大,中文的名人是名留历史的人,包括政治、文化、宗教等方面作出巨大贡献的人,多数是历史人物;而明星相对特指娱乐和体育方面广为人知的人物,大多是现实人物;中文"明星城市"通常又用于形容优美的、令人瞩目的城市;这给该词的翻译带来了一定的模糊性。本书的"Celebrity City"举例说明后工业社会中娱乐明星的生产过程及其对城市的影响,甚至还潜在地暗示着现在的所谓"网红"等现象,也就是所谓的或打着引号的"名人"现象,如希尔顿老板的女儿帕丽斯·希尔顿等经常出入庆典社交场所的名人。Foundational City、Imperial City、Rational City、Celebrity City、Instant City、Transnational City等都没有对应的中文术语,原文中也并未进行严格的定义或解释,只是使用这些词语来概述某些城市的特征。这种用法类似文学写作,通过使用陌生的词语来激发人们对熟知事物的兴趣,进而激发人们从一个新的角度来重新审视城市。因此,本书的翻译也采取类似的策略,在词义相近的领域内尽量选择能够激发读者兴趣的陌生词汇,希望能够从一个新的角度来理解城市。翻译作为文化的转换,做到意义的完全对等是不可能的,但可以是一种文化传播的创造,在本书翻译的过程中力求通过创造中文词语来传播新的知识与观点。

  城市是一个客观存在的复杂现象,为了充分认识这个与自身相关的复杂现象,人类发明了许多词语对之进行描述和解释,由于认识的目的和研究的角度不同而形成了不同的学科术语群,迄今为止尚未形成统一的、跨学科的关于城市概念、类型及特征的定义和术语。城市作为人类的创造发明,与人的复杂性一样很难有一个实体性的定义,而只能达成一个功能性的定义,这就是:城市一个伟大的发明,其功能就是承载人类的发展并协调人类与外部世界的关系。

  诺克斯讲到"城市是一个伟大的发明已经是陈词滥调了",这是英文语境的判断,这种对人与城市的总体关系的论断在中文语境中尚不多见。中文学术仍然是将城市作为一个专门的学科领域进行分类、归纳和研究,城市分类的术语被分解为地理学、经济学、社会学和城乡规划学等不同的学科范畴。尽管我国中央政府的规划政策文件和地方城乡规划文本中经常出现诸如中心城市、全球城市、工业城市、网络城市、智慧城市等术语,但这些术语都是基于专业领域进行定义和理解的,这种专业性的分类模式可能制约了整体思考城市发展的方式,因此从当下中文语境理解本书涉及的城市就比较费解,主要困难在于全书并没有统一的城市分类标准,同一个城市被划归为几种类型,比如:伦敦是帝国城市、全球城市、网络城市、名人城市、理性城市、智能城市等。通览全书,本书并非是阐述个人的系统观点,而是多人写作和不同学术观点的合集,其目标也不是建构一种系统框架来统一城市的分类体系,而是试图阐明某类城市的实质与特征;一座城市具备几种特征就列入相应的类型,这应该是一种正常现象,因为城市的复杂性就表现为多种特征的共存;反之,任何简化的、专业性的分类方式都与城市复杂性的本质相背离。

  分类是认知城市的方式,城市分类也可以作为规定城市发展方向的管治工具,我国城市规划文本中的城市性质表述的城市类型是出于管治的目的;在此特别需要重申的是认知城市发展的分类方法与规定城市的分类方法不能混淆,因为城市发展过程中会不断地产生新的类型。本书归纳13种城市类型和城市特征，不是归纳出城市发展的13种目标与方向，而是认知与理解城市发展特征的13种维度，应该说每个维度都是对城市发展特征的"管窥"，也是偏见，有些维度的认识我们都习以为常，而有些维度则比较陌生，翻译和引介本书有助于多维度的认识城市。名称和术语是学术研究和交流的基础，针对城市分类名称术语在翻译过程中的问题与各位同仁进行磋商和交流，"译者导言"大体按照本书的框架展开讨论和说明。

1. 奠基性城市（FOUNDATIONAL CITY）

"Foundational"直译为"基础性的"，中文的"基础"指建筑物以下的承重结构，如将"Foundational City"直译为"基础性城市"则比较让人费解，难道雅典和罗马是其他城市的物质载体？本书将雅典和罗马作为"基础性的城市"是意指这两个城市对后来的城市有决定性的作用，这里的"基础"不是物质性的，而是类似艺术的原型和生物的遗传基因对后来城市具有决定性的影响。"基础"是名词，"基础性"是形容词，作为形容词"基础性"表示整体的一个部件对整体结构的决定性作用，"基础"还有一种动名词译法，就是"奠基"，对于建筑工程而言"奠基"就是工程的开端，标志着城市正式建造，结合本文主旨将"Foundational City"译为"奠基性城市"，表达了雅典和罗马对后来城市的决定性影响。

雅典和罗马并不是起源最早的城市，也不是所有城市的开端，但是雅典和罗马的城市影响是根本性的，它影响的不是城市的物质形态，而是城市内在的组织与机制，尤其是城市社会与治理方式。

雅典是希腊的一个城邦（Polis），希腊城邦不是城"堡"或城"市"，城邦是"村社"（Demos）的政治联盟体，这是近代国家的原型。城邦的物质空间特征是包括一个"卫城"（Acropolis）、"市集"（Agora）和开展体育竞赛的场所"奥林匹亚"。古希腊历史上有大小几千个"城邦"，其中雅典和斯巴达是两个最具代表性的城邦；与斯巴达城邦不同，雅典城邦是民主政治，这是西方国家与城市治理的样板。英语词汇中"政治"（Police）就源于"城邦"（Polis）。所谓政治就是城邦内的事务，城邦政治创造了一种新的文明形式。希腊文明是西方文明的黎明，尽管雅典文明存在于古代世界，希腊精神却是现代性的，具有城邦基因的村落演化为现代城市。

罗马与雅典不同，罗马具有东方专制主义的特征，但是不能说罗马是东方专制主义的翻版，罗马与希腊是"表兄弟与陌生人"的关系。罗马是一个帝国，罗马帝国的统治基础是军队与暴力，但是罗马帝国与其他帝国的治理模式不同，主要特征是依靠"罗马法"。古代帝国的皇帝具有无可置疑的、至高无上的权力，治理方式是讲话治国，皇帝的讲话就是法律，就是属下臣民的行为准则。古代帝国实行世袭制，帝位是父子传承的关系，中华帝国的国家治理统一性与皇帝父子治理理念的差异是皇朝统治的内在矛盾，帝国兴衰出现因人而异的现象。古罗马帝国前后延续1400年，较历史上任何一个帝国存在时间都要长，其根本原因在于共和制与《罗马法》。《罗马法》是历代文官记录和整理皇帝治理国家的敕令，通过分类整理形成系统性法律，《罗马法》有效地提升了皇帝的管理效能，同时，稳定的法律保证了治理行为的确定性,进而促进了国家发展的稳定性。法律也成为罗马帝国城市治理的一种模式,随着罗马帝国的扩张,大片土地和异族被纳入罗马法的治理范围,在世界范围扩张了罗马的制度、文化与习俗。如果说希腊社会团结的基础是民主,那么罗马社会团结的基础就是法制,广域的、多民族的罗马帝国是以法治为基础的,罗马城具有人口的多样性与包容性的特征,这也是文化交融与创新的基础,罗马成为古代的世界城市。

雅典的民主与罗马的法制,希腊的科学、艺术、体育与罗马的人口包容性与文化多样性,以及罗马的行政治理模式与大规模建设能力等这些基本因素构成现代城市的基础,因此,雅典和罗马被称之为奠基性城市。

2. 网络城市(NETWORKED CITY)

Networked City是当前一个时髦的词语,中文的用法似乎是城市之间有道路联系就构成网络城市。本节通过历史研究澄清了网络城市的基本概念,城镇或城市间存在两种联系:第一是"城—镇"之间的纵向联系,它们之间形成的网络称之为"城镇网络"(Town-ness);第二种是城市间的横向联系,它们之间形成的网络称之为"城市网络"(City-ness)。只有城市间横向联系的城市才可以称为"网络城市"。这个区分和正名非常重要,这意味着区域城镇体系研究范式的转变,即从聚焦城镇之间的纵向联系转为关注城市之间的横向联系。城市网络的联系没有城镇网络的联系那么稳定和紧密,城市之间的网络联系经常发生变化。

欧洲13世纪的商业革命和中世纪晚期的商人组织所建构的跨国商业网络促进了城市间的交通建设与通信发展,促进了消费城市与生产城市之间的联系,促进了创新的传播,改变了城市的功能和形象,奠定网络城市的基本特征。城市间交通设施是网络城市形成的基础条件,而不是推动力;城市网络不仅仅是交通设施的联系,更重要的是商人群体的联系和商业的信息传播。古代的交通网络具有多种功能,人和货物远程运输的本身还带有信息传输的功能,是商业信息网络带动交通设施建设和交通网络的发展,换言之交通网络是商业网络联系的空间化。现代通信技术已经摆脱对道路系统的依赖,城市间的通信网络对塑造网络城市的作用变得更重要,也更隐蔽。全球城市、世界城市等跨区域联系城市都是网络城市的一种表现方式,欧洲早期网络城市研究还原了网络城市的形成过程,这给我们理解当今世界城市之间的联系提供了本质认识的视角。

3. 帝国城市(IMPERIAL CITY)

这是从政治制度特征概括分类的一种城市类型。帝国原指国家元首或统治者被称为皇帝或女皇的君主制国家,泛指领土辽阔、人口众多、统治或支配多个民族或邦国的强盛时期的国家。罗马、伊斯坦布尔、圣彼得堡、莫斯科、墨西哥城都是帝国城市。尽管帝国城市存在的历史时期、文化、统治模式不同,城市自然环境差异也较大,但由于相似的政治模式,城市形态和建设历程中也反映出某些共性。本节以伊斯坦布尔为例阐述了帝国城市的特征与兴衰。

第一，帝国城市的选址与自然演进的商业中心城市的选址逻辑本质不同。帝国城市的大区位选址要求是交通便捷，交通原则是军队的快速出发和到达，包括外出干预和外部救援；小区位选址要求是城市便于坚守和防御。帝国城市是帝国存在的象征，是侵略、征服和占领的目标与对象，帝国城市被占领意味着帝国的灭亡，因而帝国城市特别重视防御，也正是由于帝国城市与帝国的象征性联系，使得迁都带来的更多是文化上的障碍。

第二，帝国城市是帝国的中心，包括政治、经济、文化、军事等所有领域的中心，这种"中心化"的聚集力量是通过帝国的权力来实现，并且以统治者为核心空间而发展起来的。帝国城市具有鲜明的两面性，它既是胜利的庆典、艺术盛事、纪念性建筑场所，亦是骚乱、政治斗争、战争的地方。

第三，帝国城市与帝国在政治上是映射关系，但是帝国城市不因帝国的灭亡而消失，而是在帝国灭亡之后由于其优越的区位和区域交通设施，以及丰富的历史文化遗存而继续发展，有些帝国城市进而转变成全球城市，比如伦敦和巴黎等。书中以伊斯坦布尔为例概括了帝国城市的基本特征：1）为宏伟而制定规划；2）权利与控制的焦点；3）辉煌的建筑；4）世界主义；5）从帝国城市到全球城市；6）历史与文化的发现。

4. 工业城市（INDUSTRIAL CITY）

工业城市是我们熟知的一个术语，1949年中华人民共和国成立后，我国城市规划的核心任务就是规划建设工业城市，当时几乎全盘承袭了苏联工业城市的规划思想，但又缺少对工业城市历史发展规律的研究，认为工业城市是永恒发展的，将工业城市规划教条作为城市规划的基本原则。

本节透过曼彻斯特的城市发展深刻揭示了工业城市的内在矛盾。第一，工业革命产生工业城市。工业革命在促进城市与社会进步的同时，工业城市人口聚集和工业生产带来的环境问题也成为人类灾难及城市问题的源头；第二，针对工业城市问题形成革命和改良两种治理思想和治理模式，其中改良思想是近代城市规划的起源；第三，工业城市的增长与衰退都是极其迅速的，人口爆炸式的增长给工业城市带来严重的社会、经济和环境问题，同样人口的垮塌式衰退也产生同样问题，资本的流动速度显然快于人口的移动和城市的适应变化，应当警惕和管理资本的流动性；第四，工业布局和工业建筑塑造了新的城市形态；第五，逆工业化与工业城市的转型。这是工业城市的普遍问题，也是我国工业城市即将面临的问题。

5. 理性城市（RATIONAL CITY）

通常认为巴黎是浪漫之都，而本节将巴黎划归理性城市中的核心城市，这颇令人惊讶。称巴黎为浪漫之都容易理解，这也是多数旅行者的直观感受；称巴黎是理性城市该如何理解呢？如果说帝国城市的目的是控制国家，那么作为国家中心与控制焦点的帝国首都应如何控制自身？工业革命之后如何解决工业发展给城市带来的社会、经济和环境问题，特别是巴黎公社之后如何在城市内部实现有效的社会控制？帝国城市是通过厚厚的城墙来抵御外部势力的侵入，通过暴力机构维持城市的社会稳定，然而工业革命之后经济、社会和环境问题纠缠在一起，传统城市通过围墙隔离的方式就不适用了。与此同时，伴随工业革命兴起现代主义思潮，其所倡导的科学理性思想成为城市改造和管治的基础。理性城市是研究城市的一种方法和途径，"为改进社会运作，统治者往往是按照理性思想来设计城市景观，也就是说统治者通过空间工程来实现社会改造"。历代统治者都有这个企图，并在其所控制的城市或多或少地反映了这种企图，但是在19世纪的巴黎改造中，这种通过空间工程来管理社会的实践得以实现。

传统城市规划治理的空间模式就是分区与隔离，类似监狱的管理方式，也就是将有冲突的人群用高墙分隔开来，统治者与被统治者的关系就是墙内和墙外的关系，差别主要反映在对墙的控制权方面。为了防御，墙内是统治者，为了控制，墙外是统治者。这一方法在历史上的城市管理中是混合使用的，为了应对不确定的威胁或潜在的威胁采用高墙将自己保护起来，针对具体的、明确的威胁也用高墙将其遮蔽起来。中国古代都城分"城"和"郭"两重围墙，"筑城以卫君，造郭以守民"。

传统城市通过分区和围墙分治的方式在"法国大革命"推翻君主制的巴黎就不适用了，因为人民成为城市主人。"法国大革命"确立了"自由、平等、博爱"的价值理念，这些理念如何体现在现实的城市空间环境中，城市空间如何彰显人民权力及国家荣耀，这是那个时代的基本要求。奥斯曼的巴黎改造很好地回应了法国大革命所倡导的价值和理念，是传统城市一种现代化的改造，属于城市发展的现代性工程，巴黎改造为现代城市规划提供了一个范本。

对于奥斯曼的巴黎改造，中文文献通常只介绍香榭丽舍大街的改造，这被视为城市风貌整治或城市形象工程，而忽视了奥斯曼巴黎改造的地下水道建设、铁道建设和公墓建设等项目，恰恰是这些市政工程和社会工程标志着城市规划建设的现代性开端。这些城市建设项目作为社会工程标志着国家的控制从身体约束转向思想控制和意识塑造，这是城市规划思想的根本性转变，其实质是物质空间决定论，也就是通过城市物质环境和空间艺术等物质形式控制或影响日常生活，通过空间环境来塑造新的行为模式和倡导新的价值理念。工业城市所带来的环境问题促成了现代城市规划的产生，而巴黎改造构成了现代城市规划的思想基础，现实问题和理性思想是现代城市规划的基点。

奥斯曼巴黎改造的标志性项目包括体现平等理念的公墓建设，为改进大众健康的城市下水道工程，为控制整个法国的铁路和城市轨道建设，为体现帝国形象及荣耀的林荫大道、凯旋门和尽端式景观的营造，这是至今仍看得见的物质性改造工程，潜藏其后的是现代性思想观念，本节从法国大革命的思想和价值入手分析巴黎改造项目及其思想脉络，为全面理解巴黎改造及其历史意义提供了新的途径。理性是现代性的核心，揭示巴黎现代性工程背后的理性观念是理解理性规划的历史与现实方式之一。

6. 全球城市（GLOBAL CITY）

全球城市是新一轮城市总体规划的热词之一，也是北京、上海、广州、深圳等城市确立的发展目标。早期全球城市是针对伦敦和纽约等具有全球影响力的特征而概括出的一种表达方式。随着20世纪全球航空业的发展和计算机通信技术的进步，像日本东京、中国香港等城市在某个具体领域也具有全球影响力，随着全球化进程的加速，全球城市概念迅速走红。全球城市是网络城市的高级形态，是区域城市网络扩张的最终成果。早期的网络城市通过商业贸易联系生产与消费的市场，而当代全球城市则是全球化的标志。尽管当前的全球城市研究多集中在经济领域，但全球城市不仅限于经济领域，而包括文化、政治等更广阔的范畴。本节集中讨论了全球城市的两个问题：1）如何成为全球城市？2）全球城市自身存在哪些问题？

中国高速经济增长产生了新的全球城市，北京、上海、广州、深圳等城市的发展目标均是全球城市。如何成为全球城市，以及成为全球城市后需要应对的问题是规划需要考虑的议题。本节以伦敦和纽约为例分析了全球城市的发展策略或许对这些城市的规划工作有所帮助。一般而言，成为全球城市应当考虑以下几个问题：

第一，全球性基础设施是全球城市的物质基础。全球城市的外部联系主要依靠航空运输，国际机场成为全球城市的重要表征，机场的规模、航线的覆盖范围和可达性是全球城市的衡量指标。近年来，中国几个超大城市已经具备发展成为全球城市的经济潜力，国际机场的规模和容量也足以比肩现有的全球城市，但是互联网通信是其主要短板。互联网通信是支持全球城市的另一重要的基础设施类型，互联网通信的物质性设施并没有特别的地理区位限制，却有着特别的政治区位要求，这涉及信息存储设施的安全和控制问题，由于政治因素使得全球互联网的核心节点仅仅分布在少数几个法制独立，且有保障的国家。第二，建立企业的全球网络，全球城市的一个重要衡量指标就是世界500强的企业总部，北京、上海已经跃居前列。第三，全球城市的典型特征就是日益增长的城市天际线，150米以上的高楼的高度累计是表征全球城市的重要指标。第四，全球城市依赖其所在的区域，应加强全球城市与其所在区域的联系，促进区域一体化并形成"城市—区域"。

借鉴伦敦和纽约的经验，成为全球城市后可能面临的问题是全球城市加剧了社会不平等，全球化带来城市内部的国际分区和全球城市的设计景观。

7. 名人城市（CELEBRITY CITY）

"Celebrity"字典的解释是"名人、知名人士、名流、名声、名誉"等，而本节所指为"明星"，主要包括影视、演艺、体育和娱乐界的知名人士，这类名人是后现代社会的消费产品，也是后现代社会娱乐经济的一种类型。娱乐名人作为后现代社会消费经济的现象存在明显的地理特征，名人城市关注名人生产与地理的关联性，也就是哪些城市更容易生产名人。

"Celebrity City"的翻译颇为纠结，英文本意是"明星所在的城市"或"盛产明星的城市"，而中文"明星城市"就意味着最耀眼的和最好的城市。对于城市经济发展和城市形象宣传而言，诸如帕丽斯·希尔顿这类不是明星，只是一群"徒有其名的人"，但是她们与明星一样都带动了城市的娱乐产业发展和城市形象的塑造。"Celebrity City"概述了名人经济和名人形象与城市特征的关系，姑且使用"名人城市"中文译名。

明星是消费社会的典型现象之一，是社会话题与陌生人群联系的纽带，是普遍性的社会消费需求。与现代工业生产过程类似，明星也是生产制造出来的，明星生产是一个完整的生产链条，它依赖于城市的背景并有着显著的地理特征。

名人城市包括两个方面内容：

1）名人生产。"名人"作为后现代社会一种普遍性的消费需求，只有不断地制造出新的"名人"才能满足这种社会需求。为此，体育赛事、演艺选秀、选美、影视剧的偶像制造等就是制造名人的机制，这类事件的场所就是生产名人的车间，车间所在的城市就是名人生产的工厂。名人效应与传播效应相关，它依赖电视、广播、网络等现代技术构建的传播平台。在资本主义社会，娱乐明星的传播平台是商业性质的，搭建具有全球影响力的媒体传播平台就需要城市经济、文化、人口等因素的支撑，换而言之，经济区位就是名人城市的地理特征。

2）名人的城市效应。名人对城市作用可以分成三个部分，第一是经济效应，围绕着名人形成名人服务业，以明星为顶点、经理人与代理人、司机与律师、造型师与健身教练、媒体人与狗仔队等5个层级形成明星产业群。以洛杉矶为例，1个明星带来10000人的就业。第二是社会效应，借助名人可以建立更直接、更广泛的社会网络，借助六度社交联系理论，名人间的社交联系度是3.26个人。第三是文化效应，名人引导消费和引领生活方式，制造健康的明星有助于引导社会的健康发展。

依据社会影响范围名人可以分为几个层次，比如全球名人与地区名人，尽管名人是生产出来的，但是名人生产要适应社会需求和引领社会发展；尽管消费名人的社会需求是刚性的，但是社会心理诉求的具体对象具有不确定性，这就使得具体明星产品具有偶然性。当然，也可以借助垄断性传播平台制造"徒有其名"的名人，这类名人可以带来与明星类似的经济效应，但却没有真正明星的社会文化效应，这类"徒有其名"的人时常带来文化和社会负面影响，资本和政治都可能在制造这种"徒有其名"的名人。

名人生产的城市特征以及名人给城市经济、社会、文化带来的影响是巨大的，我国城市规划缺乏这个方面的研究，本节名人城市研究或许可以拓展一种新的认识城市的维度。

8. 超大城市（MEGACITY）

超大城市是从城市的规模尺度来把握城市的特征，城市问题与城市规模存在一定的关联性，通常认为城市问题与城市规模成正比关系。因此，中国城市规划的基本原则就是严格控制大城市的规模，将控制城市规模作为规划解决城市问题的主要手段。历史上尽管控制城市规模的政策屡屡失败，控制城市规模尺度的门槛也屡次提升，但城市规划依然坚定不移的控制城市发展规模。北京和上海的新一轮总体规划是控制城市规模的新案例，一方面这些城市的目标是全球城市，另一方面又给自身的发展设定上限指标，包括人口规模和用地面积，然而全球城市或超大城市存在发展上限吗？

对于"大城市"很难定义一个上限标准，而大城市的下限标准却不断地提升。古代城市超过100万人口规模已经是世界大城市了，而如今中国的百万人口城市只能算是中等偏小的城市。我国新的城市分类标准将超过1000万人口的城市划为超大城市，按照这个标准中国目前有6个超大城市。中国超大城市并不是依据规划目标产生的，而是规划失控的产物，应如何评价中国超大城市的发展事实，是成就还是错误？

综览全球城市发展，超大城市增长是一个普遍现象。尽管超大城市都存在城市问题，但是比较而言，南北半球超大城市问题的性质却截然不同，而中国与南北半球的超大城市存在的问题也不一样。

大城市体现三个基本特征：大小、密度和多样性。孟买和纽约是两个具有代表性的特大城市，两者的人口规模相近，但是人口密度相差十倍，由此反映出的城市问题也截然不同。同样，大城市繁荣的景观与人口密度无关，而与城市多样性有关，这也是对比纽约与孟买所呈现的事实获得的结论。大城市问题不仅与城市的规模、密度和多样性有关，也与超大城市的形成过程有关，孟买是由单一城市扩张为超大城市的，而纽约则是多个城市发展联合的产物。比较而言，纽约的状态显然好于孟买。将北京、上海等单一城市扩张成超大城市与广州、深圳兼并整合周边小城市而形成的超大城市作一个简单的比较，可以直观地发现，广州、深圳的城市问题明显小于北京和上海。

南半球的超大城市与超大贫民窟相关，而中国的超大城市则出现房地产开发的高空置率问题，这种差异显然不是超大城市的普遍现象，需要我们对城市的规模问题进行整体思考。何谓"大城市"，可见"大"未必是问题，如何"增大"才是核心问题，以及"大"的形态或样式问题？"大"是城市增长的表现，规划加大城市规模与规划控制城市都存在问题，自由放任形成的超大贫民窟显然也是个问题，严格限制大城市的人口流入又涉及人的基本权利及控制的可能性问题。所以，所谓"大"是规划治理模式问题，而非城市规模问题，规划与治理的实质应该是"容纳发展和引导发展"，而不是限制发展或阻碍发展。就目前的知识、经验而言，尚不能确定城市增长的规模上限。

9. 速生城市（INSTANT CITY）

"速生城市"在中英文词典中都没有查到权威的定义与解释，本书将"巴西利亚、阿布扎比、昌迪加尔、堪培拉"视为速生城市，其中将巴西利亚作为核心城市案例进行详细地分析与解说。国内网络文章将深圳视为速生城市，也有一些城市规划设计文本使用了速生城市的概念；国内学术界还没有讨论速生城市这个概念，纵览这个词语的现有文献用法，大体都将建设速度作为速生城市的基本特征；而本节的速生城市概念则有所不同。速生城市不仅建设速度快，更重要的是速生城市应该有清晰的理念及其与理念相对应的完整城市形态，并且在后续的发展中持续保持其当初的城市形态特征。

本书列举的巴西利亚、阿布扎比、昌迪加尔、堪培拉等城市显然具备这些特点。尽管深圳的建设速度很快、建设规模亦很大，但是规划理念随时代发展而变化，城市形态与初始规划理念之间缺乏清晰的、可识别的关系。巴西利亚已经成为20世纪的重要历史文化遗产，其完整的城市形态受到严格的法律保护。巴西利亚集中体现了雅典宪章规划思想，是最具代表性的现代主义城市规划，这个城市仅用了5年时间就建成并迁都使用，而且在持续发展50年之后仍然维持初始的城市形态特征。可见，速生城市的价值不仅在于其建设速度，还包括清晰可读的形态结构和规划理念。

速生城市的产生有其特殊的、深刻的历史背景，以及政治经济动因。以巴西利亚为例，城市的选址与发展的目的是改变国家和区域经济的空间结构，改变巴西沿海发展的历史惯性，引领人口和经济向内陆发展，展示国家新的发展目标与发展方向。城市形态则是20世纪50年代主流的现代主义规划思想的反映，这种形态也是国家现代主义价值取向的宣言。巴西利亚仅用了5年的时间就在内陆荒原上基本建成并实现了迁都，显示出极强的政治动员能力，并展示了现代主义的伟大实践与创新。

作为现代主义城市典范的巴西利亚也出现了现代主义城市规划与建设的一些通病，比如失去人性化的超大尺度街区、汽车城市等，受到广泛而严厉的批评。然而，巴西利亚作为社会文化实践集中体现了现代主义的思想与价值；这种能够集中呈现现代主义城市规划思想成败的案例是有意义的。现代主义并未因为遭受批评而终止，反而在不断地批评中修正其规划思想和建设实践的缺陷。因此，作为引领观念的速生城市规划建设就是有价值的。

就增长速度而言，我国近30年高速城镇化进程中大多数城市都可以视为速生城市，深圳是一个由口岸和渔村发展成为现今的超大城市却不能视为速生城市的典型实践。尽管中国城市规划的核心仍然是现代主义的，但中国城市并没有巴西利亚那么鲜明的现代主义城市形态特征。在高速经济增长过程中，我国的部分城市除了有承载快速城镇化人口与经济功能之外，未能完全体现各种规划的特点及理论。巴西利亚城市规划建设虽然揭示了现代主义的城市缺陷，但作为完美的现代城市规划的形态已经成为20世纪的遗产，为现代主义的城市规划和建设实践提供了案例参照，反观我国城市规划建设，如此大规模的城市规划建设中我们有城市规划思想创新吗？我们有多少时代创新的规划理论完整应用于实践的案例？

10. 跨国城市（TRANSNATIONAL CITY）

跨国城市是世界城市的一种特殊类型。跨国城市与世界城市不同，它不是世界的中心或国家的中心，而是两个封闭区域联系的门户和纽带，是两个国家的交叉节点，也是移民、资本转移的过渡空间。跨国城市的功能特征是跨国贸易节点和移民的中转地；它的空间特征是一种过渡式的居住或暂住地，存在多国文化并存和混合次生文化的现象。香港作为中国与外部联系的节点、贸易和移民的中转地具有跨国城市的典型特征。

跨国城市可能是世界城市或全球城市发展进程中的一个阶段，伴随着全球化和改革开放，我国几乎所有的超大城市都提出全球城市的发展目标，在迈向全球城市的进程中移民是一个值得关注的现象。如何应对移民问题？如何处理好移民社区？如何处理好不同文化的融合与创新？如何处理伴随而来的灰色贸易？这些是发展全球城市应当有所前瞻和预见的问题。本节以迈阿密为例详述了跨国城市的特征及存在的问题，包括跨国城市景观中的本地人、流亡者和暂住者，与之相对应的是拼图式社区，比如唐人街和小哈瓦那街；跨国城市的旅游特色是购物和医疗旅游；跨国城市的经济特点是毒品、银行和房地产；甚至跨国城市中的生与死都是特殊的产业。似乎这些跨国城市问题还不是我国全球城市的现实问题，但谁又能证明我们在全球城市的进程中可以超越这些问题呢？

11. 创意城市（CREATIVE CITY）

中文"创新"的英文词语有"Creative"和"Innovation"；在英文"Creative"词义指向文化、艺术等领域的创新与创造，"Innovation"指向新技术、新材料、新设备等科技方面的创新与发明。"Creative"不是改变事物的本质和形式，而是改变事物的形态以适应人的多样性和个性化的需求，"Innovation"则是发明与创造自然界原本不存在的事物，为区别两类不同领域的创新，指定"Creative"为"创意"，指定"Innovation"为"创新"，与此对应的固定搭配关系就是"文化创意和科技创新"。为区别科技创新的城市本书将"Creative City"译为"创意城市"。

北京的798、上海的田子坊、广州的红砖厂等是中国城市文化创意区发展的优秀实践案例，它们的示范引领作用使得许多城市将文创产业作为城市更新和产业升级的重要途径，甚至有些城市将文化创意产业作为城市发展目标，这种目标提升实际上是将城市分区发展转化为"创意城市"的规划建设问题。城市文创区域的建设和创意城市的规划发展存在较大的差异，因此，就需要全面考虑城市与创意产业空间的关系以及如何通过城市建设推动文化创意产业的发展，这是规划面临的新问题。米兰创意城市的发展理念以及规划建设的经验与方法值得借鉴。

1）文化创意与科技创新的空间规划原则不同。文化创意需要思想的碰撞与交流，并且文化创意经常是"意外"碰撞的结果。因此，交流与碰撞是在一种非正式的、非预先安排的场所中发生，规划的目的是促进不同行业在一个共同场所工作，制造意外的思想碰撞机会，功能混合空间是创意空间的基本特征。科技创新则具有明确的技术要求和实施手段，科技创新同行之间是竞争性关系，空间规划应满足技术保密的要求，空间的隔离是基本特征，科技创新交流是在正式的交流场所进行。正式的交流与非预期的碰撞是创新空间设计与创意空间设计的本质区别，切不可混淆这两种空间类型的设计原则。

2）创意城市的核心是设计区域。尽管设计区域需要制造区域和流通区域与之配合，但是设计区域是创意城市的核心。旧工厂改造已经成为设计区域的形象标签，但这却可能掩盖设计区域的本质特征。设计区域应该是在城市交通便捷、公共交通可达的区位，土地租金比较便宜，开发管制比较宽松，鼓励个性化的空间设计的地段。北京798、广州红砖厂等过高的租金已经迫使部分设计行业迁离该地区，沦为文化商业地区，而非文化创意地区。

3）城市提供"创意基础设施"。创意基础设施是指承载创意产业发展的城市级公共服务设施和市政基础设施。由于创意产业的类型不同，创意城市的基础设施就不同。米兰作为时装设计中心，创意产业的城市基础设施是城市的商业区域、米兰时装展等；换言之，米兰将城市商业区域和时装展等视为城市公共设施，而不是商业设施，尽管这些空间都是商业功能。将这些设施作为公共设施就意味着政府与规划的责任不同，土地开发、城市更新的目标及政策都将不同。

4）城市场所营销。场所营销就是制造与传播特定城市场所的形象特征，提高城市场所的知名度。对于城市商业场所，广州市的太古汇和天环广场是商品销售的空间，太古汇和天环广场的开发商就是通过制造独特的商业场所，将多样化的商品和品牌捆绑起来，形成高档时尚的场所形象，以此来吸引特定的客户群体。城市场所营销类似太古汇或天环广场的开发商，通过规划设计来制造有特征的城市场所，通过展会等形式宣传城市场所，给城市场所贴上某种文化标签，并以此为吸引力来聚集创意人群、创意产品及消费的客户。

5）城市作为商品品牌的地理标志。犹如特色农产品具有特定的地理标志一样，城市应该成为某类产品特有的地理标志，尽管工业化生产已经克服了产品的地理限制。就时装而言，巴黎的奢华、伦敦的前卫、纽约的商务装、米兰的时尚构成了时装的世界地图。寻找适当的城市创意产业类型，探索品牌特有的地理标志是创意城市规划建设的方法与策略。

创意产业是后现代消费社会的主导产业类型，创意产业发展与传统产业发展模式不同，不能采用传统产业分类的规划方法进行创意产业规划和创意城市规划。米兰创意城市的规划发展提供了一个真实的实践案例，这有助于深入认识和理解创意城市的特征及其发展规律。

12. 绿色城市（GREEN CITY）

"绿色城市"已经是一个标准术语。绿色城市不是一种可供选择发展的城市类型，而几乎是所有城市发展的目标与要求。绿色城市的历史背景是全球气候变化与可持续发展思想的兴起。与汽车、计算机等人类发明不同，城市始终不能脱离其所存在的自然环境。面对环境变化的挑战，由于历史原因许多城市在应对气候变化方面还显得十分脆弱，这就需要加强可以适应气候变化的规划设计和建设策略。与此同时，城市地区的排放又是导致气候变化的主要因素，这需要严格管控城市发展并降低城市区域对自然环境的影响，为协调城市与环境的关系就需要绿色城市的发展理念。

本节以德国小城市佛莱堡为例概述了绿色城市规划建设的几个方面；第一，确立绿色发展愿景与可持续的规划。绿色发展包含复杂的、宽泛的领域和具体的行为标准，绿色城市发展的核心目的是降低城市排放对环境的冲击，因此可以将绿色发展转化为低碳发展，可以将降低城市的碳排放量作为绿色发展目标及指标。第二，可持续的设计与交通。在城市设计方面关注建筑结构和建造方式，采用可持续的、生态友好的建筑材料，尽量使用太阳能、生物能源等可再生能源，降低化石能源的使用等。而交通是城市碳排放的主要方面，降低交通碳排放的途径有两个：一是合理安排土地利用以降低汽车交通出行的需求，比如规划采用小尺度的街区、使用公共交通工具联系工作与就业的地点；二是改变出行的方式，选择可替代性的交通工具，比如步行、自行车或公共交通等。第三是提倡可持续的生活方式。鼓励本地化的消费，减少食用长距离运输的食品，缩短生态足迹；为实现本地化的消费而提倡都市农业作为本地供给的来源之一，将都市绿地转化为都市农业，建立本地化的资源循环；鼓励和推广共享汽车等。第四是绿色经济。绿色经济被定义为低碳、资源高效和社会包容的经济；波特兰的太阳能产业及应用已经成为城市经济增长的主要部门，这是城市规划发展目标和规划政策的结果。

不同地区和不同发展阶段的绿色城市的发展途径不同，对于新型国家而言，巴西的库里蒂巴的BRT快速公交系统是绿色交通的示范，马斯达尔市的零碳城市规划是绿色城市的最终目标。小城市的绿色发展策略与大城市注重绿色基础设施的建设策略不同，如小城镇联盟建立的"慢城运动"鼓励了一种新的生活价值观，进而影响了城市规划的基本准则。

13. 智能城市（INTELLIGENT CITY）

"Intelligent City"国内通常译为"智慧城市"。智慧城市是在"Intelligent City"概念的基础上延伸出来的概念，其内涵与外延与"Intelligent City"有较大的差异，按照英文的本意和本节的内容将"Intelligent City"翻译为"智能城市"。智慧城市是当下中国城市研究的前沿和热点，其研究范围涉及哲学思想、文化观念和科学技术等综合领域，可以说是中国特色的研究。与"绿色城市"一样，"智能城市"不是一种城市类型，而是所有城市发展的趋势与时代诉求。智能城市研究尚未形成规范统一的范式与标准，每座城市都在根据自身的需求和理解规划建设智能城市。

智能城市的研究焦点与智慧城市研究重点显著不同，智慧城市研究重点关注信息基础设施建设、数据收集、大数据分析与决策，目的是提高城市规划管理者的决策水平。本书所述的智能城市其根本目的是提高居民的生活质量，引介的第一句话就是"智能城市为生活在其中的居民带来信息和资源，居民利用这些资源能够提高他们自身的生活质量"；接着重申"决策"是城市发展的关键因素。智能城市的"决策者"和"决策对象"与智慧城市的"决策者"和"决策对象"不同，智能城市特别强调居民决策的主体地位，并且决策的对象是处理城市与环境的信息，目的是协调城市与自然的关系，也就是说决策内容关注城市可持续发展问题。

"和其他组织一样，一座城市的兴盛或衰败取决于一种能力，就是处理环境信息的能力。由于缺乏对实时决策进行数据处理的能力，城市在行政机构，工作流程和突发事件的管理等方面是缺乏效率的。这导致了大量资源和机会的浪费。此外，到目前为止，大多数市民仍旧是政策的被动接受者，而这些政策是由他们选举出来的官员们所制定的。以往的城市规划师和设计师们通常将注意力放在为市民生活进行创新设计，而不是与市民一同改革创新。然而，为市民提供自我创新的资源和能力，才是更好的选择。"引用和重复引介的这段话是特别强调智能城市改变了居民的决策地位，由政策的接收者转变为政策的决策者。通过角色转变而改变自身的生活质量，而不仅仅是方便城市管理者或强化城市管理者的权力以及提高城市管理者的行政效率，这是智能城市概念与智慧城市概念的本质区别，概念的差异将导致城市发展途径的不同。

城市发展是决策的结果，城市中每一个人的每一个行动决策都影响着城市的功能与形态，充分的信息是科学决策的基础。智能城市应为生活在其中的居民提供充分的决策信息，而不仅仅是提供给城市管理者，因此，比智慧城市信息基础设施建设和收集数据更重要的是开放数据。智能城市居民的决策不是决定他人的行为，而是依据信息优化选择自己的行为，智能城市的核心是促进每一个城市居民掌握充分的信息进而可以理性决策。因此，智能城市的第一要务就是"开放数据"，也就是将城市数据向居民免费开放，并鼓励基于开放数据的各类手机应用。第二要务是规划建设信息基础设施。建立城市信息收集设施和信息传感器，比如在道路安装车流传感器以实时采集和发布道路流量信息等，并收集城市车辆活动、人的活动的各类信息。第三要务是通过智能城市促进可持续发展。建立智能电网，鼓励居民家庭建设太阳能电力系统等。第四要务是改进城市的"机动性"。交通是城市规划的核心议题，机动车排放涉及能源消耗和效率等一系列问题，特别是通勤交通涉及居民的生活质量；传统城市交通规划侧重土地利用与城市道路的等级结构、交通工具的使用与交通政策等多个部门和领域，这种规划方式是从城市物质空间层面考量与决策。城市"机动性"的概念则是基于居民个体层面的综合考量，机动性概念关注个体在城市中可达性的范围、效率及成本；包括居住地与就业地点的空间关系、可选择的交通工具、便利性以及时间与费用等，提高机动性能够促进每个居民发展机会的均等。智能城市为每个居民提供机动性设施和信息。第五要务是智能城市提供创业的机会。智能城市发展需要聚集有创新天赋的创新技术专家，这些创新和创意群体包括理工科、设计、教育、艺术和娱乐从业者，他们共同推动城市经济的提升与转型。第六要务是提高生活质量。比如维也纳推动"自行车友好型城市"的改造计划来改善城市的宜人性；东京创造胶囊旅馆来对抗城市的高房价，让普通市民和旅游者能够进入城市中心地带，促使城市中心与低收入者保持接近的状态。第七要务是智能城市本身就是生活实验室。大量的新技术应用使得智能城市本身成为生活实验室；智能城市不仅率先应用一些新技术，更重要的是采用"众包"的方式带动居民参与城市问题的解决过程。如阿姆斯特丹针对自身存在的三个问题，即：阿姆斯特丹的自行车储存，通过红灯区重新设计和再利用来吸引新的商业，一个说服房屋业主自己生产能源的方式。2010年阿姆斯特丹市政当局采用"众包"的方式共收集100余条建议和方案，从而验证了众包平台作为政策工具的可行性。

　　智能城市不仅是物质性信息基础设施的集成，更不只是为了方便管理者而提高信息处理能力和决策效率，而应该主动回应居民的需求，开放数据及其应用，处理城市与环境的信息，使得居民通过优化行动的决策来促进城市可持续发展。

　　《图解城市》是一本面向大众的科普读物，介绍的是英语世界专业研究的"新常识"，由于文化背景的差异，中文世界对这些"新常识"及其所涉及的历史、文化背景介绍的不多；因此，基于译者的认识与感悟撰写这篇冗长的译者导言，试图从中国城市规划现实状况的思考来导入本书的语境，试图帮助读者阅读本书。翻译和介绍不足之处敬请批评指正！

前言

保罗·诺克斯

> **1. 城市的决策能力**
> 由于城市将公共机构、私人机构,以及有关组织的制定决策部门聚集在一起,因此城市是政治和经济力量的中心。

城市一直是社会发展和经济增长的核心。在每个历史时期和每种地域环境下,城市和城镇都是经济创新的引擎和文化传播、社会改革、政治变化的中心。虽然遍布全球的城市适应了不同的物质环境,采用了不同的社会规则,并且在日益一体化的全球体系中有着不同的专业分工,但是城市作为创新的引擎和政治文化中心的作用依旧保留至今。尽管时常需要面临社会问题和环境问题,城市仍是人类经济和社会组织的基本要素。在这个背景下,我们可以定义城市活力的四个基本方面。

> **4. 城市的启动功能**
> 城市中人口的集聚可以产生更多的互动和竞争,从而促进创新,促进产品的更新换代,促进知识和信息的生成及交换。

城市的四种基本功能

贯穿本书的共同主题与城市的四个基本功能相关,城市的发展既可以在历史中溯源,又可以在全球城市中发现。本书中的每种类型城市都对基本功能和创意上的重点及组合方式的差异进行了图解,并通过基础设施和社会背景来支撑城市的类型特征。

城市，不仅仅是人口的集中地，城市人口的数量也令人铭记，城市现在容纳着全世界超过半数的人口。从1980年到2010年期间，全球城市居民的数量增加了17亿。虽然大部分发达国家已经完成了城市化，而许多欠发达地区的城市化的速度却打破了先例。像墨西哥城、圣保罗这样的大都市地区每年增加的人口数量大约是50万人，接近每周1万人，这个数字还综合考虑了死亡和迁移的人口数量。人口数量从50万人增长至1000万人，伦敦用了190年，纽约用了140年，可是，布宜诺斯艾利斯、加尔各答、墨西哥城、孟买、里约热内卢、圣保罗、首尔等城市只用了不到75年的时间。这种规模的城市化过程是一个显著的地理现象，也是塑造世界景观的重要过程。

世界上的许多大城市都是经过长期历史发展的产物，这个历史时期要么是财富或创意的"黄金时代"，要么是人口、社会、文化、政治和行政变革的连续性波动或循环的过程。城市历史的每一个特征，不论好坏，都被标示到街道的布局、建筑聚集的纹理设施的类型以及居住的文化遗产。当然，这些印记的地位是不一样的，有一些更加持久，有一些更加珍贵，而有一些则被忽略、被遗忘。书中图表描绘了世界城市的多样性，并聚焦过去和现在的城市化进程中产生的不同城市类型。

奠基性

希腊和罗马帝国在许多方面为今天的城市奠定了基础，第1章介绍希腊和罗马的珍贵遗产。古希腊人在地中海沿岸建立了一系列坚固的城邦，到公元前550年建立了大约250个殖民地，其中有一些后来发展成为繁荣的城市，这些城市成为探究理性和开放思想的中心。公元前509年，罗马共和国建立，公元14年罗马人征服了欧洲的大部分地区。罗马在人文科学、城市管理和治理以及基础设施建设等方面进行了创新，今天大多数欧洲的主要城市都起源于罗马时期的居民点，在这些城市的街道布局、城墙、石块铺砌的道路、引水渠、排污管道、浴室和公共建筑中都可以找到古罗马的痕迹。

今天许多城市还保留着希腊和罗马城市的痕迹及影响，但是在希腊和罗马的鼎盛时期过后，随之而来的是欧洲黑暗的中世纪时代：到处都是内卷化的乡村，完全没有城市导向型的发展。然而，从11世纪开始，面对持续的人口、经济和政治危机，欧洲中世纪的封建制度开始动摇和瓦解。这些危机之所以会出现，是因为在缺乏重大技术改良的情况下，即使人口的适度增长，数量有限的耕地也难以供养当时的人口。为了增加收入并提高军队的战斗力，封建贵族开始征收更高的赋税；因此，为了获得现金，农民不得不在本地市场上出售更多的产品。随着一个基于农产品和手工艺品的贸易格局的开始，更广泛的货币经济渐渐成熟。一些长途贸易甚至开始售卖奢侈品，如香料、皮草、丝绸、水果和酒。

区域分工和贸易网络的出现为因商业资本主义而发展起来的城市化新局面打下了基础。这样的城市网络出现在第2章：汉萨同盟，一个位于北海和波罗的海海岸的城邦联盟。城市间的贸易成为城市发展的动力，城市成了文化的交汇点和政治的动力厂房。中

> **2. 城市的变革能力**
> 城市的人口规模、密度和多样性与人的思想解放关联在一起，并由此促使人们能够从传统乡村社会的僵化教条中摆脱出来，并融入多样的生活方式和行为习惯。

> **3. 城市的机动功能**
> 城市就是将物质基础设施和庞大多样的人口放进一个场所，在这个场所中各司其职。无论当地的经济和政治环境如何，城市都可以为劳动力、资本、原材料的组织和产品的分发提供高效的环境。

世纪晚期城市化的遗产有手工协会、城市治理与民主程序的法规汇编，以及重要公共机构的创建。欧洲某些历史悠久的小镇美丽的中心区就是中世纪保留下来的，这些城镇在吸引着游客们的同时也承载着与历史保护相关的有趣事件。

皇权掌控的城市和因贸易成长起来的城市形成了强烈的对比。在不同的时期和不同的地区，像雅典、布达佩斯、君士坦丁堡、京都、伦敦、莫斯科、墨西哥城、罗马、维也纳这样的城市也曾用砖与石头表达帝国的权力与庄严。正如第3章所示的那样，这些城市的布局、主要建筑、街区都反映了帝国时代集权的力量。帝国城市充分体现了知识和思想的交流能促进城市的生产功能，它的标识性建筑表现了艺术、权力与城市之间的关系。

工业化

工业化改写了许多城市的景观，导致了一种全新的城市——工业城市的出现。工业城市最初存在的根本原因并不是为了满足行政、军事、宗教或贸易功能，而是为了采集原材料，然后对其进行加工制造、装配，之后再进行成品的分销。通过大量贫穷的劳工，交通运输网络，工厂、仓库、商店、办公室等物质基础设施，以及由城市提供的消费市场等要素来组织工业经济。除了增加新的基础设施和新经济活动外，工业城市还对社会、文化和环境等带来了显著的冲击：新的阶级构成、城市贫困和不平等、污染、社会经济隔离以及慈善事业和自由改革等。第4章聚焦于曼彻斯特，是受到19世纪工业化冲击的城市。1750年，它还是一个1.5万人口的小镇，1801年，成为有7万人口的城市，1861年，发展成为50万人口的大都市，到了1911年，已经变成了有着230万人口的世界城市。今天的工业城市包括巴西圣保罗和中国广州等城市，而众多在19世纪和20

全世界的城市增长

城市化是一个全球现象，但是城市发展的模式、城市生活的品质、城市远景的规划却随着所处地域的不同而不同。虽然大多数的发达国家几乎已经完成了城市化，但目前在亚洲和非洲的城市化速度之快打破了先例。北美洲是全球城市化率最高的地区，超过80%的人口生活在城市区域，相比之下，非洲的城市人口不到40%。对照历史上的数据，1955年全球只有30%的人口生活在城市，如今，全世界每天大约有20万人转变为城市人口。到2030年，全世界范围内10人中有6人将会居住在城市，到2050年，这个数字将会变成7人。

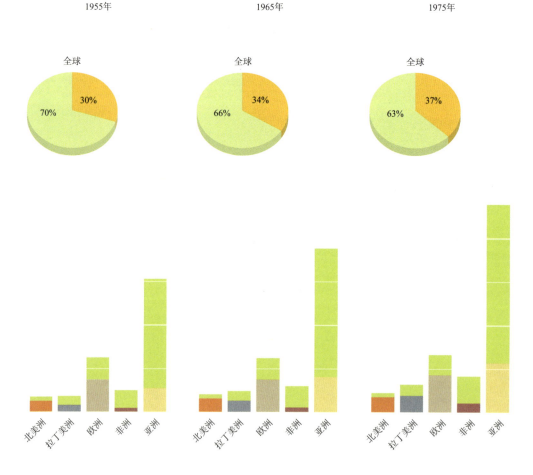

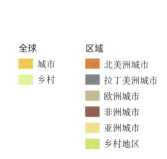

纪初兴起于欧洲和北美洲的工业城市已经随着经济全球化和工作岗位的海外转移经历着逆工业化。

工业化带来的意想不到的影响以及新技术的发展潜力，见证了城市规划的诞生。同时，城市的教育和通信也见证了理智、理性科学进步凌驾于传统、神话、迷信和宗教绝对之上。正如本书第5章所言，各个地方的城市都开始了现代化的进程，也只有巴黎在物质和文化的表达上成了公认的现代之都。19世纪的巴黎已经有了宽阔的林荫大道、新的桥梁、新的供水系统、巨大的排水系统、街道照明、公共建筑和改造成为休闲场所的城市公园。在这个新的机制下，伴随着具有重要意义的新艺术和文化运动、大众娱乐、新的空间消费的行为，现代工业得到了蓬勃发展。在思想革命浪潮中，巴黎吸引并创造了一个无与伦比的艺术和文化环境。

全球化

到了20世纪中期，经济全球化已经促使全球城市体系的创新，这些城市被称为"全球城市"。它们在交通运输、跨国企业、国际金融和银行业、超国家政府和国际机构的工作等各个领域，取得了核心地位。第6章的主题是全球城市，全球城市是信息流动、文化生产和金融行业的控制中心，将全球和地方联系起来，共同支撑了经济和文化的全球化。这些城市由经济、文化和公共机构构成，将国家和地方资源带入全球化的经济中，同时，又利用全球化的作用力推动国家和地方发展。全球消费社会的兴起，同时意味着城市日益增长的大事件和奇观场所、推动名人文化、建筑的创新和表现形式、时尚、戏剧、影视、音乐和艺术行业的发展，摒弃传统和支持新的倡议、摒弃残缺的和垃圾的。在这个背景下，第7章这样描写洛杉矶的特征：它是一个被普遍视为范例式的、无孔不入的城市，是后现代主义城市的先导。在洛杉矶，大型活动与消费已成为城市生活的主导特征。同时，基于同样的理由，洛杉矶也被认为是一个反乌托邦城市主义的典范。

欠发达地区的城市与洛杉矶的城市特征形成鲜明的对比。发达国家的城市化很大一部分是受经济增长驱动，欠发达地区的城市化却是人口增长的结果，它们的人口增长领先于经济发展。人口大幅度增加，超过了工业化时期的人口增长水平，或乡村经济时期的人口增长水平，导致了"失控的城市化"和"过度城市化"。对于快速增长的乡村人口来说，农业发展的局限性意味着等待他们的只是没有希望的苦工和贫穷。移民不再是人口的"安全阀"，越来越多的富裕国家已经设置了移民障碍。对于这些数量持续增长的乡村人口来说，唯一的选择就是迁移至更大的城市。在那里至少有就业与入学的希

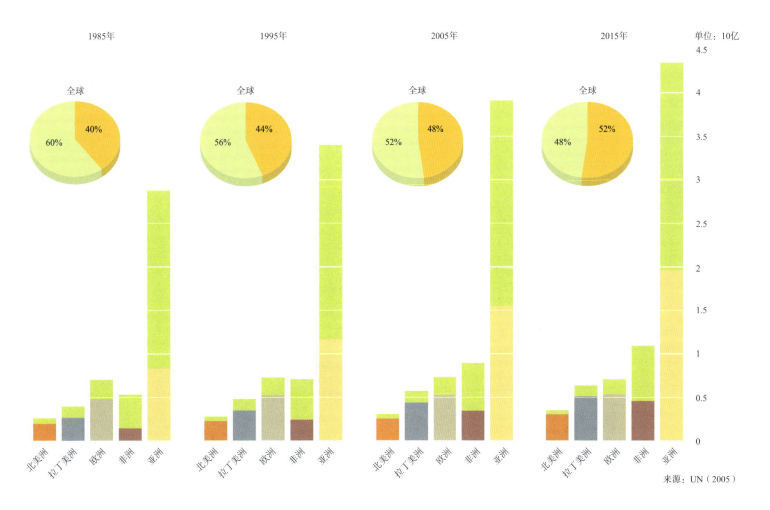

来源：UN（2005）

望,还有诊所、自来水以及各类乡村地区所没有的公共设施与服务。同时,现代化的城市生活方式和生活消费品对他们也极具吸引力,如今通过卫星电视就能直接将城市生活方式传播到乡村地区。

超大城市

第8章描述了一个引人注目的现象——"超大城市"。超大城市是指达到一千万甚至更多人口的城市。超大城市不仅仅把地方经济、省级经济与全球经济联系在一起,同时还联系着传统的与现在的、正式部门和非正式的经济部门。超大城市的贫民区和棚户区往往伴随着严重的社会混乱问题和环境恶化问题。但是,众多的邻里之间也能够发展自助网络和组织,在令人生畏的贫困拥挤环境中,这些便是形成社区的基础。

许多国家、政府和规划部门在未开发的土地上规划新的居住区,来规避城市化进程中遇到的问题。法国和英国为解决大城市贫民区的"人口过剩"的问题,在20世纪后期

十三种类型的城市

每一章节探讨一个独特类型的城市,以次级城市的案例来支持核心研究,这些案例研究说明了21世纪定义的城市类型的生产、消费、生长、衰退的主导模式。

建设了许多新城,为经济萧条地区创造了城市发展的新支柱。"速生城市"被作为一些国家的首都或行政中心进行建设,有时是为了避免区域政治冲突,有时是希望以政府机构为中心、以高效的方式在其周围区域建成一个新的、目标导向的建成环境。第9章重点介绍了巴西利亚——巴西的新首都,它建设在亚马孙平原被修整过的区域中,象征着巴西历史新时代的到来。通过具有兴奋、威严、鼓舞人心等现代主义符号的、新的激进主义的建筑设计,这座城市表达了巴西的社会转型以及社会自我意识。作为一个"速生城市",巴西利亚体现了基础设施建设和空间组织的创新手法;不过,它也展现了从无到有的新城市建设过程中所产生的一些意料之外的后果。

当代城市化的模式和进程深受经济和文化的全球化影响,这种影响自20世纪80年代以后开始加速。香港、迈阿密、温哥华等城市已经变成了区域性的中心城市,这些城市在城市化进程中具有独特的"跨国"特征。第10章阐述了迈阿密如何在跨国区域内成为一个金融、文化中心以及各种非法活动的集中枢纽。这个跨国区域从美国东南部区域延伸至加勒比海、中美洲以及南美洲。这一进程使得城市形成了独特的文化结构,在许多方面这些文化结构更接近于地中海欧洲沿岸地区和部分拉丁美洲地区的特征。这种世界主义体现在哥伦比亚舞厅、欧洲俱乐部舞台、传统的美国酒吧、古巴咖啡馆等娱乐和饮食方面。这些专门从事"欧亚"、"新大陆"和"新拉丁舞曲"的餐馆已经取代了犹太熟食店和海鲜小屋。

第11章详细讲述了经济和文化全球化的另一方面:设计的重要性日益提升。发达国家的城市最初是工业时代的产物,如今已经完全变成了消费社会的景象。富裕阶层的炫耀式消费在各个尺度中都增加了风格与设计的重要性,并且使得设计行业在数量和地位上都得到发展,这些设计行业不均匀地分布在与全球商业服务体系联系最为紧密的城市中。米兰在特定的设计方面有很长的专业化历史,但直到20世纪70年代,作为限制工业化号召的回应,这座城市才开始有意识地提出重塑设计城市的策略,这些策略已经明显体现在它的环境、政治、教育机构、设计地区以及时装周上。米兰已经更新了城市基础设施,为举办2014年世界博览会做好了准备。

可持续性

与此同时,城市化进程中那些预期之外的负面影响在全球引起人们警觉,有人开始探讨城市可持续发展的可能性。全球范围内城市能源消耗占据了总消耗的80%,城市二氧化碳排放占据了总排放的75%。可持续性的城市发展表现在很多方面,比如城市紧凑发展、公交导向型开发模式、资源的回收与利用、行人友好型与自行车友好型的环境、合作住房、保护湿地与自然栖息地的景观设计、将生态目标纳入政府管理与政策制定等方面。正如第12章所介绍的那样,德国的弗莱堡就是很好的范例,弗莱堡的沃邦和瑞斯菲尔德两个社区代表着可持续城市主义的先进水平。而第13章中的其他城市,为了应对城市化过程中的负面影响而采取了不同的方法,进行了"智能技术"的投资。数字技术正在改变着城市和建筑的运作方式以及居民的行为习惯,互联网和社交媒体正改变着城市商业和社会文化组织。"智能"建筑、汽车、交通系统、水以及电力供应,这些方面都有让城市变得更加高效、更有弹性运行的潜力。

当然,世界上的城市还存在地理上的差异性与多样性。许多城市在某些方面的特性是独一无二的:横跨全球的变化过程发生在特定的环境中时,总会产生一些特定的地域特征。每座城市都有自己独特的性格与故事,但对于不同类型的城市,我们可以作出许多重要的概括,这些城市有着相似的遗产,共同的挑战和平行的解决方式。本书的文字和图表不仅展现了城市迷人的多样性,同时也展示了城市在经济、政治、文化发展中所扮演角色的共性,以及将技术、人口和政治的变化过程反映到建筑和基础设施中的方式。

弗莱堡

伊斯坦布尔

孟买

米兰

第1章 奠基性城市
THE FOUNDATIONAL CITY

莉拉·列昂提督 LILA LEONTIDOU
吉多·马丁诺蒂 GUIDO MARTINOTTI

核心城市 Core cities
雅典 ATHENS
罗马 ROME

次级城市 Secondary cities
克诺索斯 KNOSSOS
桑托里尼 SANTORINI
斯巴达 SPARTA
佩拉 PELLA
锡拉丘兹 SYRACUSE
马赛 MARSEILLE
亚历山大 ALEXANDRIA
君士坦丁堡 CONSTANTINOPLE
巴比伦 BABYLON

左图：希腊雅典

奠基性城市：引介

"尽管两者接近且有所重叠，古希腊城邦文明和罗马城市文明代表了两种不同的古代城市化时期。"

当我们今天认为理所当然的很多东西还不为人知的时候，当地球还是宇宙中心的圆盘，并且没有国界只有部落领地的时候，城市既是一种理念，也是一种物质现实。波利斯（Polis）一词即指古希腊的城邦，这个词衍生出了我们所知的政治（Politics）和政策（Policy）的文字形式及其内涵。之所以将雅典划分为奠基性城市，是因为雅典创造的这些概念，为民主奠定了基础，并贡献了大量的知识。将罗马也划分为奠基性城市，是因为它的世界主义以及在其广阔的领土范围内进行的行政创新，它实质上成了一个全球城市。

尽管两者接近且有所重叠，古希腊城

雅典和希腊殖民地
希腊人建立了繁荣的殖民地。希腊的城市化向东扩展到位于小亚细亚的地中海沿岸，以及爱琴海希腊岛屿的爱奥尼亚诸殖民城邦，向西扩展到意大利南部和西西里岛（大希腊）。殖民地是古希腊城邦的一部分。

雅典城邦和希腊殖民地

来源：Toynbee (1967), Dimitrakos & Karolides (1950s)

邦文明和罗马城市文明代表了两种不同的古代城市化时期。对比雅典与罗马，它们的相似之处在于，都是不朽之城，都确立了欧洲文明最重要的原则，地位都是殖民地城市。然而，用社会学家亨利·列斐伏尔（Henri Lefebvre）的话来说，他们之间的重要区别在于，"希腊文化中，社会功能和结构的形式是统一的城邦，以一种注定要衰落的方式确认了社会认知和行动思想……相反，罗马的多样性统治是作为一个外部的约束原则而不是内在统一，是否孕育着未来发展的种子？这似乎是合理的假设"（列斐伏尔，1991）。

事实上，这两个奠基性城市之间存在各种差异，二者反映在时间轴上明显不同。古雅典城邦文化只在一个世纪的时段里存在优势，虽然古代雅典城邦至少在公元前4000年已经存在，并在罗马帝国和后来的奥斯曼帝国统治下幸存很久，而罗马的城市文明却在五个多世纪的时段内占统治地位。罗马文化的弹性可以归结于它作为一个多元文化帝国的开放性，以及其次级城市的整合治理与防御的分权管理体制。这样就将庞大的帝国分成了几个半自治的部分，用多元文化的军队来对它们进行守卫；换句话说，罗马尊重地方文化，培育了我们后面详细介绍的包容性原则。相比之下，雅典城邦的脆弱性来自它对非公民和"外邦人"的排斥。雅典和所有其他城邦一样，以公民为基础，但是存在大量的非公民（外邦人，Metics），这一特征构成了雅典民主的主要弱点以及它与马其顿帝国和罗马帝国的区别。虽然罗马也存在平民和贵族之间的地位差异，但是不存在雅典城邦的这种身份排斥。雅典军队排斥"外邦人"的后果是致命的，这也导致了伯罗奔尼撒战争期间的灾难。

此外，雅典对人类的贡献突出在推理、知识、艺术、政治文化、神话以及商业扩张方面，而罗马的贡献则侧重在军事、贸易、政治和行政创新等方面。城市的集会活动也说明了它们之间的明显差异：雅典盛行游行、典礼和戏剧，林立的神庙和露天剧院沿用至今；而罗马盛行宴会、公共浴场和角斗场，罗马竞技场至今仍是一个令人印象深刻的旅游场所，罗马的公共浴场和角斗场或许是大众文化的第一个案例。

虽然古希腊和罗马都是奴隶制国家，但两者的奴隶制生产方式存在很大的差别。在古希腊城邦，通过公民投票来制定决策，但公民是指排除外邦人、妇女、奴隶和未成年人之后的成年男性。而在罗马，政治民主与整个制度背景是建立在集体单位、部落和军队的基础上的，通过集体投票制定决策，这种决策方式是一种建立共识和减少冲突的有效工具。这种方式结合罗马的法律和其政治体系的包容性，让帝国可以容纳不同的文化。但是，雅典创造了今天民主中的个人投票行为，并为民主提供了切实的理论和实践，还创造了民主（Democratia或Democracy）一词，这一词语来源于希腊语Demos/Demoi（即德莫斯），是城邦周边的地方村社。

雅典与罗马之间存在一种"表兄弟和陌生人"的特殊关系，《表兄弟和陌生人》（Cousins and Strangers）原是一本讲述英国和美国的现代关系的书籍标题；然而，由于语言和其他特质不同，雅典与罗马之间的关系最多算是陌生人。即使在雅典战败以后，罗马在希腊时期的文化让人想起根植于美洲大陆的欧洲文化。虽然雅典和罗马对宗教的态度不同，但是他们信奉相同的神明，只不过希腊的神在罗马被取了个新的名字。虽然两国偶尔开战，尤其是在意大利南部争夺势力范围时，但是它们之间从来没有爆发过类似希腊人和波斯人、罗马人和腓尼基人之间那样鲜明而残酷的直接冲突。公元前41年，罗马征服了雅典，雅典成为罗马的一个省，但是在高度整合之后仍然具有独立性。

公元前117年罗马帝国的范围

来源：Benevolo (1993), Pounds (1990)

罗马帝国

在古希腊和罗马文明之间，发生了一个非常重要的转变：在马其顿时期将自古以来的城邦制转变成为元首制，且罗马帝国在从东向西的扩张过程中获得了重要的区域首府。在罗马法普遍适用的情况下又允许一定程度的地方自治，这反映了罗马行政的包容性，也意味着帝国能够克服区域差异而在更广阔范围内产生影响。

雅典：波利斯（Polis）、德莫斯（Demos）、殖民地、从专制到直接民主的崛起

把雅典放在全球图景中来看，它是位于东方和西方之间的一座奠基性城市，是可以激发集体记忆的、经典的、古代集权性城邦；然而，尽管雅典不连续的历史跨越了六千年，也只在公元前5世纪繁荣了一个世纪而已。雅典出现生命最初的痕迹可以追溯到公元前4000年，新石器时代晚期，当时四个定居点中最大的一个建立在雅典卫城所在的山丘上。公元前6世纪后，在希腊文明第一次绽放在小亚细亚的爱奥尼亚诸殖民城邦时，古雅典从一片暴政的海洋中崛起，希腊人第一次击败了亚述人，公元前510年驱逐了暴君希庇亚斯。在这之后雅典的民主文明一直持续到伯罗奔尼撒战争。公元前404年雅典投降斯巴达，民主文明被三十僭主的政权粉碎。

欧洲文明的诞生可以追溯到短暂的城邦文明。14世纪以前，雅典在知识探索、科学、哲学、戏剧、艺术和建筑等领域的成就仍是无与伦比的，被马其顿帝国和罗马帝国的城市作为基础性要素吸收。雅典诞生了苏格拉底、柏拉图学院（公元前387

波利斯和德莫斯

与当代雅典一样，古代城邦都位于希腊大陆中部。东南到利瓦迪亚（Lavrion）、东北到马拉松（Marathon）、西北到艾留西斯（Eleusis）的阿提卡地区和希腊的其余地区生活着德莫斯（村社），德莫斯（村社）是组成城邦的、分散的地方村社。底比斯（Thebes）是一个单独的城邦。

— 主干道
— 次干道
— 雅典到比雷埃夫斯的防护墙

来源：Pavsanias (1974), Travlos (1960)

年建立)、亚里士多德逍遥学派学校(公元前335年建立);诞生了欧里庇得斯和索福克勒斯的悲剧,阿里斯多芬尼斯的喜剧;诞生了许多在文艺复兴时期才被发现的、用智慧照亮了古代世界的哲学家和科学家。还有一些活动在今天已经失传了,比如音乐,以及在雅典及其周边定居点(如埃利乌西)实行的神秘主义。

在其著名的《政治学》的导言中,亚里士多德将国家视为社区团结的最高层级,依次为,个人、家庭和村庄的团结体。在这个层次结构中,Kratos即国家(当时的城邦-国家),被亚里士多德定义为"自然的创造"。依据亚里士多德的观点,"波利斯(Polis)"不是一个城市(City),而是一个由Demoi和以下这些组成的网络,依次为家庭的自然延伸并恰适国家。这个城市(City),即"波利斯"(Polis),也是一个社会,一个社区,一个由"德莫斯"(Demoi)和"阿波基斯"(Apoikies即殖民地)组成的集合体,以及一个国家(State),一个公民(Politis)的领域,也就是参与公共生活的人的公共领域,公民(politis)与私人(private person)不同,私人即"白痴"(Idiotis)(以及Idiotis的词源,如马克思的"农村的白痴")。雅典是空间上多层次的"波利斯群(Polites)"——"地方"Local、"城市"Urban和"民族"National(国家State),与今天的"欧盟(European)"层级类似,尽管词源是城市(City)为基础的。公民身份及其真正地参与,自然的城市(Natural city)被认为是文明的先决条件,城市的本质就是民主,而暴政或专制则是自然城市的反面。

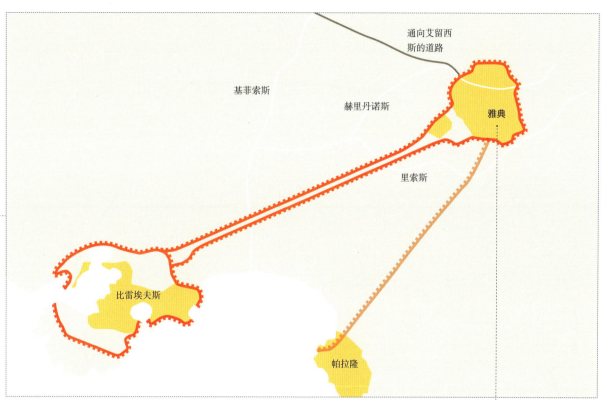

来源:Travlos (1960), Biris (1966)

雅典娜神像

雅典卫城

通往海洋的大门

比雷埃夫斯(Piraeus)位于希腊雅典西南部,是雅典的港口,也是最重要的村社。它与雅典通过"长城"(Long walls)相连,"长城"在古典时代建造,用来防护洪水和战时保护城市与港口之间的通信畅通。连通雅典与帕拉隆之间的城墙的遗迹也被发现。城墙在伯罗奔尼撒战争后被摧毁。

卫城，市集，建筑，基础设施

对雅典来说，奥林匹斯十二神的神话中最重要的部分是智慧女神雅典娜和海神波塞冬之间争夺城市保护权的比赛（奥林匹斯十二神是将自然生命的人格化）。雅典娜将一株神圣的橄榄树作为礼物赠予城市而赢得了保护城市的特权，随后这株橄榄树以她的名字命名。这场比赛被记录在许多雕塑和绘画上，特别是在帕提农神庙西面三角形的山墙之上。帕提农神庙矗立在雅典卫城的圣山上，由建筑师伊克蒂诺斯（Ictinos）和卡利克拉特（Callicrates）设计，公元前432年，伯里克利（Pericles）为其举行开幕仪式。帕提农神庙为供奉雅典娜而建，庙内存放一尊高大的雅典娜女神像，并在大理石装饰带上雕刻着栩栩如生的神话故事和雅典娜节日的游行盛况。现如今，雅典卫城的雕塑陈列在欧洲各博物馆，如大英博物馆。雅典人正在进行一场保护运动，想要收回这些雕塑将其统一陈列在雅典的新卫城博物馆。帕提农神庙作为欧洲文明和美国共和主义的标志，是欧洲文艺复兴时期模仿的范例，可以从美国托马斯·杰斐逊仿照其设计的弗吉尼亚大学主楼看到帕提农神庙的影子，也能在欧洲18世纪开始繁荣的新古典主义建筑运动中看到。自1834年雅典成为希腊首都之后，帕提农神庙遗址新出土的文物被雅典收藏。

古代城邦以市集为中心，各种经济、

来源：Travlos (1960), Biris (1966)

政治和文化等公共活动汇聚在市集上。市集字面上的意思是市场，因为这里是商业的中心，但是实际上这里是一个混合使用具有强烈的社会互动的复杂空间，也是一个制造公民身份的多功能的混合空间，还是一个为了公民参与政治而开放的、活跃的"公共"领域（Leontidou, 2009）。这是一个介于个人和国家之间的空间，在这里民间社会组织应运而生，并且在罗马广场上仍在继续。

城市公共空间并不是一个简单的物质空间，而是民主权和公民权具体化的地方。在市集，公民大会上的观点和政策的辩论无需经过任何审查。这是一个直接民主的论坛，意味着在雅典是由所有符合条件的"公民"作出决策，而不仅仅是他们的代表。政府选择的领导仅仅为了实现人民的意愿：伯里克利并不是一个统治者，而是每年被选举出来的城市公民领袖。在市集，决策经辩论之后被执行，在那里每个公民都可以参与辩论，不论收入、财产或地位。然而，在很大意义上雅典仍是一个民主薄弱的国家。公民身份由地域和性别所界定，社会排斥奴隶、妇女和大量非公民（外邦人）。女性只能待在家里忙乱于琐碎工作，当时社会上的工作并不像后来的欧洲社会上女性从事的工作那样有价值，而男性可以在公共领域工作，并享有在市集发言、投票和出入的特权。但是，相比之前的专制时期和后来的罗马时期，应该承认的是雅典和斯巴达奴隶已经很少了：一个奴隶服务两个公民。而且对于女性，她们在艺术、戏剧和神话中展开想象，出现了女神和女英雄。男作家的作品中往往也出现了女性主角。

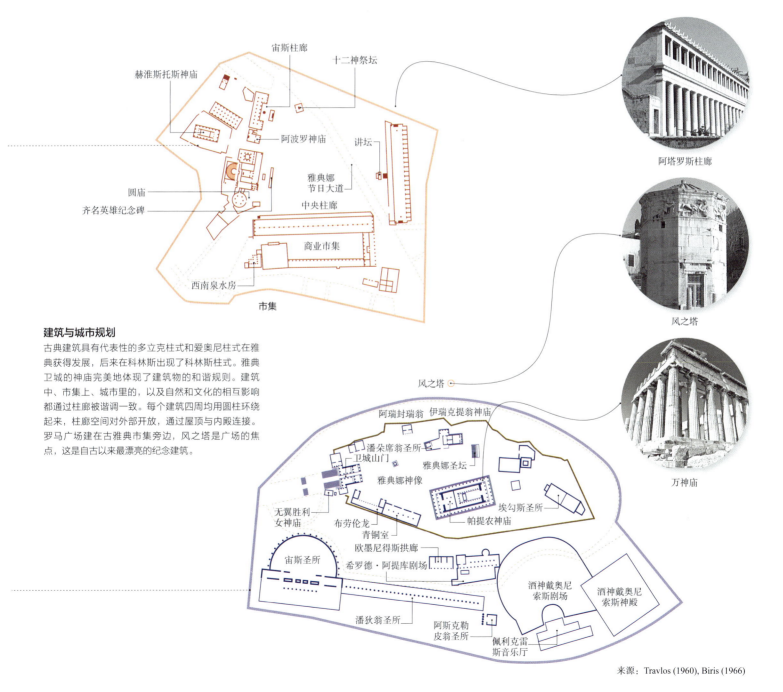

建筑与城市规划

古典建筑具有代表性的多立克柱式和爱奥尼柱式在雅典获得发展，后来在科林斯出现了科林斯柱式。雅典卫城的神庙完美地体现了建筑物的和谐规则。建筑中、市集上、城市里的，以及自然和文化的相互影响都通过柱廊被谐调一致。每个建筑四周均用圆柱环绕起来，柱廊空间对外部开放，通过屋顶与内殿连接。罗马广场建在古雅典市集旁边，风之塔是广场的焦点，这是自古以来最漂亮的纪念建筑。

来源：Travlos (1960), Biris (1966)

图解城市

欧洲的遗产和从古代到现代雅典的回顾

通过生动的、象征性的文化景观，全球图景连接现代雅典和古代雅典。在很长一个时期，雅典具有迷人的个性，从哈德里安（Hadrian）这样的罗马皇帝到古斯塔夫·福楼拜（Gustav Flaubert）以及西格蒙德·弗洛伊德（Sigmund Freud）、勒·柯布西耶（Le Corbusier）和雅克·德里达（Jacques Derrida）这样的智者都着迷其中。通过对古雅典的选择性解读，欧洲"构建"了希腊文化。欧洲"借用"古雅典的概念工具和建筑理念，试图"伪造"一个欧洲想象出来的现代希腊身份。雅典是城市地理学的原型，鉴于雅典城市历史的不连续性，要描绘19世纪以来城市的几种形态的快照需要"造访"五个重要的时期：

1. 在经过四个世纪的奥斯曼统治之后，雅典于1834年成为独立的希腊王国首都，用现代城市设计手段进行重建，为了庆祝欧洲新古典主义进入雅典，海外的希腊人资助建设了绝大多数的宏伟建筑。这一项目旨在打造一个欧洲人想象中的现代希腊，成为人造首都最成功的实验之一（Bastea, 2000; Loukaki, 2008; Leontidou, 2013）。

2. 两次世界战争之间，地中海地区快速城市化：1922年来自小亚细亚的难民到达之后，雅典在20世纪20年代和30年代之间以一种自发的方式迅速增长（Leontidou, 1990/2006）。

3. 第二次世界大战后的城市聚集区都是在古代城邦国家范围内发展，范围外没有开发：雅典通过破坏新古典主义的遗产和许多的历史的积淀来实现增长（即建设性

雅典的扩张

19世纪早期的雅典规划重建被20世纪初自发的城市发展所替代。城市零星扩张显著，土地混合使用以及纵向和横向的社会隔离，创造出了工人和穷人在城市外围生活的城市景观，这与英美国家的景观正好相反。郊区城市化盛行和半独立式住宅解决了无家可归和失业的问题，即使是暂时的现象，这也是20世纪最好的部分。

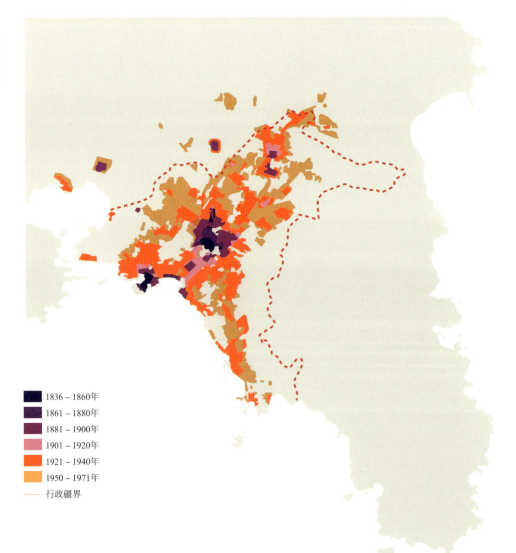

- ■ 1836～1860年
- ■ 1861～1880年
- ■ 1881～1900年
- ■ 1901～1920年
- ■ 1921～1940年
- ■ 1950～1971年
- ---- 行政疆界

来源：Leontidou-Emmanuel (1981)

雅典城市居住区

破坏）。雅典一直活在自己的历史当中，自发的城市化和非正式的城市化之后形成的景观构成了一幅后现代的拼贴画（Leontidou，1990/2006）。

4. 新千年，雅典成为举办奥运会后的创业型城市：雅典进入全球新自由主义的城市竞争，试图吸引大型活动，一方面是通过创新城市设计和后现代性相结合重建城市形象，另一方面是历史遗产的发扬光大。从20世纪90年代开始，在近20年时间里雅典采用企业主义的城市营销方法苦苦地申办大型活动（从没有成功申办1996年"金奥林匹克"到"回到自己的家园"），并最终成功申办2004年奥林匹克运动会（Couch et al., 2007; Leontidou, 2013）。

5. 债务危机：第4个时期突然就结束了，直到今天，由于人口的减少，雅典仍陷入了债务危机和城市退化的深渊。人口回流到乡村和"人才流失"到海外已经造成了城市化退步，经济颓废、资源贫乏和政治动荡造成了城市中心度的急剧下降。所以，在21世纪10年代，雅典人聚集在城市的公共空间发动了"广场运动"，这种"广场运动"犹如古希腊市集上的人民自发行动及直接民主的再生（Leontidou, 2012）。

在欧洲及全球的想象中，雅典仍然是抽象意义上的文明精髓，但只是在古代的基础上。今天的城市没有达到欧洲现代性的标准，已经成为一个在北欧兴起的东方主义的牺牲品。在新自由主义的情况下，雅典已经不再是一个奠基性城市。

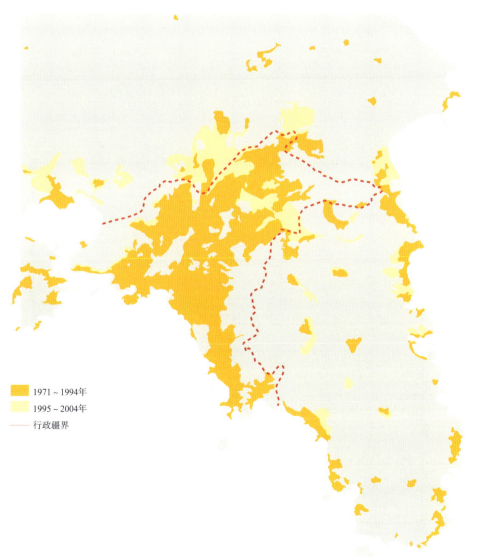

■ 1971～1994年
□ 1995～2004年
┈ 行政疆界

来源：Leontidou-Emmanuel (1990, 2006), Couch et al. (2007)

圣地亚哥·卡拉特拉瓦设计的奥林匹克体育场

2013年雅典大学外学生反对财政紧缩措施的抗议

一座衰落的城市？

2004年奥运会之后，雅典城市的发展出现了重大转变。2001年雅典总人口为3187734人（占希腊总人口的29%），其中大部分是雅典国内的移民。此后，这座城市停止增长。2011年总人口下降到3122540人（占希腊人口的28.9%），人口减少主要集中在城市核心区，在加入欧盟时城市核心区聚集了三分之一的人口（1981年共885737人），到2011年只剩下467108人。金融危机和房地产泡沫抑制了城市化，但是城市蔓延仍在继续。

罗马：从茅草屋到新城镇

城镇规划

罗马社会由野心家和建设者组成。最初，罗马城市规划蓝图以军队自建的兵营为基础，将其轮廓设计为基于南北向和东西向两条主干道的"正方形"。

罗马社会一个关键性的动员因素就是这个移民社会的包容。罗马人往往都有着迥异的民族背景，比如历代的国王们，最后三任是伊特鲁里亚人，罗马是伊特鲁里亚人众多的定居点之一。与北美洲大致相似，对多民族混合的包容性是罗马社会的一个主要力量。从公元前759年罗马成立到公元476年西罗马帝国陨落，罗马文明在漫长的历史当中展示了惊人的适应能力。

凭借着强大的建筑能力和公共场所的规划能力，罗马从最初台伯河湿地上由逃犯组成的小村落发展成为世界历史上最大帝国的首都。由于罗马推动了几个世纪城市的建设和改造，所以罗马（及类似的城市）的建筑积累量是非常巨大的。罗马是建设者和组织者，具备建筑技术和有效的动员能力。这种动员能力包括征服整个社会，消灭反对者，也包括建立复杂的、巧妙地整合了不同层级"罗马公民权"的同盟者的关系系统；并且，这种动员能力还通过建设重要的基础设施，道路、桥梁、沟渠等保证罗马经济的可持续性，使其在罗马帝国的范围内实现更

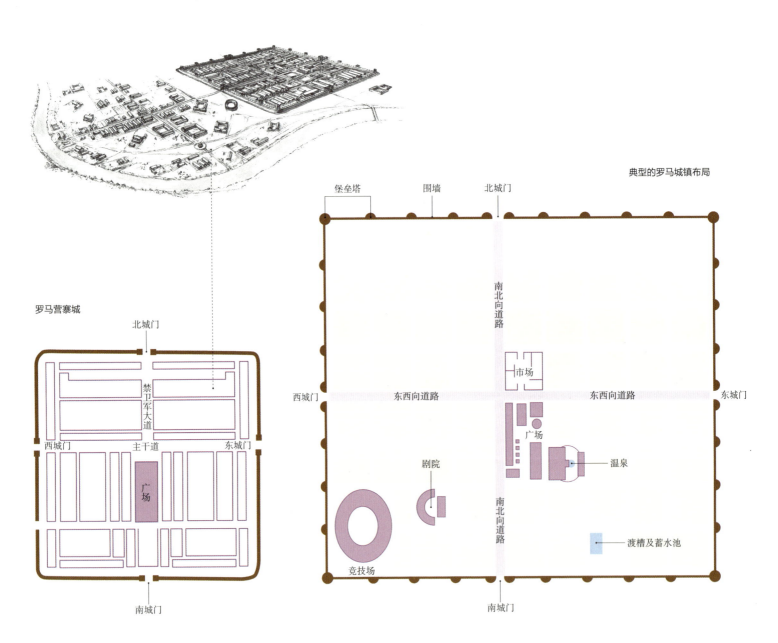

好地交流与文化的传播。这种动员能力转化为具有普遍重要性的罗马法,转化为罗马公共空间的纪念性建筑,最重要的是为罗马从地方势力转变为全球城市(世界之都)提供物质性的军事基础设施。

帝国的扩张导致权力和财富的集聚,与此同时也引发了矛盾。除了奴隶之外,国内经济还需要越来越多的工匠、商人、供应商、走卒、运输工人等服务阶层,这也意味着有大量的动物需要喂养和照顾。这些发展给城市贫困地区——岛城带来了压力,楼房相对较高。随着财富的增加,罗马变得拥挤、嘈杂、肮脏和危险,上层阶级纷纷搬到庞贝古城(Pompeii)这样的乡下小镇或周边地区的别墅居住,就连文托泰内(Ventotene)这样遥远的岛屿,都有一处奥古斯都(Augustus)的宫殿(Martinotti, 2009, 2012)。

罗马社会在一切可能的地方传播它的文化。罗马的皇权可以从城市扩大的居住区域,在标准化的建筑物和纪念物中找到相应的对照物。奇怪的是,一个在镇压叛乱方面如此无情,在提供共同模式方面如此坚定的文明,却在另一方面灵活地让当地人管理自己。这是他们包容的实用主义的一部分,它给了罗马人力量和韧性。

尼格拉城门

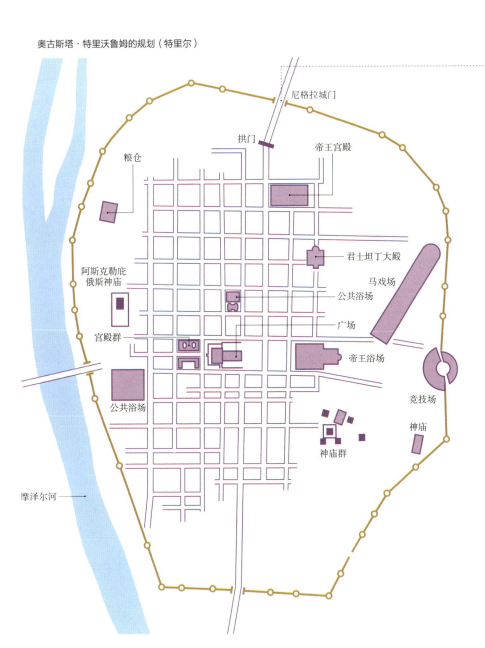

奥古斯塔·特里沃鲁姆的规划(特里尔)

尼格拉城门 | 拱门 | 帝王宫殿 | 粮仓 | 君士坦丁大殿 | 马戏场 | 阿斯克勒庇俄斯神庙 | 公共浴场 | 广场 | 宫殿群 | 帝王浴场 | 公共浴场 | 竞技场 | 神庙 | 神庙群 | 摩泽尔河

罗马的特里尔(奥古斯塔·特里沃鲁姆)
这个罗马城市网格作为欧洲大部分地区城市半成品的基础目前仍然可见:在意大利有那不勒斯、庞贝古城、锡拉丘兹、米狄欧兰侬、奥古斯塔·瑞诺鲁姆(都灵)和奥古斯将军城(奥斯塔),在罗马尼亚有萨贡托、奥古斯塔·特里沃鲁姆(特里尔)、鲁特西亚、玛撒里亚、艾克斯普罗旺斯、巴斯和阿尔巴尤利亚,在叙利亚阿帕梅亚或帕尔米拉真正存在数百个其他地方(有时难以确定,因为名称的变化)。

建成环境的组织

罗马文明的生产能力在其建成环境组织中可见一斑。罗马权力的保障之一是公共工程中高超的建筑技术。从技术的角度来说，古代社会一点也不落后。罗马的沟渠系统是城市规划建设的壮举，意大利半岛的帝国道路系统至今仍是现代交通运输的骨干。罗马的一些桥梁已经使用了数千年。毫不奇怪的是罗马主要的宗教领袖——大祭司，实际上是桥梁建造师，或许他在物质空间建设领域的成就要比宗教方面大得多。强大的建造能力与军事力量共享协同效应，军队按照等级和人数参与民用建筑工程。

罗马神庙是所有城市的地标，并且为基督教修建教堂和巴西利卡提供了基础。在锡拉库扎的奥提伽古城大教堂只不过是其中一个案例，它原本是献给雅典娜的神庙，演变成一个天主教教堂，后来又变成一个阿拉伯清真寺。

人类学家已经强调了礼仪对于社会凝聚力的重要性。罗马人不是节制、禁欲的

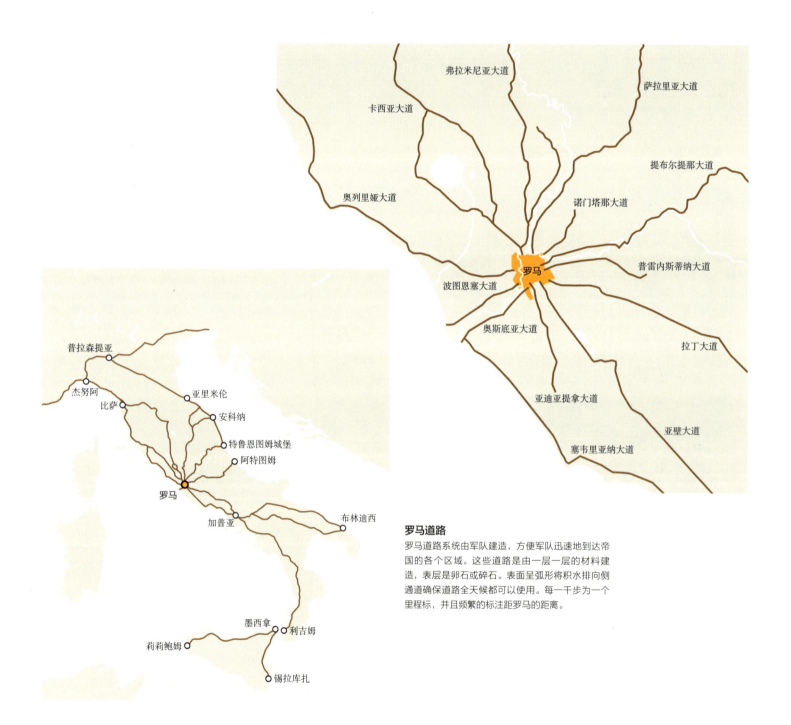

罗马道路
罗马道路系统由军队建造，方便军队迅速地到达帝国的各个区域。这些道路是由一层一层的材料建造，表层是卵石或碎石。表面呈弧形将积水排向侧通道确保道路全天候都可以使用。每一千步为一个里程标，并且频繁的标注距罗马的距离。

民族："Otium"这个词指代上层阶级的"闲暇"生活。罗马人喜欢洗浴，公共浴场是对所有人开放的洗浴场所，洗浴是城市生活的基本组成部分。马戏场或竞技场是所有罗马城市的主要标志性建筑，就像是希腊的剧院一样。罗马人认为吃得好也很重要。虽然数量可能不多，但是平民也有面包吃；葡萄酒最初在意大利被称为Enotria，是"葡萄酒之城"的意思。上层阶级经常举办宴会，这是传承于希腊的宴会，但是比希腊宴会更加奢华。在公元1世纪的农业社会时期，人们的生活方式十分简朴，主要的食物有面包、奶酪和洋葱等。伴随着"闲暇"生活的盛行，奢侈风气的日益增长，简朴与奢侈这两种生活方式之间的关系成为争辩的一个论题，在大部分的意识形态中，这也是"歌颂过去的时代"与"接纳现在的生活习惯"之间的辩论。这场公开辩论进行的同时，城市景观也在进行着改造，包括更辉煌的纪念性建筑、广场和神庙，服务设施升级，例如将私人浴室开放给公众使用，不同性别分开使用浴室等。马戏或竞技场表演等大众休闲形式成为让民众开心和舒缓社会压力的福利。罗马的沟渠技术遍及欧洲，从英国到希腊，都见证了罗马帝国的先进技术。在城市里，浴场分布很密集。最近被Luciana Jacobelli考古发现的庞贝古城郊区浴场，是证明罗马人爱好洗浴的一个很好的例子。

浴场和沟渠
直到5世纪，罗马的历代皇帝共修建了11个有纪念性的公共浴场。罗马的浴场不仅仅是一个洗澡的地方，更是一个重要的社交中心，人们可以在这里放松和会见朋友。即使是最贫穷的人也能负担得起洗澡的费用，浴场在罗马文化传播中扮演了重要的角色。卡拉卡拉浴场可容纳1500人，他们每天使用大约400万加仑的水。

世界之都罗马：第一个全球城市

将称霸地中海的罗马帝国与当今世界的全球化相提并论，听起来或许有些荒谬。然而，罗马统治的"巨系统"不仅基于物质力量也基于非物质或组织的力量，这些组织可以创造必不可少的统治能力。在顶峰时期，通过信息流和交通流，罗马的统治从以罗马中心为顶端的网络系统传播，沿着专业化中心和军事战略要塞的地点以及腹地资源（农业、矿产及其他）的地点向外扩散，而这就需要一种常态的、实际有效的系统，这种系统提供了可以控制社会内部冲突的手段和制定决策的长效制度安排。允许尺度差异，这与当代全球化的几个方面并没有什么不同（Martinotti，1993）。

道路网络系统为通信和后勤提供了保障，罗马势力不断扩张，当时罗马军队转移的速度还由军队的步行速度所决定。通信对于罗马的组织和文化是必不可少的，不仅是市民之间的通信，还有首都和其他城镇之间的通信，这些城镇是构成罗马系统复杂网络的中心。道路被用来传递信息，而且其他类型的通信设施也众所周知，例如精巧的光传递系统。不仅在贵族阶级中流传文字信息，行政系统内服务的苦工也是受过教育的，妇女和青少年都要统一接受正规教育。几乎和现代一样，"平板"是一个基本的设备，只不过当时是用黏土做的，而不是触屏模式。

随着皇帝集权越来越大，从奥古斯都开始，罗马的官僚组织变得越来越重要，皇帝颁布的规范标准和管理条例越来越多，为皇帝办事的机构也逐渐扩大。这些规范标准和管理条例构成了一个庞大的文档库，文档库经过系统化整理之后成为《罗马法典》的普通法。成文法为当时各种各样的社会协作，以及罗马人对社会学意义的理解提供了系统且详细的说明。这一法律制度必须由观念一致的法官、律师、执法人员、官员、特别专业的权威、私人专家组成的机构（共同体）共同维持，他们为选举法官和后来的推选元首（第一公民）提供法律建议和支持。成文法记录了详尽的社会学内容，提供了一个重要的集体组织的知识体系，并可以代代传承，而且其本身也可以是记录罗马文化的重要材料，并给予罗马的经济和行政组织巨大的力量。发生这些政治活动的公共空间成为罗马城市纪念性建筑的一部分。

一个古老的超级大国

罗马帝国形成了一个令人敬佩的城镇体系，包含主要中心、区域中心和其他城市。这是由先进的交通和通信设施实现的。整个欧洲和西亚地区的纪念性建筑证明了罗马文明的全球扩张。

杰拉什古城，约旦

西亚斯，土耳其

- 🔴 帝国首都
- 🔴 行省首府
- 🟠 罗马建立的城市
- 🟪 主要军事营地
- 🟢 罗马帝国前的城市
- ― 道路
- ┅ 帝国边境范围

源：Wikimedia（Andrei Nacu），Benvolo（1993），Pounds（1990/2007）

城市化的发源地：殖民地和首都

古代文明与城市生活和海洋相关。在古典时期之前，已经出现了许多著名的城市，在这些城市的城墙内形成了欧洲的思想、观念和生活方式。从伯罗奔尼撒半岛（Peloponnese）的迈锡尼（Mycenaean）到迦太基（Carthage）的腓尼基（Phoenician），从爱琴海的爱奥尼亚（Ionian）到意大利南部的大希腊地区（Magna Graecia）以及意大利中北部的伊特鲁里亚（Etruscan），雅典和罗马发展起来的地区，还存在着大量其他现存的城市文明。世界主义和学习能力让这些城市创造了富饶的文化，如果不是以我们现代的标准来评价，这些城市决不能看作是"次级城市"。这些城市在自身擅长的某些领域作用非常重要，在某些方面甚至挑战着雅典和罗马的奠基性城市的地位。

几千年来，腓尼基公主被变幻成公牛的宙斯所诱走的欧洲神话，激发了希腊人民的想象，罗马国王认为文明是从东方、从腓尼基或是更远的地方传到希腊的，并在克里特岛（Crete）和米诺斯城（Minoan）实现第一次繁荣。米诺斯城约在5000年前形成，是欧洲青铜时代的文明，城市以克诺索斯（Knossos）的城市中心为基础，因为具有天然的防御工事，所以是以宫殿为中心的一座不设城墙的城市。

这些不设防的米诺斯宫殿城市最终被迈

地中海的古代文明

除了罗马和雅典，在地中海还存在一些文明的中心，论证表明其中有一些文明中心为奠定现代城市基础作出了重要的贡献。图片显示的是公元前8世纪蓬勃城市发展，亚历山大（自公元前331年）和君士坦丁堡（395~1453年，为拜占庭）两个城市例外。

公元前1800~600年的城市文明和影响区域

- 米诺斯，公元前27~公元前15世纪
- 迈锡尼，公元前16~公元前10世纪
- 大希腊城市，公元前8世纪
- 爱奥尼亚诸殖民城邦和爱琴群岛，公元前7~公元前6世纪
- 地中海西部的希腊殖民地，公元前6世纪
- 马其顿，公元前4世纪

米诺斯文明——在克里特岛的克诺索斯宫殿

迈锡尼——狮子门

爱奥尼亚诸殖民城邦和爱琴群岛——玉螺寺（今天的土耳其）

锡尼人（Mycenaean）征服，公元前1450年迈锡尼人统治了爱琴群岛直到特洛伊（Troy）。迈锡尼文明以位于伯罗奔尼撒半岛的一些重要城市为基础，如阿尔戈斯（Argos）、迈锡尼、埃皮达鲁斯（Epidaurus）和科林斯（Corinth），并一直繁荣到公元前1200年。随后迈锡尼文明和爱琴文明一起灭亡了，原因可能是火山喷发等自然灾害或者战争。

从公元前13世纪到公元前9世纪，爱琴群岛周围的文明衰落，古典时期的文明尚未开始，人类文明陷入一片黑暗。公元前8世纪，在迷人的爱奥尼亚灿若星空殖民城邦中发生第一次科学革命，这些城邦是位于小亚细亚海岸的港口城市群，临近爱琴群岛，希腊人在这里建立了殖民地：米利都（Melitos）、以弗所（Efesos）、亚萨勒尼斯（Alikarnasos）、阿马西亚（Amaseia），以及爱琴海的岛屿城市如萨摩斯岛（Samos）、莱斯博斯岛（Lesbos）、科斯岛（Kos）和罗兹岛（Rhodes）。在希腊大陆还有雅典和斯巴达（Sparta），它们是基于军事力量形成的另一种城市结构。

希腊殖民地范围还包括意大利南部的大希腊（Magna Graecia）地区和西西里岛（Sicily）（雪城Syracuse，阿格里真托Agrigento，墨西拿Messina），更远一点的还有，法国南部（马赛Marseilles）和西班牙东部，一直到直布罗陀海峡。但真正迷人的大城市都位于地中海东部：巴比伦，著名的美索不达米亚城市；亚历山大，公元前331年建立的埃及城市，少数几个与亚历山大大帝同名的新城市之一；马其顿的首都艾加伊城（Aegae，如今为韦尔吉纳考古遗址）、佩拉（Pella）和迪奥古城（Dion）是无可争议的知识中心；君士坦丁堡，即早期的拜占庭城（Byzantium），于公元395年重建成为东罗马帝国的首都，并简单地称为波利斯，即城邦；它后来的土耳其名字是伊斯坦布尔，源自希腊语的发音"is tan Polin"，意思是"通向城市"（"to the City"）。

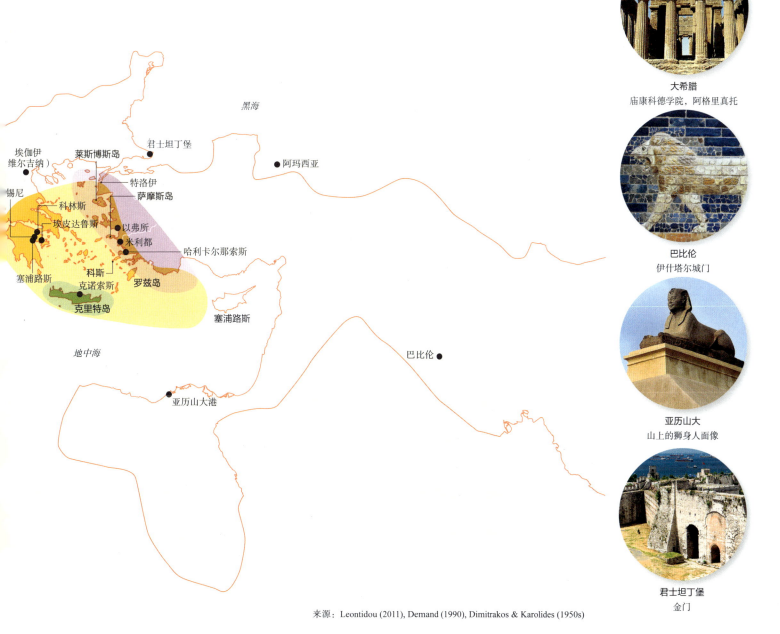

大希腊
庙康科德学院，阿格里真托

巴比伦
伊什塔尔城门

亚历山大
山上的狮身人面像

君士坦丁堡
金门

来源：Leontidou (2011), Demand (1990), Dimitrakos & Karolides (1950s)

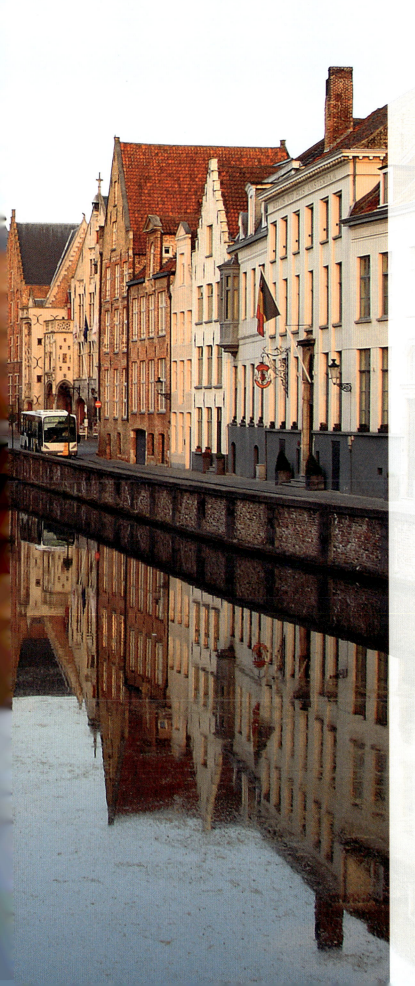

第 2 章 网络城市
THE NETWORKED CITY

拉夫·韦尔布鲁根 RAF VERBRUGGEN
迈克尔·霍伊尔 MICHAEL HOYLER
彼得·泰勒 PETER TAYLOR

核心城市 Core cities
奥格斯堡 AUGSBURG
伦敦 LONDON
威尼斯 VENICE
佛罗伦萨 FLORENCE
因斯布鲁克 INNSBRUCK
吕贝克 LÜBECK
布鲁日 BRUGES
巴黎 PARIS
根特 GHENT

左图：布鲁日，比利时

网络城市：引介

随着5世纪西方罗马帝国的灭亡，西欧大部分地区的城市化进程进入了一个停滞的状态。直到11世纪城市化的新阶段才重新开始。虽然农业的进步在城市更新中扮演了一个非常重要的角色，但贸易的复兴才是引起欧洲大部分地区城市再一次崛起的最重要的原因。（特别是在十字军东征时近东的发展与城市经济的崛起）拉丁基督教时期的欧洲各城市之间强有力的贸易联系（因为13世纪的商业革命而被加强联系）的发展促使了一个特殊名词的产生，这个名词被用来描述中世纪晚期以及16世纪的欧洲城市，即：网络城市。

显然，欧洲中世纪晚期的城市并不是唯一被归纳为网络城市的，在城市化的历史阶段中，我们可以找到无数个有着强有力联系的城市例子。实际上，第一批被熟知的城市就是在活跃的贸易网络中紧紧联系在一起。地理学家Ed Soja曾经描述了一个在古代近东的早期城市网络，在公元前9000

大约1300年古代世界主要贸易线路

在中世纪晚期，西方基督教时期的欧洲并没有从世界上的其他领土中孤立出去。各种各样的商品（包括香料、丝绸和贵重的金属）都是从亚洲、欧洲、南美洲等国家定期交易过来的，从1500年左右开始也同美国交易起来。然而，15世纪末，在通往亚洲的海上路线被发现之前，中世纪末期的商人很少在中国和欧洲之间旅游来往（尽管有一些例外，如马可·波罗）。那时，古老的国际贸易网络已经被分成了几条有重叠的贸易路线，这些贸易路线被几组特定的商人所控制（他们中间有中国、蒙古、印度、波斯和欧洲的贸易者）。这些线路中最西边的路线被不同的、拉丁基督教时期的交易商控制着，当时这些路线并不是古老的城市网络中城市化程度最高的或者经济发展最好的。

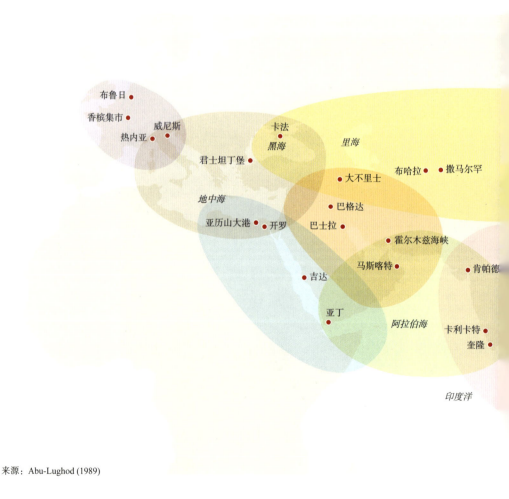

- 西欧圈
- 跨地中海圈
- 中亚商队圈
- 波斯湾圈
- 红海圈
- 西印度圈
- 中印度圈
- 东印度圈

来源：Abu-Lughod (1989)

"从11世纪开始,拉丁基督教时期的欧洲城市逐步被纳入了欧洲尺度的贸易网络中。"

年到5000年间,这个城市网络从安纳托利亚西部(western Anatolia)的一个T形区域跨越到了底格里斯河的上游河段及黎凡特的南部(southern Levant),这个范围囊括了像Jericho、Qatal Huyuk和Abu Hureyra这样的聚落。另一个例子是丝绸之路,从公元前3世纪晚期开始,它多样变化的路线将亚洲的东部、南部、西部和中欧以及非洲东部联系了起来,直到公元前1400年海上贸易的兴起才减弱了它的重要性。

这些并不是特例,人们可以理所当然地认为所有城市在过去或者现在都在以某种方式被网络化。实际上,城市与外面的世界相连是一种普遍存在的特点,它的发生会经历两个不同但相互关联的城市化过程。第一种指的是在当时的技术条件下城市居民是如何与城市的腹地联系在一起的,其中城市向这些腹地提供物资和服务。欧洲中世纪的城镇,例如,作为商业、管理、宗教或者教育中心的城镇,不仅仅服务本城镇的居民,同时也服务着环绕其周边的更小的城镇和村庄。许多城镇每周举办一次集市,在那里人们可以购买来自不同地方的、不同种类的东西。有些甚至售卖王子的座椅或者主教法庭上的座椅。一小部分欧洲城市(例如佛罗里达、威尼斯和米兰)甚至对城市的腹地进行正式的政治管理,并把他们发展为独立的城邦。这些中心地区和他们所服务的区域之间的联系,就本质上而言是纵向联系,这种支配性联系由此产生了一个典型的聚落等级,这个过程称为城镇网络化。

第二个过程是指除了他们的腹地,通过商品、资本、信息等物质的交换和信息的交流在城市之间去创造一个水平而非纵向的城市联系。这个过程的结果被定义为城市网络,它形成的是一个城市网络而不是有等级的聚落。因此,从11世纪开始,拉丁基督教的欧洲城市开始逐渐地通过各种各样长途出行、贸易商品、钱财或者信件的流动被联系到欧洲的贸易网络中去。这个最初的城市网络是由两个核心区域架构起来的,即:意大利北部到中部的商业及金融中心和生产纺织品的南部低地国家(Southern Low Countries)[①],他们通过法国东北部的香槟贸易被联系起来。随着意大利和布鲁日之间的海上路线以及一个更东边的穿过德国南部城市的路线的开通,原本这些必须要通过法国的间接联系蜕变成了直接的联系,这直接导致了公元1300年左右香槟贸易的减少。另一个根本性的变革发生在16世纪,此时欧洲城市网络的重心移动到了西北部的欧洲。可以说相对于城镇网络(城镇网络是稳定的、静态的过程),城市网络是动态的并且更容易改变。

尽管城市网络是这个章节的重点,但城镇网络以及城市网络并不相互排斥,而且有可能并确确实实发生在同一个时间或者同一个城市:实际上在中世纪晚期,欧洲城市网络的每一个节点也同时都是一个腹地的中心城市。然而相对来说,城市网络对于理解中世纪晚期和16世纪欧洲的经济动态更为重要。

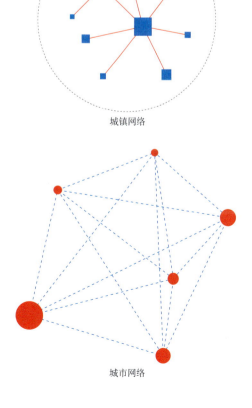

城镇网络和城市网络

通过两个普遍的过程城市与外部世界联系,即:城镇网络和城市网络。这两种联系可以同时发生在同一个地方。城镇网络产生了等级、局部和相当稳定的"城市—腹地"联系,这些曾被描述为传统的中心地理论。另一方面,城市网络产生动态、没有地方内部城市网络的联系,这种关系引起了全球一大批城市研究人员的广泛关注。

---

① 低地国家指荷兰、比利时、卢森堡。

13世纪的商业革命

在13世纪，一种新的组织长途贸易的方式同时在意大利和波罗的海的网络城市中发展起来，在后来的几个世纪，这个方式被扩散到了网络之外的拉丁基督教欧洲。在这个所谓的商业革命之前，欧洲商人实际上是行商，为了购买和销售商品，他们在不同的市场来回走动。然而，13世纪时期，越来越多的意大利和波罗的海的商人开始稳定起来，他们通过在欧洲其他各个城市设立的代表进行贸易商品的交换，从而通过他们的商业行为将这些城市联结成一个城市网络。

尽管出行是重要的，商业革命却广泛地带来了两种普遍类型的中世纪商业组织模式，这些模式主导了从13世纪末期到16世纪末的欧洲贸易。一方面，在意大利和德国南部的内陆城市，一种层级制公司发展起来，按照中世纪的标准来看，其中一些公司已经是非常大的规模了［像巴尔迪（Bardi）、佩鲁齐（Peruzzi）、佛罗伦萨的美第奇（Medici），或者是富格尔（Fugger）和

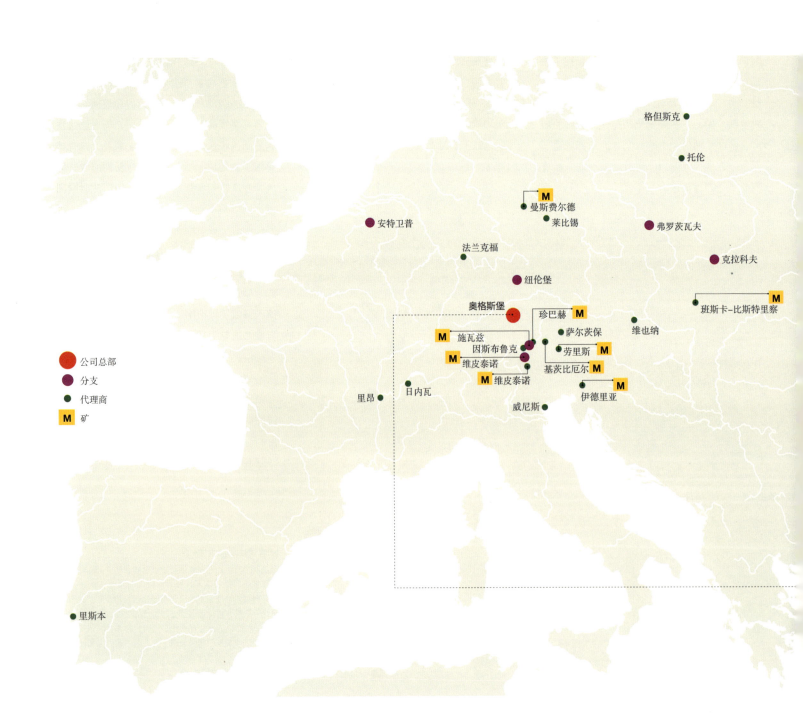

奥格斯堡的韦尔泽（Welser）这样的公司，这些公司的雇员规模都超过了60人]，这些层级制公司开始在国外建立分支机构或者发展国外代理商，这些分支机构或者国外代理商直接由总部委派并被总部直接雇佣。

另一方面，在地中海、大西洋、北海和波罗的海的海上港口，我们可以找到无数小的、灵活的、更像网络的商业组织，这些组织因成员之间的相互信任而团结一致。其中一些商业网络是由非正式的家庭伙伴关系组成，这种居住在不同城市的非正式家庭关系与家庭成员之间的关系不同；而另一些则形成商帮，或利用与国外工作的联系而形成商业委员会。当然，在这两个原型之间存在着许多中间模式。

由行商变向坐商转型的其中一个原因是他们在家乡逐渐增长起来的政治力量，他们必须出现在家乡并按规则参与当地的政治。然而，这导致了在欧洲产生了一个更有效的长途贸易的组织方式，一个不断加强和扩展的欧洲城市网络。超过3个世纪以来，欧洲的贸易都是根据13世纪的商业革命所产生的这种商业模式进行组织的。直到16世纪末期，像荷兰和英国的东印度公司这样的股份制公司开启了一个新的商业组织模式，并且又一次改变了欧洲长途贸易的性质。

奥格斯堡的Matthias Manlich公司
Matthias Manlich（1499~1559年）是16世纪奥格斯堡的重要的商人之一。他的公司主要进行铜和其他金属的贸易，并且由于采矿业的特权介入了铜矿业（尤其在蒂罗尔），采矿业的特权是通过贷款给哈布斯堡家族获得的。除了在奥格斯堡总部，公司的办公和仓库被安置在对于家族企业尤为重要的这些中心地区[分支可能在安特卫普、纽伦堡、克拉科夫、弗罗茨瓦夫、蒂罗尔的矿业小镇施瓦尔兹（Schwaz）和维皮泰诺（Vipiteno），也有可能还有其他地方]。在其他许多地方，Manlich的利益由其代理商所代表，这些代理商还服务于其他公司或为自己的公司。1581年，Matthias Manlich公司被他的继承人解散。

伦敦Celys家族的商业网络
Celys是一个伦敦的商人家族，在15世纪后四分之一的时间里，他们主要是出口羊毛，从英国科茨沃尔德始发，途经伦敦和加莱抵达低地国家的羊毛市场。该业务是由伦敦生活和工作的理查德兄弟和在加莱的乔治兄弟组成的家族合伙企业负责。

奥格斯堡

安特卫普的市场

中世纪晚期的交通

没有基础设施，网络城市是很难正常运作的。交通是城市网络的基础，它使得城市之间人和物品的运输成为可能。当今全球城市有强有力的空中交通去维持城市之间正常的联系。在中世纪晚期，与此并没有相差甚远。齿轮船、桨帆船和各种其他不同类型的船在欧洲海上的各个港口来往航行。与此同时，陆地运输也在进行着，驳船在内河水道穿梭，推车、驮畜在道路和山川中穿过。没有这些重要的交通工具，欧洲城市之间会更加孤立。

按照现在的标准，中世纪道路的质量是非常差的。此外，艰险的道路，通行费和关税的增长对陆路运输是相当大的阻碍。尽管如此，特别是在13世纪道路革命期间，许多道路和桥梁的改造建设开始了，这导致了陆路运输的繁荣。同一时期，区域交通服务的兴起促进了陆路交通的发展。这种服务是由

中世纪欧洲的主要城市
这个地图显示了大约1400年拥有两万人口或者更多人口的欧洲城市。可以看到，在15世纪初的大部分欧洲大城市是位于海岸或者通航的河流边（例如莱茵河、塞纳河或罗纳河）。许多其他城市位于一个或者更多重要的道路航线上。良好的交通联系对中世纪晚期的城市发展至关重要。

1380年汉斯柯克船的复制品

当地的运输商或水手组成的行会或公司组织起来的，他们往往垄断了某一特定路段或河流的运输，例如从自己的城市到下一个城市或港口。然而，特殊的交通公司和长距离运输货物的长途运输公司也只在15世纪末出现过。德国海塞的马车是一个特殊的例子。他们用四轮马车运送货物，横跨了整个安特卫普和德国南部。

虽然有这些进步，陆路运输还是比水运代价更高。因此，中世纪晚期时人们更喜欢水运，特别是在14世纪和15世纪早期，英国和法国之间百年的战争以及意大利半岛上的战争使得那时的陆路运输异常的艰险。然而，到15世纪末期，陆路运输又开始复苏了，而水路（特别是在地中海）运输却变得越来越少，越来越不安全，这是因为海盗数量（特别是在穆斯林和基督徒之间）的增长和奥斯曼对于地中海东部的征服。海盗对于中世纪的水路运输造成了极大的威胁。为了确保远离这些危险，船只经常由护卫舰护送航行，特别是在运送珍贵货物的长期航行时。这种护卫舰组织有时是由国家控制的，比如，威尼斯和佛罗伦萨城邦的桨帆船舰队。

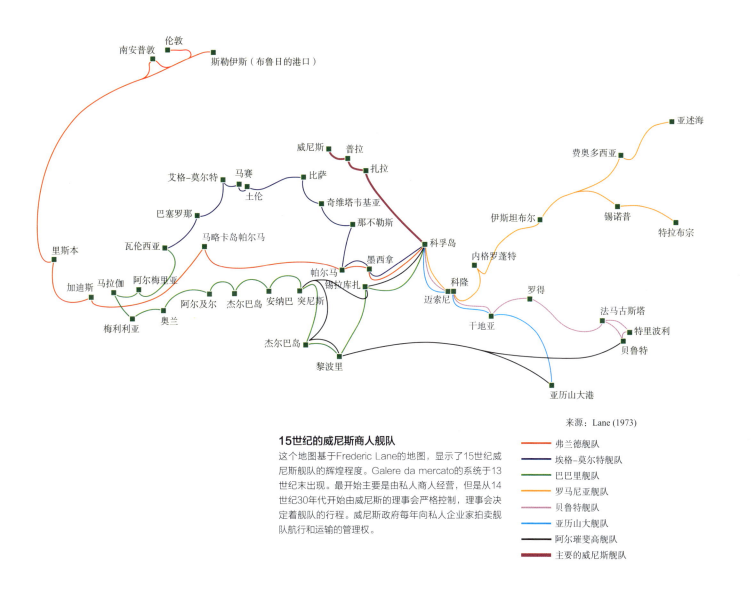

15世纪的威尼斯商人舰队

这个地图基于Frederic Lane的地图，显示了15世纪威尼斯舰队的辉煌程度。Galere da mercato的系统于13世纪末出现。最开始主要是由私人商人经营，但是从14世纪30年代开始由威尼斯的理事会严格控制，理事会决定着舰队的行程。威尼斯政府每年向私人企业家拍卖舰队航行和运输的管理权。

来源：Lane (1973)

- 弗兰德舰队
- 埃格–莫尔特舰队
- 巴巴里舰队
- 罗马尼亚舰队
- 贝鲁特舰队
- 亚历山大舰队
- 阿尔璀斐高舰队
- 主要的威尼斯舰队

中世纪晚期的通信技术

没有现代通信技术的出现，今天的全球化是不可想象的。同样地，欧洲中世纪晚期的网络城市也依赖于通信基础设施，它们使获取城市网络中其他地方所发生事情的信息成为可能。政府和商人依靠这些信息流来作出明智的决定。

在中世纪晚期，欧洲网络城市之间的长距离交流最初是基于面对面的接触，这就需要出行，通常出行都是艰辛并且烦琐的事情。对此，一个重要的替代就是邮政通信的应用。一些商业公司保留的档案生动地证明了中世纪社会晚期通信所扮演的重要角色。例如，西蒙·鲁伊斯（Simon Ruiz）这个16世纪在坎普城卡斯蒂亚镇（Medina del Campo of Castilian）的商人族群拥有50000封信件，而在托斯卡纳（Tuscan）的弗朗切斯科·达蒂尼（Francesco Datini大

中世纪晚期的邮递速度

对于整个欧洲，每个地区的邮件传送速度都是不一样的。以日为单位这个表格显示了超过20万封信件在中世纪晚期重要的商业中心之间传送所需要的时间。从意大利往地中海东部传送信件比往西欧传送信件更快。一方面，可以通过地理因素的差异去解释（从意大利出发，西欧只能通过跨越阿尔卑斯山脉到达或者通过航行整个海峡一圈到达，而东部的城市则可以通过直接的海上航线到达）；另一方面，这也反映了在意大利和地中海东部之间的通信设施优于与西部之间的通信设施。

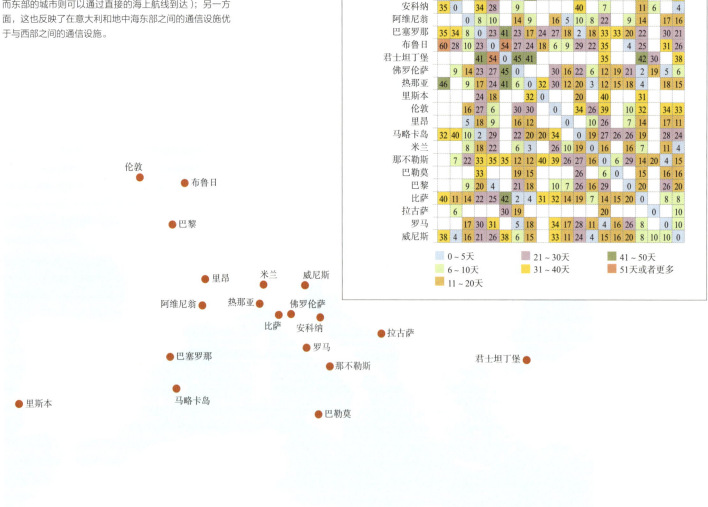

约1335~1410年）纪录保存下来的有超过120000封信件。不仅通过信件传递信息，同样可以通过信件传递支付凭证：在欧洲的金融中心之间，像汇票这样的信用票据可以通过普通信函的方式传递。

陆地上信件的分送是由邮递服务业组织的。有证据显示，从13世纪60年代开始，在托斯卡纳和香槟集市之间存在着命名为"斯卡塞勒"（意大利语是"钱包"）常态的邮递服务业。这些在不同城市之间的邮递业务或者是由商人组织（甚至是私人公司）、城市、宗教组织（如条顿骑士团）、大学等组织经营，或者是由国家经营。相对于私人企业，由政府组织的邮递业务发展地相对比较晚，它们的出现与15世纪外国大使的建立有着密切的联系。早期现代欧洲发展最广泛的邮寄网络之一就是由米兰塔西斯家族（Milanese Tassis family）为哈布斯堡（Habsburg）皇帝马克西米利安一世（MaximilianⅠ）所建的。

当时，报纸是不存在的，由外交官和商人送的信件有着很高的"新闻"价值，因为这些信件包含了很多国外政治和市场形势的信息。随着16世纪手写信件的发展（像威尼斯的"Avvisi"）[①]，对国外地区的知识也迅速增长。同样的，在16世纪的下半段，奥格斯堡富格公司的通信系统发展成为所谓的《富格新闻报》（Fuggerzeitungen），为庞大的读者群提供经济和政治上的信息。这些通信设施对于欧洲中世纪晚期的网络城市的运作起着至关重要的作用。

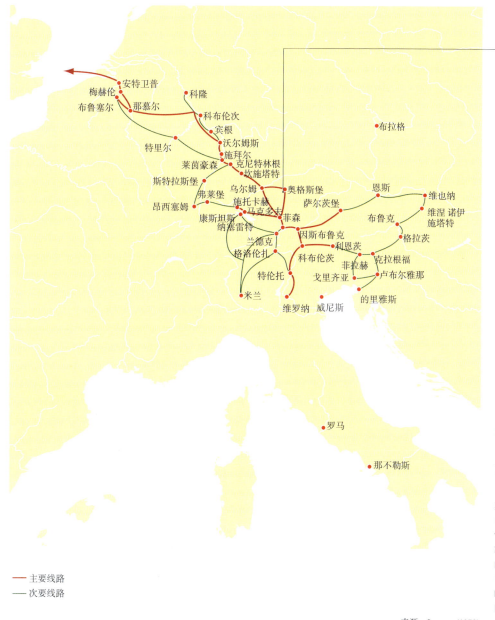

德国邮票：描绘了奥格斯堡塔西斯家族的邮递驿站

塔西斯邮递网络

哈布斯堡皇帝的邮递系统是由贝加莫（Bergamo）的塔西斯家族于15世纪末建立的。它是由珍妮托·德·塔西斯（Janetto de Tassis）在因斯布鲁克（Innsbruck）为德国皇帝马克西米利安一世建立的，最初连接了哈布斯堡宫廷与哈布斯堡在勃艮第（Burgundian）领地之间的联系。1500年前后，弗朗茨·冯·塔西斯（Franz von Taxis）将哈布斯堡邮政网络的中心转移到了布鲁塞尔（Brussels），他是菲利普大帝的邮政总监，还将邮递网络扩展到西班牙和意大利，这些国家的大部分地区都在哈布斯堡的控制之下。与较早的信使服务不同，哈布斯堡家族邮政服务的特点是建立了固定的驿站，马匹甚至骑手都可以在驿站替换。而一般的信使则是自己从出发地抵达目的地，并且通常是徒步而不是骑马。

来源：Laveau (1978)

[①] 16世纪意大利的一种手写新闻，登载政治、军事、经济等新消息。——译者注

商人族群

中世纪晚期的欧洲网络城市居住了相当多的陌生人：流浪者，学生，托钵修会和其他神职人员，游动的工匠，外国商人，外交官，战士等。他们中一些人受到当地人的热烈欢迎，而另一些人则遭受怀疑的眼光。在这群陌生人中，外国商贩是人数最多，并最具影响力的。在大部分城市里，在同一个城市或地区起家的商人们自己组织起来成为一个团体或者商人族群。

这个族群指的是扩展的海外公司，或者是在欧洲许多城市和城镇中存在的本地商人协会。为了限制外来竞争，这些商人联合在一起推动和保护应该给予协会成员的本地贸易权利。类似地，来自一个特定城市或区域、待在同一个商业中心的客商开始在国外组织商业团体或协会。这些团体是由独立的商人以及他们的家庭，家庭成员和学徒组成的，团体中成员不仅仅是外国的永久居民，同时也包括暂住的居民，甚至短期游客。在欧洲中世纪，此类商人协会大概早在8世纪就形成了，一直延续到11世纪，最终在18世纪晚期，欧洲的大部分地区这类团体就消失了。

外国的商业团体通常是一些松散的协会组织，只不过开展一些非正式的集会罢了。有时，他们以宗教兄弟会的形式存在，例如成员有时聚集在一个托钵修会修道院。然而，在某些情况下，以比团体成员拥有更高司法权的领事官员或议员为首，外国的商人团体按照自己的规定发展为更正式的组织。领事官员是他们族群的官方代表，在家里他们定期与政府通信。一些外国的商人

德国汉斯

德国汉斯是一个商业协会，大约成立于1160年，他们定期往来于波罗的海的哥特兰岛。最初由来自吕贝克、威斯特伐利亚和撒克逊的商人组成，但是波罗的海沿岸的在斯拉夫陆地新建的德国城市逐渐加入进来，并不是很清楚哪些城市是汉斯的成员，但是大约200个城市的市民可以在国外使用汉斯协会的贸易特权。从14世纪中期开始的一个半世纪，加盟汉斯协会的城市几乎垄断了在波罗的海和欧洲西北部之间的所有的贸易，特别是从俄罗斯来的皮毛、琥珀和蜡的贸易，从挪威和冰岛来的鱼，从佛兰德斯和英国来的羊毛和棉花，普鲁士的粮食和木材、金属、啤酒和盐。从葡萄牙到俄罗斯都可以发现汉斯的商人团体，有四个商务中心（伦敦、布鲁日、卑尔根、诺夫哥罗德）是汉斯的主要贸易合作伙伴。来自德国南部和荷兰商人的竞争逐渐增强，汉斯协会最终在16和17世纪走向衰弱。

来自英格兰的羊毛　　来自挪威和冰岛的鱼　　来自普鲁士的谷物　　来自俄罗斯的毛皮

组织，如威尼斯的那些组织是受母城严格控制的，而其他的组织则相对独立。

从经济角度而言，在商业族群里组织团体是有优势的。这些组织可以获得贸易特权并且保证他们团员之间的团结，减少交易成本和市场影响。但是这些组织也同样有着重要的社会、政治、文化、宗教和慈善的功能。同一个族群组织里的商人在教堂里一起朝拜他们的家乡或国家的守护神，例如威尼斯人信奉圣马可，卢凯塞人信奉伏尔托·桑托（Volto Santo），英国人信奉托马斯·贝克（Thomas Becket），并且集体参与游行和其他纪念仪式。最终，属于同一团体的每一个人都说着相同的语言，有着相同的习惯和文化背景，这给流浪在外的商人以家的感觉。

虽然，外国的商人团体不时地会屈服于来自当地居民和政府的暴力，但是其中的大部分团体都被认为是城市日常的一部分。他们定期参加城市的仪式，如游行、宗教庆典或皇室访问；并且在某些情况下他们参与新家乡的城市政治。

许多时候，成功的城市都是大都会城市，中世纪的欧洲，在很大程度上大都市直接与城市内部组织的团体数量与大小挂钩。这些商人组织的多少直接反映了一个城市与外部联系的强度，即反映了它的城市网络。

加泰罗尼亚国家的贸易网络

虽然中世纪地中海的贸易被意大利商人控制，但是加泰罗尼亚地区的商业重要性，特别是巴塞罗那的重要性是不可忽略的。自12世纪晚期开始，从加泰罗尼亚出发的主要贸易航线直接通达地中海东部，在那里主要用香料出口来换取阿拉贡王国纺织品和西欧地区生产的其他商品。诸如弗兰德斯、北非或者地中海西部等其他联系被认为是主要贸易路线的分支。只要与地中海东部保持成功的贸易，加泰罗尼亚的商业从整体上讲就是繁荣的（特别是在1350~1435年），但是15世纪通往东部航线的减少就意味着加泰罗尼亚贸易走向了消亡。

边界的宽度大约800英里

 加泰罗尼亚贸易的主要中心   ● 加泰罗尼亚贸易的其他重要中心   • 加泰罗尼亚国外贸易的主要目的地

网络城市的城市景观

成为城市网络中的一部分，对于网络城市的景观有着极大的影响。现代全球城市的天际线，就是对此的一个生动诠释。高耸的塔楼里有着跨国公司的总部和办公室。欧洲中世纪晚期的网络城市景观同样令人印象深刻，直到今天，城市美丽的历史中心（例如威尼斯、佛罗伦萨、布鲁日以及吕贝克）仍旧使得人们浮想联翩。

中世纪网络城市的国际商业和银行业集聚拉动了经济的增长，并产生了就业岗位。许多人被这些就业机会所吸引，导致了城市人口的持续增长，特别是从11世纪到13世纪新的住宅区——通常是贫穷移民的居住地——在城市郊区发展起来，因此必须建造新的城墙。然而，由于战争引起的混乱、瘟疫或者经济危机，这种城市增长可能会突然终止。所有这些都在14世纪和15世纪期间频繁发生。

对于那些由于种种原因失去了网络城市中心地位的城市来说，中世纪危机对城市人

中世纪晚期布鲁日的贸易区

布鲁日是中世纪晚期欧洲西北部最重要的商业大都市。这是低地国家纺织品生产的大门，并且是北欧和地中海地区商人会面的地方。大量的外国商人在这里定居的时间或短或长，特别是靠近港口的城市，这些城市都位于市集东北部的运河网络沿岸（Lange Rei, Goudenhandrei, Spiegelrei, and Kraanrei）。在这个区域，不同的商业族群也建立起本民族的大使馆或者领事馆。由于各种各样的原因，大部分商人团体在1500年左右离开布鲁日去了安特卫普。

佛罗伦萨的大使馆
最迟在1420年被佛罗伦萨人使用。

商人的工会议事厅
布鲁日的商人在城市国际贸易中扮演着至关重要的角色，他们作为来自不同商业民族的外国商人之间的中间人。

Inn "Ter Buerse"
Inn "Ter Buerse" 是布鲁日的国际商人的重要会议场所，并且是汇票的贸易中心。

威尼斯的大使馆
最迟在1397年被威尼斯人使用。

卢卡的大使馆
在1394年被卢凯塞人购买了下来。

热那亚的大使馆
建于1399年。1277年左右，热那亚人是第一个直接航行到佛兰德斯的地中海民族。

水厅
建设"水厅"是用来装载、卸载船只和储藏商品的。这栋建筑的建设始于1284年。

起重机
在1292年之前起重机被建造出来，它是用来装载和卸载船只的。

比斯开湾的大使馆
1494年，比斯开湾的商人民族从布鲁日收获了两栋建筑。16世纪，在同一个地方，他们建设了一栋新的建筑。

- ● 港口设施
- ● 商业设施
- ● 外国商人民族的大使馆
- -- 前Kraanrei运河的航道

口数量的影响更为深刻。中世纪晚期网络城市的典型城市景观可以被概括为公共设施建设，例如市场和大厅，与运河、码头一起开发的港口基础设施、仓储空间、海关、造币厂、过磅室等。这些令人印象深刻的建筑，旨在展示城市及其商人精英的财富。这些建筑中最令人惊叹的是市政厅，在这里商业精英管理着城市。至少哥特式教堂和大教堂是让人印象深刻的，这些建筑都由商人定期赞助的。人们可以在商人的私宅中发现类似的美丽景象，即在中世纪晚期的城市中出现了第一批由石头建造的住宅。

外国商人团体的出现也同样在城市景观中留下了痕迹，来自于同一个商人族群的外国商人倾向于居住在一个特定的社区，他们居住在私人住宅中或者小旅馆中，他们聚集在这个社区的教堂中，祭拜家乡的守护神。一段时间后，这些商人族群开始组织修建或者购买属于本族群的住宅或领事馆。在一些城市，由外国商人居住的区域形成了独立的居住区，在地中海的伊斯兰码头被称作"法达克"（Funduk），在意大利被称作"方达可"（Fondaco），在德国被称作"康托"（Kontor），有时他们通过一道墙与城市其他部分隔离开来。在这些独立的区域他们修建自己的办公室、仓库、码头区、居住区和教堂。

—— **卡斯蒂利亚的大使馆**
1483年，卡斯蒂利亚人在这拥有了一栋建筑，可能是在这条街的西边。1494年，他们在东边获得了一栋新建筑。直到1705年，这个建筑被赋予卡斯蒂利亚领事馆的功能，卡斯蒂利亚人比其他的商业民族待的时间更长。

—— **英国商人的大使馆**
虽然在中世纪英国商人和布鲁日贸易，但是不确定他们在16世纪前夕是否有自己的大使馆。

—— **英国称量房**
在1315年第一次被提及，英国称量房所在的那条街仍旧被称作英国街。

称量房
为了提升贸易的公平性，商品在公众监督下称重。

德国汉斯协会的大使馆
从1457年被德国汉斯使用，这栋建筑是从布鲁日城市得来的礼物。

通行税征收处
在通行税征收处，收取地区间和国际的商品税。

葡萄牙的大使馆
这栋建筑是在1494年由布鲁日人提供给葡萄牙人的，然而，不久之后，葡萄牙人离开布鲁日前往安特卫普。

—— **西班牙称量房**
由比斯开湾商人使用，它在1556或1557年被摧毁。

✝ 教堂
■ 商人住处，仓库，市场
■ 公共烤炉
□ 公共浴室

13世纪在提尔的威尼斯人，热那亚人和比萨人的聚集区

提尔（今天的黎巴嫩境内）是耶路撒冷十字军王国重要的商业和文化中心之一。在提尔，意大利公社的历史始于1124年十字军对于这个城市的征伐。由于讨伐期间对于海运的支持，那一年威尼斯人换取了城市三分之一的领土，以及多条法律和商业特权。同威尼斯相比，比萨和热那亚拥有的特权要少一些，比较晚才获得城市的自治区域。在意大利的每个商人聚集区都拥有一个大使馆、一个或多个教堂、私人住宅、商人寓所、仓库、市场、公共烤炉、商店和浴场。这三个聚集区最终在1291年十字军失败之后消失了。

生产和消费中心

中世纪晚期欧洲城市的网络化特征在贸易和银行领域表现得最为明显。一些城市发展为垂直的商业帝国,其中以热那亚和威尼斯大量的地中海贸易殖民地为代表。然而,没有生产和消费的同时作用,商业想要繁荣是不可能的。因此,中世纪欧洲城市网络中的许多中心城市都是重要的生产或者消费中心并不是一件令人惊讶的事情。

欧洲的许多商业和金融首都都处于重要的生产中心之列。例如,佛罗伦萨是一个非常重要的多种羊毛和丝绸纺织品的生产地,威尼斯不仅生产纺织品,同时也造船,生产玻璃和多种稀有的商品。然而,与佛罗伦萨和威尼斯不同,许多生产中心并没有一个很强的国际化的商业部门将他们的产品营销到海外;相反,这些城镇的商品是通过门户城市输出的,门户城市变成了生产中心与更大的贸易网络之间的连接处。在佛兰德斯的工业城市和城镇(像根特、伊普尔、科特赖克)所生产的纺织品通过布鲁尔出口,同时欧洲中部(施瓦茨、纳班斯卡-比斯特里察、库特纳霍拉)生产银和铜的矿业

1350~1550年伦巴第州的纺织工业

除了南部低地国家之外,意大利的中北部是欧洲中世纪晚期最重要的纺织品生产地区。在伦巴第州,以出口为导向的纺织品生产地并不局限于首府米兰,而是分散在不同的城市和城镇。每一个地方都专业生产一种或者多种特殊种类的亚麻布、粗柳条棉或者羊毛布料。通过最大的城市提供的专门化商业技能,以及小城镇多样的工业与区域国际市场联系的服务,一个多中心的城市区域就得以发展。在其他高城市化的工业地区,包括低地国家和斯瓦比亚(Swabia),类似的发展也可以被观察到。

来源:Epstein (2000)

城镇则是通过像纽伦堡和奥格斯堡这样的门户城市出口。此外，生产并不仅限制于大城市，农村和小城镇居民点的初始产业的发展是欧洲中世纪晚期经济的一个显著特征。

欧洲中世纪晚期各个首都城市是主要的消费中心，在那里皇室王宫人员是各种各样奢侈品的主要消费者。另外，首都城市吸引了大量的仆人、管理者、贵族、艺术家、工匠、商人、银行家以及各种各样居住在宫廷或者为宫廷服务的人。因此，首都城市像巴黎、伦敦、威尼斯、那不勒斯和布拉格，都处于中世纪晚期的欧洲特大城市之列，并且这些密集的人口产生了相当高的消费水平。

因此，欧洲中世纪晚期的网络城市包含了许多不同的功能：生产、消费、商业、教育、管理等。有时，这些功能是集中在一个单个的大都市；然而有时这些功能也分散在一个地区的许多城市，每一个城市有自己专门的功能。这样的地区拥有一个或多个工业城市、商业门户或者消费中心，不同的城市有不同的功能，但可以实现功能互补，因此，这样的地区被打造成为多中心城市区域。像今天的多中心都市区一样，这些多节点的地区构成了城市动态网络，在更高一层级上被连接到城市的总体网络中。

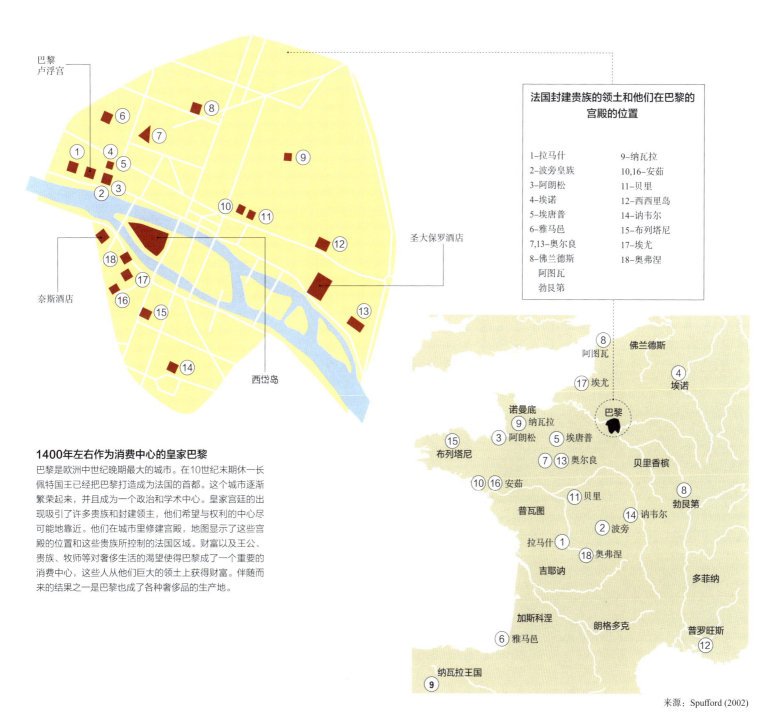

1400年左右作为消费中心的皇家巴黎

巴黎是欧洲中世纪晚期最大的城市。在10世纪末期休一长佩特国王已经把巴黎打造成为法国的首都。这个城市逐渐繁荣起来，并且成为一个政治和学术中心。皇家宫廷的出现吸引了许多贵族和封建领主，他们希望与权利的中心尽可能地靠近。他们在城市里修建宫廷，地图显示了这些宫殿的位置和这些贵族所控制的法国区域。财富以及王公、贵族、牧师等对奢侈生活的渴望使得巴黎成了一个重要的消费中心，这些人从他们巨大的领土上获得财富。伴随而来的结果之一是巴黎也成了各种奢侈品的生产地。

来源：Spufford (2002)

创新扩散

城市网络有着发展较好的交通设施以及通信设施，这些设施的存在使得中世纪欧洲网络城市之间的人、商品、钱财、信息得以交换。这个密集网络所引起的一个悲痛印记就是瘟疫的传播，它正是被这些交流所促成的：在14世纪中叶，这种毁灭性的流行病通过一艘从克里米亚的卡法发出的意大利船只再次出现在欧洲，然后从地中海通过其他城市网络传播，几乎影响了整个欧洲。

欧洲中世纪晚期的网络城市之间存在着强有力的相互联系，这种联系的一个更有益的效应就是创新的传播。例如，通过技术娴熟的工匠从一个中心到另一个中心的永久性迁移，制造业中的工艺创新和制作技能得以传播，又或者是通过高度流动性的帮工在各地方之间传播。欧洲中世纪晚期的主要创新来源于意大利，许多创新是通过意大利技术专家的迁移而被传播到欧洲各处的。在1370~1500年塔钟从意大利向欧洲其余地区传播就是一个例子，另一个例子是在14世纪后半世纪期间，棉布织造从意大利北部向上往德国进行转移。招聘外国技术专家是一种

瘟疫的扩散

瘟疫和黑死病自8世纪消失以后，在欧洲消失了600年左右。然而这个疾病在14世纪中期再一次席卷欧洲。1346年在蒙古王子的部队围攻黑海上热那亚在卡法（Kaffa）的贸易殖民地时，瘟疫爆发了。流行病的传播跨越了整个城市，1347年通过船被传播到了热那亚。到1348年的7月份为止，大部分的地中海人都被传染了，而到1350年底疾病同样也传播到了欧洲的西部和东部。1346~1348年预估死亡率高达30%以上，黑死病对欧洲人口数量的影响是巨大的。但是，并不是整个大陆都受到同样的影响。

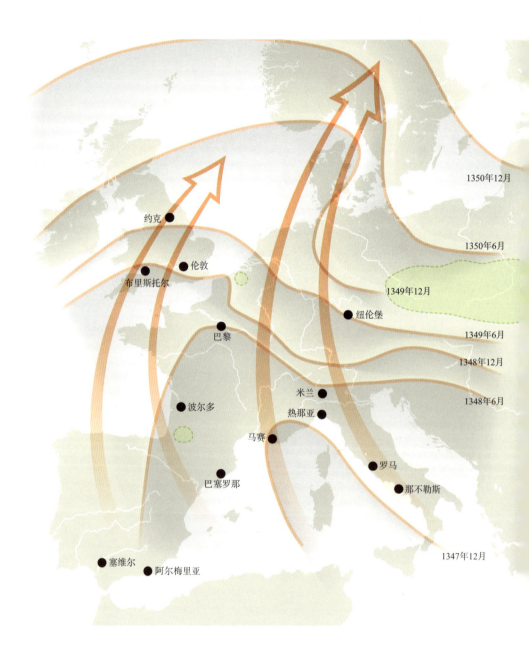

部分或者完全感染瘟疫的地区

既定的技术转让机制,这种机制跨越了地域和语言障碍。然而,有时这样的迁移是迫于无奈的,就像16世纪后半个世纪的宗教战争期间,专业纺织工就从低地国家南部移居到了欧洲的新教地区。

技术知识和技能往往是隐性的,因此很难识别;也是通过工匠的流动而转移。中世纪晚期和现代欧洲早期的熟练匠人的流动性很强。在回家经营他们自己的生意之前,他们当中有许多人会到处游走来获得宝贵的技术经验。在他们的游走期间,他们在一个或者更多的车间工作,和其他匠人一起协作,学习在地域间存在的技术和工作组织方面的差异。尤其是更精细、更专业的手艺,如书籍装订、皮带制作、打金、马具制作,对于长途游走的熟练工来讲,这是一个常见的训练。在这些因素影响下,一个城市可以获得技术首都的声誉并成为一个吸引熟练工匠的磁体。

根据简·雅各布斯所说,幸亏通过城市网络所进行的创新与传播,经济才得以扩展。通过进口替代机制,本地生产替代了从其他城市进口商品,这导致了城市经济的扩张,这种扩张倚赖于更加多样化的劳动分工。因此,城市网络过去是并且将来也一直会是经济增长的关键。

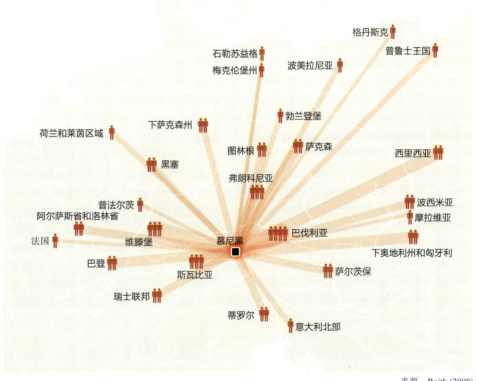

来源:Reith (2008)

熟练匠人的数量(人)

👤 1~5
👥 6~25
👥👥 26~50
👥👥👥 51及以上

熟练匠人的流动性

中世纪晚期熟练匠人是高度流动的。这个地图显示了在1600年左右376个在慕尼黑工作的外国匠人的最初位置,他们从事着50种不同的工作。大部分流动的熟练匠人来自附近的地区,像巴伐利亚、弗朗科尼亚或斯瓦比亚,但是其他的则来自遥远的意大利、法国、低地国家、波兰或者匈牙利。不同手艺流传的方式差别很大。例如,皮货贸易是被远距离的移民者控制的,而制作帽子的匠人则大多来自附近的奥地利阿尔卑斯山。幸亏有了流动性,科学技术和知识才能够在欧洲城市网络的范围内轻松地循环流动。

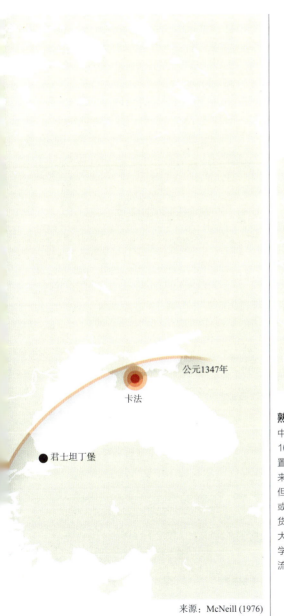

来源:McNeill (1976)

第3章 帝国城市
THE IMPERIAL CITY

阿斯利·杰伊兰·奥内尔 ASLI CEYLAN ONER

核心城市 Core city
伊斯坦布尔 ISTANBUL

次级城市 Secondary cities
罗马 ROME
圣彼得堡 ST. PETERSBURG
维也纳 VIENNA
伦敦 LONDON
墨西哥城 MEXICO CITY
莫斯科 MOSCOW

左图：伊斯坦布尔，土耳其

帝国城市：引介

> "在其历史意义的基础上继续发展，帝国城市至今仍然保持着重要的地位。"

帝国城市是其所代表帝国的政治、文化、经济和军事中心，帝国城市的黄金时代与其所代表帝国的黄金时代一致。这些城市既为胜利庆典、艺术盛事、纪念性建筑提供场所，同时也是骚乱、国际政治斗争和战争的场所。帝国城市中激烈多样的经济和文化活动带来了知识和思想的创新和交流，体现了城市的生成功能。在其历史意义的基础上继续发展，帝国城市至今仍然保持着重要的地位。伦敦、罗马、阿姆斯特丹、东京、马德里、墨西哥城、莫斯科和伊斯坦布尔，都是重要的世界城市，也是全球经济体系中的指挥和控制中心。圣彼得堡、克拉科夫、萨尔茨堡、京都，这些早期帝国城市已经凭借其历史遗产成为重要的历史文化中心。

出于战略性的考虑，帝国城市往往选址在接近重要贸易航线并便于防御的地点，但在某些情况下，城市的选址需要在战略优和基础设施方面的挑战之间作出妥协。例如，尽管罗马选址在受保护的内陆地区，并且能够通过台伯河进入大海，但是仍然面临诸如供水、洪水、河流污染等问题。墨西哥城由于选址在位于特斯科科湖（Lake Texcoco）湖积平原周围被群山环绕的封闭流域，故而需要面对城市的洪涝问题。17世纪后，阿姆斯特丹是一个人口兴旺的主要贸易港口，需要发展先进的水利管理和建设技术，以运河系统为中心建立城市。总的来说，水路，贸易路线和城市防御是帝国城市选址最重要的决定因素。萨尔茨堡、布达佩斯和维也纳都坐落在作为贸易通道的主要河流旁。阿姆斯特丹和圣彼得堡都是重要的港口城市，其帝国城市地位来自于港口城市的功能。

一个城市从小的居民点发展成为大的帝国中心时常需要非凡的规划。在帝国城市中建设基础设施和大尺度空间的规划案例有：维也纳的19世纪环城大道，这条街道被历史建筑群、开放空间和纪念性建筑所环绕；奥斯曼于19世纪中期进行的巴黎改建；阿姆斯特丹用以促进贸易和防御的运河规划；以及横跨多瑙河连接布达（Buda）和佩斯（Pest）的第一个永久性大桥。

说到大尺度的规划，纪念性的建筑和构筑物，尤其是宗教建筑和宫殿在展示帝国城市的权力中扮演了非常重要的角色。规划和空间组织常常以这些建筑的特征为导向，开放空间和公园同样也是影响帝国城市的重要因素。巴洛克时期，维也纳和萨尔茨堡的花园就像皇家宫殿和音乐大厅一样让人印象深刻。

帝国城市是政治和军事冲突的焦点。由

于帝国城市被定义为战略要塞，同时也是帝国的指挥和控制中心，它们的沦陷多半带来帝国的灭亡。帝国城市中的全球性人口来自不同的种族和不同的宗教背景。不同宗教团体保持着他们各自的传统，但有时候这也是造成斗争和内部冲突的原因。今天，早期的帝国城市已经变成了重要的、有着全球性人口的世界城市。城市内巨大的人口数量和人口密度已经对民族和区域的文化产生了重大的变革性影响。在物质、经济、社会以及文化环境中，帝国城市仍然承载着历史的痕迹。

威严的三个帝国

作为早期的帝国中心，伊斯坦布尔为帝国城市的研究框架提供了一个有趣的案例。近2000年来，伊斯坦布尔一直是全球中心，在超过1700年的时间里，这里曾是罗马帝国、拜占庭帝国以及奥斯曼帝国的首都，直至今日仍是土耳其共和国的经济中心。最初由君士坦丁大帝进行规划设计，将伊斯坦布尔作为世界中心，今天已有大约1100万人口，伊斯坦布尔是土耳其最大的城市，并且是唯一的连接欧亚大陆的纽带城市。伊斯坦布尔最近正在重塑其作为全球城市的声誉，而其曾经的帝国城市功能对城市发展仍然起着很大的作用。

图解城市

拜占庭：帝国城市的基础

帝国城市的共同要素之一是重要的区位。可达性、防御性以及对重要贸易线路的控制等要素决定了帝国城市的区位，伦敦、阿姆斯特丹和罗马的选址都是出于这样的战略考虑，伊斯坦布尔也不例外。伊斯坦布尔的前身是在公元前7世纪希腊殖民者墨伽拉的多里安人在萨拉基里奥角（Seraglio Point）建造的拜占庭城市。关于他们新城市的选址，殖民者特意在特尔斐（Delphi）询问了神仆。当时，在马尔马拉海对面的海滨位置有个城市叫卡尔西登（今卡德柯伊），由于它忽略了萨拉基里奥角的战略价值，所以被称为"盲人之城"。

拜占庭城市得名于早期的殖民地首领——拜占斯（Byzas），作为古希腊城市的拜占庭具有典型的希腊城市的特色。卫城位于今天托普卡帕宫（Topkapi Palace）的庭院，里面包含皇家宫殿和供奉各种天神的神庙；集市位于今圣索菲亚大教堂的广场；内根（Kneigon）剧场则位于俯瞰博斯普鲁斯

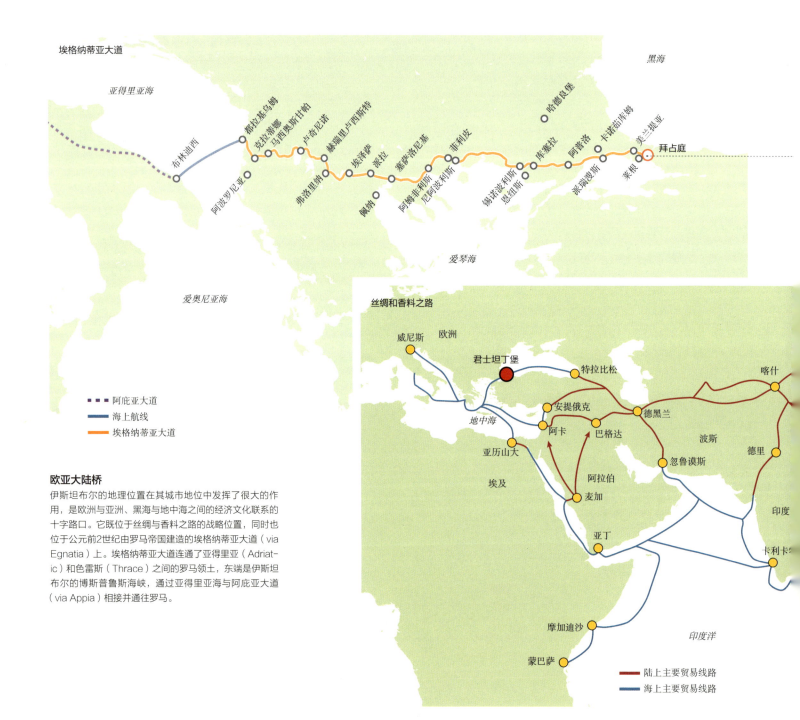

欧亚大陆桥

伊斯坦布尔的地理位置在其城市地位中发挥了很大的作用，是欧洲与亚洲、黑海与地中海之间的经济文化联系的十字路口。它既位于丝绸与香料之路的战略位置，同时也位于公元前2世纪由罗马帝国建造的埃格纳蒂亚大道（via Egnatia）上。埃格纳蒂亚大道连通了亚得里亚（Adriatic）和色雷斯（Thrace）之间的罗马领土，东端是伊斯坦布尔的博斯普鲁斯海峡，通过亚得里亚海与阿庇亚大道（via Appia）相接并通往罗马。

海峡的区域。虽然拜占庭依托马尔马拉海和博斯普鲁斯海峡便于防御，但是在城市西侧仍然有必要建设防御的城墙。防御城墙一直是拜占庭城市最重要的考量因素之一。拜占庭的城墙在防御中发挥了重要的作用，是军事工程的典范。

许多侵略者试图占领这个重要的位置。在公元前5世纪，波斯入侵之后，拜占庭和卡尔西登在希腊城市联盟的领导下对抗波斯人。公元前489年，斯巴达指挥官普萨尼亚斯（Pausanias）从波斯人手中夺回拜占庭，并一直统治它直至公元前477年。在这之后，拜占庭加入希腊领导下的城市提洛同盟（Delian League of Cities）。虽然拜占庭在提洛同盟解体之后独立，但在伯罗奔尼撒战争之后，拜占庭再次被斯巴达人统治直至公元前390年。

在整个希腊化时期，拜占庭都保持独立。城市位于黑海和地中海之间、小亚细亚半岛和巴尔干半岛之间两条贸易航线交叉的十字路口。在希腊化后期，拜占庭与罗马正式结盟。尽管在罗马人的保护下，拜占庭却维持了自由之城。拜占庭与罗马通过埃格纳蒂亚大道联系，这是一条从亚得里亚海岸通往色雷斯的道路。罗马人甚至在哈德里安皇帝统治时期建造引水渠为拜占庭供水。

萨拉基里奥角
萨拉基里奥角位于马尔马拉海与博斯普鲁斯海峡的交叉口，是通往黑海的唯一通道。萨拉基里奥角有一个天然港湾叫金角湾，为海上贸易和城市防御提供了非常优越的条件。

从拜占庭到君士坦丁堡：为宏伟而制定的规划

在帝国城市中，大尺度的规划方案往往被视为权力和威望的象征。例如，最初，圣彼得堡是按照城市中心由运河组成的矩形网格形状的规划来发展的。莫斯科的克里姆林宫在13世纪之后，已经成为一个通过宫殿、教堂和塔楼来象征皇权和威望的复合建筑群。维也纳的环城大道，最初也是作为一条环绕城市中心的林荫大道来建设的。同样的，作为一个有着1700年历史的帝国城市的代表，伊斯坦布尔的规划过程也是独一无二的。

公元2世纪末期，拜占庭被罗马皇帝塞普蒂米乌斯·塞维鲁（Septimius Severus）占领，然后又被塞维鲁的皇位竞争对手佩西尼乌斯·尼日尔（Pescennius Niger）占领。拜占庭在战争中破坏严重，塞维鲁的儿子卡拉卡拉（Caracalla）出于重要的战略区位考虑说服了他的父亲重建拜占庭。塞维鲁重建了用于防御的城墙，并在这个过程中，将城市面积扩建至原始城市的两倍大小。在这一时期建设了今天的蓝色清真寺前面的竞技场、大型公共浴场，在梅塞大道主干道周围

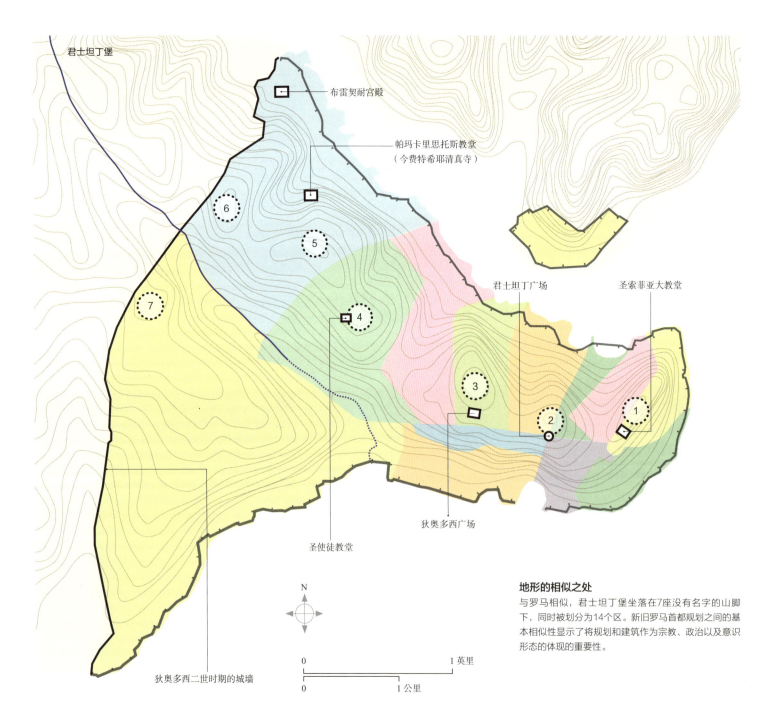

地形的相似之处

与罗马相似，君士坦丁堡坐落在7座没有名字的山脚下，同时被划分为14个区。新旧罗马首都规划之间的基本相似性显示了将规划和建筑作为宗教、政治以及意识形态的体现的重要性。

还建设了一条带柱廊的街道。

公元324年，君士坦丁一世成为罗马皇帝。他设拜占庭为首都，并命名为君士坦丁波利斯（Constantinopolis），又称新罗马君士坦丁波利塔纳（新罗马，君士坦丁城）。君士坦丁在帝国内给予基督教很大的宽容度，并给基督信仰提供了资助。城市内相应地建造了很多教堂，包括第一圣索菲亚大教堂（Hagia Sophia）和圣使徒教堂（Holy Apostles），尽管在这个过程中城市内还有异教及其庙宇存在。艺术与雕塑作品从帝国的不同地方运到了新首都。君士坦丁建造了拜占庭帝国的大皇宫。君士坦丁广场包括参议院以及其他重要的宗教和礼仪建筑群。连接重要的建筑群和广场的梅塞大道仍是主要街道，并新增了覆有柱廊的街道。君士坦丁大帝将拜占庭变成了可与耶路撒冷媲美的基督教大城市之一。

公元337年，君士坦丁大帝去世，此后君士坦丁堡和罗马帝国的历史烙上了宗教冲突、政治斗争和战争的标志，尤其是与波斯人的战争。尽管君士坦丁堡仍然是罗马帝国的首都，这些标志在其经济贸易联系、繁忙的港口、大量的人口、伟大的建筑和纪念物上都随处可见。直到公元395年，狄奥多西大帝（Theodosius the Great）去世时，城市人口增长至大约30万人。狄奥多西的死亡标志着罗马帝国的东部和西部永久性分裂。东罗马帝国的首都仍然在君士坦丁堡，西罗马帝国的首都迁往拉文纳（Ravenna）。

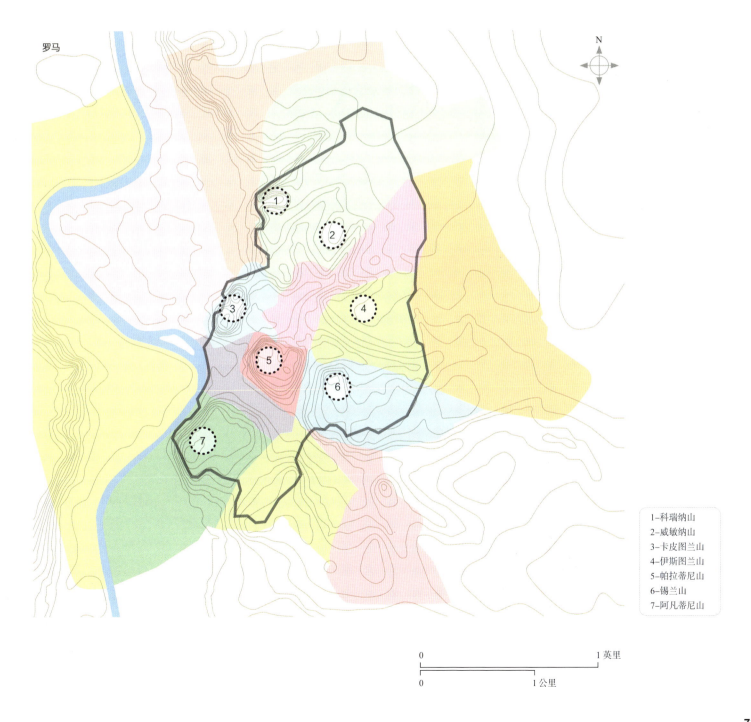

1-科瑞纳山
2-威敏纳山
3-卡皮图兰山
4-伊斯图兰山
5-帕拉蒂尼山
6-锡兰山
7-阿凡蒂尼山

权力与控制的焦点

作为政治和帝国权力的公开象征，帝国城市需要从内外两个方面做好应对威胁的准备。防御城墙既是帝国伟大的象征，也展示了明显的军事功能。在欧洲，自中世纪开始城墙被用来保护城市免受袭击和炮火。17世纪时，维也纳的城墙是阻止奥斯曼帝国入侵欧洲最重要的因素。而危险来自内部的例子有始于巴黎骚乱的法国大革命，也有1905年威胁了沙皇政权的圣彼得堡血腥星期日。作为拜占庭帝国的首都，君士坦丁堡是许多政治权力斗争的舞台。

公元527年至565年，查士丁尼皇帝（Justinian）统治时期被认为是拜占庭帝国的巅峰时期。在这段时期内人口增长到50万以上，政权统治从小亚细亚扩展到波斯边界，并且包括了巴尔干半岛、意大利和北非。然而，这也是一个充满激烈斗争的时期。最大的内部危机是尼卡起义（Nika

圣索菲亚大教堂

圣索菲亚大教堂内景

金角湾

城墙

公元4世纪末期，来自哥特人和匈奴人的威胁迫使狄奥多西二世皇帝建设了另一套城墙，扩大了40%的城市边界，远远大于君士坦丁城墙所包围的区域。这些城墙是拜占庭时期城市西部边界的标志，今天仍然可见。

- ━━ 金角湾城墙
- ━━ 普洛彭提斯城墙
- ┅┅ 拜占庭时期的城墙
- ━·━ 塞维鲁时期的城墙
- ••••• 君士坦丁时期的城墙
- ━ ━ 狄奥多西二世时期的城墙
- ━━ 道路

Revolt），它摧毁了包括第一圣索菲亚大教堂在内的许多历史性的帝国建筑物。查士丁尼的宫殿被围困了整整一个星期之后，他才成功平定叛乱。在这之后城市进行了重建，其中，今天所见的圣索菲亚大教堂于公元537年完工，用于供奉蒂维尼·威士顿（Divine Wisdom）。

拜占庭帝国的特点是剧烈的政治动荡。在公元330～1204年，大约有70个皇帝统治过君士坦丁堡，其中超过半数的政权都被暴力起义推翻。从公元7世纪起，阿拉伯和波斯萨珊王朝（Sassanid Persia）成为君士坦丁堡的威胁。拜占庭帝国的力量被削弱，君士坦丁堡不得不缩小城市规模，公元750年后帝国开始恢复。到公元1050年时，君士坦丁堡有大约37.5万人。

公元1204年，第四次十字军东征洗劫了君士坦丁堡，这也是神圣罗马帝国和拜占庭帝国之间漫长的宗教和政治斗争的顶峰。大火和抢劫毁坏了许多历史建筑，像圣索菲大教堂这样重要的希腊东正教堂也皈依了天主教。十字军运动给君士坦丁堡带来了具有破坏性的拉丁统治规则，直至1261年希腊人重新获得控制权才恢复了拜占庭帝国。然而，君士坦丁堡被拉丁占领后力量严重削弱，当公元1453年被土耳其占领时，人口数量为2.5～5万人。

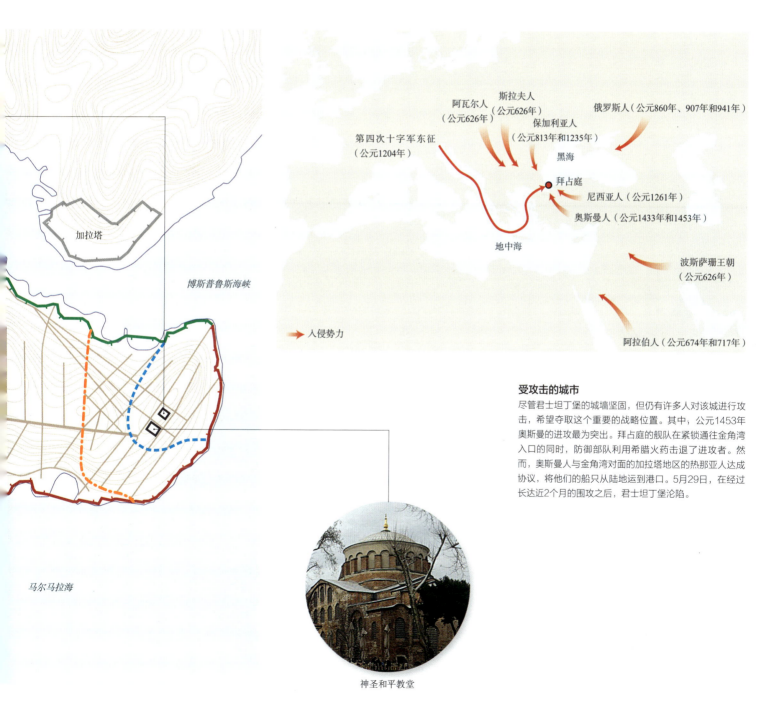

受攻击的城市

尽管君士坦丁堡的城墙坚固，但仍有许多人对该城进行攻击，希望夺取这个重要的战略位置。其中，公元1453年奥斯曼的进攻最为突出。拜占庭的舰队在紧锁通往金角湾入口的同时，防御部队利用希腊火药击退了进攻者。然而，奥斯曼人与金角湾对面的加拉塔地区的热那亚人达成协议，将他们的船只从陆地运到港口。5月29日，在经过长达近2个月的围攻之后，君士坦丁堡沦陷。

神圣和平教堂

建筑的辉煌

独立大街（Grand rue de pera）

从15世纪起，佩拉区就是使馆与欧洲殖民者进行外交和对外贸易的核心地区。依据欧洲人口的集中程度来划分的话，在19世纪，佩拉区是伊斯坦布尔最西化的区域。无论是曾经的独立大街，还是今天的伊斯提克拉大街（Istiklal Avenue），一直以来都是这个区域最重要的街道，聚集了大使馆、世界文化、高端时尚以及风格独特的建筑群等多元要素。

建筑始终是帝国城市中政治权力最重要的风向标。政治权力在不同群体中的更迭，重要的建筑物作为权力的象征也会随之一起被改建或者拆除。例如，摩尔人于1085年被驱逐出马德里时，新国王下令将大清真寺改建成了一个天主教堂。大神庙是阿兹特克文明（Aztec Civilization）的主要神庙，在1521年西班牙开始统治墨西哥城的时候被摧毁。在波兰被纳粹占领时期，克拉科夫的许多犹太纪念碑和教堂被破坏或遗弃。在斯大林时期，莫斯科的许多历史建筑，尤其是宗教建筑，以建设开敞宏伟的林荫大道之名被拆除。1453年，君士坦丁堡被苏丹穆罕默德法提赫征服，开始作为另一个帝国的首都进行建设，而建筑自然是这次城市发展建设的重点。从这个时期开始，虽然西方仍然称之为君士坦丁堡，但是它更多地被称为东方的科斯坦丁尼耶（Kostantiniyye），慢慢

法提赫清真寺

苏莱曼清真寺

奴鲁奥斯玛尼耶清真寺

蓝色清真寺

的，变成了伊斯坦布尔。

苏丹致力于促进城市的种族融合，城墙得到了修复，圣索菲亚大教堂变成了清真寺。土耳其人、犹太人、希腊人和亚美尼亚人从奥斯曼帝国的不同地方被带到首都，而城市内的前希腊居民则被鼓励返回原居住地。尽管许多教堂被改成清真寺，但是每个民族仍然有各自的居住街区、宗教领袖和礼拜场所。征服君士坦丁堡10年后，法提赫下令建造大尺度的宗教建筑群，并将他的名字刻在圣使徒教堂所在的地方。这个建筑群，又称库里耶（Kulliye），包括法提赫清真寺以及宗教学校（修道院）、公共食堂、医院、图书馆、公共浴场、市场、墓地、收容所和旅馆。将库里耶作为一个宗教建筑群的概念变成了奥斯曼帝国城市规划的一个重要模式，库里耶和清真寺形成不同的社区中心。1856年之前奥斯曼帝国苏丹的皇宫——托普卡帕宫，世界上最大的室内集市——大巴扎（Grand Bazaar），都在法提赫时期建造。

在1453~1923年，30位奥斯曼皇帝统治过伊斯坦布尔。执政时间最长的皇帝是苏莱曼大帝（Suleyman the Magnificent），他的执政时间从1520年到1566年，长达46年。在他执政期间，帝国疆域最广，伊斯坦布尔成为首都，体现着奥斯曼帝国的政治权力。苏丹苏莱曼的总建筑师是希南（Sinan），他设计的纪念性清真寺以及其他建筑物至今仍然是城市天际线的重要组成部分。其中，最重要的建筑是泽扎得清真寺（Sehzade Mosques）和苏莱曼清真寺（Suleymaniye Mosques），后者致力于表现苏莱曼的伟大。所有这些清真寺都是库里耶建筑群的一部分。苏莱曼之后，奥斯曼帝国进入一个停滞期，并逐渐衰落。尽管如此，伊斯坦布尔也从未失去它作为帝国首都的荣耀。

在19世纪50年代受到欧洲理想城市思潮的影响，坦志麦特改革运动（Tanzimat Reform Movement）希望通过引入新的城市公共服务将伊斯坦布尔变成一个欧洲大都市，具体措施包括警察、消防和交通设施等公共服务设施以及广场、街道和人行道等基础设施建设。伊斯坦布尔市政当局和城市规划局也在这场运动中成立。在19世纪60年代，一个新的奥斯曼苏丹的宫殿——多尔马巴赫切宫（Dolmabahce Palace）被修建在博斯普鲁斯海峡岸边。第一次世界大战之后，奥斯曼帝国走到了尽头。安卡拉成为土耳其共和国的首都，但是伊斯坦布尔仍然是土耳其的经济中心。

塔克西姆广场

多尔马巴赫切宫

加拉塔式塔楼

耶尼清真寺

托普卡帕宫

圣索菲亚大教堂

奥斯曼纪念碑
奥斯曼帝国给伊斯坦布尔增添了许多重要的宗教和政治建筑群。其中法提赫清真寺、苏莱曼清真寺、奴鲁奥斯玛尼耶清真寺、耶尼清真寺和蓝色清真寺是最重要的宗教建筑群。托普卡帕宫和多尔马巴赫切宫宏伟的建筑是帝国皇权的具体表现。

世界主义

帝国城市是不同民族和多元文化融合的产物，既是城市历史发展的结果，也是帝国疆域变化的结果。伦敦的人口结构仍然可以反映出大英帝国的殖民历史。根据1890年的人口普查，维也纳65.5%的人口出生在城市之外，与巴尔干穆斯林、犹太人和匈牙利吉普赛人进行了种族融合。因此，多样性是帝国城市的一个重要因素。

希腊的君士坦丁堡和奥斯曼的伊斯坦布尔不仅是帝国城市，也是宗教圣城。在君士坦丁大帝之前，异教在君士坦丁堡的宗教信仰中占主要地位。随着基督教在罗马帝国地位的上升，君士坦丁堡成了当时世界上最大的基督教城市之一。与罗马、亚历山大、安提阿（Antioch）和耶路撒冷一样，君士坦丁堡也是由大主教授予宗教头衔的五个城市之一。早期的拜占庭人认为自己是正统的基督教信仰的监护人和维系者，体现在由希腊语的单词"正确"（Orthos）和"信仰"（Doxa）组合而成的单词"正统"（Orthodox）上。

当奥斯曼在1453年征服伊斯坦布尔的时候，他实现了伊斯兰世界最渴望的愿望之一，这个愿望是自先知穆罕默德时代以来一

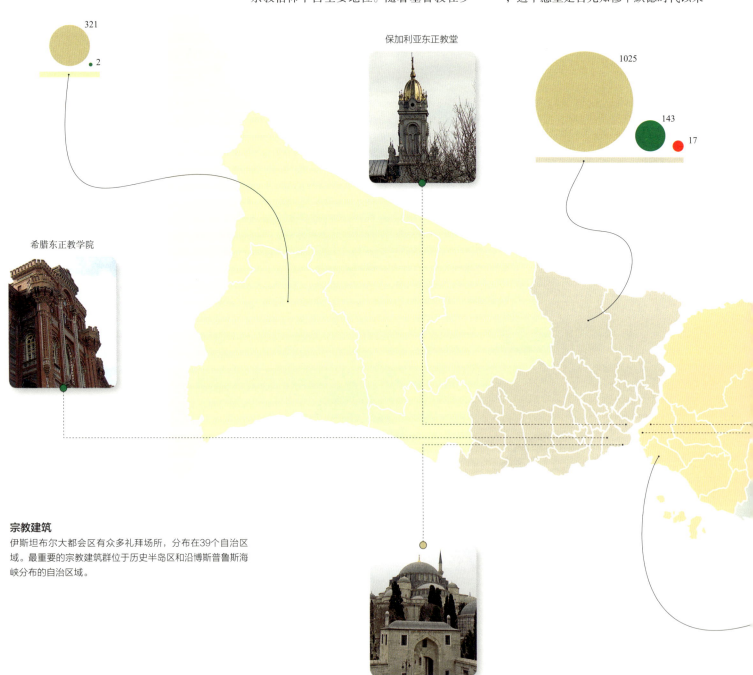

保加利亚东正教堂

希腊东正教学院

苏莱曼清真寺

宗教建筑
伊斯坦布尔大都会区有众多礼拜场所，分布在39个自治区域。最重要的宗教建筑群位于历史半岛区和沿博斯普鲁斯海峡分布的自治区域。

直被期待的。在这之后,奥斯曼土耳其人被视为伊斯兰教的重要领导人。伊斯坦布尔的城市中的非穆斯林人口被分为"米勒特"①(Millets),每个"米勒特"有它自己的宗教领袖。

许多不同宗教信仰的人共同生活在伊斯坦布尔已经有几个世纪了。每个宗教团体都保持着各自的传统和习俗,伊斯坦布尔成了一个不同宗教的大熔炉。伊斯坦布尔目前有两个主要的少数派宗教:基督徒和犹太教徒。基督徒又分为不同的教派,如亚美尼亚基督教、希腊东正教和黎凡特天主教。亚美尼亚最大的宗教少数派大约有6万人。亚美尼亚教区主要位于库姆卡帕(Kumkapi)区域,也是这个教派历史上的居住地区之一。希腊东正教派在历史上一直是伊斯坦布尔的重要元素,但是其规模已经从20世纪50年代的7万人缩减至目前的2000人。尽管如此,作为东正教的起源地,伊斯坦布尔仍然被东正教徒视为重要的中心。自17世纪初开始,东正教区一直位于圣乔治教堂所在的芬内尔区。希腊人则分布在伊斯坦布尔的各个地区,如尼萨塔西(Nisantasi)、希什利(Sisli)和卡德柯伊(Kadikoy)。罗马天主教的黎凡特人大多起源于意大利或法国,并在加拉塔(Galata)地区定居。伊斯坦布尔的大多数犹太人都是西班牙裔,其犹太教派的历史可以追溯到1492年,当时犹太人为了逃脱西班牙宗教法庭的迫害来到了奥斯曼帝国。今天,伊斯坦布尔的城内有大约2万犹太人以及22个活跃的犹太教堂。

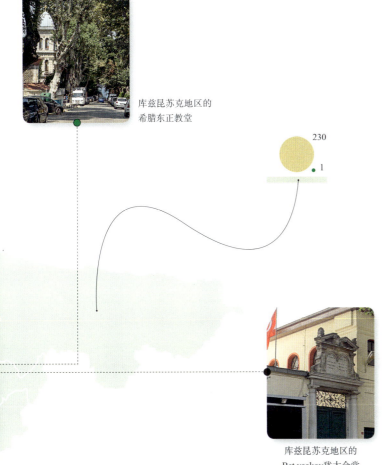

库兹昆苏克地区的
希腊东正教堂

库兹昆苏克地区的
Bet yaakov犹太会堂

来源:《伊斯坦布尔城市指南》

987
30 4

清真寺
教堂
犹太会堂

伊斯坦布尔宗教少数派的人口数量

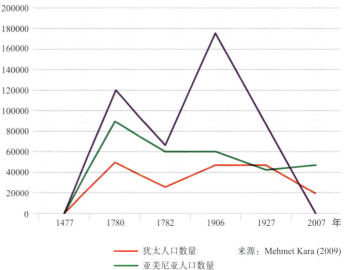

—— 犹太人口数量
—— 亚美尼亚人口数量
—— 希腊东正教人口数量

来源:Mehmet Kara (2009)

宗教人口统计

苏莱曼大帝统治时期,伊斯坦布尔的人口达到50万,与查士丁尼时期相似。据说,1535年伊斯坦布尔(包括加拉塔区)有8万户家庭,其中58%是穆斯林,32%是基督徒,10%是犹太人。17世纪,伊斯坦布尔的人口是70万,犹太教和基督教人口共占40%,希腊人是基数最大的少数民族,而犹太人占人口总数的5%。

---

① 米勒特制度是奥斯曼帝国按照伊斯兰国家的传统对境内非穆斯林宗教社团施行的内部自治的制度。米勒特本意为民族。——译者注

图解城市

从帝国城市到全球城市

伦敦、巴黎、东京、罗马、墨西哥城、莫斯科和圣彼得堡，这些前帝国首都如今仍然是全球经济体系中具有指挥和控制功能的重要全球城市，它们既吸引着资金流，又对移民来说具有巨大吸引力。这些帝国城市在历史上的重要性对今天在全球城市的地位也发挥了重要作用。

在20世纪初，随着奥斯曼帝国向共和国时代的过渡，伊斯坦布尔在经济上和政治上开始衰落。尽管伊斯坦布尔的重要性体现在它仍然是土耳其的工业和经济中心，但是安卡拉成了土耳其共和国的首都。由于这个原因，自20世纪50年代起，伊斯坦布尔对乡村地区的移民形成巨大的引力，从而导致了城市的无序发展和盲目扩张。20世纪80年代的全球化推动了城市和地方政府寻求新的方法来恢复伊斯坦布尔全球城市的地位。重要的城市营销策略和城市更新项目改善了伊斯坦布尔的城市印象。自20世纪90年代以后，伊斯坦布尔已发展成为一个全球城市，同时也成了中东的金融中心。土耳其的经济自20世纪80年代起便进入了一个政策相对宽松的阶段，伊斯坦布尔的外资企业数量明显增加。

新的城市

城市转型工程的目标是将伊斯坦布尔城市区域进行现代化改造。然而，改造项目也会引发一些问题，既包括对当地居民和企业进行的强制搬迁，也包括对历史环境保护和土地升值前景的担忧。

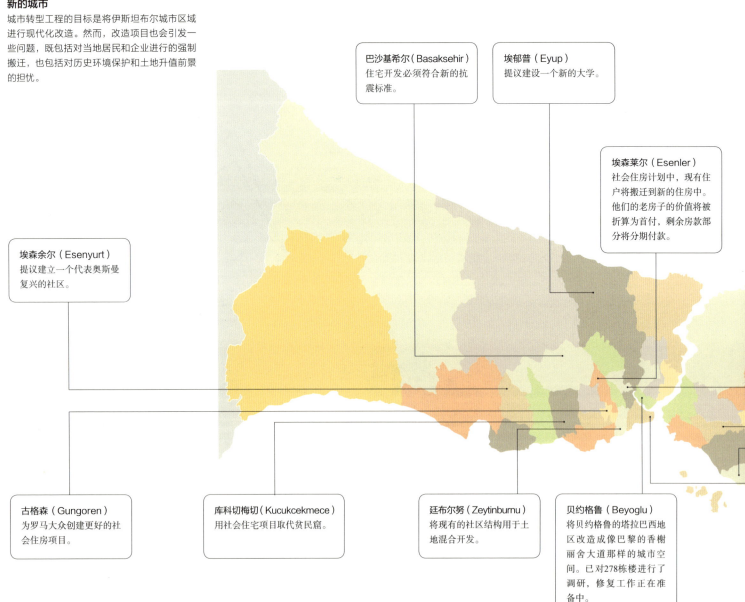

巴沙基希尔（Basaksehir）
住宅开发必须符合新的抗震标准。

埃郁普（Eyup）
提议建设一个新的大学。

埃森莱尔（Esenler）
社会住房计划中，现有住户将搬迁到新的住房中。他们的老房子的价值将被折算为首付，剩余房款部分将分期付款。

埃森余尔（Esenyurt）
提议建立一个代表奥斯曼复兴的社区。

古格森（Gungoren）
为罗马大众创建更好的社会住房项目。

库科切梅切（Kucukcekmece）
用社会住宅项目取代贫民窟。

廷布尔努（Zeytinburnu）
将现有的社区结构用于土地混合开发。

贝约格鲁（Beyoglu）
将贝约格鲁的塔拉巴西地区改造成像巴黎的香榭丽舍大道那样的城市空间。已对278栋楼进行了调研，修复工作正在准备中。

来源：Vatan (2010)

在恢复全球城市地位的过程中，伊斯坦布尔也遇到了拥堵、污染、交通、运输、住房和自然资源等相关的问题。按照现在的发展趋势，伊斯坦布尔的人口数量在2025年可能会达到2200万人。因此，像伦敦、巴塞罗那、东京、上海和巴黎那样把现状和未来综合考虑一样，未来的规划对伊斯坦布尔应对全球化相关的问题和影响就显得十分重要。

伊斯坦布尔大约60%的就业人口在服务行业。在当前规划和开发工作的影响下，预计2023年服务行业就业人口将上升到70%。

为了实现人口和服务部门就业率的规划预测，当局政府在伊斯坦布尔确立了多中心发展和"城市改造项目"的开发策略。具体措施包括：清除贫民窟，建筑质量必须达到抗震标准，诸如有标志性建筑的商业区、购物中心、住宅区和滨水开发项目之类的大尺度城市设计项目。

自从2010年伊斯坦布尔被指定为欧洲文化之都后，城市的发展取得了强劲的动力。2004年伊斯坦布尔大都会区设立了一个独立的规划机构——伊斯坦布尔大都会规划和城市设计中心（IMP），它聚集了来自学术界和专业实践领域的建筑师、城市规划师以及工程师，并直接向市长报告。IMP成立时有550名员工，是欧洲最大的规划机构。规划工作的重点是分散现有中央商务区功能，确保更加平衡的经济增长和城市发展，同时规划城市次中心为服务部门以便提供高品质的办公空间。伊斯坦布尔这个前帝国城市目前正朝着成为重要的全球城市的方向发展。

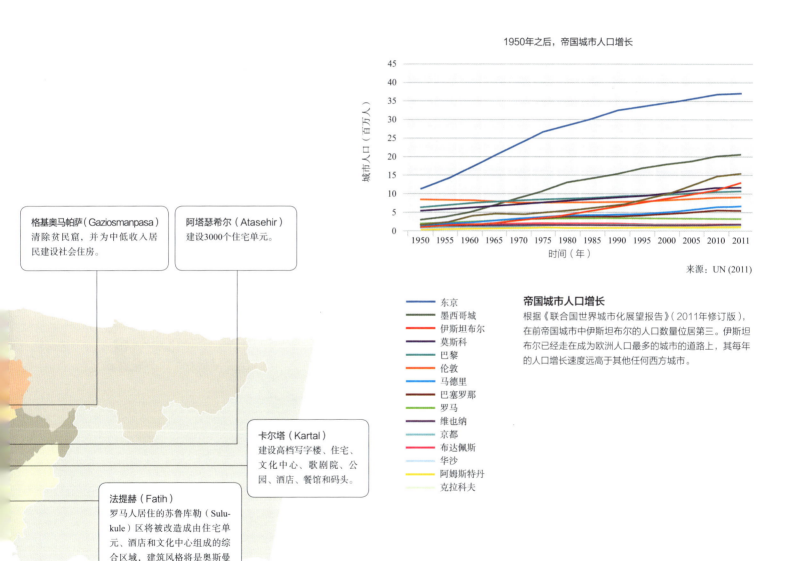

帝国城市人口增长

根据《联合国世界城市化展望报告》（2011年修订版），在前帝国城市中伊斯坦布尔的人口数量位居第三。伊斯坦布尔已经走在成为欧洲人口最多的城市的道路上，其每年的人口增长速度远高于其他任何西方城市。

图解城市

帝国城市历史积淀层的重新发掘

帝国城市的过去,以政治、经济变迁、社会转型、不朽的建筑作品和规划理念为标志,对其当前城市化的形成起着重要作用。不同时代在城市环境中留下了鲜明的印记。其中许多仍清晰可见,并成为城市文化的一部分,但是也有一部分隐藏在当前建设的地层之下。在伊斯坦布尔,9000年的历史过程中留下的许多历史积淀层已经被发现。

从拜占庭时期开始,伊斯坦布尔的水就一直储存在地下蓄水池中。其中,最大的蓄水池叫作地下水宫(Basilica Cistern),又称地下水库(Yerebatan Sarayi,沉没的宫殿),公元前6世纪由皇帝查士丁尼建造。当奥斯曼土耳其人在1453年来到城市时,没有人告诉他们这些蓄水池。直到16世纪40年代,人们在家里的地下室里钓到鱼的时候,被遗忘了的地下蓄水池才被重新发现。这些隐秘的空间还涉及关于异教的隐藏层,336根支撑蓄水池的柱子上面刻着类似美杜莎的异教徒

考古发现
在建设马尔马拉项目过程中,发现了数千件考古文物。考古发掘工作从2004年开始,历时7年。在挖掘期间,项目建设暂时搁置。

耶尼卡帕地区(Yenikapi)
拜占庭帝国时代的古狄奥多西港,建造于公元4世纪,一直使用到公元13世纪,其中发现了多达36艘木船。这个发现被认为是世界上最大的沉船区。在这些地质层之下发现了一个有着8500年历史的新石器时代的聚落,遗存着房屋地基、墓穴、大约2000个脚印、陶器以及各种工具。这些发现在国家的考古文化公园中展示。

马尔马拉隧道工程(Marmaray tunnel)
一艘移动式起重船还在马尔马拉隧道项目施工。这条沉管隧道长近一英里,最大深度为184英尺。该隧道是连接博斯普鲁斯海峡亚洲和欧洲一侧40个车站的45英里铁路项目的一部分。该隧道于2013年10月29日开放供乘客使用。

西尔凯吉地区(Sirkeci)
其中发现了拜占庭和奥斯曼时期的建筑遗迹,罗马、拜占庭、奥斯曼时期的玻璃、陶器和遗迹可以追溯到前罗马时期。

雕像，这是查士丁尼宣布在城市里异教已经被取代的方式，可以理解为已经把异教徒赶到了地下。另一个考古发现是在1912年，当时一场大火烧毁了清真寺广场，露出了公元4世纪的拜占庭大皇宫的墙壁和马赛克。今天，保留下来的大皇宫马赛克得到展示，也预示着更多的遗迹等着被发掘。

作为一个超大型项目有一个新的发现，即这个项目被认为是解决伊斯坦布尔问题的长期办法。交通一直是伊斯坦布尔面临的主要问题，尤其是欧亚大陆之间的交通联系。在2004年土耳其交通运输部发起的"马尔马拉项目"，总投资25亿美元，由土耳其政府、欧洲投资银行以及日本国际合作机构共同出资。马尔马拉交通项目预计每小时单向客运量为7.5万人，以此来减少污染和二氧化碳的排放量。该项目既包括博斯普鲁斯海峡下面的世界上最深的沉管隧道工程，也包括重点升级的通勤铁路系统。该项目预计在2009年完成，然而，随着不同时期的帝国城市遗址浮出水面，项目被推迟了四年。

自2004年进行考古发掘开始，大约有4万件历史文物在耶尼卡帕、西尔凯吉（Sirkeci）、智慧岭（Fikirtepe）和彭迪克等不同的地区被发现。这些发掘显示伊斯坦布尔的历史可以追溯到新石器时代。其中，最重要的发现来自耶尼卡帕地区，这里是公元4世纪拜占庭帝国时代的古狄奥多西港，被发掘出的36艘船分别可以追溯到不同的时代。另一个令人惊奇的发现来自彭迪克地区，考古学家在那里发现了一个有着8500年历史的新石器时代的聚落，聚落里遗存有房屋地基、墓穴、足迹以及各种工具。这些考古发现将会使对伊斯坦布尔的历史研究，甚至欧洲城市化的历史研究更加深入。

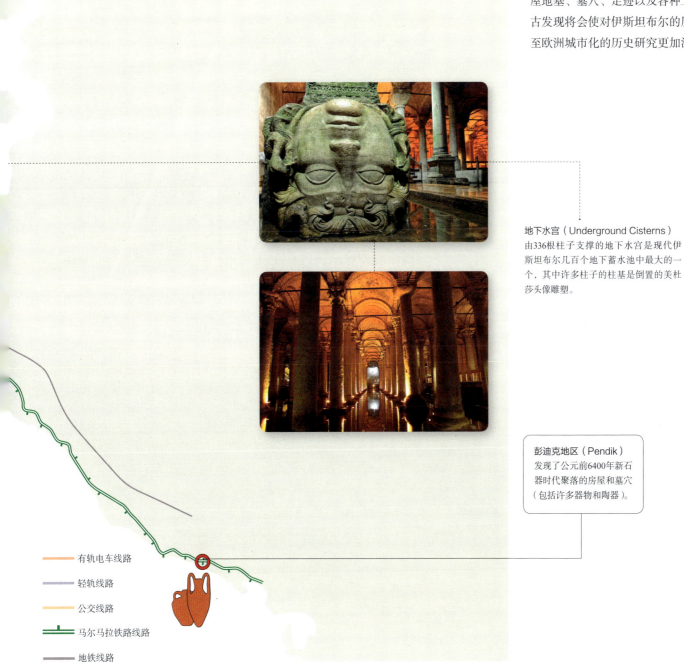

地下水宫（Underground Cisterns）
由336根柱子支撑的地下水宫是现代伊斯坦布尔几百个地下蓄水池中最大的一个，其中许多柱子的柱基是倒置的美杜莎头像雕塑。

彭迪克地区（Pendik）
发现了公元前6400年新石器时代聚落的房屋和墓穴（包括许多器物和陶器）。

- 有轨电车线路
- 轻轨线路
- 公交线路
- 马尔马拉铁路线路
- 地铁线路

第 4 章　工业城市
THE INDUSTRIAL CITY

简·克劳斯科　JANE CLOSSICK

核心城市 Core city
曼彻斯特　MANCHESTER

次级城市 Secondary cities
柏林　BERLIN
芝加哥　CHICAGO
底特律　DETROIT
杜塞尔多夫　DÜSSELDORF
格拉斯哥　GLASGOW
设菲尔德　SHEFFIELD

左图：曼彻斯特，英格兰

工业城市：引介

"在过去的三十年里，曼彻斯特的城市形态迅速地改变，城市彻底转型。如此规模的城市革命在人类历史上此前从未发生过。"

"工业革命"给社会和经济带来了将近半个世纪的世界性巨大变革。在城市术语中被表达为一种新的城市演变类型：工业城市。一直以来城市存在的理由是为了满足军事、政治、宗教或贸易功能的需要。而如今，工业城市则是聚集原材料，对其进行制造、装配，并且分销制成品。这股力量源起于英国（曼彻斯特、格拉斯哥、设菲尔德和伯明翰），并在短短数十年内蔓延到西欧（例如柏林和杜塞尔多夫）和美国（芝加哥和底特律尤为明显），并在18世纪到19世纪早期发展到顶峰。

水力、化工和冶金等技术的提高促进了机械工具的生产，而反过来，机械工具的生产也开始促进制造业和农业的机械化进程。因此，土地生产的劳动力和手工业产品的需求显著减少，导致大多数人失业，被迫迁居到其他城市去找工作。在一个自我强化的循环里，工人迁移到那些需要劳动力在工厂、仓库、火车站和港口工作的工业城市。迁往城市的人越多，对城市及其生产能力的旧形式的冲击也越大。农村和城市居民的日常生活发生了巨大的改变，工业城市的成长速度比以往任何类型的城市都要迅猛。

由于工业倾向于选址在已有的贸易中心以利用其通达的交通网络，所以工业城市同时也是银行业、市场和运输的中心。

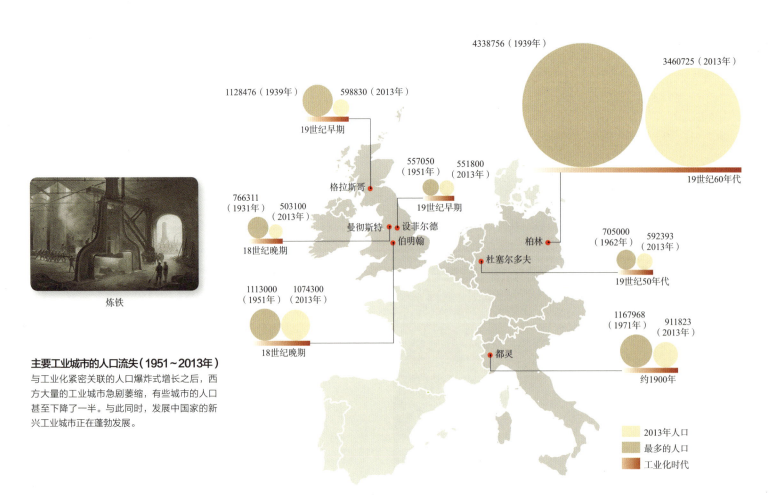

炼铁

主要工业城市的人口流失（1951~2013年）
与工业化紧密关联的人口爆炸式增长之后，西方大量的工业城市急剧萎缩，有些城市的人口甚至下降了一半。与此同时，发展中国家的新兴工业城市正在蓬勃发展。

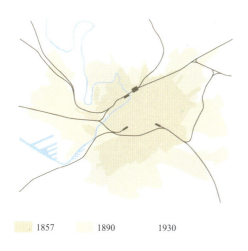

1857　　　1890　　　1930

第一个工业城市：曼彻斯特的城市化（1857~1930年）
大规模的人口膨胀相应地带动了周边乡村地区的快速城市化，城市在发展中迅速地吞没了周边的村庄和城镇。

3620962（1950年）
2714856（2013年）
19世纪70年代

1849568（1950年）
701475（2013年）
约1900年

芝加哥　　底特律

纺织厂工人

例如，在工业化以前杜塞尔多夫就是长期安定和繁荣的。它与莱茵河相邻，并且自从14世纪建造了市集广场后，它就成了区域市场和文化的中心。在美国，出于类似的原因底特律成功地实现了工业化。底特律地处五大湖区的区位使其成了全球贸易中心，并且利用该区域已有的金属加工、机床制造和车身造型设计的优势，在20世纪初成为亨利·福特创立汽车制造产业的最佳选址。在运输方面，工业革命也带来了极大的技术进步。正如移民对城市的影响一样，新的运输网的建设支撑和加强了工业城市的发展，使这些城市很快就成为了本地铁路、城际铁路以及全国铁路的中心。

一种新的社会出现了。就其本质而言，一种新的城市性质出现了。长期以来工业城市一直伴随着工人阶级生存条件恶劣的问题，但也产生了一个全新的社会经济群体——中产阶级。这个社会群体是由实业家以及那些为应付新兴经济体系所需的大量管理和业务的新专业人员（例如，管理人员、办事员、行政人员、统计员和地方政府官员）组成的。尽管传统上权力一直由地主豪绅把持，在19世纪的国会改革将公民权和改革运动扩展到地方治理中，将权力重新分配到中产阶级的手上，使中产阶级对当地的城市和建筑产生了深刻的影响。财富的郊区化总体上改变了城市的形态，消费主义以及对休闲、工业的追求塑造了城市中心的建筑形态。在格拉斯哥就有一个很好的例子，那里依靠工业财富的资助，兴建了一系列庄严的、彰显其权力的石头建筑，如市政厅。

在这里，我们把在工业革命期间发生的事情拆开来看，并思考其与城市形态的关系。虽然我们的讨论看起来只是着眼于工业城市的普遍特征，但值得牢记的是，没有任何城市类型可以脱离它的民族背景、全球化背景、政治背景、社会背景和文化背景而独立存在。城市是一个有着复合结构（包括物质的和社会的）的多重意义事物，单靠类型划分无法涵盖其深度和特异性。因此，作为首个典型的工业城市——曼彻斯特，作为本章的核心城市，并借鉴了其他城市相关的例子来阐述工业城市的深刻含义。从16世纪起，曼彻斯特就是织造中心，但随着工业势力的融合，曼彻斯特发展成为"绵都"——世界棉花生产中心。

城市发展通常很缓慢，在一个人的一生中是很难明显地看到其有巨大变化的，但是曼彻斯特在短短的30年内，城市形态在迅速改变，城市发生了彻底转型。这一规模的城市革命在人类历史上从未发生过，它引入了城市是可以且应该被人类改变和改造的思想。在城市发生变化、社会形成及被社会塑造的过程中，要将其概念化是很难的。在19世纪到20世纪期间，地球上几乎没有一个角落不受到工业化的影响，工业城市到处都是，它们塑造着生存在这些地方的人的生活和生计。

生产的机械化

与工业城市的存在密不可分的技术形成于18世纪到19世纪期间,这将重构英国的城市景观,甚至影响到全世界。铸铁、蒸汽动力和生产加工的机器都是在这关键的时期发明的,并对社会、经济和物质产生了广泛的影响。与这些发明相互依存的是"农业革命"的高潮,其提高了土地的生产效率以及减少了从事农业所需的人数。这意味着不仅有一大批剩余劳动力,而且其数量足以供给不断发展的工业城市,如曼彻斯特、设菲尔德、伯明翰和格拉斯哥。

起初,家庭工业遍地开花,这是因为失业劳动力和新的"圈地"法而失去土地的小农户寻求谋生的结果。在兰开夏郡,家庭纺织业者在家工作,他们同时是生产技术的拥有者和操作人员。多轴纺织机、水力纺纱机和随后的走锭纺纱机将要改变这一切。博尔顿理发师理查德·阿克赖特在曼彻斯特休德希尔(Shudehill)开设了他的工厂,这是第一次专门为容纳机械生产而不是供生产者居住建造的房子。一旦铁器廉价地大量使用,它就被用于框架式建筑"防火"的工厂

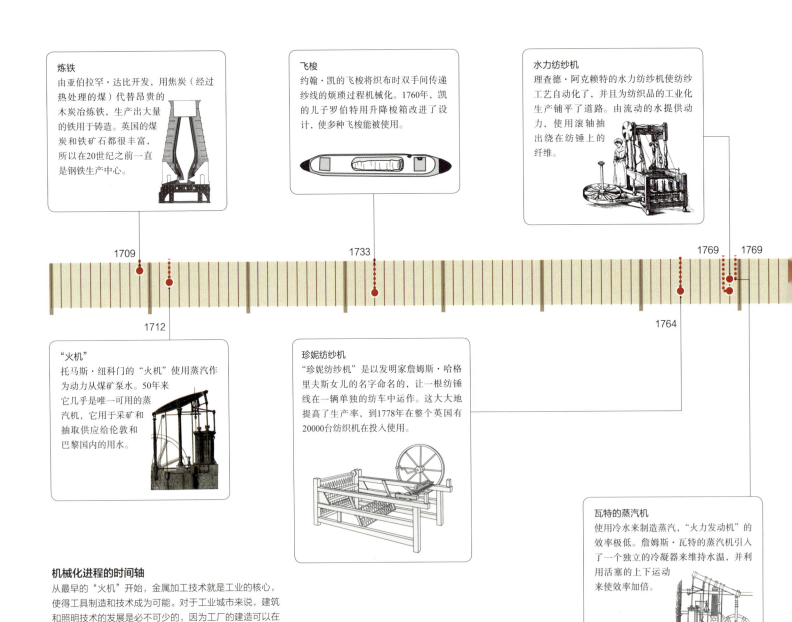

炼铁
由亚伯拉罕·达比开发,用焦炭(经过热处理的煤)代替昂贵的木炭冶炼铁,生产出大量的铁用于铸造。英国的煤炭和铁矿石都很丰富,所以在20世纪之前一直是钢铁生产中心。

飞梭
约翰·凯的飞梭将织布时双手间传递纱线的烦琐过程机械化。1760年,凯的儿子罗伯特用升降梭箱改进了设计,使多种飞梭能被使用。

水力纺纱机
理查德·阿克赖特的水力纺纱机使纺纱工艺自动化了,并且为纺织品的工业化生产铺平了道路。由流动的水提供动力,使用滚轴抽出绕在纺锤上的纤维。

"火机"
托马斯·纽科门的"火机"使用蒸汽作为动力从煤矿泵水。50年来它几乎是唯一可用的蒸汽机,它用于采矿和抽取供应给伦敦和巴黎国内的用水。

珍妮纺纱机
"珍妮纺纱机"是以发明家詹姆斯·哈格里夫斯女儿的名字命名的,让一根纺锤线在一辆单独的纺车中运作。这大大地提高了生产率,到1778年在整个英国有20000台纺织机在投入使用。

瓦特的蒸汽机
使用冷水来制造蒸汽,"火力发动机"的效率极低。詹姆斯·瓦特的蒸汽机引入了一个独立的冷凝器来维持水温,并利用活塞的上下运动来使效率加倍。

机械化进程的时间轴
从最早的"火机"开始,金属加工技术就是工业的核心,使得工具制造和技术成为可能。对于工业城市来说,建筑和照明技术的发展是必不可少的,因为工厂的建造可以在天黑之后继续,最大限度提高生产效率。人、机械、城市空间都是工业革命必要的组成部分。

和仓库，不需要内部支撑墙，这样内部大面积的空间就可以装满机械或用于储存。在英国北部的工业城市里分散着这些新的、技术先进的建筑。

到了20世纪，装配线系统也同样改变了美国城市的工业，如底特律。现在，即使是像汽车这样复杂的机器都可以被一体化安装，一个新的经济模式已经发挥作用。在早期，工人没有被看作是潜在的消费者，而是作为一群贫穷的现成劳工。"福特主义"原则使得工人获得更高的工资（5美元一天），这使他们成为自己所生产产品的潜在消费者。与曼彻斯特一样，生产规模和对销售网络的要求意味着工业城市是唯一可以进行竞争性机械化制造的地方，工业已经从根本上将资本主义与城市空间联系在一起新的天际线归功于生产的机械化。

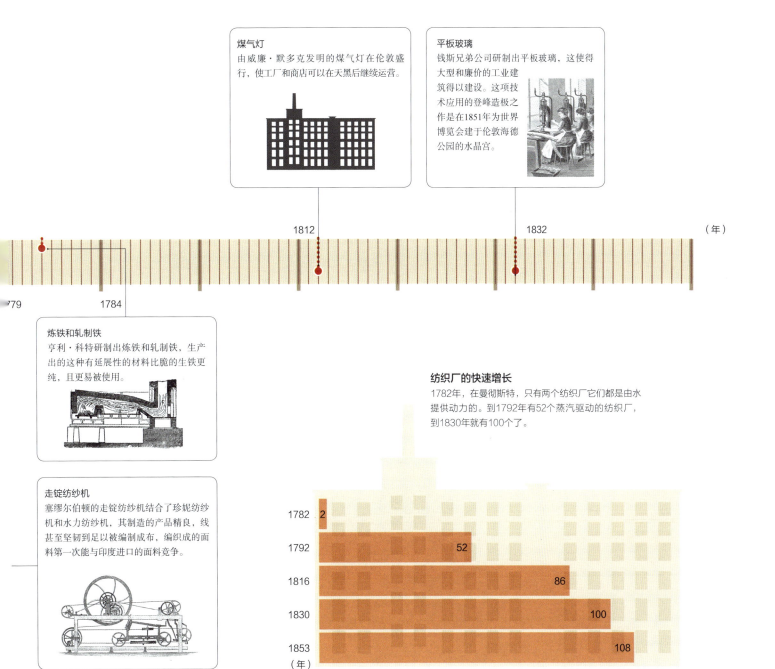

煤气灯
由威廉·默多克发明的煤气灯在伦敦盛行，使工厂和商店可以在天黑后继续运营。

平板玻璃
钱斯兄弟公司研制出平板玻璃，这使得大型和廉价的工业建筑得以建设。这项技术应用的登峰造极之作是在1851年为世界博览会建于伦敦海德公园的水晶宫。

炼铁和轧制铁
亨利·科特研制出炼铁和轧制铁，生产出的这种有延展性的材料比脆的生铁更纯，且更易被使用。

走锭纺纱机
塞缪尔伯顿的走锭纺纱机结合了珍妮纺纱机和水力纺纱机，其制造的产品精良，线甚至坚韧到足以被编制成布，编织成的面料第一次能与印度进口的面料竞争。

纺织厂的快速增长
1782年，在曼彻斯特，只有两个纺织厂它们都是由水提供动力的。到1792年有52个蒸汽驱动的纺织厂，到1830年就有100个了。

年	数量
1782	2
1792	52
1816	86
1830	100
1853	108

来源：www.spinningtheweb.org

交通领域的革新

大城市是"饥饿"的城市,到19世纪初,工业城市的煤炭消耗量越来越大。用于安置大量劳动力的砖住宅带有煤炭壁炉,一个十马力的工厂每天消耗一吨煤。虽说这个时期英国北部工业的集聚与丰富的煤层存在有关,即使收费公路已经为大货车改善了使用条件,通过道路运输煤仍是相当昂贵和不切实际的。因此,工厂主和探矿者投资运河建设,这样可以以一半的价格运输煤炭。建材、石灰石、石灰这些廉价的进口材料使仓库和工厂得以快速地建设,随着人口的增长,快艇被用来运送易腐货物和来自乡村的乘客。

制造业无疑是早期工业城市的核心,但同样重要的是运输网络,它给蒸汽机带来了燃料、给工厂带来了原材料,并且给人们带来了食物。继各大运河之后,铁路在19世纪30年代迅速来到曼彻斯特,毫无顾忌地犁过城市的工人住区,摧毁了家园和社区。1844年有六条铁路线将曼彻斯特连通到伦敦、利

兰开夏郡

兰开夏郡的收费公路图

收费公路的概念在整个18世纪的英国被逐渐地引进,其通行费的收益被用于公路的维护。再加上使用麦克亚当系统筑路(核心部分用石头来支撑),这意味着贯通的道路得到了可靠的维护,以前轮式车辆在城市之间的出行需要几天时间,而如今只需要几个小时就可以完成。这促进了更高效的交流,人、商品和食品更高效的流动,成为引发工业革命的一个关键因素。

1750年

1755年

1800年

1836年

来源:Lancashire County Council

物浦、伯明翰、利兹、设菲尔德和博尔顿。铁路减少了出行时间，使英国变成了一个更小的地方。到1851年，铁路运送着大量的旅客，在水晶宫举办的伦敦世界博览会就有来自全国各地的600万人前来参观，当中许多人是乘火车抵达的。

运输业也是美国工业革命的基础。从微不足道的开始，芝加哥在建设了一条连通到俄亥俄州的密西西比河流域的长距离运河后，于19世纪30年代成为一个繁荣的大都市。从19世纪50年代开始铁路把芝加哥连通到东海岸，到1854年，它成为世界上最大的粮食港口。铁路确保了贸易和生产的集中化，当芝加哥的贸易成本变得高昂时，随后也允许贸易和生产分散到邻近的城市，如丹佛、明尼阿波利斯和奥马哈。在整个19世纪运河被继续运用。芝加哥排水路①逆流而上，将工业废物推离城市，在英国，曼彻斯特船舶运河为城市带来了远洋船舶。这是工业城市的标志：它是一个"地理丛"，由卫星城镇和更广泛的国内和国际贸易网络组成，是广阔腹地的中心。

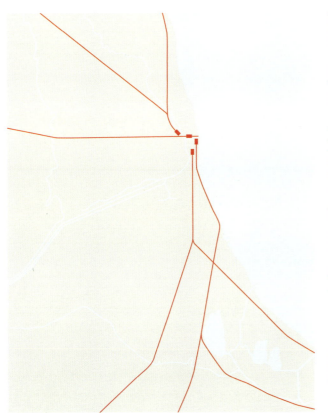

1855年芝加哥蒸汽铁路网络

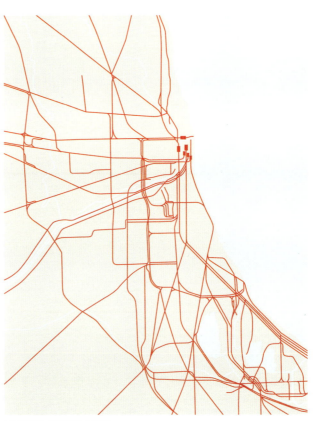

1900年芝加哥蒸汽铁路网络

来源：Lake Forest College Library special collections

芝加哥城市运输网

1900年芝加哥的人口数量达到170万人，成为世界上第五或第六大城市，而城市交通是一个主要的问题。19世纪90年代第一个高架铁路系统出现，到19世纪末期城际的交通线路将以蒸汽为动力的铁路连接到了郊区。电力牵引使得有轨电车取代了马拉车和缆车。城市轨道交通使更多的富裕阶层移居到离城市的工业中心越来越远的地方，从而促进了城市的郊区化。

1893年芝加哥街道上的有轨电车

1900年芝加哥的高架铁路系统

---

① 芝加哥卫生运河和船舶运河（The Sanitary and Ship Canal）历史上又称芝加哥排水路，依据本文语境选用芝加哥排水路——译者注。

图解城市

移民和人类遭受的苦难

工业城市的人口增长是爆炸式的。在1811年至1911年之间曼彻斯特的人口增长了10倍，伯明翰的人口也是如此。美国芝加哥的人口从1837年的4000人增长到1860年的11万人。但是人们很难在繁荣的城市里寻找到更美好的生活，这些城市在一种不受控制的、未经调节的方式中发展。工资勉强能糊口并且劳动力过剩，因此大多数的劳动力是临时的、无权力的和可有可无的。工作时间和工作条件是冷酷无情的，工人常常会被嘈杂、危险的机器所残害甚至杀死。1830年，曼彻斯特的男性、女性和儿童平均每周工作69个小时。

生活条件没有改善。在像利物浦这样的英国城市中，廉价的"偷工减料"房屋建设在狭窄的小巷和庭院周边，且没有卫生基础设施。人口过度拥挤是局域性的，条件最差的是爱尔兰移民聚居区。在这里生活着最贫穷的、最绝望的那部分人，而当时的情况是这样的：一个房间里常常不止居住一

拥挤的环境

埃瑞克河

干净的水

在1831年，能获得干净水的曼彻斯特居民不到一半。当受污染的粪便接触到饮用水时，霍乱这种病原体得以传播。在英国，1832年有32000人死于霍乱，到1848年达到62000人。在伦敦苏活区，约翰·斯诺已经注意到一连串的霍乱病例分布在被感染的水泵周围，并且第一个发现该病是由水传播的，而它与特定的被污染的水泵有关。

厕所

当时没有足够的厕所，例如250人共用一个厕所。那些厕所的排泄物是直接排入到敞开的下水道中的。在迪西桥之上，恩格斯记录着，"就在其中一个场地的入口，在一条隐蔽的走廊的尽头，有一个肮脏的没有门的厕所，居民只有经过积满尿和粪便的污秽的水池才能进出这个地方。"

新工业城市的生活条件

最糟糕的住房——"背靠背"住宅充满在街区的内部，而在街道前设置商业区来将其从上流社会的视线中隐藏起来。狭窄的小巷和无排水通风的场地充斥着过度拥挤、疾病和痛苦。

个家庭。由于极端贫困和恶劣的条件，这里会有霍乱、斑疹、流感、伤寒等常见的流行病。在1841年，英国工人阶级的平均寿命只有26.6岁，有57%的孩子会在5岁生日前死亡。蔬菜是昂贵的，因此人们是靠面包、土豆还有偶尔获得的肉维持生活。当时的观察家们震惊地注意到这些情形并记录下来，其中最著名的是弗里德里希·恩格斯的《1844年英国工人阶级的状况》："曼彻斯特及其周边地区35万的劳动人民，他们当中几乎所有人都生活在艰苦的、潮湿的、肮脏的小屋里……其周围的街道通常是最糟糕和肮脏的环境，那里丝毫没有考虑通风，建造商唯独考虑的是如何保证其利润。"

有些移民来自农村，由于技术创新工作，如肥料（通常是工业生产过程的副产品）的使用和新的铁制农具的发明被迫下岗。工匠们无法与强大而高效的新工厂相比，后者以极低的成本制造同样的东西。其他移民来自海外，受1845~1852年连续几年的爱尔兰大饥荒的摧残，爱尔兰人逃到英国和美国，而犹太移民来自欧洲中部和东部。同时也有一些人抵制工业化，"勒德分子"通过破坏机械和游行来反对英国的改变，然而最终是徒劳的。工业城市需要劳动力，而这正好可以在那些先前被摧毁生计的人中找到。

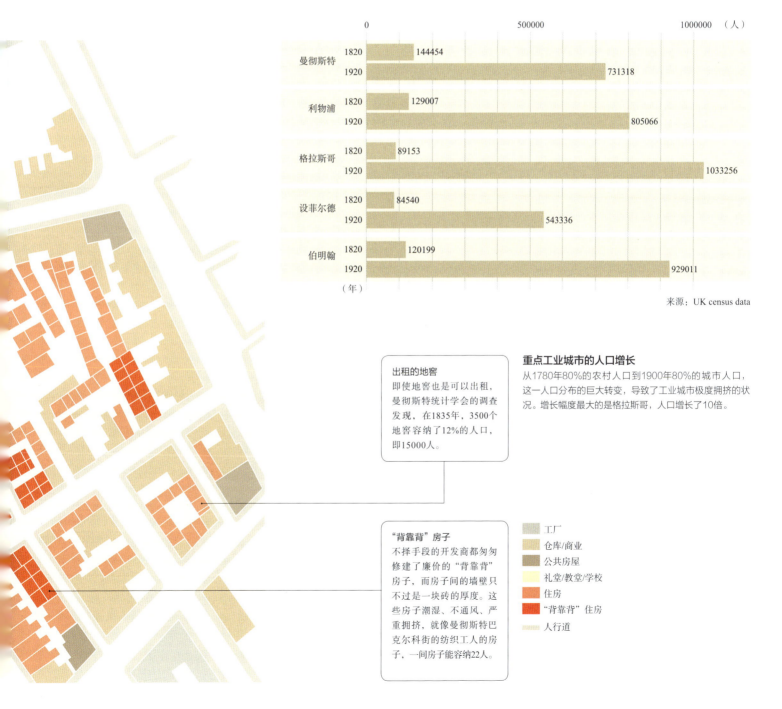

出租的地窖
即使地窖也是可以出租，曼彻斯特统计学会的调查发现，在1835年，3500个地窖容纳了12%的人口，即15000人。

"背靠背"房子
不择手段的开发商都匆匆修建了廉价的"背靠背"房子，而房子间的墙壁只不过是一块砖的厚度。这些房子潮湿、不通风、严重拥挤，就像曼彻斯特巴克尔科街的纺织工人的房子，一间房子能容纳22人。

重点工业城市的人口增长
从1780年80%的农村人口到1900年80%的城市人口，这一人口分布的巨大转变，导致了工业城市极度拥挤的状况。增长幅度最大的是格拉斯哥，人口增长了10倍。

来源：UK census data

图例：
- 工厂
- 仓库/商业
- 公共房屋
- 礼堂/教堂/学校
- 住房
- "背靠背"住房
- 人行道

第4章 工业城市

治理和社会改革

在最早的典型工业城市中,地方治理是不存在的,且城市的发展不受遏制。像曼彻斯特这样的城市是由商人组成的寡头政体主持的,因此对他们来说,肮脏的扩散和民众的苦难都是无关紧要的。在19世纪初,5个独立的地方当局参与了曼彻斯特的治理,导致了竞争和混乱。19世纪30年代的法案认可了地方政府,曼彻斯特率先成立曼彻斯特市政府并选举产生了第一位市长。市政厅是对城市增长以及提供服务的集权组织需求的一个响应,但它们也是"新社团主义"的一个声明,在维多利亚时代,城市自治被看作是在中央政府的功利主义和自由主义体制下地方创新的源头和前提。

最初,英国中央政府并没有采取措施去应对城市革命,直到19世纪30年代许多新的工业城市在下议院中仍没有代表。政府开始意识到城市人口日益增长的力量并且害怕革

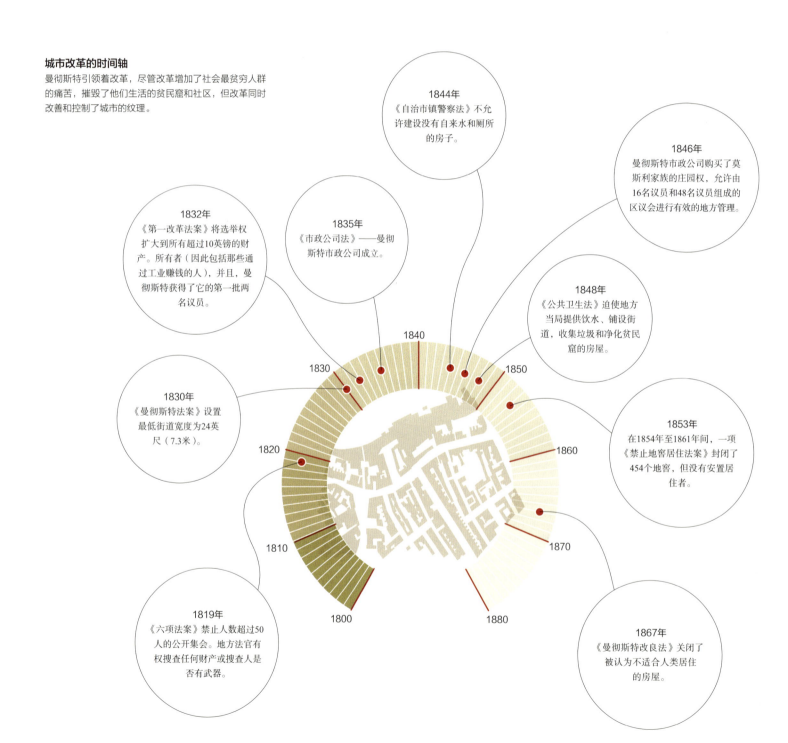

城市改革的时间轴
曼彻斯特引领着改革,尽管改革增加了社会最贫穷人群的痛苦,摧毁了他们生活的贫民窟和社区,但改革同时改善和控制了城市的纹理。

1819年
《六项法案》禁止人数超过50人的公开集会。地方法官有权搜查任何财产或搜查人是否有武器。

1830年
《曼彻斯特法案》设置最低街道宽度为24英尺(7.3米)。

1832年
《第一改革法案》将选举权扩大到所有超过10英镑的财产。所有者(因此包括那些通过工业赚钱的人),并且,曼彻斯特获得了它的第一批两名议员。

1835年
《市政公司法》——曼彻斯特市政公司成立。

1844年
《自治市镇警察法》不允许建设没有自来水和厕所的房子。

1846年
曼彻斯特市政公司购买了莫斯利家族的庄园权,允许由16名议员和48名议员组成的区议会进行有效的地方管理。

1848年
《公共卫生法》迫使地方当局提供饮水、铺设街道,收集垃圾和净化贫民窟的房屋。

1853年
在1854年至1861年间,一项《禁止地窖居住法案》封闭了454个地窖,但没有安置居住者。

1867年
《曼彻斯特改良法》关闭了被认为不适合人类居住的房屋。

命。政府试图镇压不同政见者和阻止言论自由，但新的城市空间与控制是对立的。城市空间很容易形成网络，并且激进分子也很容易进行颠覆性的会面。工业城市人口集中使得工业城市成为政治动荡的温床，工人可以形成团体去为他们在面对工业资本主义时的无能为力而斗争。曼彻斯特也是工会运动的源头地，因为政治和社会动荡与工业革命的反复经济危机（繁荣和萧条）齐头并进。

工业城市改革为城市社会研究和认识带来了新的途径。为应对致命性疾病的蔓延，流行病学出现了。曼彻斯特的马克思、柏林的韦伯，以及波尔多的涂尔干等"社会学之父"在观察了工业城市中的社会关系后，建立了他们新的思想范式。成立于1833年的曼彻斯特统计学会是第一个系统地研究和记录归档如童工和过度拥挤等社会问题的组织。后来，在20世纪早期，芝加哥学派的理论家们把城市看作是一个有其自身新陈代谢的生命有机体。城市首次成为一个可以被研究和解决的实体，在19世纪后半期，一系列的自由主义改革被引进，来改善工业资本主义的极端暴行。

城市抗议——"彼得卢"
1819年8月16日，在曼彻斯特的圣彼得球场，一个城市的空地上发生了一场抗议活动，政府的镇压行动也因此而闻名。新的城市文化使6万人聚集在一起，抗议英格兰北部缺乏选举权，并支持改革。当士兵和骑兵冲进人群时，有11人死亡；400人受伤。不久之后，它就被称为"彼得卢大屠杀"，这是以1815年发生的"滑铁卢战役"为名。

彼得卢大屠杀

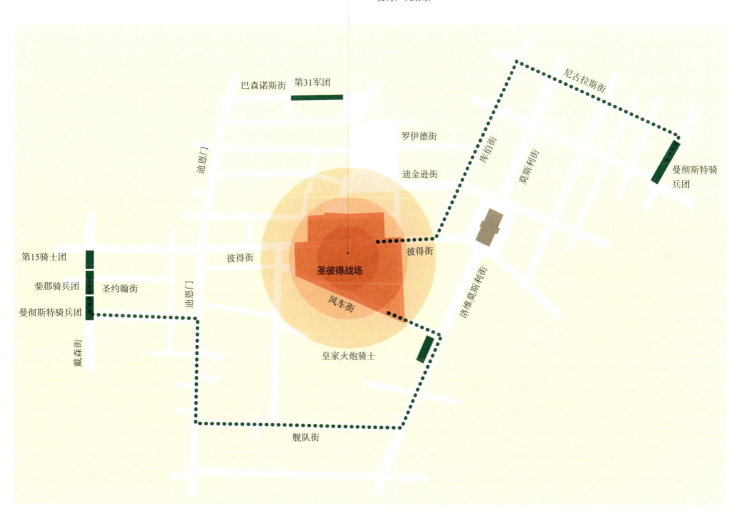

工业建筑

工业城市已经包含了机械生产，但它们同时也是银行业、贸易和运输的枢纽。使用铸铁和玻璃板技术的新型建筑物占据了城市天际线的主导地位。仓库和工厂高高的、喷出黑烟的烟囱是功能主义美学象征。曼彻斯特虽然是制造业的标志，但实际上充满了大量的仓库，在19世纪初，只有18%的劳动力被工厂雇用。那里有建筑工程师建造的铸铁材质建筑物：巨大的民用、交通和贸易建筑以及高架路和桥梁。然而，这是不确定的时代，可以采用具有历史重要性和权威性的新古典风格的民用建筑去统治新城市的人口。在参照古典建筑的基础上，曼彻斯特的许多建筑设计找到了它的方向。慈善组织和自由派组织建设图书馆和职工住房，企业建设公共建筑和市政厅。私营企业通过利用柱子和门廊，并使用石材包裹他们的建筑，以此来展现自己的权力。

工业城市是一种新型的经济体系，一种生产、本地化消费和全球化的城市工业资本

新城市的建筑

曼彻斯特的增长与交通运输网的创新和建设密切相关，这使得城市得以扩张，即使人住在更远的地方仍然可以坐火车或公共马车去工作。后来，这些交通运输设施涵盖了电动公共汽车和有轨电车，组成了一个四通八达的网络。因为交通是昂贵的，这导致了"资产阶级的郊区化"，这将在工业形塑的城市进行探讨。

1 圣安广场
2 布里奇沃特运河
3 从运河到丁斯盖特的仓库
4 阿克赖特的第一个蒸汽机工厂
5 曼彻斯特博尔顿和比里运河
6 罗奇代尔运河
7 门廊图书馆
8 皇家交易所
9 安科斯特斯的穆雷工厂
10 第一市政厅
11 卡斯菲尔德商人仓库
12 利物浦和曼彻斯特铁路
13 布伦瑞克工厂
14 皇家剧院
15 新哥特式市政厅

皇家交易所

利物浦和曼彻斯特铁路

皇家剧院

主义。新城区人口的规模及其文化环境使得一系列新的城市便利设施得以供给。娱乐、休闲和教育建筑得以建造，而这些设施以前只存在于像伦敦这样最大的商业城市中。即使是曾经穿梭在小村庄和城镇中的马戏团，也在城市里有了安定的地方。为民众服务的剧院、博物馆和其他娱乐场所逐渐兴起，在19世纪末的教育法案中也能看到为城市儿童建设公立学校的条例。新的制造工艺被用于制作出口的商品以及当地的日常物品：铁制炊具、陶器、瓷器和玻璃。消费社会还处于起步阶段，由于制造业发展，一种新的食品购物方式已经开始形成。市场此前是购买食品的地方，但消费者要冒着食物被掺假、质量差、甚至死亡的风险。品牌食品和品牌食品商店出现了，为适应这些新的商店，开始出现了一种新的城市形态，在19世纪期间，商业街取代了市集广场成为地方贸易的中心。

新基础设施的时间轴

1735~1753年 圣安广场——简洁的砖房，是城市时尚的一部分。

1759~1777年 建设布里奇沃特运河，沿着大运河干流，将曼彻斯特连接到利物浦和英国中西部各郡。

1770~1829年 从运河到丁斯盖特街（原来的奥尔波特街）之间的仓库，是由杰姆斯布林德利设计的（也是为布里奇沃特运河设计的横跨艾尔韦尔河的沟渠的工程师）。

1782年 阿克莱特的第一间蒸气动磨坊位于舒德希尔的米勒街（1940年被毁）其中，用水车提水用于蒸汽机。

1791年 曼彻斯特的博尔顿和比里运河汇入利兹市博尔顿附近的利物浦运河。

1804年 罗奇代尔运河汇入卡斯菲尔德的布里奇沃特运河，连接曼彻斯特和赫尔，以及使曼彻斯特向东海岸开放。

1802~1806年 菩提克图书馆（Portico Library），位于莫斯利街，由托马斯·哈里森设计。

1806年 托马斯·哈里森设计的皇家交易所。

1798~1806年 安科特斯地区的穆雷工厂。1798年在联盟（现在的红山）街的老厂，由博尔顿和瓦特蒸汽机提供动力，是曼彻斯特现存最老的工厂，也是为特定目的建造的典型工厂。

1822~1825年 国王街的第一市政厅是由弗兰西斯古德温设计的。

1827~1828年 位于卡斯菲尔德商人仓库——现存最古老的运河仓库，有着拱形船洞可使货物直接从水中被装载（1996年转变为工作室和办公室）。

1830年 利物浦和曼彻斯特铁路启用。

1840年代 布伦瑞克厂，位于艾什顿运河岸边的布拉德福德路，是由戴维斯·贝尔豪斯建造的，也是19世纪中期该地区最大的工厂之一。

1844年 皇家剧院，位于彼得街，由切斯特和欧文设计。

1868~1877年 新哥特式市政厅，由艾尔弗雷德·沃特豪斯设计，体现了工业城市的自我统治和帝国的权力。

门廊图书馆

布伦瑞克工厂

新哥特式市政厅

工业形塑的城市

工业城市本质上不同于以往所有的城市。财富和贫穷的两极分化是赤裸裸的，这种分裂被铭刻在城市的建筑中。以前，城市不但包含了一些制造业，同时还利用在城市近郊生产出来的产品进行贸易。作为普鲁士的首都，柏林是一个有很多小作坊的小规模制造中心，曼彻斯特有一个特定的18世纪的房屋类型，即作坊式房屋，一个或多个家庭会居住在一个共享的阁楼车间空间下面。富有的商人住在市中心圣安广场附近的上流社会街道里，在市场街道繁荣的贸易区附近。但是，机械化工业也趋向于商业贸易中心，因此工厂坐落在城镇中心，这些地方已经是金融和运输中心。

随着人口数量激增，围绕工业核心的街道迅速变成了贫民窟，在那里最贫穷的人密密麻麻的挤满了整条街道。这是一种新型的贫困，一种与城市的物质条件有着密切联系的城市贫困。政治上，那些离工厂最近的、最糟糕的贫民窟对那些稍微富裕的工人起到警示的作用，如果他们不尝试打破现状，悲惨的命运将会降临到他们身上。

芝加哥财富的郊区化

1870年，49%的芝加哥人口是移民。19世纪中叶，来自爱尔兰和德国的人来到芝加哥，跟随而来的是大量的俄罗斯犹太人、斯拉夫人和意大利人。芝加哥学派的地理学家观察到了城市同心圆带，他们绘制出流入移民的轨迹——他们一开始在城市中心，在获得财富和权力后逐渐向外搬迁。图中（根据芝加哥的人口普查数据）显示出财富往郊区流动，这反映在财产所有权、经济等级和较低的城市密度上。

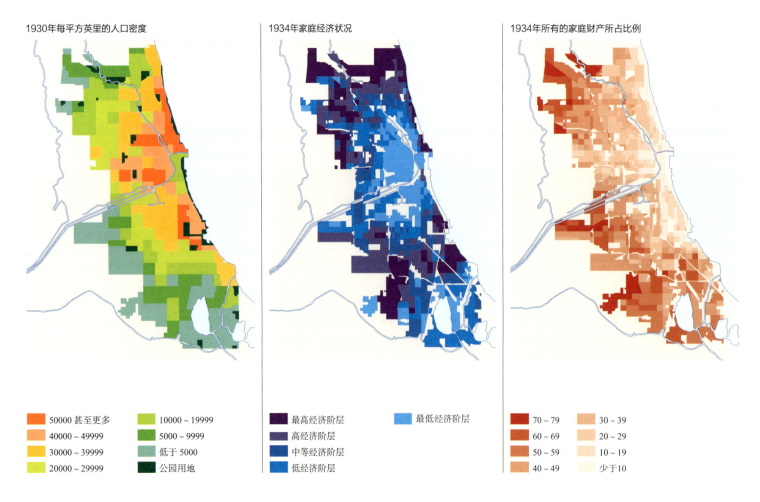

工业中心的污秽、肮脏和疾病促使那些有能力的人搬到郊区，迫使城市的边界向外延伸。在曼彻斯特，商人的住宅很快就被遗弃，被改造成了仓库，而之前作为熟练工匠的优质住宅的工厂房屋则变成了多人居住的出租公寓。城市交通的连接使资产阶级的郊区化成为可能，进一步将财富和贫困分化为围绕核心的同心圆。产业工人的郊区如雨后春笋般出现，并迅速成为贫民窟，因为城市的声望被翻转了。在18世纪，富人住在中心，而在19世纪，他们喧嚷着要住在郊外。恩格斯指出，中产阶级眼中的城市形态掩盖了工人阶级贫困的真实性质。"这个城市本身建造得很特别，一个人可以在里面住上好几年，每天进进出出，而不会接触到劳动人民的住区，甚至不会接触到工人，只要他把自己限制在商业或休闲散步道上。"

贫富两极分化

如同芝加哥，曼彻斯特也呈现根据财富进行分区的同心圆分布。进入城市中心的干道两旁排列着供中产阶级消费的商店，这是一种新的城市形态：商业街。店主为了利益，维持商店外观的干净和富裕的表象。实际上，这些街面商店的后面隐藏着混乱的工人区。穷人无钱在这样的街道上购物，因此，城市中许多中产阶级居民是看不见工人阶级的。这两个世界非常接近，但从未发生过接触。

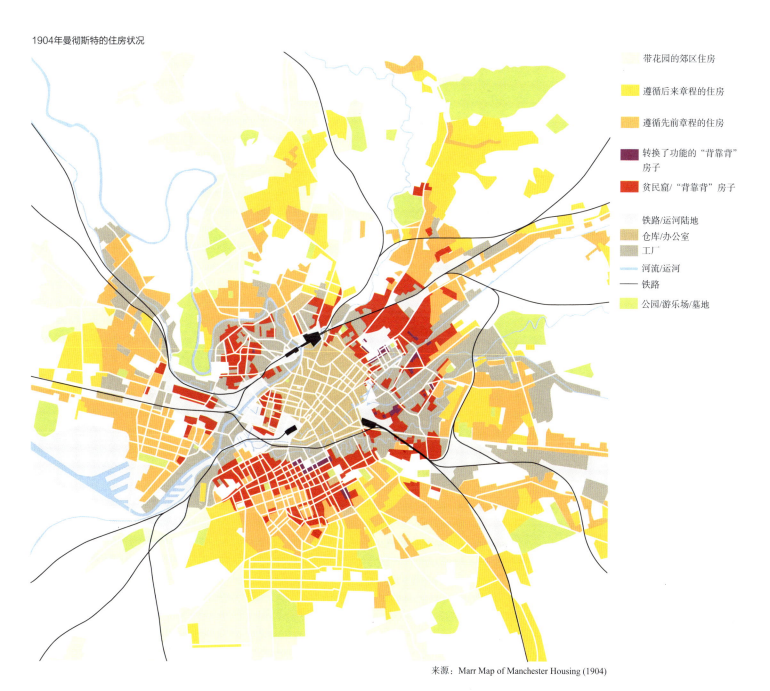

1904年曼彻斯特的住房状况

- 带花园的郊区住房
- 遵循后来章程的住房
- 遵循先前章程的住房
- 转换了功能的"背靠背"房子
- 贫民窟/"背靠背"房子
- 铁路/运河陆地
- 仓库/办公室
- 工厂
- 河流/运河
- 铁路
- 公园/游乐场/墓地

来源：Marr Map of Manchester Housing (1904)

逆工业化

由于生产自动化、港口的集装箱化和高效的通信减少了大量劳动力的需求,"城市萎缩"的问题在整个西欧和美国的工业地区十分突出。在英国西北部,1960年到1980年期间工业就业人数减半,这对城市人口数量有明显且消极的影响。在美国,底特律原来是汽车和武器制造业的先进城市,并在1950年人口达到了180万人的顶峰,但到了2000年,城市人口已经下降到只有70万人。在20世纪末,工业生产的心脏已经转移到发展中国家的大城市,如广州或圣保罗。因此,原先堆满仓库和工厂的城市中心被掏空了,那些在核心区附近不受欢迎的居民区被遗弃了,且大部分无人居住。财富郊区化的过程继续快速发展,随着市区外的办公区、商业和购物公园(园林化的购物中心)将贸易带离原来过时的中心,使得原来的中心区成为空置地块,投资也因此受阻。到20世纪90年代初,工业城市中心就被遗弃了,例如利物浦的中心只剩下2300个居民。

多元化已经成为许多工业城市的一个解决方案。1913年,英国棉花产业达到顶峰,但新技术推广的缓慢和工人组织工会,意味

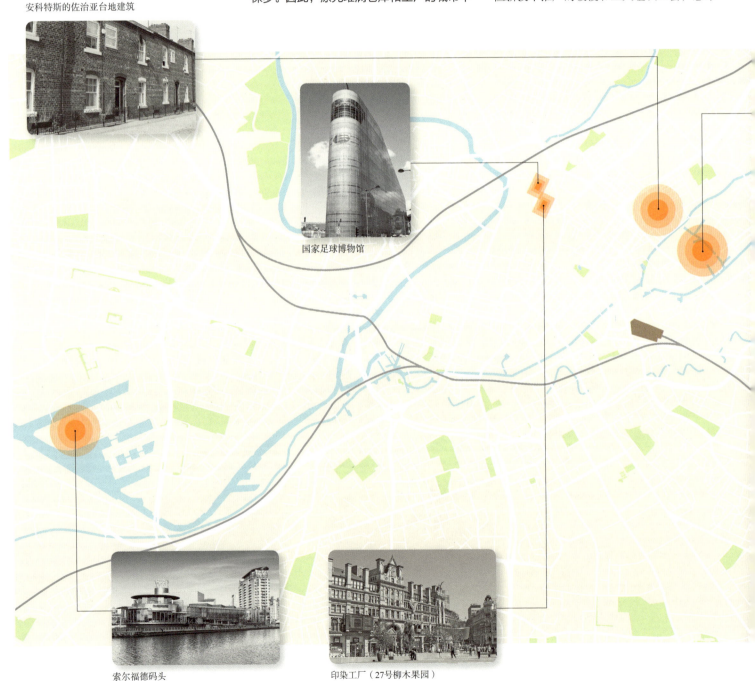

安科特斯的佐治亚台地建筑

国家足球博物馆

索尔福德码头

印染工厂(27号柳木果园)

着来自远东的竞争将很快地给其造成损失，到20世纪60年代，兰开夏郡的工厂以每周一间的速度关闭。然而，曼彻斯特的经济多样化使其足以去承受损失，它拥有其他的制造业，以及不断增加的、技术更为先进的生产部门。在20世纪末，新自由主义和保守主义的经济政策强调城市区域的全球市场竞争能力，曼彻斯特采取了一些策略，包括举办英联邦运动会，将城市中心重组为一个文化遗产和休闲的场所（在1996年的爱尔兰共和军爆炸后），并鼓励对先前的工业建筑重新开发成为富人的住所。在这个过程中，工业城市的许多大学都扮演了关键的角色。现在利物浦的中心有23000名居民，其中很多是学生。在美国，其他因素（如气候）也起到了部分作用。20世纪中叶人口在"霜带"（东北）城市和"阳光地带"（南部）城市之间转移，空调的出现起了促进作用，但由于干旱和水资源短缺的影响，现在的趋势颠倒了。

并不是所有的工业城市都能在全球化投资的竞争中取得成功，许多城市继续遭受着其根深蒂固的贫穷和空间差异。在底特律，人们继续抛弃市中心。利物浦已经革新了达克兰码头区，但是多余的空间、"废弃"的建筑和城市萎缩的相关问题仍旧悬而未决，整体人口仍在下降。许多情况下，老工业城市的形成是由于特定的经济、社会和政治环境已经不能很好地适应市场全球化。在21世纪这些传统的工业城市的未来仍然不明朗。

工业衰退

由于市场全球化，在海外的英国基础工业开始消失。然而，尽管重工业已经衰退，制造业仍然是英国经济的重要组成部分。

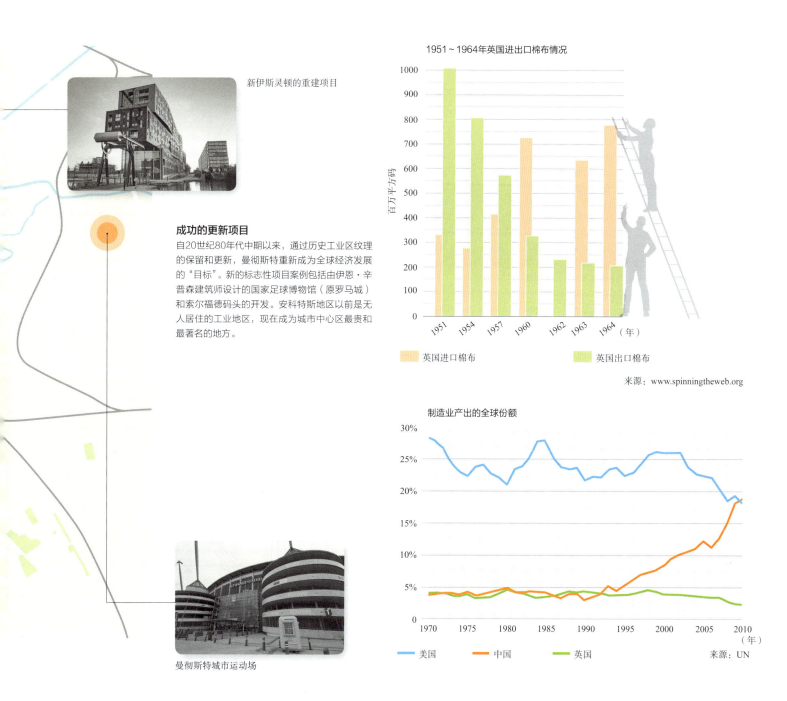

新伊斯灵顿的重建项目

成功的更新项目

自20世纪80年代中期以来，通过历史工业区纹理的保留和更新，曼彻斯特重新成为全球经济发展的"目标"。新的标志性项目案例包括由伊恩·辛普森建筑师设计的国家足球博物馆（原罗马城）和索尔福德码头的开发。安科特斯地区以前是无人居住的工业地区，现在成为城市中心区最贵和最著名的地方。

曼彻斯特城市运动场

1951~1964年英国进出口棉布情况

来源：www.spinningtheweb.org

制造业产出的全球份额

来源：UN

第 5 章 理性城市
THE RATIONAL CITY

安德鲁·赫罗德 ANDREW HEROD

核心城市 Core city
巴黎 PARIS

次级城市 Secondary cities
维也纳 VIENNA
纽约 NEW YORK
伦敦 LONDON
布达佩斯 BUDAPEST
华盛顿特区 WASHINGTON, D.C.

左图：巴黎，法国

理性城市：引介

多层的城市

巴黎的建成环境具有跨越了两千多年的多重结构。现代巴黎的街道模式中仍然可以看到巴黎当年被罗马统治过的痕迹，显示着一个时期的空间结构是如何在随后的几个世纪持续显形的。

为改进社会的功能，统治者往往按照更理性的思想来设计都市景观，也就是说，统治者通过空间工程来实现社会改造的目标。正如罗马镇或曼哈顿的街道网络一样，这种理性规划思想在许多地方都得以实践，但直到19世纪时期巴黎才真正发展到顶峰。因此，本章将探讨巴黎自19世纪以来按照理性主义思想进行的再开发过程。

巴黎地区的聚落始于公元前约4200年。依据大多数学者的研究，约公元前250年，巴黎斯人部落（the Parisii tribe）（城市被命名为巴黎的原因）已经在塞纳河中的一座岛上建立了城堡（防御阵地），对沿线贸易进行管制。古罗马人征服巴黎地区后，在塞纳河左岸建立了鲁特西亚①的高卢-罗马市（the Gallo-Romano City of Lutetia）。到公元6世纪，建设重点转移到如今的西堤岛，现代巴黎就是在此基础上发展起来的。

尽管巴黎起源于一个很小的地方，但如今，它已发展成为全球最具影响力的城市之一。2012年巴黎的GDP为8130亿美元，居世界第六，并且巴黎地区是世界上最受欢迎的旅游目的地，巴黎地区拥有欧洲最大的商业写字楼市场（约5000万平方米）以及欧洲的第二大内河港口。2012年，科尔尼公司（A.T. Kearney）和芝加哥全球事务委员会

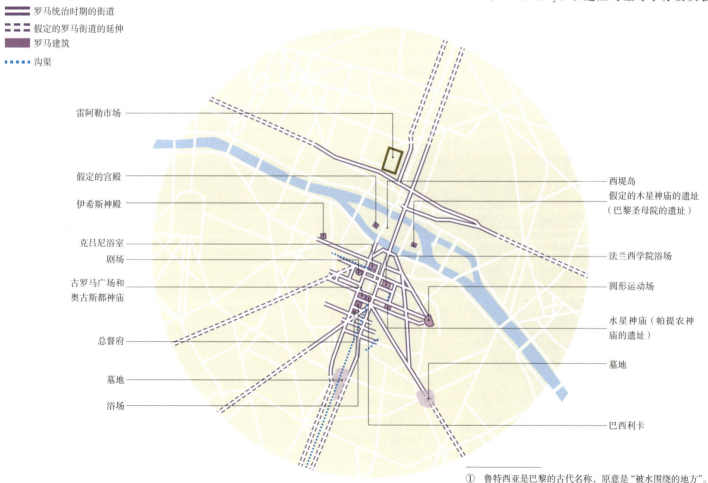

——— 罗马统治时期的街道
- - - 假定的罗马街道的延伸
▬▬ 罗马建筑
⋯⋯ 沟渠

① 鲁特西亚是巴黎的古代名称，原意是"被水围绕的地方"。

（Chicago Council on Global Affairs）将巴黎列为全球第三重要的城市。因此，巴黎成为全球经济发展的一个主要引擎。

巴黎有目的性的规划使得城市具有一种经济目标及其他目标的能动性，即使规划的发起人死后很长时间，持续的城市建设也使原初的规划目的获得物质性显现。12世纪由国王菲利浦-奥古斯都（King Philippe-Auguste）建立雷·阿勒（Les Halles），并被左拉（Emile Zola）称作"巴黎的肚子"，直到20世纪70年代都一直作为市场服务于巴黎人民。然而，一些按照罗马样式修建的主要街道以及由查理五世（建于1356~1383年）和路易十三（建于1633~1636年）的防御性城墙后来却被拆除，让位于路易十四修建的"17世纪林荫大道"。19世纪广泛的重建工程持续影响着城市的功能。

作为经济、政治、文化中心的巴黎

长期以来，巴黎一直是一个重要的决策中心。早在公元508年，法兰克国王克洛维一世（Clovis I）就将巴黎作为首都。尽管随后查理曼大帝（Charlemagne）迁都到亚琛（Aachen/Aix-la-Chapelle），但到公元987年，巴黎伯爵休·卡佩（Hugh Capet）被加冕为国王，又再次定都于巴黎。1682年路易十四把权力的宝座转移到凡尔赛宫，但在1789年，法国革命者们又将首都迁回巴黎，尽管那个时期首都的选址有过短暂的争议，巴黎还是保住了首都的地位。如今，在法国高度集权的政治体制中巴黎已成为无可争议的焦点，以至于许多人说"当巴黎打喷嚏时，法国就要感冒了"。巴黎作为一个"过度生长的城市"（如果将整个国家视为"身体"，那么巴黎作为"头"就显得过大），

"2013年，巴黎在《财富》全球500强企业总部数量所在地的排名中位列第三，仅次于北京和东京。"

巴黎城墙

巴黎最早的城墙是为了保卫城市。然而，总税务司的城墙（于1784~1791年修建，后来限制了城市发展）及其所设立的62个路障却主要用来控制那些流动到巴黎的货物，以便对他们进行征税。

其政治地位体现在大量服务于政府职能的建筑物上。这种至高无上的地位甚至体现在电话的区号上，法国分为5个区域，而巴黎代码为"01"。

随着历史的发展，作为经济和政治中心的角色促进巴黎的人口增长。到1300年，巴黎人口数量达到22.5万人，成为西欧人口规模最大的城市。到1500年它仍然是西欧人口最多的城市，直到1800年，人口数量也仅次于伦敦。人口的集中使得12世纪中叶巴黎大学得以建立，并使巴黎迅速成为整个欧洲地区的学者研修中心。作为70多个高等学府的聚集地，巴黎的重要性体现在作为教育的中心，在欧洲，巴黎是学生规模最大、最集中的城市之一。在政府的支持下，通过大学和实验室来连接数百个软件公司、医疗保健公司、多媒体公司、汽车公司以及其他公司等，巴黎地区已建立了五个"有竞争力的产业群"。在全球范围内，巴黎承接了许多国际组织，包括经合组织（OECD）、联合国教科文组织（UNESCO）和欧洲航天局（the European Space Agency），仅次于布鲁塞尔。

在12世纪中叶，作为长久的建筑潮流的重要标杆——巴黎圣母院使得巴黎成为哥特式建筑的领头羊。巴黎于19世纪产生了法国美术学院派风格，于20世纪产生高度现代主义，最近的高技派/后现代建筑蓬皮杜中心更是启发了全世界的建筑设计。的确，在音乐、哲学、艺术、建筑和文学方面如此富有创造力，以至于沃尔特·本雅明（Walter Benjamin）把巴黎称作"19世纪世界之都"，格特鲁德·斯坦因（Gertrude Stein）称之为"未来20世纪的大都市"。如今，巴黎拥有重要的移民和同性恋人口，是一个多元文化的城市，并且这种多样性将继续营造一个具有巨大文化活力的城市环境。

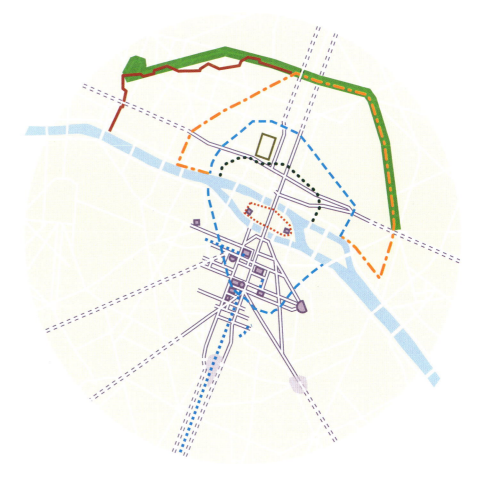

- 路易十四时期的林荫大道（17世纪末）
- 路易十三时期（17世纪早期）
- 查理五世时期（14世纪）
- 奥古斯都时期（12世纪）
- 10~11世纪
- 罗马高卢古镇

图解城市

法国大革命后的空间理性化

法国地理学家亨利·列斐伏尔曾经说过："新的社会关系需要一种新的空间，反之亦然。"1789年的革命家也这样认为：他们要做的第一件事就是创建一个新的建筑与规划部门——民用建筑委员会（the Conseil des Batiments Civils），把巴黎皇家和宗教的景观转变成一种理性规划的具有共和理念的、世俗的景观。

建成环境应该反映理性时代宗旨的理想是革命者的核心目标。因此，革命者改变很多老建筑的用途，他们把巴黎圣母院变成"公理殿"（Temple of Reason），并把万神殿（Pantheon）从教堂变成一个供那些伟大高尚的法国人最后的安息之地。但是，新的社会机构也需要新的建筑类型。因此，为反映被告人新的权利，即在公开法庭进行审判而不是私密进行的法院，监狱被重新设计，例如需要新的平面布置图。革命者还强调了

适应新社会发展的新城市

在法国大革命前后，源于启蒙运动的理性规划思想在巴黎的都市景观中有所体现。例如，由于担心掩埋在巴黎教堂墓地的尸体对健康构成危害，1786年法律禁止城市内建设公墓。于是在接下来的几年里，大约600万具尸体被转移存放在城市的矿井中（那里在中世纪开采岩石来建造巴黎时就已经产生了）。直到19世纪初，位于当时巴黎郊区之外的新的拉雪兹神父公墓（Père-Lachaise）、蒙马特高地（Montmartre）和蒙帕纳斯（Montparnasse）公墓才启用。这些公墓申明了一种新秩序的设想，并对生者和死者都产生了影响。同时，革命家也在计划重建巴黎的部分地区。他们相信，一种更有序的城市结构，不仅是新社会习俗的一种表现，也会为一个新社会的产生提供基础。

蒙马特区（北部墓地）

改善雷阿勒市场周边的计划是由艺术家执委会拟定的，它们在1793年和1797年开会，探讨重新设计巴黎探讨想法

Saints-Innocents墓地遗址（巴黎历史最悠久以及最大的墓地，于1780年关闭并于1786年将尸体清空）

蒙帕纳斯（南部墓地）

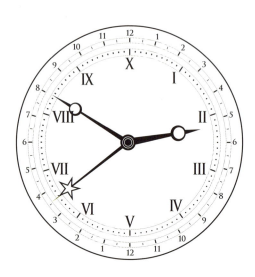

时间的理性化

城市规划并不是革命家的唯一竞技场，在这里革命家期望一种更合理的生活方式。他们还创造了一种新的日历——每周10天，每天10小时，每小时100分钟。根据这个十进制系统，一个"革命的秒"是0.864标准秒，一个"革命的分钟"是1标准分和26.4标准秒，一个"革命的小时"是2标准时和24标准分。若干个钟表匠在制作时间刻度表盘以显示这个十进制系统。

圣苏尔皮斯教堂前的广场被重新设计作为将该教堂改造成自然神论者崇拜"最高存在"的场所的计划一部分。

"生也平等、死也平等"的思想，即从前特权阶层是掩埋在教堂内而其余阶层掩埋在外面，而现在富人与穷人则被并排地埋在新的城市墓地。同时，墓地也更多地表现了世俗场所，而不是宗教的场所。

对拿破仑·波拿巴而言，他想把巴黎变成"有史以来最美丽的城市"，既要为失业的巴黎人创造工作，也要为狭窄、蜿蜒的中世纪街道建立秩序。因此，将巴黎市中心的里沃利街（rue de Rivoli）建设成为一条"漂亮雅致的东西轴"，来串联一系列与之垂直的街道，提供行人友好的拱廊为奢侈品商店服务。为了运输方便，他建造了三座跨河桥梁和几条运河，同时还修建了2.5英里长的石砌码头，以防止河水泛滥。

同时期，类似空间规划理性化的努力也在其他城市得以实施，比如法国人皮埃尔·朗方（Pierre L'Enfant）1791年规划的华盛顿特区，纽约市曼哈顿的格网街道等。在1920年代通过俄国革命将这种思想传播开来，着手建立"苏联城市"，苏联城市不仅反映了更大程度的社会平等，即土地利用将基于理性的规划而不是市场的力量，而且提供了一个可供人们接受新的"社会主义"文化和政治身份的环境。对于苏联城市，建成环境是社会关系发展与社会关系构成的双重镜像。

第 5 章 理性城市

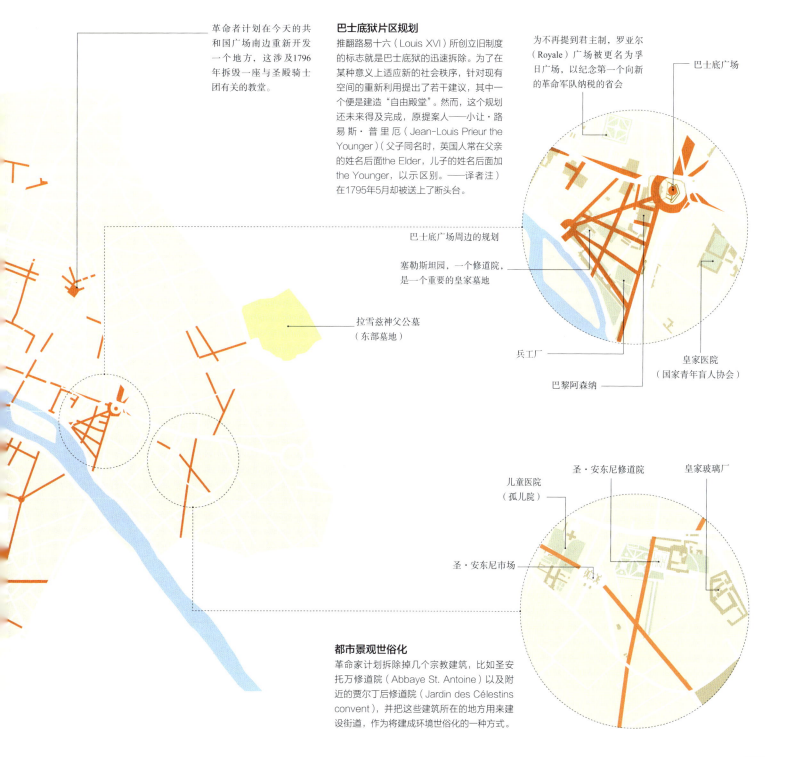

革命者计划在今天的共和国广场南边重新开发一个地方，这涉及1796年拆毁一座与圣殿骑士团有关的教堂。

巴士底狱片区规划
推翻路易十六（Louis XVI）所创立旧制度的标志就是巴士底狱的迅速拆除。为了在某种意义上适应新的社会秩序，针对现有空间的重新利用提出了若干建议，其中一个便是建造"自由殿堂"。然而，这个规划还未来得及完成，原提案人——小让·路易斯·普里厄（Jean-Louis Prieur the Younger）（父子同名时，英国人常在父亲的姓名后面the Elder，儿子的姓名后面加the Younger，以示区别。——译者注）在1795年5月却被送上了断头台。

为不再提到君主制，罗亚尔（Royale）广场被更名为孚日广场，以纪念第一个向新的革命军队纳税的省会

巴士底广场

巴士底广场周边的规划

塞勒斯坦园，一个修道院，是一个重要的皇家墓地

拉雪兹神父公墓（东部墓地）

兵工厂

巴黎阿森纳

皇家医院（国家青年盲人协会）

圣·安东尼修道院

皇家玻璃厂

儿童医院（孤儿院）

圣·安东尼市场

都市景观世俗化
革命家计划拆除掉几个宗教建筑，比如圣安托万修道院（Abbaye St. Antoine）以及附近的贾尔丁后修道院（Jardin des Célestins convent），并把这些建筑所在的地方用来建设街道，作为将建成环境世俗化的一种方式。

107

巴黎的奥斯曼化

1851年12月2日政变中夺取绝对权力后不久，拿破仑三世开始着手实现他自己和他叔叔拿破仑·波拿巴的理想：把中世纪的巴黎转变成一个与其帝国相匹配的现代城市。尽管此前若干统治者尝试大规模的城市改造，在19世纪30年代就已经有一些类似意大利人的街道和香榭丽舍大道的开敞性林荫大道，但是，大部分的城市景观仍然显得拥挤和混乱。巴黎的街道比任何一个欧洲主要城市都要小，因为城市街道主要是为行人设计，而非车辆。这些狭窄的街道不仅阻碍了商业发展，而且还使得劳工更容易地挑战帝国的统治，因为劳工能够很容易建立路障来阻止军队调动。因此，统治者聘请奥斯曼以开膛破肚的（切割）方式重新设计这座城市。为使城市规划更加理性，拿破仑和奥斯曼希望促进贸易（让商品更方便地从城外到达中央市场）与社会控制的双重作用。正如奥斯曼所说："摧毁旧街区就要移除训练暴动的营地"。

具备了建筑、规划、法律和金融知识后，奥斯曼着手实施城市的综合性转变：调

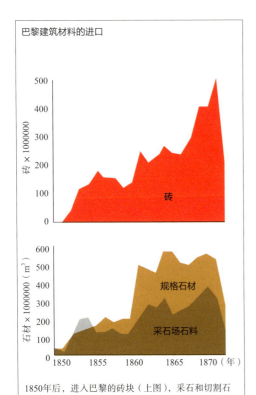

1850年后，进入巴黎的砖块（上图），采石和切割石料（下图）的数量急剧增加，表明了奥斯曼的计划所产生的建筑工程规模。

奥斯曼网格

尽管奥斯曼常被认为是在改造城市，但是在许多情况下，他只不过是实施了早期的规划。不过，通过建立3个主要的网络来缓解交通流，从而大大地加快了城市转型的进程。第一个网格（1854~1858年）是通过建立南北向的塞瓦斯托波尔大道来改善巴黎市中心南北向的交通。第二个网格（1858~1860年）是使市中心的交通更容易地往外流动，包括在巴黎市中心的共和大街、连接新圣拉扎尔火车站与巴黎西北部的罗马路以及凯旋门附近的林荫大道这些道路工程。第三个网格旨在改善老郊区与其余市区之间的联系。因此，把贝尔维尔（Belleville）东部的工薪阶层住区与贝西（Bercy）南部的工业区相连接，并把巴黎西边富裕的第16区南部地区连接到凯旋门周边地区。

桥梁

除了增加建设道路和房屋之外，奥斯曼还建设或重建了跨越塞纳河的许多座桥梁，这些桥梁对联系河两岸的新建道路网络至关重要。

新建以及重建的巴黎街道
- 第二帝国时期，1852~1870年
- 第三帝国时期，1870年以后

整建筑、道路、林荫大道的设计规范，建立绿色空间，城市下水道和供水系统现代化，以及为了强调帝国的荣耀，首创了视线终点式的景观，这种景观场所适合强化帝国荣耀的公共纪念活动。在1852~1872年，巴黎大约60%的建筑被重建，其中约有2万栋住宅被拆除，建设了超过4万栋建筑。这些发展导致了租金的上涨，迫使穷人搬往巴黎外的街区，进而导致巴黎市中心的资产阶级化。

将中世纪城市改造成现代化城市进行了很多尝试，但更加理性的规划却并不局限于巴黎。1857年，奥地利国王约瑟夫一世下令，将维也纳的古城墙拆除，并且兴建新的环路（环城大道），用以消除城市环行交通与放射交通的障碍。维也纳的改造规划还包括：兴建新的建筑物来展示哈布斯堡帝国的辉煌；还效仿奥斯曼拓宽了街道，使设置路障更加困难，其中一个重要的考量因素是在1848年席卷欧洲的革命浪潮中维也纳所发生的大规模示威活动。

里沃利路
里沃利路和卢浮宫周边可以看到早期大规模拆迁痕迹的一部分，尽管里沃利街是由拿破仑·波拿马创建的，但奥斯曼将其向东延伸到玛莱区。街道下面是拿破仑三世统治时期修建的一条新的主要下水道。

塞瓦斯托波尔大道

西堤岛
19世纪60年代，即使按照现代标准，西堤岛的船只出入港手续很全面，其目标是促进货物在巴黎中心的塞纳河上快速流动。

路易斯—菲利浦桥
圣—米歇尔桥

国家大桥
奥斯特立兹桥

图解城市

城市健康：下水道和公园

中世纪巴黎的污水一般都直接排入塞纳河。但是随着人口增长，开敞污水渠道所释放废物的气味越来越让人难以忍受；更糟的是这些排水渠还是疾病的根源。尽管在19世纪早期试图改善这种状况——拿破仑·波拿巴试图"在每个道路交叉口建造喷泉来净化空气和清洁街道"，但几轮霍乱的暴发才最终促使当局采取行动。疾病作为城市设计缺陷的巨大后果，奥斯曼认为，要想创造一个更有益于人体健康的城市，需要有更好的规划。因此，奥斯曼增加了300多英里的下水道，尽管1800年只有大约12英里，到1840年约60英里。新的系统作为一个使巴黎进入现代的工程奇迹，使城市里的废物从道路堆积转移到了下水道。

资产阶级痴迷于所谓的"进步"，下水道的诞生标志着巴黎被赋予了新的理性社会和空间秩序，并很快成了一个旅游目的地。将下水道作为旅游景点就与先前的观点

巴黎的公园

奥斯曼与城市步行街和绿化带的主管阿尔封（Adolphe Alphand）、园艺家让-皮埃尔（Jean-Pierre）、建筑师让-安托万-加布里埃尔-达维德（Jean-Antoine-Gabriel Davioud）以及来自水务局的水利工程师贝尔康特（Eugene Belgrand）一起，设法通过理性规划来改善巴黎的公共卫生与道德。其中最重要的贡献就是铺设出为数众多的公园和绿色空间，鼓励市民在户外进行锻炼。

香榭丽舍大道公园
杜伊勒里公园
蒙素公园
卡德侯公园
拉内勒夫公园
布洛涅森林
战神广场
塞瑞斯·德·欧特伊植物园
亚特兰蒂公园
雪铁龙公园
乔治·布拉森公园
天文台区公园
蒙苏里公园

完全不同，比如在维克多·雨果1830年的小说《悲惨世界》（Les Miserables）中，将下水道与纷争和革命联系到一起，视其为"城市血液中邪恶的所在"和"城市的良知"，它们是"所有虚假文明…堕落的真实的深渊。"同时，对水和沐浴态度的转变意味着更爱干净的公民与现代思想的挂钩，因此，奥斯曼建立了第二个管道网络——把饮用水系统带进了城市。

除了供水系统和下水管道的建设，拿破仑三世还下令建设许多绿色空间。出于对伦敦公园的深刻印象，他认为绿色空间就是把乡村带到城市。公园不仅起着社会安全阀的作用，给工人阶级提供放松而非巴黎式暴乱的场所，而且公园的建设也被想象成"给巴黎安上肺"。这些想法也预示着20世纪初的花园城市运动，这个运动影响了其他城市发展形态；巴黎的公园影响了奥姆斯特德（Frederick Law Olmsted）（纽约中央公园的设计者）和贝拉雷里希（BelaRerrich）（布达佩斯若干个公园的设计者）。

当时关于空气在疾病传播过程中所起作用的认识也影响着街景的建设。根据当时流行的"疾病的瘴气说"，缺乏空气流通和光照都被认为对人体的健康有害。因此，当巴黎的中产阶级越来越察觉到较高楼层能享受到凉爽的风和阳光的照射，以及欣赏到更多的美景时，许多建筑都精心设计了庭园、长廊和天窗。

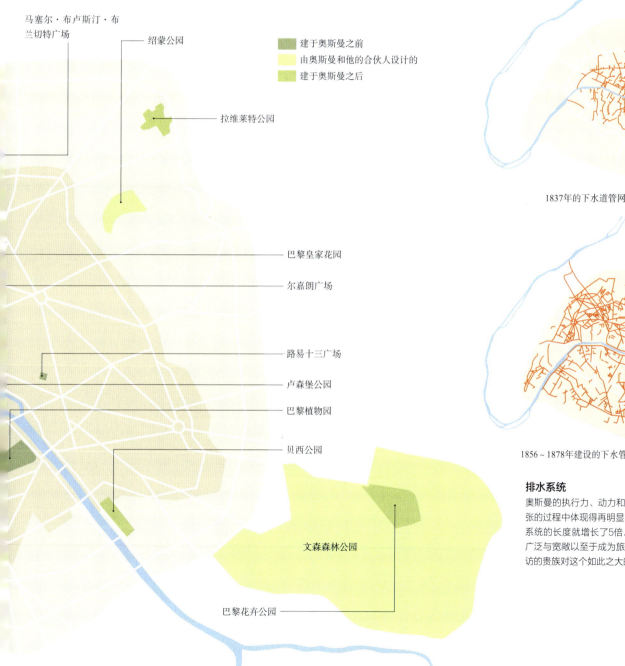

1837年的下水道管网

1856～1878年建设的下水管道

来源：Gandy (1999)

排水系统

奥斯曼的执行力、动力和热情，在城市地下水道系统扩张的过程中体现得再明显不过了。在30年间，污水收集系统的长度就增长了5倍。奥斯曼新建的下水道是如此广泛与宽敞以至于成为旅游的目的地，使资产阶级和到访的贵族对这个如此之大的成就感到惊异。

作为19世纪交通王国的巴黎

铁路的到来，从根本上改变了巴黎与法国其他地区的联系，现在，货物和人口比过去任何时候都更快捷的进出首都。第一条主线的站点是圣拉扎尔火车站，开通于1837年，其次是奥斯德利兹火车站和蒙帕纳斯火车站（均开放于1840年）、巴黎北站（始建于1846年，重建于1861~1865年）、火车东站（始建于1849年）、里昂车站（始建于1855年）。铁路不仅仅改变了巴黎与外部世界的联系，也对城市内部产生了影响。中世纪，城门是巴黎的门户，而现在的火车站在很大程度上被当作首都的入口节点。因此，建筑师试图让火车站使到访的游客感到印象深刻。此外，火车站成为城市内商业区和居住区连接道路的重要新节点。以至于如今的巴黎，超过60%的街道是修建于1853年之后。

19世纪中叶仍致力于地面以上线路网的建设，但到19世纪末，建设的焦点却转移到一个地下的交通网络——地铁。到了

国家建设的机制

铁路促使"时间消解了空间"，使得货物和人口在巴黎的地域流动更加容易。铁路转变了公众对通常所谓的两个远方城市之间的关系认知，在更大地拉动国家经济、政治和社会一体化方面起了核心作用。尽管这几个19世纪的车站已经不再运作，包括巴士底火车站（启用于1859年，但由于将巴士底广场让位给新的歌剧院，于1984年火车站拆除）、战神火车站（为巴黎世博会展馆运送各种建筑材料），建造于蒸汽时代黄金时期的六个主线站却仍继续将这些地区联系在一起。

20世纪90年代，随着城市人口的发展以及第一批汽车的出现，巴黎的街道又再次变得拥挤。对此，为了努力与伦敦、雅典和布达佩斯这些已经拥有地铁系统的城市旗鼓相当，并且为1900年将于巴黎举办的世博会做准备，巴黎桥梁和公路部门的工程师边温尼埃（Fulgence Bienvenüe）说服了市政委员会通过一项规划，以建立一个新的地下铁路系统。

为1900年夏天举办的奥林匹克运动会，适应穿越巴黎的往返交通需求，连接了西部马约门与东部万塞纳门的第一条地铁线路于当年开通并运营。此后几年边温尼埃公布了一个增加线路的地铁规划，依据这个规划，使得城市的任何地方距离地铁站都不会超过500米（547码）。直到1914年，十条线路组成了地铁线路总长56英里，每年运载4.67亿乘客。以巴黎的新公园地铁站为例，早期的地铁站设计延续了自然主题，更多地参考了野生动物的形态，入口处两个装饰华丽的灯柱类似幽谷百合，而入口上盖看起来像蜻蜓翅膀。

新艺术风格的地铁站

蒸汽机的殿堂

为反映第二帝国的辉煌，并且强调蒸汽机（新时代进步的标志）的重要性，建设了新的火车站。就地铁站而言，早期这种新艺术运动建筑类型的地铁站反映了这个美好时期的繁荣。

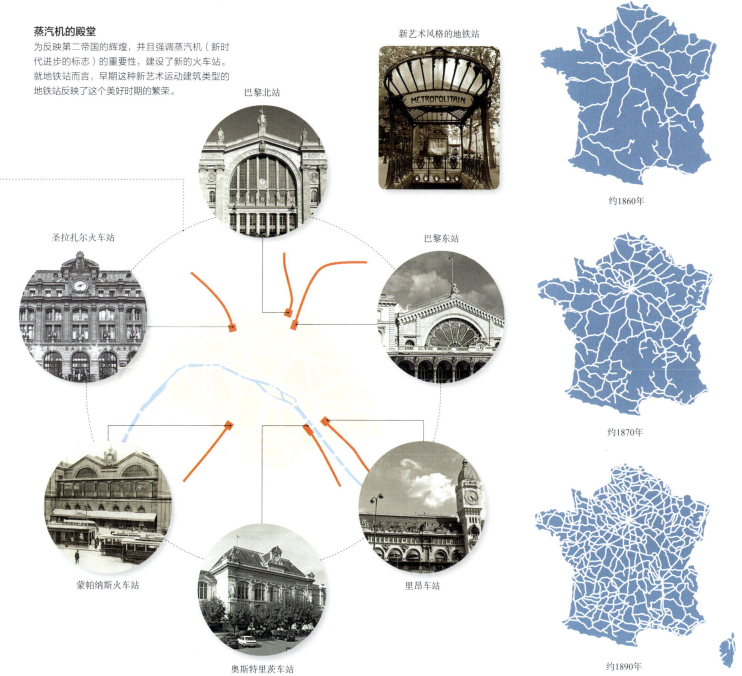

铁路网络的增长

约1850年

约1860年

约1870年

约1890年

来源：Clout (1977)

巴黎作为帝国的油画布

正如法国社会学家简·迪维尼奥所说："城市是一种语言。"拿破仑三世试图建设一个大都市，并用大都市来叙述这个帝国。他设想的新巴黎是一个由大理石构成的雄伟城市，这将是法兰西力量的持久象征。由此，城市就成为一个可以阅读的文本，生活于建筑和景观的人们在日复一日的活动中就可以阅读这个城市。

为了实现这个目的，或许建于1861～1875年的加尼叶歌剧院就是最宏伟的代表性建筑。作为一种与后世交流的方式，该建筑充满了象征意义，其中最重要的是它位于一个街区的中心，而这个街区本身就是巴黎西部资产阶级的中心，因此，比喻的说这是法国和帝国的中心。镀金的建筑表面、柔和的色彩、像鹰的帝国符号，以及国王和

适应帝国的建筑风格

奥斯曼时代给巴黎留下了一个独特的建筑风格。一个典型的奥斯曼大道不仅宽阔，而且路两边都排列着带有统一石头外立面的公寓大楼，通常面向庞大的纪念碑或气势宏伟的建筑物，为了强调拿破仑三世的权力和荣耀，这些建筑被设计成为一个尽端式的狭长街景，公寓楼高度不超过七层楼。公寓的第二层和第五层通常有阳台，不同社会阶层的几个家庭有望居住在同一屋檐下。通常情况下，公寓楼会有一个双斜坡屋顶（一个两坡屋顶，带有一个陡峭的斜坡和老虎窗，以便采光）。这样的屋顶不仅增加了阁楼上的生活空间，而且提供了一个额外的可用楼层供仆人使用。在作为尽端式狭长街景的建筑之中，最令人印象深刻的一个是加尼叶歌剧院。这个设计旨在与路易十四富丽堂皇的凡尔赛宫殿相媲美，成为巴黎第二帝国时期最昂贵的建筑。修建这个剧院需要清理近3英亩的土地以及建设一些新的交通要道，包括连接到剧院正面的歌剧院大街。

法国兴业银行

巴黎火车北站

巴黎歌剧院

埃菲尔铁塔

巴黎市立剧院

他妻子欧仁妮皇后后的缩写，法国美术学院派风格的加尼叶歌剧院充满了帝国的自信，建筑的匀称性讲述了理性规划的时代思想及其进步性。这个建筑还启发了其他地区类似的建筑设计，包括波兰华沙爱乐乐团建筑、克拉科夫的斯沃瓦茨基剧院、华盛顿特区美国国会图书馆的汤姆斯杰弗逊大楼、里约热内卢的市剧院，以及越南河内和胡志明市的歌剧院。

19世纪末到20世纪初巴黎还举办了几次国际展览，旨在突出法国的工业实力和文化优势。古斯塔夫·埃菲尔为1889年世界博览会所建造的富有标志性的埃菲尔铁塔。然而，最能体现巴黎与帝国关系的可能是1931年的国际展览。在这次展览中，殖民地"来到了巴黎"，人们可以在"一天之内游览世界"。该展览将文森公园变成一个展示殖民地建筑的场所，里面有来自殖民地的"土著"，该展览旨在展示法国殖民主义号称给世界上"未开化的人民"带来的好处。这个展览的目的是证实法国的"文明的使命"，展示其全球各地的殖民地中驱逐非理性的和落后的壮观场面。甚至使得巴黎人以一种优越感去围观帝国中的"外来"人民以及他们的建筑。

这种帝国自信并不仅限于巴黎。法国的其他城市也举行了类似的、宣扬所谓的法国殖民主义美德的博览会；同时其他城市也纷纷效仿。阿姆斯特丹和柏林分别在1883年和1896年，而伦敦在1911年和1924年举办了类似的展览。

第二帝国的建筑设计
1 加尼叶歌剧院
2 卢浮宫（1852～1857年加建部分）
3 爱丽舍宫（翻新）
4 香榭丽舍大道的建筑
5 圣奥古斯汀教堂
6 雷阿勒
7 巴黎火车北站
8 巴黎市立剧院
9 夏特雷剧院
10 欢乐剧院
11 卢浮宫酒店
12 法国兴业银行
13 埃菲尔铁塔

夏特雷剧院

19世纪10年代至20世纪30年代的巴黎展览

为了促进农业和技术进步，1798年在巴黎举行了法国首个国家贸易博览会，博览会的成功举办催生了随后的展览，纷纷被用来突显国家的工业进步，并使得1855年世界博览会得以召开。其他国家也举办了类似的项目，而且每个国家都宣扬自己的技术优势，试图超越其竞争对手。

1819年　第五届法国工业产品公开交易会
1823年　第六届法国工业产品公开交易会
1827年　第七届法国工业产品公开交易会
1834年　第八届法国工业产品公开交易会
1839年　第九届法国工业产品公开交易会
1844年　第十届法国工业产品公开交易会
1849年　第十一届法国工业产品公开交易会
1855年　万国博览会
1865年　工业美术博览会
1867年　万国博览会
1878年　国际海洋和河流产业展览会
1878年　万国博览会
1881年　国际电力展览会
1889年　万国博览会（埃菲尔铁塔的建造）
1898年　国际汽车展览会
1900年　万国博览会（巴黎大皇宫的建造）
1925年　国际现代工业和装饰艺术展览会
1931年　国际殖民地展览会
1937年　致力于现代生活艺术和技术的国际展览

文化之城

19世纪末至20世纪初，巴黎发生的变化为无数作家、哲学家、画家和雕塑家提供了肥沃的创作环境。城市物质性的转变以及政治上的争斗，一方面表现为宗教和政治机构之间的矛盾，另一方面表现为日益增长的无产阶级群体与宗教、政治机构的矛盾，这种矛盾反映到艺术和文学作品中。因此，巴黎中部和西部地区的资产阶级化，特别是在新落成的蒙素公园周边，与巴黎东部玛黑区和贝尔维尔地区，即与农村移民居住的恶劣地区形成了鲜明的对比。因此，巴黎既是一个美丽富有的城市，也是一个贫穷、异化和自我放纵的城市。或许，夏尔·波德莱尔（Charles Baudelaire）更好地捕捉到了时代精神和时代矛盾，他用一个新的术语"现代性"来描述短暂、易逝和意外之间的紧张关系，"现代性"中有一半是艺术，而另一半是永恒与不变。

在这样的城市环境中，发明创造了许多新的文化表达方式。如印象派[与马奈（Edouard Manet）、莫内（Claude Monet）、雷诺阿（Pierre-Auguste Renoir）和卡萨特（Mary Cassatt）这些画家有关]、野兽派[以马蒂斯和德朗（Andre Derain）为首]、立体画派[由毕加索和布拉克（Georges Braque）开创]等革命性的艺术运动都产生于巴黎。

蒙帕纳斯的场景

蒙帕纳斯的瓦文购物中心[今天的巴勃罗·毕加索广场]附近的咖啡厅和酒吧，诸如圆顶咖啡馆、丁香园咖啡馆、劳特尔多咖啡馆、精英咖啡馆以及圆亭咖啡馆，这些都是20世纪初画家、作家和知识分子最喜欢去的宝地。蒙帕纳斯由于与乔治-米歇尔在1923年写的小说的名字"蒙帕纳斯人"相同而名垂千古，诸如毕加索、莫迪里阿尼、考克图以及里维拉等人在街区中创造了一种打破常规的氛围。

艺术社区
蒙马特区
蒙帕纳斯

蒙帕纳斯的格吕耶尔小径

入口位于缅因大街21号，蒙帕纳斯的格吕耶尔小径有着许多艺术家工作室，如布拉克（Braque）、马蒂斯（Matisse）、毕加索（Picasso）、胡安·格里斯（Juan Gris），莫迪里阿尼（Amedeo Modigliani），马克斯·杰柯（Max Jacob），夏卡尔（Marc Chagall）等都曾在这里工作。如今这里有一个小博物馆，以唤起这一街区鼎盛时期的回忆。

德朗布尔路

大街上有几个与20世纪早期的文化氛围相关的地点。1917~1926年，日本画家莱纳德·藤田嗣治就住在这条路的5号，而美国摄影师和达达派艺术家曼雷则在该路13号创建了一个工作室。在世界大战期间，一些住在巴黎的美国外籍作家就会到德朗布尔路10号的丁哥酒吧（现在被称为威尼斯酒店）饮酒。其中包括了海明威（Hemingway）、斯科特·菲茨杰拉德（F. Scott Fitzgerald）、辛克莱·刘易斯（Sinclair Lewis）、约翰·道斯·帕索斯（John Dos Passos）、庞德（Ezra Pound）、亨利·米勒（Henry Miller）以及桑顿·怀尔德（Thornton Wilder）。

雷恩地铁站
圣平地铁站
蒙帕纳斯格吕耶尔小径
在香榭丽舍大街的圣母大教堂地铁站
卢森堡公园
法居耶地铁站
蒙帕纳斯-比耶维纽地铁站
精英咖啡馆
劳特尔多咖啡馆
圆顶咖啡馆
亚特兰蒂公园
Vavine地铁站
盖特地铁站
约琴芬贝克
拉斯帕伊地铁站
埃德加·吉涅地铁站
德朗布尔路
蒙帕纳斯公墓

并且与之相邻的蒙马特区和蒙帕纳斯也成为巴黎甚至可以说是世界的知识和艺术生活中心。像法国作家普鲁斯特（Marcel Proust）[他的小说《追忆似水年华》（In Search of Lost Time）探讨了世纪末贵族的衰落]、音乐家萨蒂（Erik Satie）、诗人阿波利奈尔（Guillaume Apollinaire）（创造了术语"超现实主义"）等在巴黎都很活跃。同期的许多外国作家和艺术家也被吸引到巴黎，其中包括斯坦因（Gertrude Stein）、海明威（Ernest Hemingway）、乔伊斯（James Joyce）和庞德等。大量的非洲裔美国演员和作家，如约瑟芬·贝克、兰斯顿·休斯（Langston Hughes）和本纳特（Gwendolyn Bennett）也来到了巴黎，他们发现这座城市比种族隔离时期的美国约束要小。巴黎还是早期电影制作的一个重要中心，早在19世纪90年代奥古斯特（Auguste）和路易斯·卢米埃（Louis Lumiere）就制作并展示了短的纪录片，还有梅里叶（Georges Melies）拍摄的一些奇幻片，也许最广为人知的便是他1902年的电影《月球旅行记》。

科尔托街

在美好时代期间，雷诺阿有一段时间住在12号，这里也是后来画家贝尔纳（Emile Bernard）、瓦拉东（Suzanne Valadon）、尤特尔（Andre Utter）和尤特里罗（Maurice Utrillo）他们所使用的工作室。这座17世纪的乡村别墅最初由莫里哀剧团的演员罗兹·德·罗西蒙德（Roze de Rosimond）拥有，现在是蒙马特旧址博物馆的所在地。在黑猫夜总会[罗特列克（Henri Toulouse-Lautrec）和德布西（Claude Debussy）经常光顾的夜总会]表演的作曲家和钢琴家萨蒂（Erik Satie），则住在6号。

诺尔万路

诺尔万路附带有大房子和花园，被许多人认为是"蒙马特区的香榭丽舍"。

朱诺大道

朱诺大道修建于1910~1912年，是作家查拉（Tristan Tzara）（15号）、电影导演亨利-乔治·克鲁佐（Henri-Georges Clouzot）（37号）以及尤特里罗（Maurice Utrillo）（少数实际出生在蒙马特区的知名画家之一）（11号）的故居。

蒙马特墓园

勒皮克街

拉马克·兰古儿地铁站

圣文森特墓地

圣心堂

布兰奇地铁站

毕嘉乐地铁站

洗衣舫画廊

煎饼磨坊

安特卫普地铁站

路易斯·米歇尔广场

阿波瑟地铁站

红磨坊

于1889年开业的红磨坊夜总会，其舞者衣着暴露，浓缩着蒙马特美好时代中放荡不羁的生活方式。红磨坊地址于蒙马特山，处于山脚下蒙马特区的富人区和靠近山顶的贫穷地区之间，因此，作为一个让具有中产阶级保守性的巴黎人与波西米亚人来往的地方。

洗衣舫画廊

位于拉维尼昂路13号的洗衣舫画廊，是一处穷艺术家可以探访的工作室空间。众多的艺术家在那里生活和工作，其中包括了毕加索，他就是在那里创作了体现原始立体主义片断的画作《阿维农少女》（Les Demoiselles d'Avignon）。1914年以后，许多从洗衣舫走出来的艺术家又迁回蒙马特区，但是却发现蒙马特已经变得太商业化了。

煎饼磨坊

煎饼磨坊位于蒙马特山的顶部，是以一种法国薄饼命名的。在19世纪30年代，风车房变成了一个酒吧，并且成为罗特列克、凡·高、贝尔纳和毕加索这些前卫艺术家最喜欢光顾的地方。雷诺阿（Renoir）1876年的作品《煎饼磨坊的舞会》（Bal du moulin de la Galette）被视为印象派最重要的作品之一。

巴黎作为20~21世纪的城市

普遍认为：奥斯曼塑造了当今巴黎的总体形态，但是，巴黎在20世纪取得许多重要的进展。20世纪50年代政府开始在城市西部建设一个写字楼中心区域，如今这片区域（拉德芳斯）是欧洲最大的商务中心区，并且在整座巴黎都可以看到拉德芳斯的摩天大楼。1989年，新凯旋门建成开放，就像一个镂空的立方体。这是为庆祝法国大革命200周年由总统密特朗委托的大工程之一，其他工程还有卢浮宫金字塔、巴士底歌剧院以及国家图书馆。1992年，地铁线路也延伸到拉德芳斯地区，使其可以更方便的联系巴黎市中心。

第二次世界大战后，农村和海外移民大量涌向巴黎以及缺乏足够的适用住房使得这些社区变得拥挤不堪，逃避战争的东南亚移民聚集在巴黎东南部意大利社区，许多北非人在巴黎北部的圣坦尼附近的街区安家。在这样的背景下，1961年戴高乐总统把巴黎地区政府的行政长官保罗·德卢弗里耶（Paul Delouvrier）带到直升机上，并下令："替我为这个地方带来秩序"。其结果是法国政府在巴黎的郊区建设几个卫星城，并通过高速公路和快速铁路线连接到市中心，这项建设被英国地理学家彼得·霍尔（Peter Hall）称之为城市文明史上最"宏伟"的规划。但是，单调的、现代性的神圣工程（住房计划）促使感知错乱，再与社区内的青年所遭遇的较高失业率叠加，最终导致了近几年的骚乱。

凯旋大道

当巴黎开始进入21世纪时，它的建成环境带有罗马时代的痕迹，中世纪的城墙，18世纪的革命改造，19世纪在蒸汽和帝国统治时代的戏剧性重塑，以及20世纪为适应汽车的重新发展。在所有这一切中增长的关键轴线是凯旋大道。这条大道从卢浮宫延伸到拉德芳斯，大约5英里长。由于串联着几个重要的纪念地，这条大道被历史性地进行设计，并用来提高法国的威望。这成为一个长远的目标，同时随着塞纳-凯旋门的建设，法国政府也在计划推动这条大道往西部延伸。

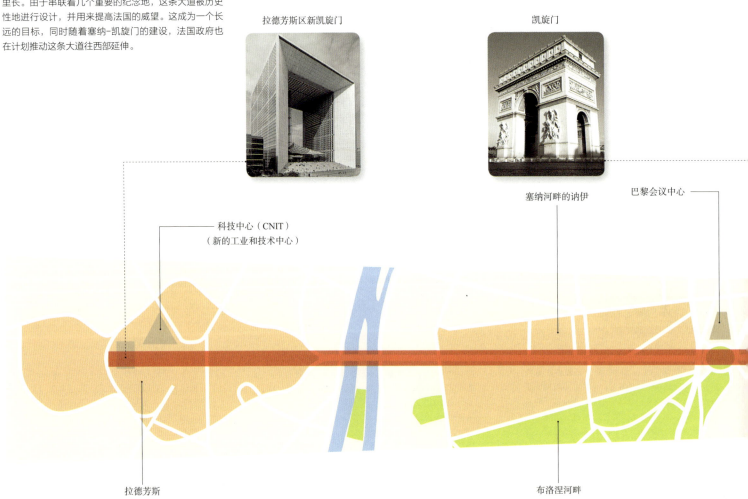

拉德芳斯区新凯旋门　　凯旋门

科技中心（CNIT）（新的工业和技术中心）

塞纳河畔的讷伊　　巴黎会议中心

拉德芳斯　　布洛涅河畔

巴黎还扩大了交通基础设施的建设。1974年开通的戴高乐机场替代奥利机场成为巴黎的主要机场，现在已经发展成为一个主要的国际枢纽，它是欧洲第二繁忙的机场。从1994年开始，欧洲之星高速列车运行于巴黎和伦敦、巴黎和布鲁塞尔之间。城市规划者还希望扩大城市的地铁系统，作为法国总统尼古拉·萨尔科齐在2007年公布的大巴黎（"大巴黎"）项目的一部分，为21世纪的巴黎进行重大升级，这种扩张将包括增加了90多英里的、环绕法兰西岛的新线路建设。

郊区铁路系统

通过高速郊外快车（Reseau Express Regional，RER，区域快速网络）铁路系统，巴黎的郊区和机场被连接到市区。尽管它的起源可以追溯到20世纪30年代，并且计划要建立一个大城市的火车网络，但是直到20世纪60年代才开始建设第一条线路。高速郊外快车在巴黎市区有几个车站，包括杜诺德火车站（由通往伦敦的欧洲之星列车服务进行联系）。因此这种高速郊外快车很好地融入了巴黎的地铁系统。

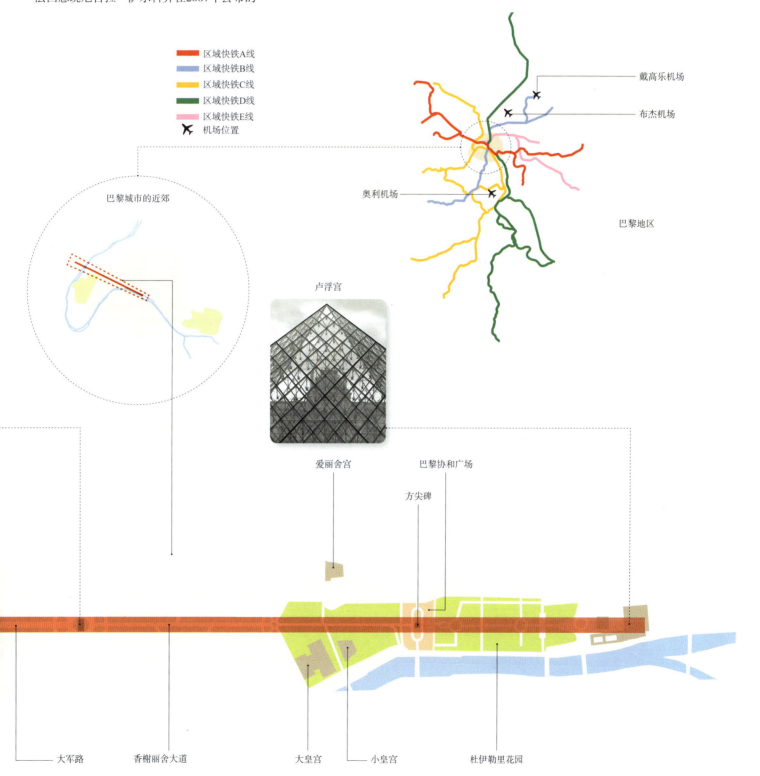

第 6 章　全球城市
THE GLOBAL CITY

本·德吕代 BEN DERUDDER
彼得·泰勒 PETER TAYLOR
迈克尔·霍伊尔 MICHAEL HOYLER
弗兰克·韦特洛克斯 FRANK WITLOX

核心城市 Core cities
伦敦 LONDON
纽约 NEW YORK

次级城市 Secondary cities
法兰克福 FRANKFURT
旧金山 SAN FRANCISCO
日内瓦 GENEVA
孟买 MUMBAI
内罗毕 NAIROBI

左图：纽约，美国

全球城市：引介

"关于全球城市的绝大多数研究都集中在城市经济能力上，但是，全球化所涉及的不仅是经济活动领域。"

在20世纪90年代，萨斯基娅·萨森（Saskia Sassen）提出了"全球城市"的概念，专门用于描述一种从事跨国关系的新城市类型。最初只用于描述伦敦、纽约和东京等几个城市，但是很快这个概念被社会学家曼努埃尔·卡斯特（Manuel Castells）归纳定义为：在更广泛的范围内由节点和枢纽形成的城市类型，他对当代社会的理解即为"网络社会城市"。这一概念随之被扩展并暗示了"世界城市网络"的存在，重点是指提供全球服务的现代城市。而我们现在所说的全球化，起源于20世纪70年代的计算机和通信行业，这使得全世界能够以新的方式进行联系与组织。全球化缩短了整个世界的时空距离，对经济、政治、文化等方面都产生了非常深远的影响，城市的重要性是全球化不可预见的效应之一。虽然，最初人们认为全球化会降低城市的重要性，但由于人类活动在全球不断扩散，实际上，全球化已经对管理、服务和促进全球关系的强化产生了新的组织化需求。

虽然"全球城市"和"世界城市"这样的术语通常都用于描述同一类城市且可以相互通用，但"全球城市"这一术语是在更广泛的范围内概括了全球化，以及全球化对城市的影响。术语定义困难的部分原因为全球化自身是一个复杂而普遍的过程，并且它影响了所有的城市。因此，不存在完全意义上的"非全球城市"。

针对全球城市的研究可以分为两个部分：第一是在特定城市中的全球性活动；第二是因全球活动在特定城市之间所产生的关系。全球城市的实践性研究需要聚焦如下主题：诸如大型写字楼及标志性建筑的设

计，为了在全球市场上运作企业所需的服务，使全球城市变得更具差异性和多样性等主题。关于城市之间关系的研究会涉及许多方面，例如，全球城市中移民流动的分析、全球城市之间的航空和互联网联系，以及全球化企业写字楼网络中全球城市间的相互联系。这是本章重点考虑的两个方面。

全球性生产能力

大多数关于全球城市的研究都集中在经济能力上，但全球化涉及的不仅仅是这个活动领域。伦敦和纽约被公认为全球城市的典型案例，这两个城市的重要竞争力体现在经济领域上，特别是在金融领域上；但同时也体现在政治领域和文化领域上。其他全球城市也有各种各样的城市竞争力，但它们只对某一个领域有深远的影响。除此之外，还有一些专门化的全球城市，它们体现在特定的领域，如资源、娱乐、宗教等领域，或是作为全球性门户。

全球性基础设施网络

全球城市相互联系最显著的表现之一，是这些城市在全球基础设施网络中的核心地位。过去十年，在世界主要城市中心之间穿梭的航空旅客数量以翻倍的速度增长。在1970～2010年，出发和抵达伦敦主要机场（希思罗机场和盖特威克机场）的人数翻了两番，达到1亿2500万人次，甚至更多。在纽约、东京、新加坡和香港也出现类似的情况。

虽不显著，但支撑全球联系的通信技术基础设施（互联网）与全球城市的关系密不可分。互联网已经成为生活、商业活动、政府及独立用户所必需的一部分。尽管这些用户地处于不同的城市，但他们在"虚拟世界"中相识和交流，可以说互联网具有硬件基础设施的物质性地理与物质性联系。在绝大多数情况，"网络世界"的格局即是全球城市的格局：例如伦敦、香港和旧金山等城市成为目前最先进、最多样化，能够胜任通信基础设施的所在地，正

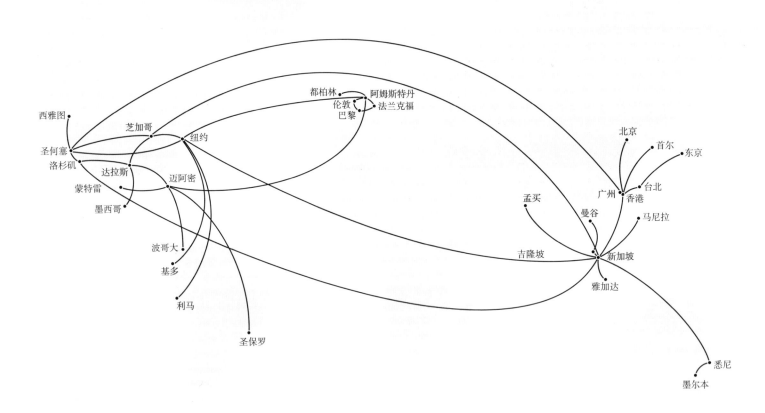

来源：GMSA

全球性网络

电子基础设施是如何促进全球城市之间的相互作用，支持互联网运行的大量光纤网络可以清楚地说明这点。图上显示了2012年全球通信服务供应商网络基础设施的网点分布。尽管每个公司都有自身具体的发展战略，但这些网点分布通常需要密切关注市场的需求，并在总体上反映出全球城市网络。

因为这些通信基础设施，这几个城市之间被紧密地联系起来。

基础设施网络和全球城市形成之间的关系是相互共存的。一方面，全球城市之间多样化的联系导致这些城市之间的航空运输和通信网络的极大需求。例如，从全球城市组织起来的世界主要金融市场一体化，有助于解释伦敦、香港、纽约、东京和新加坡之间的许多直飞航班和指定的通信网络，这些基础设施促进了信息和知识循环，包括非实体性（电子流）和实体性（商务航空旅行）这两个方面。另一方面，航空运输和通信网络自身也被认为是实现全球城市地位的措施。例如，香港国泰航空公司自夸性的口号：香港是亚洲的"世界城市"，这个口号作为宽泛的、强化政策的一个部分，为确认该城市在全球城市中的"位置"，在政策中航空网络的连通性被动员起来。同时，通过一系列的开放和扶持政策，香港试图将自身打造成世界上最发达的通信市场之一。

全球城市联系

不同驱动力（商业、旅游、殖民地遗产、地理和文化方面）推动了航空运输网络的建设，而其中一个关键因素即是全球城市之间的联系，如伦敦、纽约、新加坡和香港等城市之间存在大量联系需求，这暗示他们的经济已步入全球一体化。如图显示了2009年25个最重要的且超过1000海里的国际联系。

- 旅客超过150万人次
- 旅客100万～150万人次
- 旅客90万～100万人次
- 旅客75万～90万人次
- 旅客低于75万人次

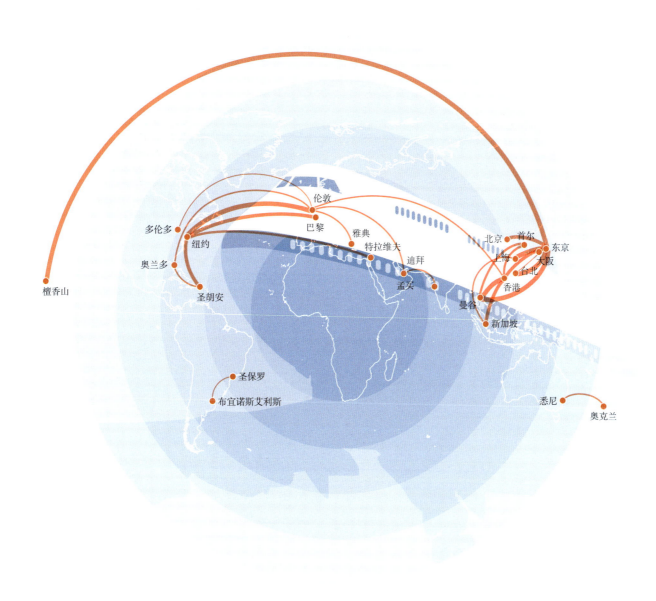

来源：CAPA (2010)

图解城市

企业的全球网络

网络基础设施推动了全球城市的显形，但它并不构成全球城市的实质。更为重要的是，在当代全球化的关键时期，纽约、伦敦等城市转化为网络基础设施的核心组织。考虑这个问题的一个方法是关注世界主要跨国公司的公司结构中的等级关系。

下图提供了2005年世界100强企业的全球网络情况，显示了不同层级企业之间的联系，例如全球总部和地区总部之间、区域总部和子公司之间。总而言之，由全球性企业所在地组成的城市网络暗示了全球城市之间联系的重要性，同样清晰的是，在区域维度这种联系更加紧密：在同一个区域的城市被紧密的捆绑在一起，只有少数几个城市具有

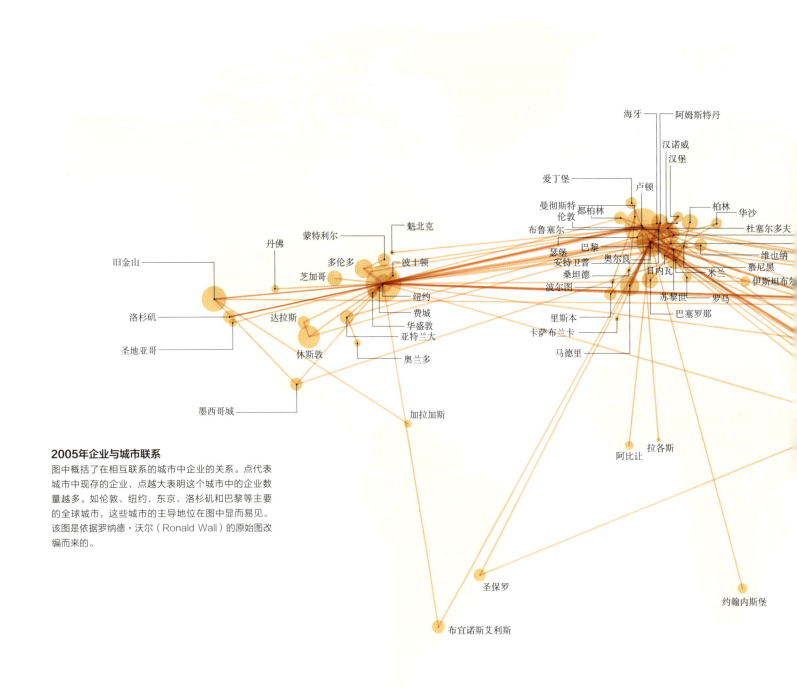

2005年企业与城市联系

图中概括了在相互联系的城市中企业的关系。点代表城市中现存的企业，点越大表明这个城市中的企业数量越多。如伦敦、纽约、东京、洛杉矶和巴黎等主要的全球城市，这些城市的主导地位在图中显而易见。该图是依据罗纳德·沃尔（Ronald Wall）的原始图改编而来的。

来源：Wall and knapp (2011)

全球性的联系。殖民地的遗产也是可见的：拉各斯、约翰内斯堡、墨尔本和悉尼等主要联系的城市是伦敦，而不是纽约。

在企业网络中判别城市位置的另一种方法是聚焦于为实现对全球控制所需提供的服务。如金融、管理咨询、法律、广告、会计、物流等方面的企业能够提供全球化的服务。事实上，有人认为，全球城市的主要功能是公司对全球业务的管理和治理。从这个角度来看，全球城市的联系就可以通过评估特定城市中提供商务服务企业写字楼在全球网络中的相关规模和功能来进行衡量。

城市之间的商业性关系

从地球两端的两个"三角城市"结构中可以看到有趣的对称性。每个案例中，一个大的国民经济的政治和商业中心与紧密联系的第三个城市协同合作，第三个城市作为全球性的门户，但其主要特点是坐落在不同的经济管辖范围。这个很容易理解，比如你可以在伦敦和香港做一些你不能在美国和中国大陆做的事情。例如：金融全球化重要先锋的欧元市场是由于1957年欧洲市场的美元短缺而出现的，这个市场是通过伦敦来运作的，因为这样的市场在美国是不被允许的；中国香港在1997年通过"一国两制"政策回归之前，也是作为投资中国的、安全的资本门户。伦敦和香港的全球化道路反映在今天这个"三角结构"中的劳动分工，同时这两个城市也提供专业化的全球推广。世界两大主导的国家经济体都出现了同样的结构，这显示了即使在最顶端的国际体系中，跨境商业合作也仍是非常重要的。

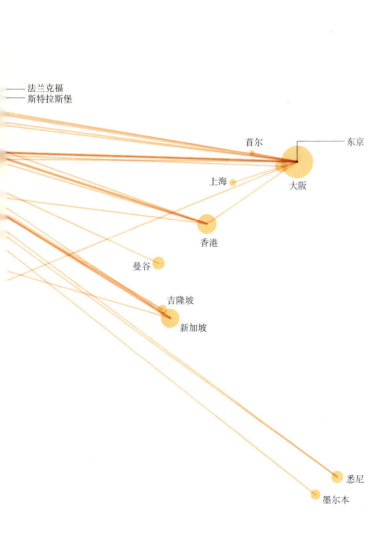

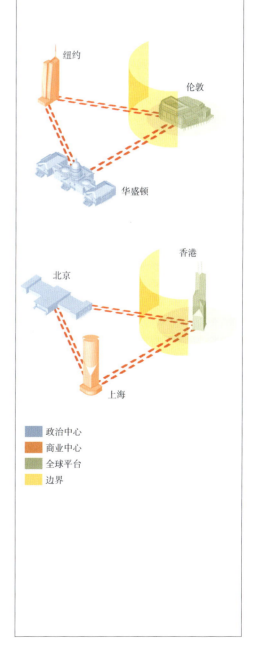

全球城市的天际线

全球城市的形成与高层建筑出场之间的联系表面上看与经济直接相关，例如，摩天大楼的结构看起来是由于土地的需求及其价格评定的，其高度的经济性在于减少了占地面积和提高写字楼的空间效率。不仅如此，写字楼市场正在积极地塑形全球城市的功能和未来：由于写字楼市场的规模和品质可以引领企业走进全球城市，因此，写字楼作为庞大的投资项目有利于全球城市与国际资本市场的相互联系。例如，当伦敦的某个写字楼的所有权发生了转变，那么，与之相关的基础设施和企业网络中的城市联系也会相应地改变。

与其他建筑聚集区的建成环境比较而言，全球城市的建成环境更能促进企业和机构的全球化运转。全球城市也是"设计的景

2013年全球性高层建筑
该图的城市指数是基于安波利斯数据库（the Emporis）的统计，这是根据高层建筑的视觉冲击而得出的，反映了城市中已建成的高层建筑，并且每栋高层建筑都是基于其楼层总数来计算其指数的。

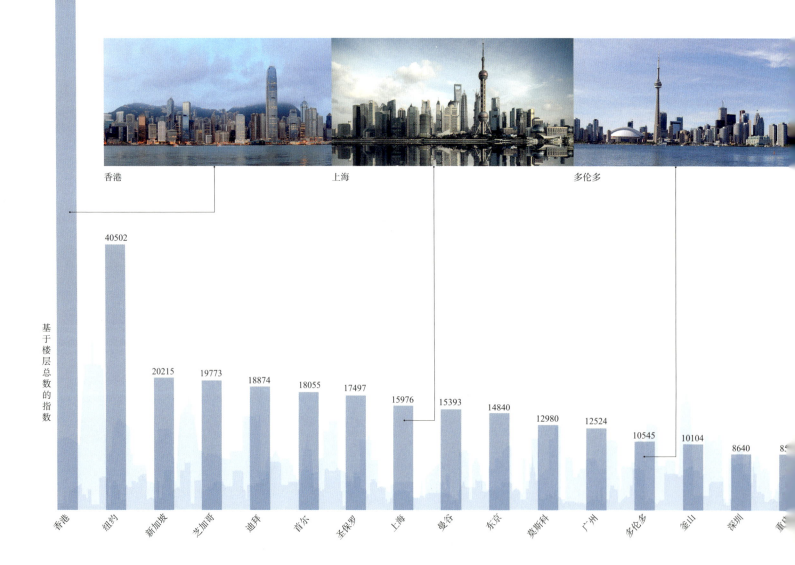

香港 130459
纽约 40502
新加坡 20215
芝加哥 19773
迪拜 18874
首尔 18055
圣保罗 17497
上海 15976
曼谷 15393
东京 14840
莫斯科 12980
广州 12524
多伦多 10545
釜山 10104
深圳 8640
重庆 85…

观"案例:向世界传递信息的独特的建筑合奏。因此,经济的解读是通过建筑的象征及其多样化功能中的标志性部分来完成。例如,迪拜的2716英尺(830米)高的哈利法塔,或将伦敦的波罗的海交易所改造成"小黄瓜",最终都是为了赢得国际认可并获得城市投资的一种渠道。同样,如"国际金融中心"(香港)或"世界贸易中心"(纽约)等摩天大楼的名称也是用来传达全球城市的定位和愿望。城市管理中日益增长的企业主义思想对城市改造、重新包装和重塑城市景观等建设,在(有追求的)全球城市中获得优势。在此背景下,标志性摩天大楼的建造和符号性的建筑物不过是广泛的、全球城市改造中的一个方面:专业的文化场所、会议中心、大型混合用途开发、滨水区的二次开发,以及大型体育和娱乐设施已经出现在许多全球城市中。能够从金融区、文化区、设计和休闲娱乐区等"前沿区域"获得的垄断租金,全球城市的设计景观拥有了广泛的经济基础,这些前沿区域共同构成了全球城市的图景。良好的全球城市图景,通过媒体的充实和推广成了一种潮流。利用全球城市的品牌效应,城市环境的价值延伸到各式各样的产品和活动中。

第6章 全球城市

巴拿马城

年份

来源:Lizieri and kutsch (2006)

其他
国际
中东
西欧
日本
美国
德国

写字楼产权

图表显示了伦敦金融城写字楼市场中拥有国际产权的比例。20世纪80年代中期拥有国际产权的比例始终稳定在10%到15%之间。到20世纪80年代末,由于金融市场的放松管制,非英国的产权比例开始增加,并在20世纪90年代末达到25%,在2005年甚至接近50%。

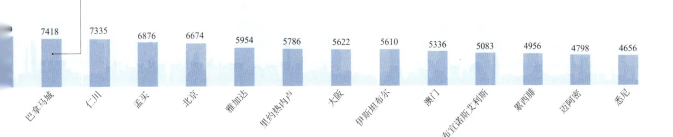

巴拿马城	仁川	孟买	北京	雅加达	里约热内卢	大阪	伊斯坦布尔	澳门	布宜诺斯艾利斯	累西腓	迈阿密	悉尼
7418	7335	6876	6674	5954	5786	5622	5610	5336	5083	4956	4798	4656

来源:Emporis

经济活动的地方与区域模式

全球城市可以说是全球化商务活动的集聚。在地方尺度上，这种集聚过程在全球城市内部的"中心区域"表现得最为显著。例如，伦敦在银行、保险和其他金融机构的空间集聚最明显，同时还强化了生产服务业，比如法律、广告、会计和管理咨询等行业；这些机构除部分重叠外，都有自己的聚集区域，并且都标志性的聚集在伦敦的中心。这个中心性的场所反映了地方性生产关系的重要性，这种全球服务性企业内部及之间的关系是基于信誉、信任、面对面的交流，非正式信息和社交网络关系而构建的。

与全球城市相邻的城市区域逐渐都被卷入到全球化的进程中。全球化城市在各自区域内的扩张提高了空间的分散性和全球城市区域的多样性。功能性的链接了聚居地的新景观具有复杂的地理特征，融合了中心城市和"城市–区域"之间各个层级的劳工（例如，商业服务总部与后台之间），在全球性"城市–区域"多样化的地段中聚集的不同

伦敦的地方性集聚

伦敦与邻近地区的城市已形成了最先进生产性服务业的特定集群，这反映伦敦长期成功地作为世界领先的国际金融中心的历史。这些专业化服务、监管机构和完善的基础设施的集群，鼓励预期的和偶然的面对面交流，并且提供获取重要信息、吸收新技术与知识的机会。在这不安定、流动性大和隐性知识流通的全球市场中，在参与者之间建立信任是非常重要的。

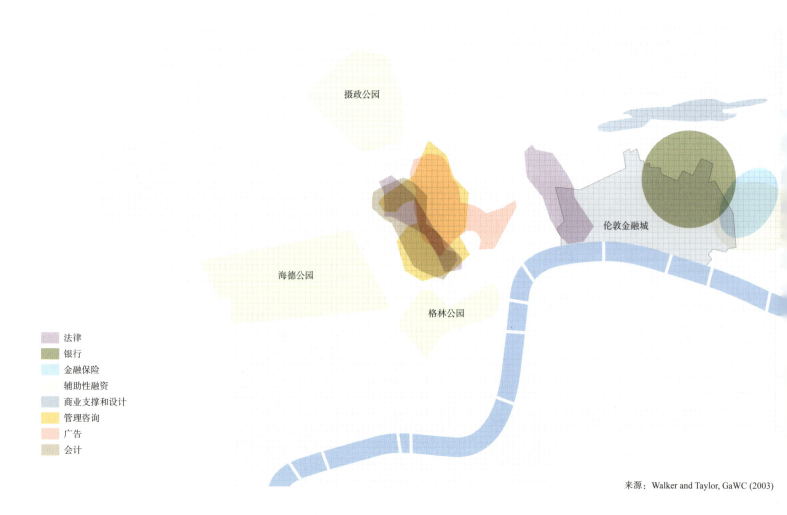

图例：
- 法律
- 银行
- 金融保险
- 辅助性融资
- 商业支撑和设计
- 管理咨询
- 广告
- 会计

来源：Walker and Taylor, GaWC (2003)

经济活动类型具有互补与共存的特征。

例如，伦敦坐落于英国东南部最具经济活力的心脏地带，通过全球可达的商业服务网络已逐渐成为一个多中心的"超大城市区域"。伦敦的功能性扩展表现为将城市中心多元的全球性服务与东南部一定规模互补型的小型商业服务集群相联系，如金融、管理咨询、会计、广告和IT服务等。这些功能性的联系跨越传统的行政边界，并引发了关于新经济空间的适宜管理尺度的挑战性问题。

与此相比，旧金山海湾地区存在更明显的部门专业化现象，海湾地区硅谷的IT创新集群与旧金山中心区的金融业结合在一起。在这种情况下，全球城市区域的高科技公司与该区域主要城市的金融机构一样，甚至更多地融入全球经济流动。尽管硅谷独一无二的历史和地理环境使它很难被其他地区模仿，但是在全球一体化区域的创新体系中，硅谷独特的商业文化已经成为全世界新兴的、高新技术领域的典范。

旧金山海湾地区的案例表明，全球城市在更广泛区域内的扩张过程给大尺度多中心都市区域提供了多种融入世界经济的渠道。中国长江三角洲是其中最明显的例子之一，令人瞩目的全球城市上海位于该区域，且该区域作为一个整体是一个高密度的城市化区域，这个区域内诸如南京、杭州和苏州等大城市相互毗邻，功能一体化，并具有全球性联系。

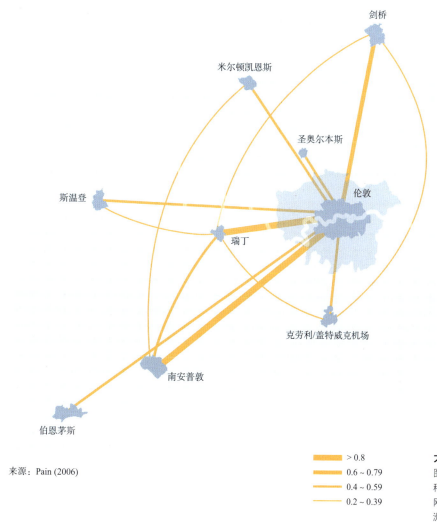

来源：Pain (2006)

	>0.8
	0.6～0.79
	0.4～0.59
	0.2～0.39

大都市区域的集聚

图中显示出2006年英国东南部特大区域的功能联系，这种联系是基于先进生产服务的内部企业网络，密集的连接网络远远超出了大都市的行政边界，使人们对伦敦作为欧洲城市景观中的一个核心的概念提出质疑。

图解城市

全球城市与社会不平等

全球性城市具有高度分化的劳动力市场。在过去20年的全球经济发展中,劳动报酬及其收入不平等现象持续加剧,且在全球城市中表现得尤为明显。这种收入不平等现象主要与全球城市的经济结构有关:在全球城市中,制造业愈加明显的下滑导致中等技能和中低收入的工作岗位数量下降,而管理和服务业的增长促进处于阶级顶端的专业和管理岗位(银行家、管理顾问等)的增长,并且还带动处于阶级底层的、低技能和低工资的服务工作岗位数量(如宾馆服务员、服务员、清洁工、保安等)的增加。在不同的移民政策背景以及国家层面的福利政策方面,不平等现象的普遍性是如何加剧的?就这个问题尽管还存在一些争论,但从纽约、伦敦和东京所观察到的现象来看,大体上是真实的。

在全球性城市的住房市场中社会分化

收入不平等

在20世纪80年代末到21世纪中期,纽约市收入最高的前20%家庭,他们总收入的相对份额增加了。而在美国的这一时期,收入不平等的扩大是一个普遍现象,纽约市尤为明显。在1987年到2006年之间,收入最高的前20%家庭收入同比增长了32%,而剩下80%的家庭,其平均收入仅增长了5.45%。

前20%管理人员、
高级管理人员和社会名流

最末的20%
低技能、低工资的职位

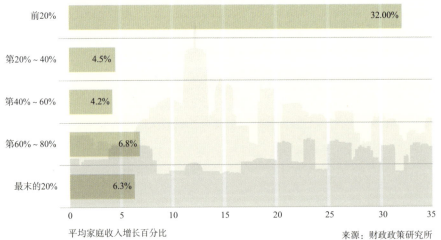

平均家庭收入增长百分比　　　　　来源:财政政策研究所

第20%~40%
高学历的专业人员和
管理人员

第60%~80%
文秘、粉领和蓝领人员

第40%~60%
半专业和工匠

现象的增长是可见的，住房市场的特点就是极端的绅士化。绅士化可以被广义地定义为高收入群体对一个地区的社会升级（包括资本的再投资），并导致景观的改变和低收入群体的直接或间接流离失所。尽管在世界各地的城市都可以观察到绅士化现象，但这个术语第一次被提出是在20世纪60年代的伦敦，当时伦敦作为全球性城市才刚刚显现。伦敦的绅士阶层（中产阶级）从郊区返回，而与此同时，伦敦却成为全球资本快速流转的枢纽。新的高收入阶层的住房需求，1986年证券交易所放松管制的直接效应是城市日常性工作岗位的增长又加剧了绅士化过程。随后几年的全球金融危机，场所的不平等现象依然保持下来：全球化效应的伦敦住房市场仍然保持大幅度增长，而英国其他地区的住房市场价格基本停滞了。

房地产市场的繁荣与萧条

英国的房地产价格在1996~2007年的巨大上涨后，最终在2007年第3季度达到峰值。2007年初，政府提高了银行利率，并收紧了放贷条件，房价开始下跌。由于全球金融危机和经济衰退，2008年下半年房价下降的速度开始加快。然而，在金融危机后，伦敦作为全球城市，房地产市场的反弹速度要快于英国的其他地区，英国房地产的平均价格回升到2007年的水平，此时，一个房子在伦敦的价格是英国其他地区的两倍。

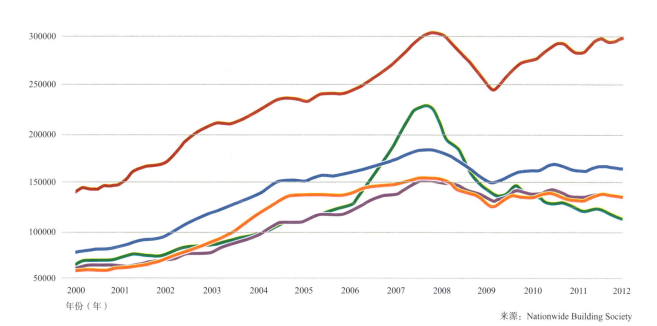

来源：Nationwide Building Society

全球性城市与移民

正如前文所述，全球性城市劳动力市场的特点是日益扩大的贫富差距，位于劳动力市场顶端的高技能人才比例大量激增，同时位于劳动力市场底端的人员比例相对较小，其规模仍然显著增长。更为明显的是外来务工人员逐渐占据着劳动力市场头尾两端的主导地位：全球城市的劳动力市场越来越依赖移民，无论是从事高技能工作，如金融、管理咨询、广告等行业，还是那些从事底层部门的服务工作，如清洁、招待、护理、施工和食品加工等行业，实际上，这些工作都保证了类似伦敦等全球性城市的持续"运转"。因此，我们可以看到术语"劳动的移民分工"现象。虽然移民分工往往出现于国际之间，但实际上并非如此。最近，中国成为历史上最大规模乡村向城市移民的舞台，中国产生了新的全球城市，而这些城市源于限制城市增长的共产主义。

20世纪90年代中期，英国金融部门的宽松政策已经不足以振兴保守的英国金融

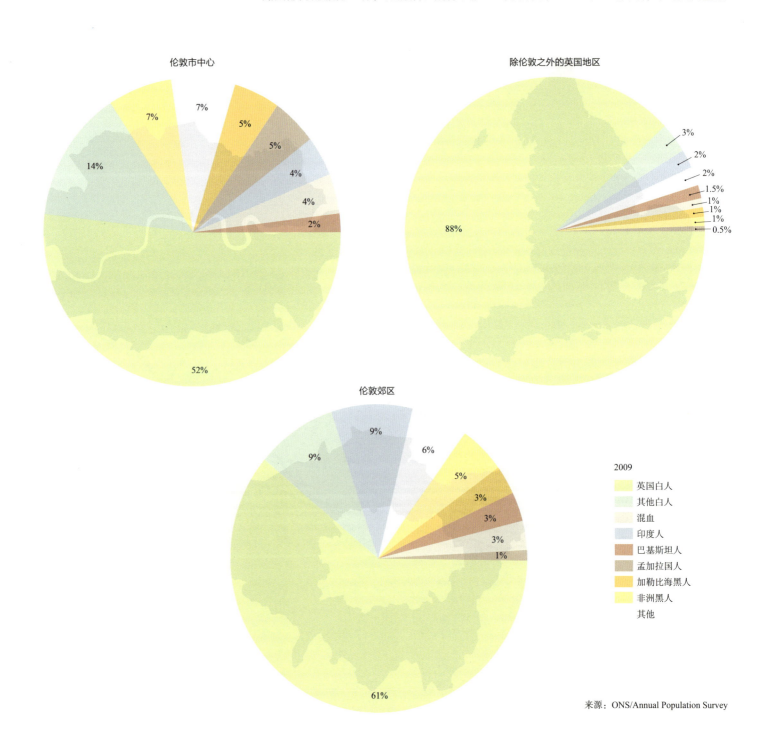

来源：ONS/Annual Population Survey

企业。这些企业绝大多数被国外的企业收购，尤其是位于美国的金融巨鳄。由此带来大量的高收入员工（收入水平相当于纽约同行），并且这些企业中的国际员工比例不断增加，攀升到城市本地员工人数的1/3。在劳动力市场的另一端，据估计，2001年外国出生的劳工占伦敦低收入岗位的46%。诸如清洁行业等更依赖外来移民的行业，外籍劳工的人数比例从1993~1994年的40%上升到2004~2005年的70%。类似的上涨也出现在厨师和餐饮业、营养助理和护理等行业，并且这种现象也越来越明显。在伦敦，如果没有外来劳工，低工资行业的工作则无人去做。

在伦敦的案例中，移民的劳动分工现象揭示什么事实呢？对移民过程的若干要素都进行了研究，包括劳动力市场放松管制和福利制度改革，从中可以发现，工作条件普遍恶化使得伦敦的雇主很难吸引本国的工人在这些岗位就业。这一现象也与南半球国家人口流动性的增长相关，这些国家提供了广泛的劳动力用于填补伦敦劳动力的空缺，这些劳工试图通过工作收入来改善在世界另一端的家庭生活品质。

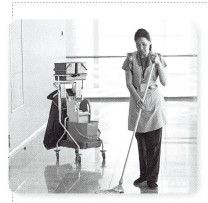
低收入的移民工作者

多元文化城市

高收入的移民工作者

来源：ONS/Annual Population Survey

城市多样性

伦敦经常被称为"一个世界的缩影"，在一项"全球城市劳务人员"的研究中发现城市人口中有63个不同的民族。伦敦的大多数移民来自东欧国家、撒哈拉以南的非洲地区和拉丁美洲。这反映了一个事实，即一旦移民到英国，就会获得英联邦国家（印度次大陆和加勒比地区）的承认，这些人口的流动是具有多样性的，他们不仅来自欧盟，也来自历史殖民关系薄弱的城市或国家，尤其是拉丁美洲中。因此，伦敦的人口种族多样性远大于英国的其他城市。

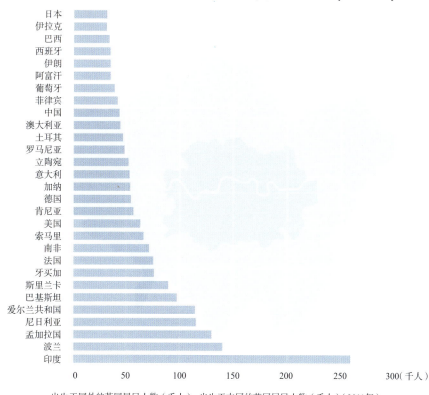

出生于国外的英国居民人数（千人），出生于本国的英国居民人数（千人）（2011年）

全球城市与旅游业

航空运输基础设施和全球城市的设计景观不仅有利于吸收专业人士或吸引投资,也试图吸引游客。事实上,旅游业对这些城市的经济、社会以及文化构成作出了巨大贡献。举例来说,纽约被评为国际游客到美国最青睐的目的地。2010年,纽约接待了近5000万游客,其中有970万名是国际游客。与美国整个国家的平均水平相比,纽约的国际游客消费占据旅游业收入的主导地位。许多的全球城市出现的旗舰文化场所、大型会议中心和/或贸易展览会场地,滨水区重建以及大型体育和娱乐综合体,都是为了吸引游客和他们的消费而故意采取的助推战略的一部分。

旅游产业贡献的经济价值是不可估量的:2010年纽约的国际游客消费总额超过

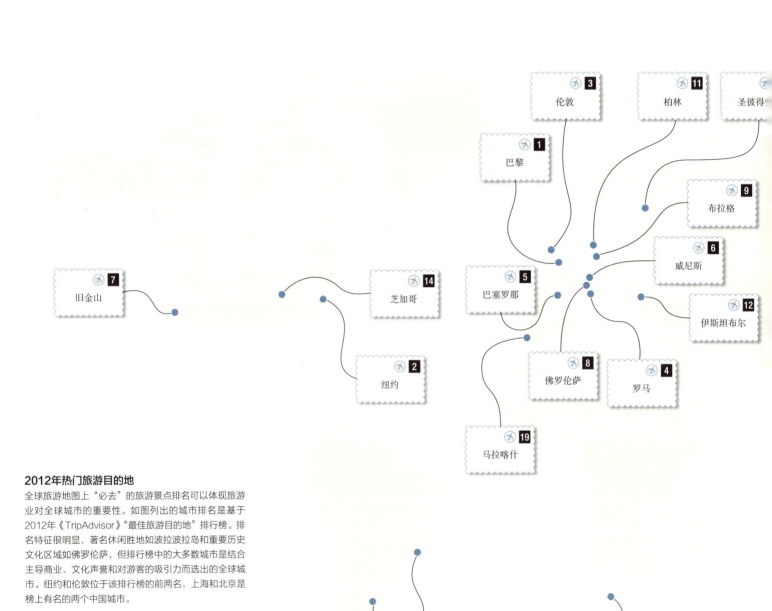

2012年热门旅游目的地

全球旅游地图上"必去"的旅游景点排名可以体现旅游业对全球城市的重要性。如图列出的城市排名是基于2012年《TripAdvisor》"最佳旅游目的地"排行榜。排名特征很明显,著名休闲胜地如波拉波拉岛和重要历史文化区域如佛罗伦萨,但排行榜中的大多数城市是结合主导商业、文化声誉和对游客的吸引力而选出的全球城市。纽约和伦敦位于该排行榜的前两名,上海和北京是榜上有名的两个中国城市。

300亿美元，其中，国际游客在纽约逗留期间的消费占了很大比例。毫无疑问，旅游业目前已成为纽约的重要产业：自2001年以来，纽约（国内和国际）游客的消费总额翻了一番，在过去二十年里增至三倍。因此，需要注意的是旅游业不应该被看作是全球性城市的辅助功能，或者说是城市其他突出功能的副产品；相反，旅游业已经成为全球城市的核心组成部分，甚至可以说是推动全球城市形成的一个动力因素。例如，2010年的调查显示，到纽约旅游的海外游客中有60%是为了休闲娱乐或度假，而整个国家的比例为54%。也许与直觉不同，但无论是从绝对值还是相对比例而言，纽约都不仅仅是商业目的地，更是休闲目的地。

全球吸引力

该图说明了纽约作为国际旅行目的地的重要性在不断上升，而其重要性上升的绝大多数原因是因为旅游业。纽约作为游览美国的一部分，其游客接待量占美国总游客接待量的比重在不断上升，对这些游客来说，纽约才是他们旅游的主要目的地。

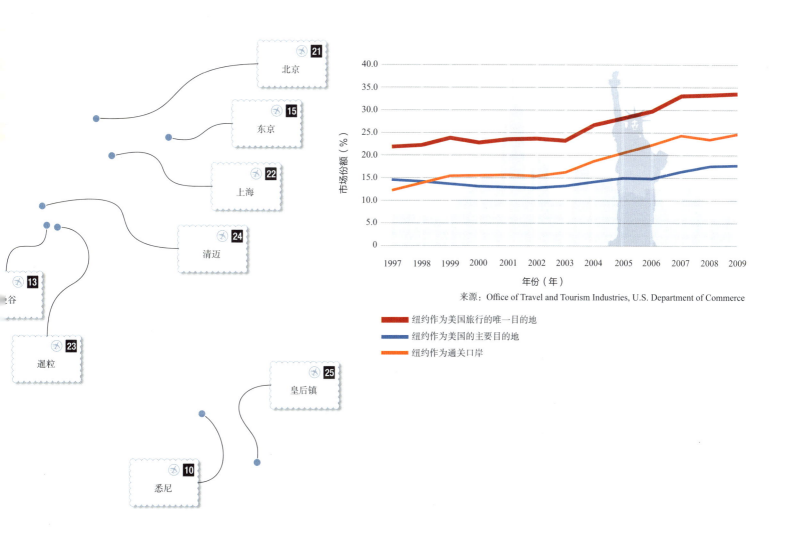

第 7 章 名人城市
THE CELEBRITY CITY

伊丽莎白·柯里德-哈尔克特 ELIZABETH CURRID-HALKETT

核心城市 Core city
洛杉矶 LOS ANGELES

次级城市 Secondary cities
纽约 NEW YORK
伦敦 LONDON
米兰 MILAN
孟买 MUMBAI
拉斯韦加斯 LAS VEGAS

左图：洛杉矶，美国

名人城市：引介

"在好莱坞，金钱法则就是金科玉律。"

21世纪的西方被定义为技术和挥霍，魔笛司·旺迪①式的"后稀缺"模式，这是大众社会所包容的。我们收获了很多东西，同时，也养成了过去只属于上层阶级的生活习惯。我们成了一个充满奇观的社会，从"后稀缺"走向了无拘无束的、浪漫的资本主义社会，假如你愿意，就成为它的俘虏。

无时无处不在的名人，以及名人现象是这种状态的最好案例。我们对名人信息的热情至少是源于与他人建立联系的渴望。名人

好莱坞

古根海姆博物馆

美好时代

伦敦　巴黎

纽约

拉斯韦加斯

洛杉矶

孟买

拉斯韦加斯大道

皇家阿尔伯特音乐厅

① 魔笛司·旺迪（Modus Vivendi）是一款布料很少且时尚性感男士内裤的品牌。

已经变得越来越重要，并且作为社会基础性的转接器也越来越随处可见，我们更远地离家生活，我们结婚更迟了，我们抚养的孩子更少了，甚至不认识我们的隔壁邻居。名人就是我们与之形成联系的人，也是通过他们建立更多联系的人，名人给我们提供谈话的资本，名人就像是匿名的、全球化社会的黏合剂。不仅此，名人还为我们提供了一种生活方式，一个卷入奇观中并拥抱资本主义的生活方式。我们所有人通过以下这些方式参与其中——包装我们的生活，借助我们所购、所居、所看，以及在推特或脸书上关注的人来证明并提升自己身份。

名人城市的浮现

名人成为更广泛的流行文化的主旋律：奇观、反乌托邦、匿名、无情监视。同样地，名人在特定的时间出现在特定的地方。名人的蓬勃发展是全球城市系统的结果，它通过少数城市将一个流行文化传播到世界。包装名人显示出与其他产业过程类似，并且名人也依赖着深植于特定地方的凝聚力，然后通过全球性联系到其他的枢纽。也许它最显著的特点就是——成功依赖地理背景，那里的工厂更少、棕榈树和夜总会更多，但是，产业上的效应也是一样的。场所及其形象关系着名人产业的长期发展，并影响着名人所在的城市。事实上，背景可能是明星最重要的因素。名人们来来去去，但名人所在的中心城市依然是固定的——巴黎、伦敦和洛杉矶。因为我们一提到巴黎就想到它歌舞升平的美好年代，一谈到伦敦则想到"摇摆伦敦"的青年文化，论及洛杉矶则想到它是现代反乌托邦的城市①。

在一定程度上，这种共生现象就是文化产业与名人关系间的功能。无论是洛杉矶的电影业，纽约的时尚艺术行业，抑或是伦敦

宝莱坞

名人之都

从一个超过60万张娱乐业图片的研究里看到，扮演全球名人之都角色的城市浮现在城市相互毗邻的世界地图中。超过80%的照片恰好在3个地方被拍摄，分别是纽约、洛杉矶和伦敦。此外，巴黎、拉斯维加斯和孟买在全球名人城市网络中扮演着至关重要的角色。孟买作为宝莱坞所在地，始终是一个独立自主的都市，但有可能是世界上电影名人的最大生产地。

---

① 美好年代（Belle Époque），指从19世纪末开始，至第一次世界大战爆发而结束。美好年代是后人对此一时代的回顾，当时，法国已从几次战争中恢复了元气，而工业革命带来的经济发展，也使社会一派繁荣。这个时期被上流阶级认为是一个"黄金时代"，也有指（第一次世界大战前的）法国巴黎当时歌舞升平的盛况。"摇摆伦敦"概念比较笼统，指的是20世纪60年代英国伦敦流行的青年文化现象，除了首当其冲的时尚外，也涉及音乐、电影、电视等领域。

多彩的乐坛，高度集中在特定大城市的文化产业往往创造出了我们的明星。因此，城市的形态与其经济的聚集可以产生特定类型的交流、信息和竞争。这些城市内容的功能就变成了一个错综复杂的部件，它影响我们理解名人以及名人内在特点。换句话说，城市中心的经济集聚及城市中心贫乏的功能已经严重影响在浪漫资本主义中的地位，以及随之而来的名人情结。

与乡村城镇不同的是，城市往往与开放和开放文化联系在一起，这是缘于城市的密度、多样性的总体接受程度、跨越生活方式和跨越生活习惯的行为等。换句话说，文化产业和媒体驻扎在一起具有实践性的功能；同样的，为了营造特定的背景和文化，名人依赖于高密度、更开放的都市社会。就像芝加哥学派的新兴产业城市评价：密集、多样、包容，名人城市同样依赖于相似的开放包容性。比如城市夜生活或场馆是否能满足成群的名人及他们的粉丝需求，餐厅是否深夜营业，宽松的政策是否允许人们在大街上跳舞，艺术家是否有灵动的工作空间，甚至是成千上万的普通人自己表演的场面。

名人与全球性城市

社会批评家、评论员丹尼尔·布尔斯在其名著《形象》（The Image）中声称："由于主要是以他们的知名度而闻名，名人仅仅通过他们之间的关系而广为人知，从而强化了他们的名人形象。"名人的循环是其重要的本质特征之一。文化产业及其明星是视觉现象，衡量他们成功的方法是人们以及场所被拍照的频率。我们可以把照片视为明星权力的文化股票交换指数。因此，我们可以看到名人的经济地理中，洛杉矶是关键节点，联系着少数其他的全球性枢纽，包括伦敦、纽约和巴黎。

盖蒂图片社（Getty Images）超过60万张娱乐照片中，运用独有的标题信息数据资料我们图示出名人城市的地理，以及支撑它的社会、经济和基础设施。活动、人群以及场所等维系明星系统的网络同样告诉我们有关名人的生境与习性。迷人的或肮脏的、庞大而密集、老建筑与新建筑，所有这些被记录的都市元素都是名人所在地的一部分。

名人产业群

与名人相关的工作

"明星效应"是一种复杂生产链功能，它的总部主要设在纽约和洛杉矶，在这里每个城市都有超过11万人从事与名人相关联的工作。这些数字传达出"明星效应"的程度、人群的多样性、金钱以及支撑着那些甚至可能是形象转瞬即逝的公司。

名人形象，一个特定的人或一群人所创造的迷人氛围正在世界传播。名人在一个特定的地方出现，复杂的人群网络、商业网络以及资源网络已深植于这个地方之中。就如硅谷以"技术之都"著称，华尔街以金融而闻名，洛杉矶因其作为名人的生产与扩散中心而熟知。从爵士时代到21世纪，西方的好莱坞提供了美人影像，这些美人做着疯狂的事情。照片、油墨喷印以及快速新闻循环营造了一种自发的亲密关系，这种关系模糊了洛杉矶名人产业群的复杂产业支撑。

打造明星并在全球树立他们形象的成功过程，关键在于上千的工人和公司致力于把名人当作非凡个体及稀有现象来维护。公关人员、律师和代理人的整个职业生涯都以名人为中心。代理机构有数千名工作人员专门负责名人客户的代言、权利和交易。即使是最平凡的支持者——美发师、健身房、商场，这些人和设施共同努力以维护形象、外貌、经济资本等，甚至媒体对每个明

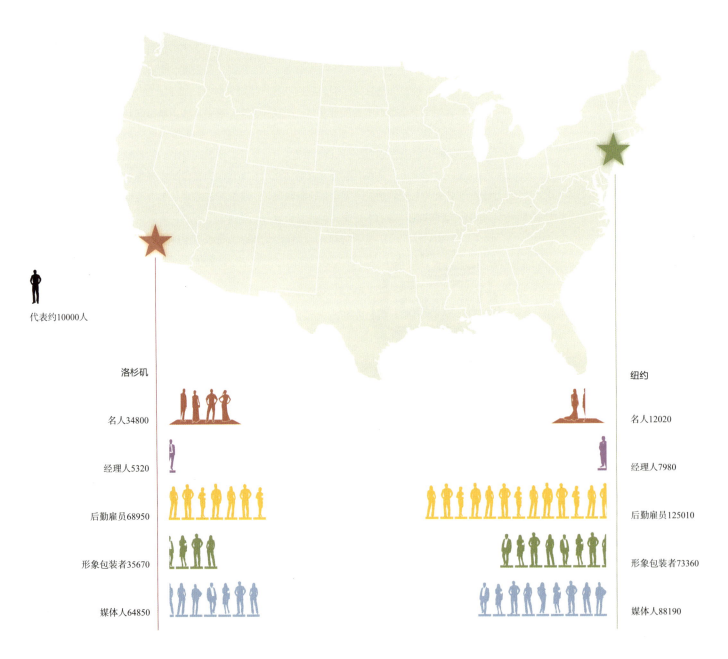

代表约10000人

洛杉矶
名人 34800
经理人 5320
后勤雇员 68950
形象包装者 35670
媒体人 64850

纽约
名人 12020
经理人 7980
后勤雇员 125010
形象包装者 73360
媒体人 88190

来源：County Business Pattern Industry Data, BLS 2008; Currid-Halkett (2010)

星的关注。没有经纪公司的日常运作，詹妮弗·安妮斯顿、安吉丽娜·朱莉、大卫·贝克汉姆都不会散发出"明星魅力"。名人的显露看似是模糊的与瞬间的，事实上，名人依赖于集聚经济和规模经济，并依赖于在地理位置上与洛杉矶的紧密程度，以及其他的名人城市如纽约、巴黎、伦敦的联系。更宽泛地说，这些原地运作的多样化功能，同时又集中在一个场所，促进了知识、思想、风格的交流，也促进了这些要素的自由竞争。

因此，洛杉矶的名人运作方式与底特律的汽车、匹兹堡的钢铁以及西雅图的航空航天的运作方式非常类似。洛杉矶的经济密度与社会活动使得名人城市不断重焕生机。由于名人的形式与功能原本就是短暂的，因此创造新的知识、新的想法、新的名人的能力就变得更加重要了。

城市的名人产业群有五种梯度性的职业。明星及有抱负的明星们，无论他们是超模或是演员，都站在产业链的顶层，他们有责任让其他人都拥有工作。第二层级包括那些为明星们工作的人——明星的经纪人、代理人、公关人员及代言人。接下来的是后勤雇员——律师、司机和随员。然后是明星形象的造型师——美甲师、造型师和健身教练。最后是为明星润色并将之呈现给世人的媒体人，也许媒体人是梯度中最重要的。尽管名人及其形象瞬息即逝，但是名人产业群却始终保持不变。

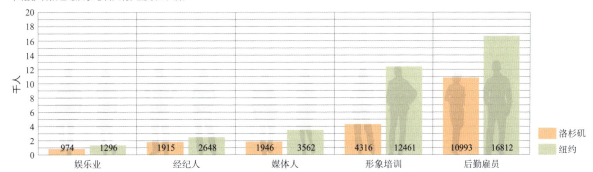

在洛杉矶和纽约从事与名人有关的职业人数

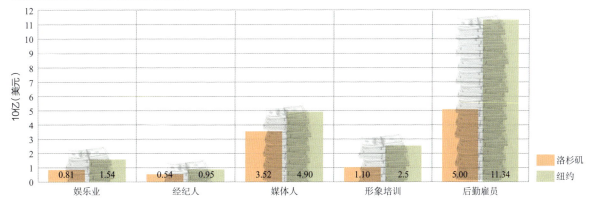

在洛杉矶和纽约从事与名人有关的人员工资单

来源：County Business Pattern Industry Data, BLS 2007 (businesses) and 2008 (payroll); Currid-Halkett (2010)

名人城市经济

在纽约，有近10亿美元的薪水支付给那些在公共关系部门工作的人，而这一数字在洛杉矶则为5.36亿美元。在洛杉矶，媒体行业的工资总额超过35亿美元，而城市的名人——演员、音乐家、运动员，仅靠他们就产生超过15亿美元的工资。21世纪名人是一种实体经济，也是一个真实的场所，即使我们将其更多的理解为短暂的和虚拟的存在。

图解城市

名人的世界城市网络

在世界各地，从孟菲斯到孟买，流行文化的消费者购买杂志、观看电视节目、追随记录娱乐明星生活的博客，这些都是全球创意城市的精英文化生产者。随着明星频繁地出现在《名利场》(Vanity Fair)、《人物》(People)杂志或者《你好！》(Hello!)等名人期刊中，我们可能认为名人是无处不在的。按马歇尔·麦克卢汉的观点，他们确实是无处不在的，媒体即是信息，并且信息是无休止的。

关于名流们往来的研究似乎表明虽然他们是无处不在的，但实际上他们只是分布在全球的几个精英城市里。媒体营造了名人们的无所不在的错觉，即使他们实际上藏在遥远好莱坞的小平房、邦德街或者日落大道闭门的餐厅里。事实上，我们对盖蒂照片社提供的50多万张有明星参与的事件进行了分析，发现明星们只是在全球的三个城市度过了大部分时间，分别是伦敦、纽约和洛杉矶，其中80%照片是在这三个地方被拍下来的。另外一些其他城市扮演着名人的临时中

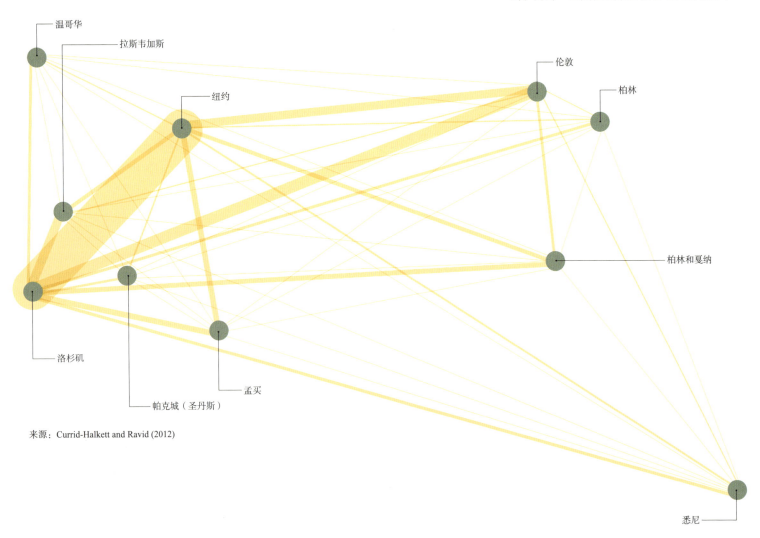

来源：Currid-Halkett and Ravid (2012)

名人城市的联系

从明星的社交网络研究中可以得出：伦敦、纽约和洛杉矶不只是世界的名人首府，而且通过明星们的往来流动，城市彼此之间显著联系。在此图中，连接两个城市的线条的粗细反映了名人城市间往来旅程的次数。例如，纽约和洛杉矶是世界上联系最紧密的名人城市，其次是洛杉矶和伦敦。原始图片来自吉拉德·拉维德（Gilad Ravid），数据时间自2006年3月至2007年2月。

洛杉矶

纽约　　　伦敦

转站的角色，比如获奖提名电影节期间的戛纳、巴塞尔艺术博览会期间的迈阿密以及圣丹斯电影节期间的犹他州帕克城。名人城市网络凸显了21世纪经济发展的一个非常重要的方面：一个地理区位形成赢家通吃的全球互联的城镇体系，往往会在后方留下腹地。

正如其他产业一样，我们可以用一个简单的事实来解释有限的城市数量的原理：大多数行业依赖于凝聚性的社会、经济、物质性基础设施以及一个高度关联的知识系统。名人存在的核心是其依赖于一个名人支撑系统，还依赖于其所在的推广类杂志、电影以及游客目的地的环境。与华尔街交易员不同，名人本身依赖于本地化的网络，从而维系并推进他们的职业生涯，创造获取知识并实现创新。一个人如果没有经常出现在狗仔队设点拍照的地点，并被散布到全世界，将不可能成为一个全球性的名人。

然而，这个世界城市网络还缺失一个重要的环节——宝莱坞，印度的电影之都，在这里居住着一些世界上最大牌的明星，然而它好像并没有被连接到任何西方主流的名人枢纽。宝莱坞的明星似乎被西方主流文化屏蔽，即使从粉丝数量上来看他们显然更有名。关于宝莱坞的定性研究表明（Lorenzen and Taübe, 2008; Lorenzen and Mudambi, 2013），尽管印度的电影在全世界各地拍摄，其出口也在扩增，印度的名人基本上还是与世隔绝的。围绕孟买极其庞大的媒体器材来看，宝莱坞的名人系统并没有连接到西方城市系统的需求。

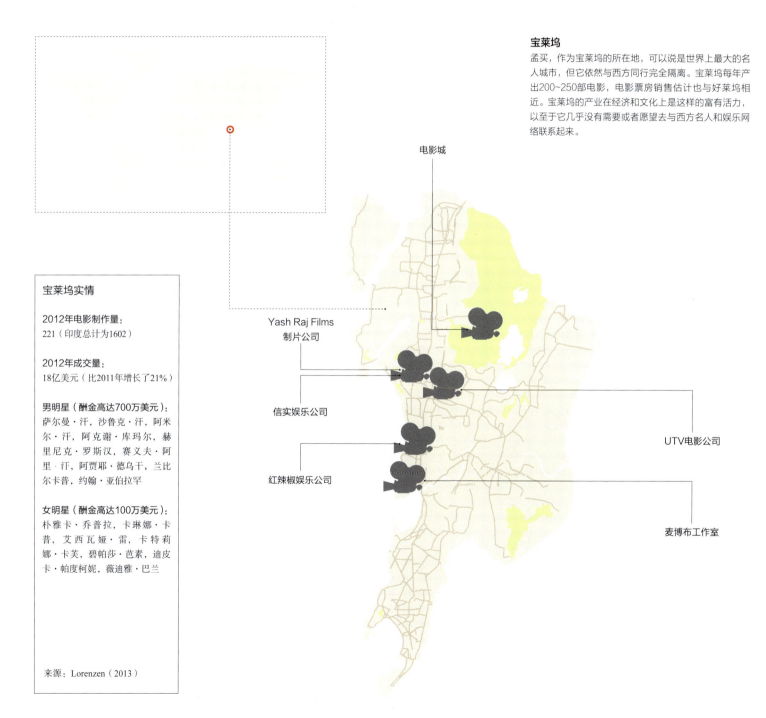

宝莱坞

孟买，作为宝莱坞的所在地，可以说是世界上最大的名人城市，但它依然与西方同行完全隔离。宝莱坞每年产出200~250部电影，电影票房销售估计也与好莱坞相近。宝莱坞的产业在经济和文化上是这样的富有活力，以至于它几乎没有需要或者愿望去与西方名人和娱乐网络联系起来。

宝莱坞实情

2012年电影制作量：
221（印度总计为1602）

2012年成交量：
18亿美元（比2011年增长了21%）

男明星（酬金高达700万美元）：
萨尔曼·汗，沙鲁克·汗，阿米尔·汗，阿克谢·库玛尔，赫里尼克·罗斯汉，赛义夫·阿里·汗，阿贾耶·德乌干，兰比尔卡普，约翰·亚伯拉罕

女明星（酬金高达100万美元）：
朴雅卡·乔普拉，卡琳娜·卡普，艾西瓦娅·雷，卡特莉娜·卡芙，碧帕莎·芭素，迪皮卡·帕度柯妮，薇迪雅·巴兰

来源：Lorenzen（2013）

名人网络的社交科学

关系网对我们所有人而言都必不可少，但是这到底意味着什么？网络中最上层的好莱坞一线明星告诉我们关于他们社交行为以及这些活动在哪些地点发生的？他们的社交网络是否可以解释一线明星与三线明星的不同，更别提与我们的差异了？

近年来，社交网络已经是经济发展和城市繁荣研究的一个重要组成部分。早期对硅谷的研究指出人际交情对行业蓬勃发展（如波士顿128号公路[①]的损害）正变得必不可

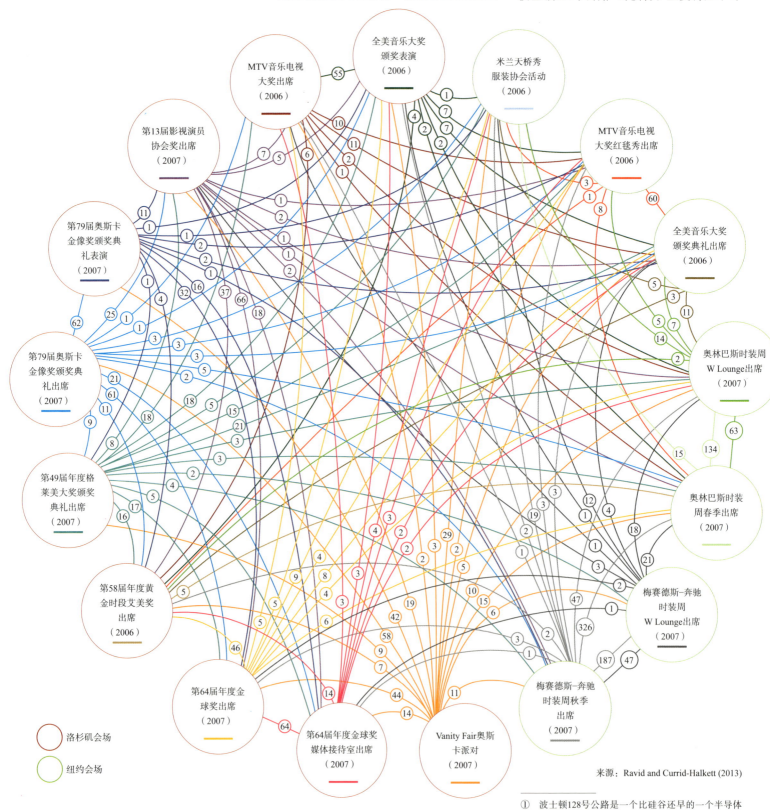

来源：Ravid and Currid-Halkett (2013)

[①] 波士顿128号公路是一个比硅谷还早的一个半导体产业集群，但是他在发展的过程中被硅谷超越。

少。那些研究创意产业的人讨论着Ad hoc[①]的群体生活、群体工作以及与其他人相互碰撞的必要性。最近，手机追踪数据表明，繁杂的社交网络与城市的繁荣紧密相关。

名人的照片表露了有关这种联系的重要信息。既然名人是文化产业中的精英群体，他们的社交动态可以告诉我们一些关于社交网络在其他职业和行业的繁荣中所起角色的重要信息。我和以色列本古里安大学的同事吉拉德·拉维德对我们在盖蒂采集到的数据进行了社交网络分析，这个数据库能让我们分析出谁在这些照片上，他们和谁拍照，在什么事情上拍照，在哪座城市拍照以及每个明星被拍了多少张照片。这些照片的标题信息显示，在整个照片数据库中，与其他人相比一线明星有一个极其不同的网络。

为了正确看待明星的社交网络，我们考虑到世界上大多数国家都有六度空间理论[②]（这个虚拟数字已被证明为合理的实验值）。这些处于名人网络内的明星们只有3.26度的分离度。即使名人之间在职业、区位以及地位上没有明显关联，他们的联系只需要通过3.26个人，一线明星们的联系则更加紧密。从福布斯杂志明星的最新排位中，我们可以根据他们的排名显示来研究明星们的社交网络。尽管盖蒂照片社提供的照片涵盖了7000人，一线明星的成员间的联系层级仅与其他相同的20位一线明星之间的联系层级相当。精英名人延续他们独特地位的手段之一就是参加盛事，而其他顶级明星也都出席了这些盛会。这些盛会本身——奥斯卡颁奖典礼、时装周、迈阿密艺术博览会也改变了举办这些活动的城市。明星变成激动人心的、具有魅力和看点的中心，鼓舞城市的居民参与到名人城市的环境中。

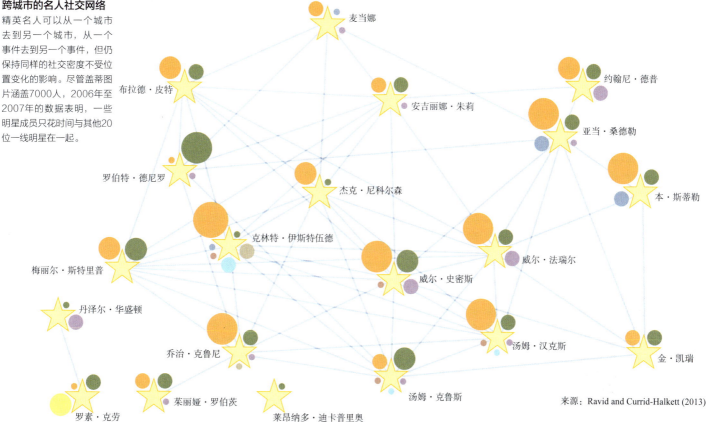

跨城市的名人社交网络
精英名人可以从一个城市去到另一个城市，从一个事件去到另一个事件，但仍保持同样的社交密度不受位置变化的影响。尽管盖蒂图片涵盖7000人，2006年至2007年的数据表明，一些明星成员只花时间与其他20位一线明星在一起。

来源：Ravid and Currid-Halkett (2013)

通过事件联系的名人网络
尽管名人聚会的场景出现在世界上各离散城市的广泛事件中，但是场景模式和关联还是浮现出来了。名人像参赛选手似的一次又一次出现在各种名人聚会的场景中。例如，那些参加奥斯卡颁奖典礼的人也都出现在年度时尚艺术盛典。图中反映了以事件为媒介将全球名人城市关联在一起的相互联系。这些线代表了人们之间的联系，数字则表明参加了一个事件及其相关活动的明星人数。

参加的活动人数（人）
- 1
- 2~5
- 6~10
- 11~19
- 20及以上

地点
- 洛杉矶
- 纽约
- 拉斯维加斯
- 伦敦
- 巴黎
- 柏林
- 东京
- 悉尼

① Ad hoc源自于拉丁语，意思是"For this"引申为"For this purpose only"，即"为某种目的设置的、特别的"意思，即Ad hoc网络是一种有特殊用途的网络。IEEE802.11标准委员会采用了"Ad hoc网络"一词来描述这种特殊的自组织对等式多跳移动通信网络，Ad hoc网络就此诞生。Ad hoc网络的特点：生存周期短，主要用于临时的通信需求；Ad hoc技术在个人应用领域也得到了重视。现在个人电子产品如笔记本电脑、手机、PAD等很多都带有蓝牙这种短距离无线通信技术，通过蓝牙可以实现电子产品之间的互通，还可以实现个人和局域网之间的多条通信，蓝牙技术中的超网就是Ad hoc技术应用的例子。

② 六度空间理论（Six degrees of separation）是一个数学领域的猜想，理论指出：你和任何一个陌生人之间所间隔的人不会超过六个，也就是说，最多通过六个中间人你就能够认识任何一个陌生人。

地理禀赋

名人城市是充满奇观和魅力的场所，他们的成功取决于媒体和公众对特定人群和事件的迷恋。然而就像名人是以不同的原因出名一样，名人城市成名的原因也各有不同。这些地方具有不同的特性——拉斯韦加斯低俗、洛杉矶华丽、纽约和伦敦粗犷。这些区别的一个要素来自于将城市形式人格化的人，那么明星——可以说是人力资本——创造了我们名人城市形象。

一些明星通过他们的才华来维持他们的名人地位，通过奥斯卡奖、金球奖和大片来定义。其他人则把他们的星光寄托在个人对世界的兴趣这根细绳上。这意味着一个名人维持他或她的明星地位与他们度过时光的城市以及他们所参与的事件有关。我们的图片分析揭示出了明显不同的模式，或者是一个奥斯卡获奖者，票房神话的名人，或者是他们仅仅是掌握了让报刊挥洒墨水的诀窍。同样地，名人城市开始与频繁出入其中的名人的名声相一致。

皇家剧院，干草市场

大都市歌剧院

柏林国际电影节

我们拿福布斯杂志里那些增加票房收入、赢得荣誉并吸引其他明星加盟电影的明星榜单，绘制了名单上名人的全球活动轨迹。我们的分析显示：特定的名人城市是消极的或是积极的，要么取决于城市禀赋的大小，要么就是纯粹依靠名声的好坏。因此，帕丽斯·希尔顿在洛杉矶度过了大部分时间，那里是所有名人城市的中心；而具有才能的明星比如安吉丽娜·朱莉却很少出现在洛杉矶媒体的聚光灯下。有才能的名人很少出现在洛杉矶，却经常出现在更加国际化的场所。

才能并非仅靠暴露在相机的闪光灯下才得以存在，所以简单地在洛杉矶被拍到照片不能说明名人有任何的独特性或真实性。然而，在更远的地方参加活动，表明全球需求和一个明星的电影、音乐或创意成果的深远影响。名人们去到澳大利亚或者德国城市的举动与明星影响力的扩展紧密相关。伦敦是最能反映高富才华明星的城市。并不奇怪的是，与拉斯韦加斯和洛杉矶相关的名人的主要特点是——俗艳、朝生暮死、华而不实。像伦敦和悉尼这样的城市是全球性的旅游胜地。因此，明星和他们的城市形象是彼此的镜子，互相反映着彼此的特性。

东京剧场

悉尼歌剧院

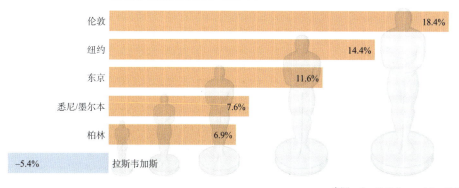

名人城市明星魅力（2006~2007年）

伦敦 18.4%
纽约 14.4%
东京 11.6%
悉尼/墨尔本 7.6%
柏林 6.9%
拉斯韦加斯 −5.4%

来源：Currid-Halkett and Ravid (2012)

才能的资本
特定的城市成为志在成为全球名人的重要地点。在特定的名人城市被拍照能判断一个明星的名声是否来自于才能。例如，通过在伦敦参加一个活动并被拍下来，她的明星魅力增长了18.4%。相反地，在拉斯韦加斯被拍到参加一个活动，她的明星魅力降低了5.4%。

图解城市

名人城市与"徒有虚名"的名人

像其他的那些经济中心、技术中心或者艺术中心一样,名人城市倾向于关注行业的一个特定方面。因此,具有特殊才华的明星迁居到具有特定属性的城市里。虽然洛杉矶、伦敦和纽约好像是名人文化的中心,但实际上,有才华的明星和徒有其名的明星迁移行为展示了显著不同的模式。

对"徒有虚名"的明星需要经常出现在聚光灯下以维持他们的名人地位的原因可以获得部分解释。对这些明星来说,接近媒体之都对于自身的明星身份是必不可少的。照此而言,当伦敦像磁铁般吸引着有才华的明星时,其对名人帕丽斯·希尔顿也至关重要。英国的主流媒体(仅15种主要日报)和BBC在业界的主宰地位意味着所有人都在消费同样的媒体。对于没有才华的明星,在伦敦参加一个活动将确保他们的消息能在全国范围内广泛传播。

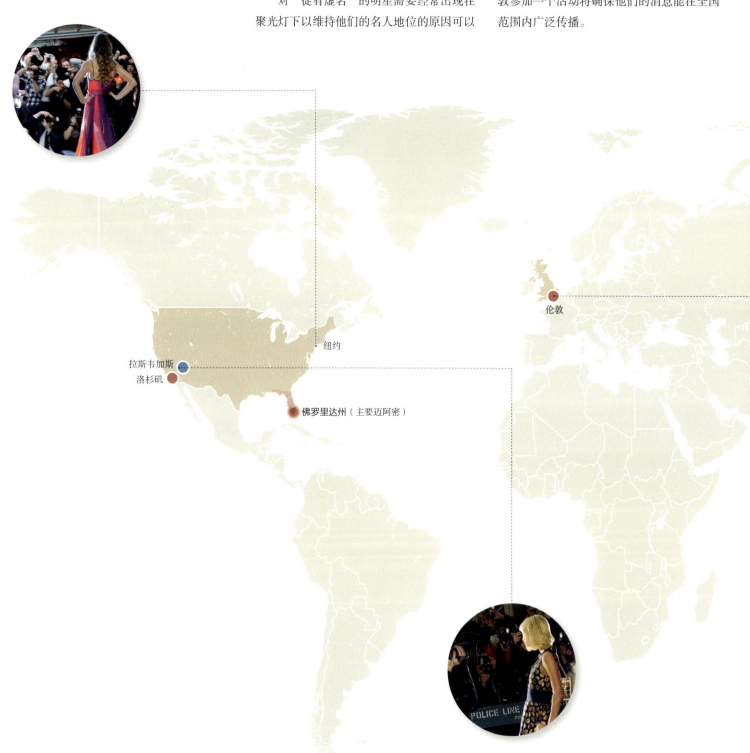

徒有虚名的明星在洛杉矶消耗额外的时间以确保他们的曝光率最大化。然而徒有虚名的明星也必须去参与更多的活动，使他们的照片得以出现在小报上。帕丽斯·希尔顿不能像安吉丽娜·朱莉或者汤姆·克鲁斯这种有才华的明星那样在每个活动收到同等的关注。以伦敦的名人活动为例：2006年安吉丽娜·朱莉在单个活动中被拍到100次，汤姆·克鲁斯在其电影《碟中谍》首映式中被拍到111次，帕丽斯·希尔顿在同一年参与了10个伦敦活动，总共被拍到173次，每个活动仅给她带来17.3张照片。对比朱莉和克鲁斯，这一数字分别是100和111。此外，事件的类型预示着明星的类型，有才华的明星倾向于参加专属于自己行业的活动或是慈善活动，而徒有虚名的明星出现在只要有摄影师在场的各类活动中。

拉斯韦加斯周围是一个有问题的名人枢纽站。明星们只要出现在这个荒漠幻影的城市中，都可能令任何类型的明星魅力下降。只有当一个明星在此举办一场生日会时，拉斯韦加斯才能与名人发生联系。对于徒有虚名的明星，媒体就是一切关键所在，如果一个徒有虚名的明星出现在拉斯韦加斯，她不太可能出现在摄像机前对世界宣称她的存在。

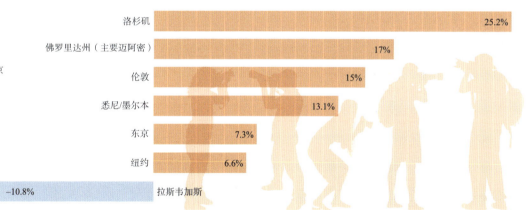

名人城市媒体影响力（2006~2007年）

城市	百分比
洛杉矶	25.2%
佛罗里达州（主要迈阿密）	17%
伦敦	15%
悉尼/墨尔本	13.1%
东京	7.3%
纽约	6.6%
拉斯韦加斯	-10.8%

来源：Currid-Halkett and Ravid (2012)

"徒有虚名"的资本

城市作为名人出没的场所，这个场面需要通过媒体展示出来，维持名人及其名望需要通过无尽的图片来支撑。对于主要依靠名声（而不是才能）的明星，参与活动是重要的，他们参与的活动与有才能的明星所参与的活动不在同样的城市。对于"徒有虚名"的名人，洛杉矶是至关重要的。在洛杉矶参与一个活动，媒介价值增大了25%，而在拉斯韦加斯时，媒介的价值则减小了10%以上。其他城市如纽约和东京，以同样的方式支撑着有才能的和"徒有虚名"的明星，则是介于两者之间。

地理絮语

从反主流文化的硅谷到冷酷资本主义的华尔街，社会环境显示了这个工作群体的成就。理念在交易、职业机会的崛起、"在空气中"繁荣的创造力，犹如伟大的经济学家阿尔弗雷德·马歇尔曾提到的产业活动聚集。我在拙著《沃霍尔经济》一书里，研究了纽约城的创新产业。我的研究部分起源于我的困惑，就是为什么贫穷的艺术家们和设计毕业生们都蜂拥而至纽约城，生活在狭窄的公寓，支付高昂的租金，面临与其他所有创新工作者争夺一个岗位或者项目的激烈竞争。当我从画廊的开幕式走到酒吧，再到时装秀的晃荡时光中，我意识到在俄亥俄州，即使在辛勤的工作室工作也没法取代临时性的、偶然性的社会接触，这种接触提供了新职位，接触编辑及策划人的机会，并且能够将某个人推向新时尚、音乐和艺术活动的前沿。事实上，进入正确的社交网络和遇见正确的人胜过无休止的独自工作。马歇尔在100年以前观察到的事情在当代这个技术和电子邮件的年代依然有效——区位非常重要。

纽约的创意场景的故事能否更广泛地适用于社会生活，如何推动职业发展？我相信

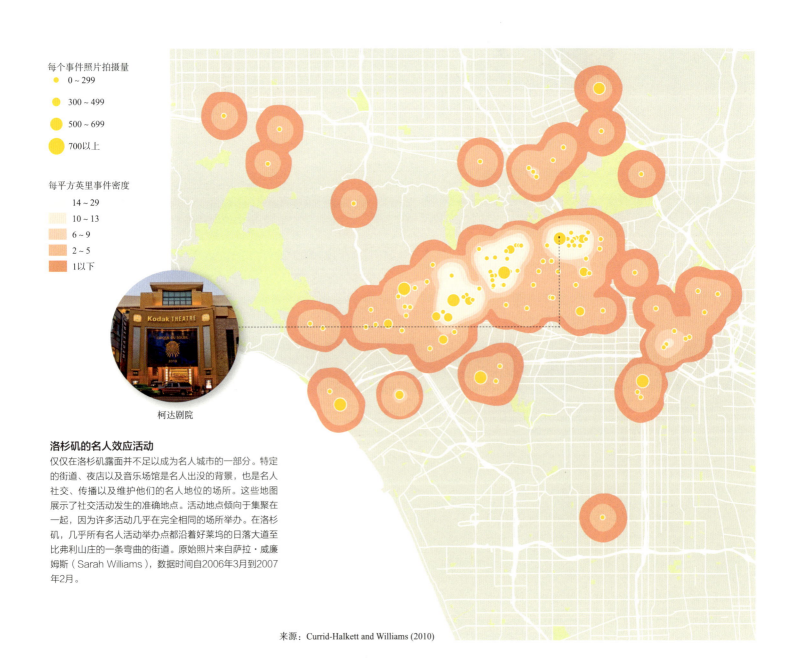

柯达剧院

洛杉矶的名人效应活动

仅仅在洛杉矶露面并不足以成为名人城市的一部分。特定的街道、夜店以及音乐场馆是名人出没的背景，也是名人社交、传播以及维护他们的名人地位的场所。这些地图展示了社交活动发生的准确地点。活动地点倾向于集聚在一起，因为许多活动几乎在完全相同的场所举办。在洛杉矶，几乎所有名人活动举办点都沿着好莱坞的日落大道至比弗利山庄的一条弯曲的街道。原始照片来自萨拉·威廉姆斯（Sarah Williams），数据时间自2006年3月到2007年2月。

来源：Currid-Halkett and Williams (2010)

这些模式对于高度主观的、赢者通吃的行业是有着深远影响的，在赢者通吃的行业里，被看见则可以成功俘获媒体的关注，并由此成为名人界的守门人。为了研究社会事件在经济成就中扮演的角色，我与在麻省理工学院的同事萨拉·威廉姆斯（Sarah Williams）收集了所有洛杉矶和纽约的行业活动所覆盖到的、盖蒂社的娱乐图片和地理信息，并将每个活动分类为时尚、艺术、电影、音乐和"磁铁"（例如，一个慈善节目，它没有与一个特定的名人行业联合，但却吸引很多的明星）。我们发现名人效应的社会景象越来越显示出非随机性，在统计学上展现出重大的集聚模式，而时尚、艺术、音乐和电影类型趋于在相同的地理区域集聚与交融，这些区域的产业重叠交叉。总之，名人们在同一个餐厅消耗时间，走在同一条街道上，在同一个红毯上微笑是不意外的。

名人城市为创造魅力与戏剧性事件提供了必要条件，这吸引着听众、游客和消费者参与到这个全球奇观中。尽管名人看似无所不在，但当我们再仔细观察时，就可以发现存在很少几个名人枢纽型邻里，这些地方出产名人照片。洛杉矶、好莱坞、比弗利山庄、西好莱坞和世纪城是拍摄名人活动主要地点。进一步观察，这些城市环境提供了标志性的基础设施，柯达剧院（在2012年改名为杜比剧院）、时代广场、比弗利山庄酒店等，这使得名人文化具有别样的吸引力。这些令人兴奋的设施无法出现在密苏里州安静的街道上。

第7章 名人城市

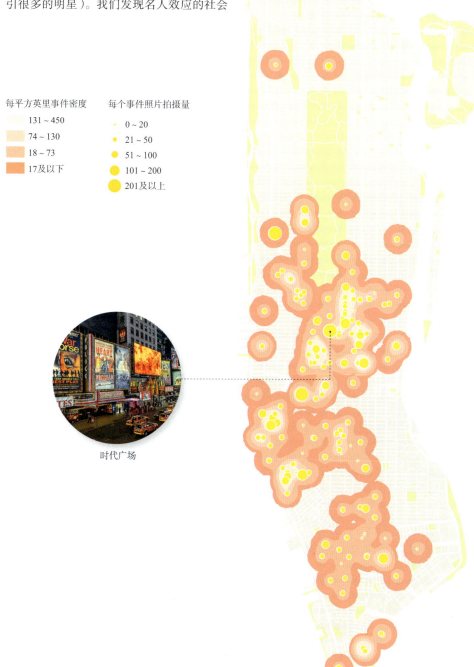

时代广场

纽约的名人效应活动

纽约的地理环境与洛杉矶大不相同，但名人的景象却遵循类似的聚集和集中模式。几乎所有的活动都在中央公园南部的59号街举行，对名人而言，最主要的中心是切尔西和时代广场。原始照片来自于萨拉·威廉姆斯，数据时间自2006年3月到2007年2月。

来源：Currid-Halkett and Williams (2010)

第 8 章　超大城市
THE MEGACITY

简·纳吉曼　JAN NIJMAN
迈克尔·希恩　MICHAEL SHIN

核心城市 Core city
孟买　MUMBAI

次级城市 Secondary cities
开罗　CAIRO
墨西哥城　MEXICO CITY
雅加达　JAKARTA
卡拉奇　KARACHI
上海　SHANGHAI
圣保罗　SÃO PAULO
纽约　NEW YORK

左图：孟买，印度

图解城市

超大城市：引介

如果说城市化像风暴一样席卷了整个现代世界，那么近几年来，超大城市在全球呈现出爆炸性增长的趋势。古罗马是第一座超过100万人口的城市，其规模和密度，在上古时期也是独特而复杂的。直到公元7世纪，中国才出现了中世纪城市长安（现西安），与此同时长安也成了世界上第二个达到百万人口大关的城市。在欧洲，1800年左右工业城市伦敦最先达到100万人口。如今，全球有2/5的居民生活在超过100万人口的城市中。仅仅在美国，就有超过50多个这样的城市。事实上，当今的大多数城市如果不足100万居民的话，很难被视为真正

"1970年仅有两个超大城市，1990年有10个，截止到2013年，超大城市增加到28个。"

2013年超过1000万人口的城市

超大城市指的是超过1000万居民的城市，2013年世界有28个超大城市。只有6个位于西半球，大部分位于地球南部、东部和东南亚地区。超大城市的出现也越来越集中于发展中国家，这些国家人口密度更高、更接近城市化的初始阶段。在西欧和北美地区，城市体系往往更悠久、更分散。

超大城市的居住人口

如图分别显示了1950年、1970年、1990年、2010年和2025年（预计）生活在超大城市人口总数。超大城市的人口在过去20年中翻了一番，预计2010年至2025年间将再翻一番。届时，全球超大城市的总人口将相当于整个美国人口的两倍。

1950年 0
1970年 3900万
1990年 1.45亿
2010年 3.5亿
2025年 预计6.6亿

的城市。

然而，超大城市的人口范畴是不一样的。按近期的现象来看，大都市地区或相邻城市区域（往往根据空间划分）常见的临界值是1000万居民。1970年只有两个超大城市，纽约和东京；1990年，有10个；到2013年有28个，以大约3700万人的东京-横滨为首。假如东京-横滨是一个国家，它就是世界人口排名第35名的国家，在人口总数和国内生产总值方面高于加拿大。人口数量较为逊色一点的城市是墨西哥城，有2000万人，超过世界上的180多个国家，其城市GDP超过丹麦或委内瑞拉等国。目前，全世界有近5亿人生活在这些超大城市中，而且超大城市的数量正在极速增长。

超大城市在世界各地分布不均匀。超过一半的城市，包括7个最大的城市，均位于亚洲。有趣的是，仅有几个是位于西方：美国的纽约和洛杉矶。虽然很快伦敦也将加入，但目前巴黎是欧洲唯一的超大城市。超大城市绝大多数是发展中国家的事实引出了一些重要问题值得思考，比如：超大城市是如何诞生的以及他们是如何满足人们需求的。

尺度问题。基于经济的尺度，城市通常被认为是有益的：规模经济能够更经济、更高效地提供一系列服务，并在人们关系更紧密时能够更经济、更高效地从事经济活动。因此，城市化通常被视为现代化发展和社会进步的重要组成部分。但是当城市规模扩张到"过大"程度，这个规模优势是否会被规模不经济①所取代呢？假如穿越整个市区的距离过长呢？假如通勤变得过于昂贵呢？怎么看待超大城市的生态足迹？城市规模、密度有多重要？如果超大城市在毫无规划的情况下，为什么大多都出现在欠发达的国家中？本章重点讲述了超大城市之间可观察到的差异，以及一些主要特点和面临的挑战。

第8章 超大城市

2013年人口最稠密的城市

1 东京-横滨　37239000
2 雅加达　26746000
3 首尔-仁川　22868000
4 德里　22826000
5 上海　21766000
6 马尼拉　21241000
7 卡拉奇　20877000
8 纽约　20673000
9 圣保罗　20568000
10 墨西哥城　20032000
11 北京　18241000
12 广州-佛山　17681000
13 孟买　17307000
14 大阪-神户-京都　17175000
15 莫斯科　15788000
16 开罗　15071000
17 洛杉矶　15067000
18 加尔各答　14630000
19 曼谷　14544000
20 达卡　14399000
21 布宜诺斯艾利斯　13776000
22 德黑兰　13309000
23 伊斯坦布尔　12919000
24 深圳　12506000
25 拉各斯　12090000
26 里约热内卢　11616000
27 巴黎　10869000
28 名古屋　10183000

---

① 规模不经济（Diseconomies of scale）：扩大生产规模使得生产效率增加，称为规模经济；继续扩大生产规模后，生产效率下降称为规模不经济。

超大城市的增长

超大城市可以不同的形式出现。事实上，纽约和洛杉矶目前的形态是从单一的大都市演变而成，并且是由各类大小城市共同组成的多中心城市群。纽约城市群涉及四个州，其中除纽约外，还包括如纽瓦克市、斯克兰顿市的部分区域以及斯坦福市。美国其他主要大都会区的出现，诸如旧金山的海湾地区，佛罗里达州东南部区域，也都是城市集聚融合过程的结果。除此以外，美国的城市发展在空间上尤其分散。因此，某些地区的城市或早或晚会彼此融合，而这也反映了美国社会整体的高度城市化。

但这并不意味着大多数超大城市在所谓的"南半球国家"①才存在。在这些地方，超大城市的发展一般总是集中于陆域面积较小的少数几个主要城市。这显然与不同地区城市化进程的历史有关。如孟买早期阶段的发展，绝大多数是19世纪后半叶英国工业化殖民政策的产物。跟港口和其他基础设施一样，修建铁路也是基于殖民政策。因此，当美国见证了跨越许多地区和涉及广泛城市的城市化时，孟买在20世纪初的增长加速是在

1872年以来孟买的人口增长	
年	孟买人口数
1872	664605
1881	773196
1891	821764
1901	812912
1911	1018388
1921	1244934
1931	1268936
1941	1686127
1951	2966902
1961	4152056
1971	5970575
1981	8227382
1991	12500000
2001	16369084
2011	18400000

来源：Indian census records

大约1900年的孟买

19世纪后半叶孟买发展成为工业城市，也只占据了半岛的南部，现在整个半岛被称之为大孟买。那个时期的城市已经拥有港口、海军基地、铁路、殖民地时期的办公楼和住宅区、纺织厂、印第安土著人的独立住宅区等建设。在19世纪末20世纪初时人口达到80万左右。

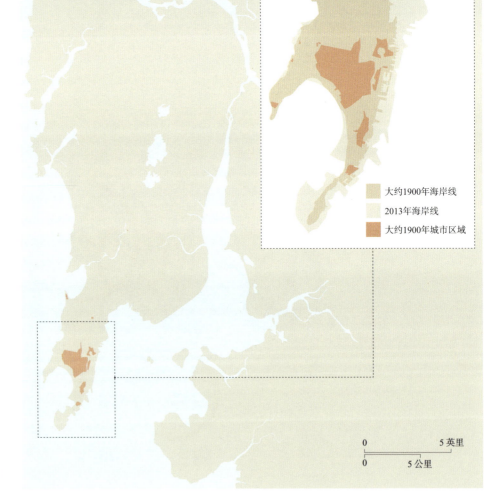

半岛顶端扩大领土

■ 大约1900年海岸线
□ 2013年海岸线
■ 大约1900年城市区域

■ 大约1900年市区范围

① 南半球国家（Global south）：世界发展中国家主要分布在南半球，以及北半球的南部。

印度西部农村占绝对优势的背景下发生的。

孟买于1995年由"Bombay"更名为"Mumbai"。"Bombay"是殖民地语言，这个更改是民族的后知后觉。孟买是以城市中心向外逐渐扩大的方式增长的，现已发展为超大城市；如今孟买的人口超过2000万。然而在孟买的南部，葡萄牙人在16世纪后期首次登陆，随后英国建立了贸易和殖民政府办事处。建国后，印度人在此成立该国主要的证券交易所，并设立了印度储备银行总部。

基于扩张而非融合的超大城市的发展，说明了一种更重要的"城-乡"动态过程。在孟买和其他南半球国家的超大城市中，由农村向城市的移民始终是城市发展主要驱动力，同时这也暗示了目前在城市周边流动人口的比例应该会很高。而在孟买和其他城市（例如拉各斯、雅加达、卡拉奇），绝大部分发展是在印度独立后的20世纪后期。试想一下：纽约是人口近2000万的超大城市，城市化率达到85%；而孟买是一个超过2100万人口的超大城市，却有2/3的人口仍然生活在农村地区。

基于扩张而非融合的城市发展，不仅意味着移民们需要一个不断适应城市新生活的过程，同时在城市人口生计、福利和公共设施方面也面临着巨大变化。更重要的是，由于城市的中心区域过少，南半球国家中的超大城市往往在基础设施方面更加紧张。在孟买，这是一个特别的挑战，因为主要的商业区在半岛的南端，远离大都市的地理中心，也远离与大陆的联系。

如今的超大城市孟买

在20世纪后期，"岛状城市"从南向北扩展，一般是沿着英国人早期修建的铁路发展。一旦半岛被"填满"，则继续向新的孟买内陆（即新孟买）进行扩张。如今，约有1200万人居住在孟买半岛（即大孟买），而另外900万人则住在孟买市区。

孟买天际线

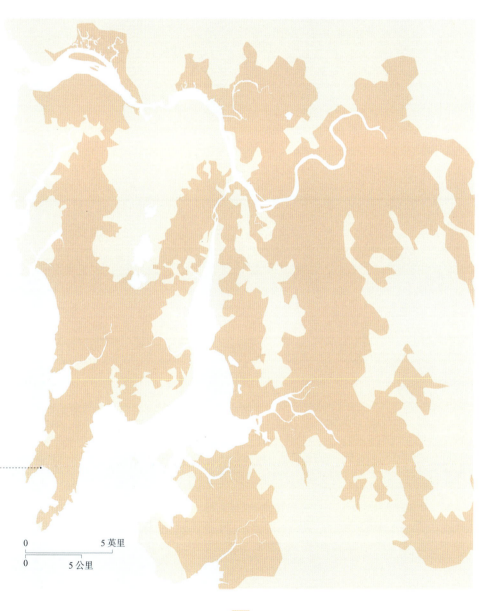

0　　　　5 英里
0　　　　5 公里

■ 大约2013年城市区域

图解城市

超大城市的庞大与拥挤

著名城市规划专家路易斯·沃思（Louis Wirth）早在20世纪30年代就曾写道，"大城市"具有三个基本特征：尺度、密度和多样性。他认为，大城市是一个场所，这个场所有极其重要的体量和大量的能源需求，也是地缘政治紧张和时而发生摩擦的地方，同样也是创新和进步的摇篮。没有人口聚集，就没有充分的人类交流；没有多样性和差异性，也就没有人与人的互动；没有尺度，就没有充足的空间。沃思是芝加哥学派的代表人物之一，当时，芝加哥人口超300万（多于今天），是美国的第二大城市和世界上最大城市之一，也是不同民族和国家的大熔炉。

凭直觉而论，虽然我们很难明显地看出大城市的上限尺度应该是什么，或者是否与城市规模和城市"著名"程度存在着线性关系，但大城市应该有一些最小规模的限制。如前面所述，规模经济膨胀到某些程度可能回归到规模不经济。同理对于密度而

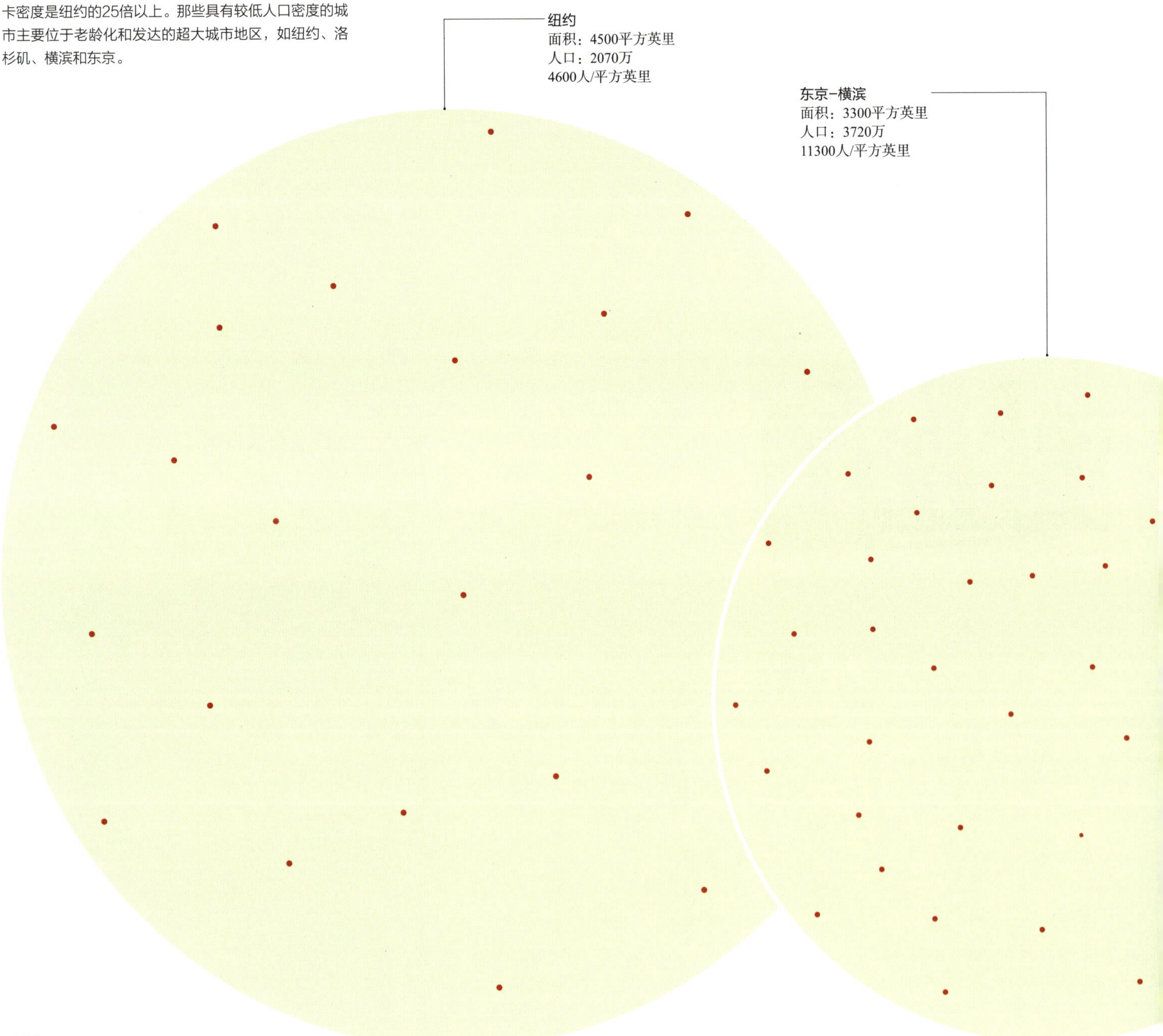

2013年城市密度预测

所有的超大城市人口都超过1000万，但是地区之间差异却是巨大的。纽约和达卡是两个极端，纽约的城市面积是达卡的35倍，因此，人口密度也有明显的区别：达卡密度是纽约的25倍以上。那些具有较低人口密度的城市主要位于老龄化和发达的超大城市地区，如纽约、洛杉矶、横滨和东京。

纽约
面积：4500平方英里
人口：2070万
4600人/平方英里

东京-横滨
面积：3300平方英里
人口：3720万
11300人/平方英里

来源：Demographia.com (2013)

言：合理的密度有助于产生许多美好的事情，但过大的密度必然是一个问题。在大城市中人口规模和密度之间没有明显的相关性。东京-横滨城市群的规模是拉各斯的三倍，但密度只有其三分之一。洛杉矶和加尔各答的规模相似，但加尔各答的密度是洛杉矶的五倍。尽管孟买的人口数量与纽约的差不多，但孟买人口密度几乎是纽约的十八倍。因此，与南半球国家单中心城市的人口密度相比，美国或日本的多中心城市区域人口密度则低很多。

在所有超大城市中，城市规模和密度并非线性相关，高密度并不意味着更繁荣。达卡这座超大城市的密度令人难以置信，达到了每平方英里11.5万人，既拥挤又贫困。而纽约、洛杉矶和巴黎则是人口密度最低，且人均收入最高的超大城市。在贫穷的城市中，人口密度往往大得惊人，巨大的人口密度增加了住房、交通、工作空间和公共领域方面的压力。2013年达卡郊区的一个制衣厂大楼倒塌，900多人死亡，2500多人受伤。该事件也是关于城市极端密度的体现。

人口密度对高效的公共交通、许多其他公共和私人服务供应有一定的要求。适宜的人口密度能够创造一个充满活力的、令人兴奋的、创造性的、富有激情的城市环境。大多数人在出行中希望坐着而不是站着工作，我们都需要一些私人空间，如今达卡或孟买的规模已经完全超出了路易斯·沃思的想象。

第8章 超大城市

纽约
2.6人/1124平方英尺

洛杉矶
2.8人/1900平方英尺

东京
1.9人/800平方英尺

孟买
4.5人/600平方英尺

2013年家庭密度估计

超大城市虽然都有庞大的人口，但在密度上却有很大的不同。超大城市之间的家庭规模或住房面积是不同的，这意味着城市之间的家庭人口平均数量和空间大小也有着较大的区别。在孟买，户均4.5人的家庭拥有600平方英尺的住房。而在洛杉矶，人均住房面积是孟买的6倍。要知道，这只是一个平均值：在所有超大城市的城市环境中，生活条件和个人生活空间有很大的不同。

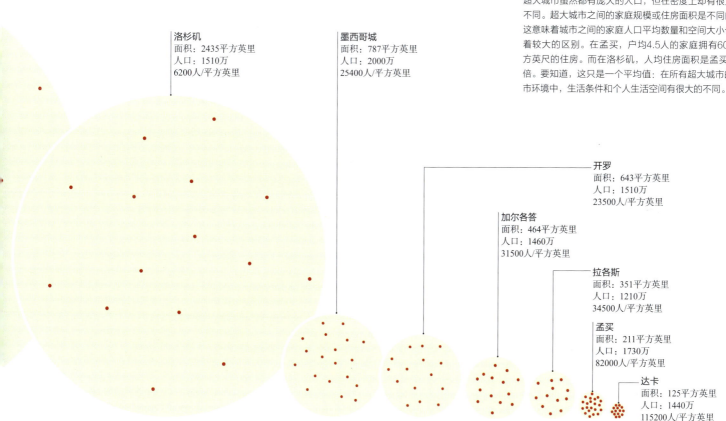

洛杉矶
面积：2435平方英里
人口：1510万
6200人/平方英里

墨西哥城
面积：787平方英里
人口：2000万
25400人/平方英里

开罗
面积：643平方英里
人口：1510万
23500人/平方英里

加尔各答
面积：464平方英里
人口：1460万
31500人/平方英里

拉各斯
面积：351平方英里
人口：1210万
34500人/平方英里

孟买
面积：211平方英里
人口：1730万
82000人/平方英里

达卡
面积：125平方英里
人口：1440万
115200人/平方英里

超大城市地理

超大城市显示出复杂的地理,并且穿越它是很困难的。城市中很少有居民清楚城市整体空间维度和普遍秩序(如果有的话),他们的流动性一般限于人们生活和工作的邻里范围。即便对城市中的居民,超大城市作为一个整体也还是一个很抽象的概念。无论纽约、开罗或是墨西哥城都是如此,也适用于孟买。南半球国家的超大城市管理混乱、密度过高,但这并不妨碍他们被了解和定位。

孟买半岛位于阿拉伯海以西,塞恩河东,瓦沙利溪和乌拉斯河以北,与大陆北

孟买城市形态的变化

大孟买如同一个巨型的拼图,随着时间的推移,城市形态不断变化,城市整体也不断增长。试想一下这样一个大都会,人口密度是纽约的18倍,而一半的人在贫民窟中。曾经处于城市远郊的机场,如今处于城市中心。滨水区中有一部分居民极度排斥外来人口,就如同回到了殖民地时期。而商业重心仍位于半岛南端,同时郊区与城市中心之间的通勤越来越难。在新中产阶级的发展区域穿插着大大小小的贫民窟地区。

部和西北部接壤。该地区南北长约30英里，东西宽约6英里。人口超过1200万，平均人口密度约为8.6万人/平方英里。在印度独立（1947年）后的几十年里，孟买增长惊人，且地理上也越发密集的联系。过去的半个世纪见证了人口沿铁路聚集、由南部到北部郊区的迁移历程。

半岛城市的地理局限使其更重视自身可发展的空间，并且对城市土地价值和土地利用产生历史性的影响。半岛的土地价值，从南到北具有大幅变化。20世纪90年代中期，前所未有的大量涌入外企（主要在半岛南部的城市）导致地价剧烈增长。孟买一度成为全球地价最高的城市。作为印度的商贸中心和最大城市，它有时被称为"黄金之城"，很多人在这里白手起家。换句话说，这里同样是一个有大量机会提升社会经济地位的地方。

但是孟买也作为一个极端两面性的城市而著称于世，它异常富有也极度贫困，既有着相对大量繁荣的中产阶级，同时也有亚洲最大的贫民窟之一。在过去的二十年中，向上层阶级流动的新家庭数量比之前任何时期都要多。新中产阶级是城市环境中正在创造有利可图的、消费主义市场的群体。新中产阶级这样的做法是同大约600万贫民窟居民开展竞争，对这些居民来说，居住空间是生存问题而非奢侈品。同时贫民窟的居民数量也在不断增长，两极差异越来越明显。

有这么一种观点，认为孟买就像是两个城市混合在一起的集合体。当地人认为"普卡城"（Pukka city）是一个有计划和意料之内的地方；相反，"库车城"（Kucha city）是未完成和出乎意料的地方。这样理解二者也许更好，就是他们是不同的世界却共存于同一个城市空间。

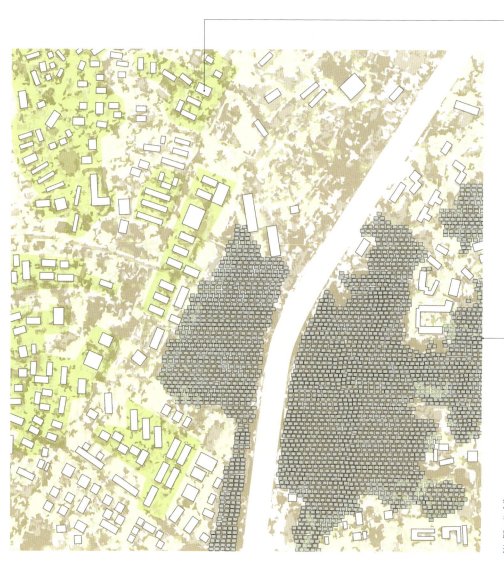

中产阶级的高楼

以中产阶级住房为背景下的贫民区

双城传说

普卡城和库车城两者位于孟买的西北郊。沿着西部快速路的贫民区的高密度棚户与西面宽敞的中产阶级高楼区形成对比。在超大城市孟买城中，这种现象很常见。

超大贫民窟

普遍而突出的贫民窟是南半球国家超大城市最显著且无处不在的特征之一。绝大多数的贫民窟作为城市景象已经存在了长达一个世纪,甚至更久,并且贫民窟的数量随着时间的推移也在增加。反观纽约或伦敦的城市发展历程(在20世纪初,曾有大量的贫民区,但现在普遍认为已经不存在贫民窟),如今很难想象这些地方曾经存在如此大量的贫民窟。贫民窟居民的数量只能估测,即便这样也相当惊人,从马尼拉的250万到开罗的500万,以至孟买的贫民窟居民数量竟达到约700万人。

贫民窟的长期存在与南半球国家中超大城市发展的驱动力有关:农村–城市人口的大规模迁移与城市推动因素不成比例。人口迁移的原因在于农村贫困且缺乏机会以及城市对劳动力需求。同时缺乏对新移民(通常他们生育率很高)的吸收容量,因而造成了贫民窟的扩散。一般情况下,不断扩大的城市外围附近的贫民窟密度很高,但实际上城

部分超大城市贫民窟的居住者

绝大部分超大城市的贫民窟人口数是未知的。但也有相对可靠的估计,例如这份2013年的估计值。在大众眼中里约已然是一座贫民窟城市,尽管贫民窟人口数约120万,但在经选择的城市中这是最少的。拉各斯或孟买的贫民窟人口多到几乎可以形成一个超大城市。把这些数据放在一起来看,可以发现雅加达贫民窟的人口数比爱尔兰总人口还多。

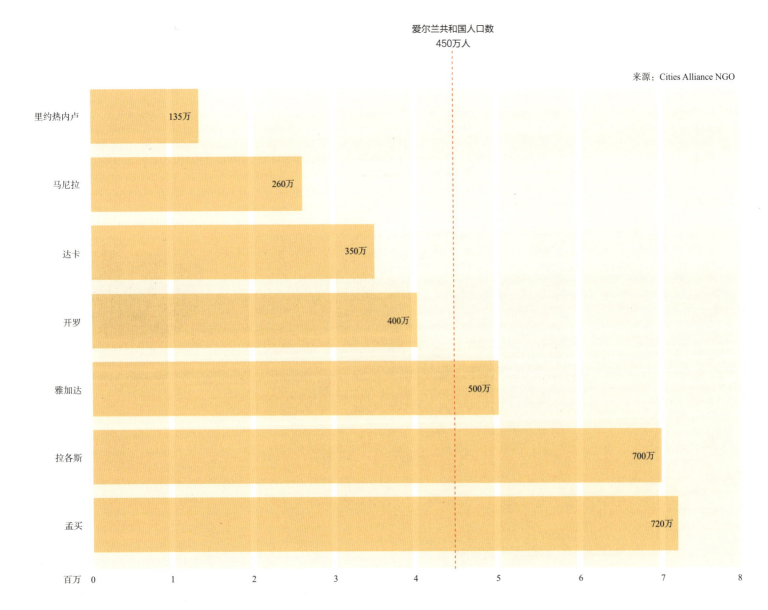

区内密度也在加大。

贫民窟的大小不一,往往分散在城市中,但一些贫民窟连绵区十分巨大,从某种角度可以视之为"城市"。达拉维是靠近大孟买地理中心的铁路之间的一个密集区,拥有约60万人口。卡拉奇奥兰治镇地区的贫民窟大而分散,具有多样性,拥有约150万人。大量涌入的新移民从利用一次性的油布、布料和纸板组建临时住房,到长期存在的贫民窟使用更永久和更专业材料去建造住宅,贫民窟形状和种类各异。对贫民窟的定义是极具争议的,往往有浓重的政治性。

许多贫民窟的特点是过于拥挤、缺乏卫生设施、安全系数低的建筑结构、环境污染、令人心理压力大等。在达拉维,一个六口之家平均共用仅为195平方英尺的单人间;每四个住宅中就有三个没有地下排水系统;每十个住宅中就有三个没有自来水管道。在这里,350人共用一个公共厕所(这对女性来说是非常严重的问题)。然而这里的贫民窟给人们提供了一个空间,一个有希望、有家庭舒适感、有支撑关系网络的空间,有时甚至为小规模经济活动提供一个场所,这些小规模经济可以提供一系列的工作机会和生存机会。在达拉维,仅有5%的家庭承认自己处于失业状态,有一半的人工作居住在贫民窟,且超过90%的人声称他们不愿离开达拉维。

达拉维密度

达拉维是孟买最著名的贫民区之一(2008年电影《贫民窟的百万富翁》的拍摄地)。该地区占地约0.66平方英里,估测有60万人居住在此,密度是曼哈顿的13倍。如此高的密度,很难理解,为什么达拉维几乎没有高楼。

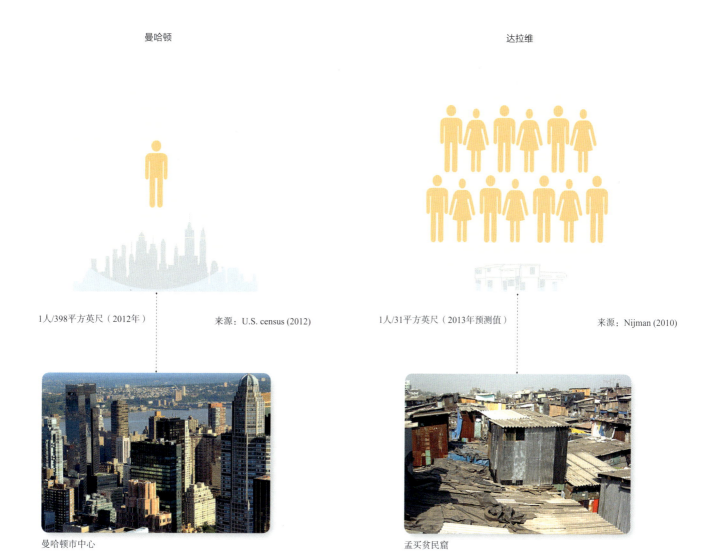

曼哈顿

达拉维

1人/398平方英尺(2012年)　　来源:U.S. census (2012)

1人/31平方英尺(2013年预测值)　　来源:Nijman (2010)

曼哈顿市中心

孟买贫民窟

图解城市

交通运输面临的挑战

城市处于不断移动中的状态。往返于家庭和工作之间的通勤者，在生产场地、批发商、零售商和消费者之间流动的货物；从医院到银行、到超市、到餐馆等，人们在一系列服务中心之间穿梭，并在自身的社交网络中移动。

超大城市必须能容纳千百万人的活动。或者，换而言之，通过适当的交通运输使城市动员其庞大人口的生产和消费能力。交通是一个巨大的挑战，因为城市经济需要有效的流动性，人们的时间和耐心有限。为了提高城市关键场所之间的流动效率，诸如机场、主要火车站、中央商业区、海港、制造区域和市场等关键场所，如今多数超大城市制定大型基础建设的投资计划和长期改善的工程项目。

孟买铁路运输

孟买半岛只有三个主要的铁路线，这些铁路对于这个超大城市的功能是至关重要的。工作场所高度集中在南部附近的两个枢纽站，并且逐渐靠近城市的地理中心，许多人面临着往返于东部和西部郊区间漫长的通勤交通问题，拥挤的火车通常是最快捷的上班方式，也是一个让人倍感压力的体验。

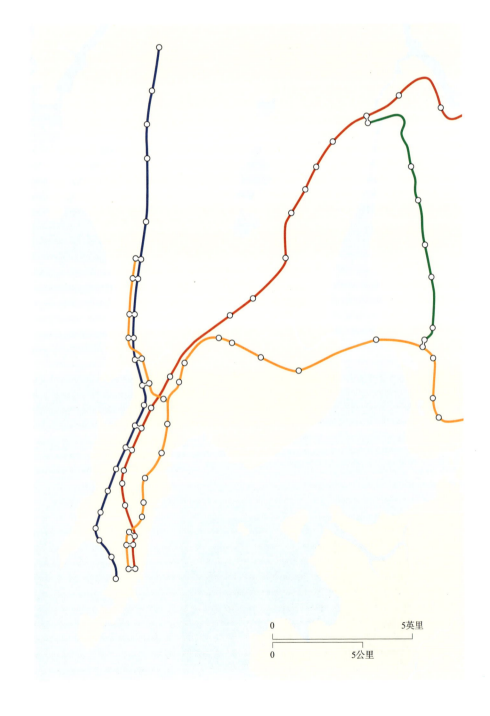

孟买铁路站（2013年）	
主要铁路线的数量	3
列车车厢的平均超容因子	3
铁路站点的数量	56
每日乘客数量（百万）	7.2
火车事故的每日死亡人数	12

图例：
- 西部
- 中心
- 港口
- 塔那
- ○ 站点
- ∞ 换乘站点

尽管城市已经建设了很多基础设施，但城市中心区与外围郊区的连接性交通压力仍然持续不减。这意味着除了对短途连接（公共汽车、出租车、人力车、人行桥）的持续需求外，对快速长途连接（高速铁路、天桥、地铁）的需求也越来越大。超大城市的流动在不同的尺度上采用不同的速度。

超大城市之间的区别也在于运输的强度。在孟买，铁路每天的客运量达到720万人次，公交客运量达到450万人次，公共交通每天的客运量达到1200万次。此外，2013年四轮机动车辆保有量达200万。每英里的道路上有超过950辆汽车，这可以解释为何需要不断拓宽城市的主要干道。汽车要与大约10万辆人力车以及同等数量的摩托车挤在道路上。

与墨西哥城和圣保罗相比，孟买上班族通勤所需时间并不比这些城市通勤耗费的时间更长。原因是作为一个半岛，由于巨大的人口密度，工作场所愈加集中，孟买土地使用相当紧凑。对于每一个游客来说，在当地的火车上旅行会是一次难忘的体验，因为他们要设法挤上去。居住在郊区的中上层阶级，他们越来越多地选择开车上下班，尽管这更舒适，却通常耗时更长。机动车保有量的增长似乎不可阻挡，拥堵和污染方面所投入的成本也越来越难以承受。

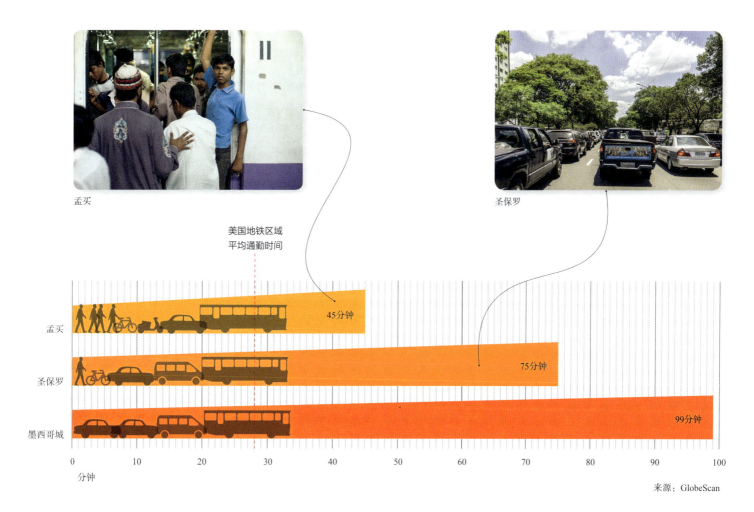

2013年超大城市的通勤时间

南半球国家超大城市的交通状况与西方超大城市相比是可怕的：通勤时间长，污染严重，且经济成本过高，这就迫使政府投入大量资金用于基础设施的改善。随着城市蔓延通勤时间随之增加，这也解释了紧凑的孟买通勤时间低于墨西哥城和圣保罗的原因。他们运输方式不同，孟买超过三分之一的上班族步行上班，而墨西哥的居民几乎完全是通过汽车或公共交通工具出行的。

超大城市的新陈代谢

古罗马最令人困惑的问题之一就是如何容纳100万居民。技术精湛的罗马人发明了水泥并建造了第一幢多层建筑，设计了道路系统便利了人口的流动和货物的高效流通。更重要的是，他们还发明了输水管，用来自附近山丘的水冲洗城市。

城市可以被认为是靠环境生存的有机体。城市吸收氧气，呼出二氧化碳；城市摄入水和食物同时排放污物；城市消耗能量；城市在运输大量的产品和材料，带来大量的经济收入和成堆的垃圾。有时超大城市以超出想象的规模（必须）完成所有的这些工作。城市需要大量的基础设施，也需要高效地、熟练地管理城市。而且有时这些设施和管理还会失败。

水的供应对所有超大城市来说都是一个关键挑战。即使是像达卡这样的城市，位于恒河下游附近，属于季风性气候，要获得清洁饮用水也是个大问题。每年不少于5.5亿立方米的饮用水被泵入孟加拉国首都。但是，整个城市的数百万人不得不每年都依靠井水，被抽出的井水约3.5亿立方米水，并

孟买的新陈代谢

孟买的日常运行依赖于从环境中的大规模输入，从饮用水到食品、从汽油到建筑材料。这些需求不仅需要多样的输入，而且还需要可靠的基础设施和强大的管理工作。从废水到垃圾同样需要输出。一些环境的输入被保留在城市，包括约80%的建筑材料，这就逐渐增加了城市建成环境的"重量"，促进了城市生长，同时增加了生态足迹。

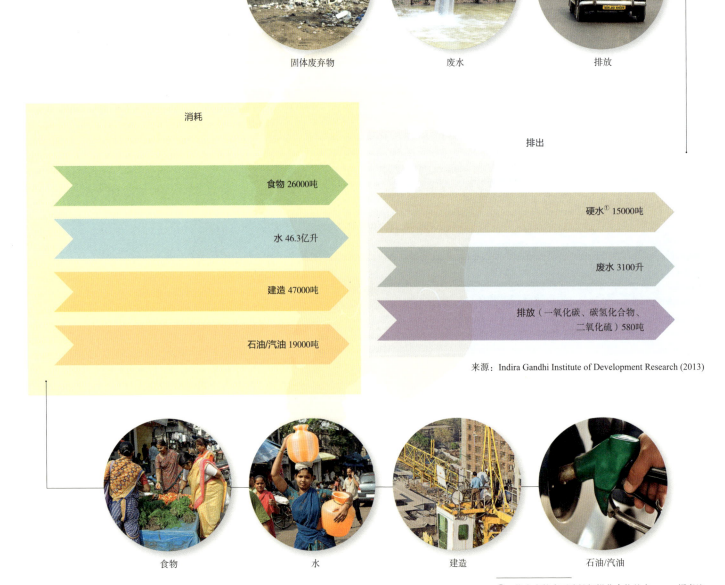

固体废弃物　　废水　　排放

消耗
- 食物 26000吨
- 水 46.3亿升
- 建造 47000吨
- 石油/汽油 19000吨

排出
- 硬水① 15000吨
- 废水 3100升
- 排放（一氧化碳、碳氢化合物、二氧化硫）580吨

来源：Indira Gandhi Institute of Development Research (2013)

食物　　水　　建造　　石油/汽油

① 指含有较多可溶性钙镁化合物的水。——译者注

且这些井水还是不干净的。由于当地井水的过度使用,达卡地下水位正以惊人的速度下降。在雅加达、墨西哥城或孟买,许多贫民窟居民没有自来水或井水,为了用水被迫支付高价钱给水车,这种现象已成为日常。

污水也是主要的问题。墨西哥城排放约25亿立方米的污水,其中只有10%是处理过的。这个城市每年排放估计300吨的危险废物,其中大部分排入了城市污水系统中。在孟买的许多地方,开放的污水沟是很普遍的。低洼的贫民区有一个特殊问题就是在雨季泛滥时会排水不畅。城市有分离的污水和雨水系统,但在雨季雨水和污水会混合排放,并且通常也会溢出来。

城市新陈代谢的另一个重要方面是固体废物的处理。孟买每天产生超过15000吨的垃圾,但却只有3个垃圾场。垃圾的收集需要付出艰巨的努力:它包括3800名工人和800辆车,每24小时大约有2000辆卡车倾倒垃圾。据估计,这些废物中95%可以被重新利用,这是一个了不起的壮举,但每天至少还会留下约300~400吨散乱的垃圾。还有许多垃圾被就地焚烧或非法置于城市中小溪和其他位置,这些垃圾导致了一系列污染问题。

著名的印度建筑师查尔斯·柯里亚曾经描述孟买是:"伟大的城市,糟糕的地方"。南半球国家的超大城市,比如孟买要设法继续发展下去。每天处于这个巨大都市里的人们,上班、吃饭、喝水、消耗能源、排泄和产生垃圾。但事实上,孟买的发展并不意味着一切都往好的方向,他们为糟糕的新陈代谢付出许多代价。这与其他超大城市一样,可持续性仍然是个问题。

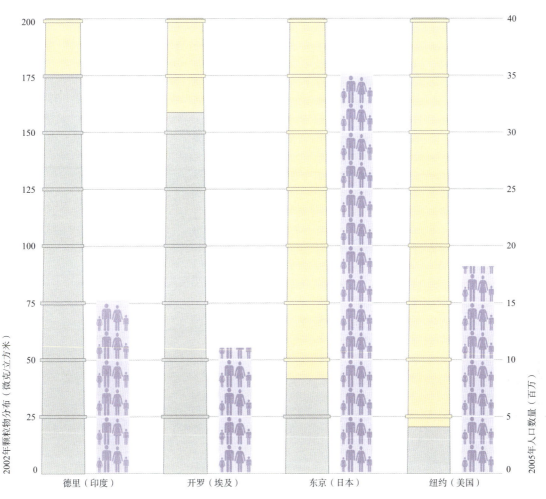

来源:World Bank

超大城市污染

新德里和开罗是世界上空气质量问题最严重的城市,其次是北京和墨西哥城等。空气质量问题通常是地方性排放、气候和自然地理共同作用的结果。然而,污染程度并不一定与城市规模有关。尽管纽约和东京-横滨的城市规模更大,但空气要好得多,并且再次重申,超大城市倾向于依据发展水平来区分。

中国的超大城市规划

在过去的几十年中,中国的城市化进程以一种令人惊叹的速度在推进。中国已经有超过一半的人口生活在城市中。并且大概有超过160个城市的人口已经突破100万,同时有至少6个超大城市:上海(2200万),北京(1800万),广州(1800万),天津(1300万),成都(1200万),深圳(1200万)。深圳经常被视为中国创新性城市转型的后起之秀:它仅用30年时间就从一个小渔村发展为超大城市。

中国的超大城市与那些南半球国家或者美国的超大城市都不同。这些超大城市的发展都是政府所规划的。这种方法适用于现存的城市,包括大量的居住区、工业区和商业街区;更引人注目的是,政府的规划还可以从零开始新建城市,比如内蒙古的鄂尔多斯。另一个让人震惊的大型项目就是于家堡,即将在天津外围建设的巨大综合体建筑群,包括47座摩天大楼,被称为"中国新曼哈顿",作为一个全新的金融产业服务区计

中国的超大城市
到2013年,可以确认中国有6个超大城市,另外8个城市在某种意义上也达到了500万到1000万人口,这个数字超过全世界任何一个国家。如今大部分超大城市位于沿海省份,并且以一种极快的步伐进行着城市化和工业化进程。然而下一代的超大城市,也极有可能出现在中国内陆。

于家堡
天津郊区的"中国新曼哈顿"位于北京南部大约100公里。

广州

成都

深圳

图 例
★ 北京 首都
○ 天津 省级行政中心
—— 未定 国界
—— 省、自治区、直辖市界
—— 特别行政区界

1:42 000 000

审图号:GS(2019)1702号
自然资源部 监制

划将于2019年建成完工。

据估计,从2000年到2012年,中国的住宅建设量将超过目前全英国的两倍以上,而且不仅仅是住宅方面。中国超大城市的发展伴随着基础建设的投资,包括道路、高速公路、电网、桥梁、隧道、机场、公共交通、高速铁路等。同时中国还在实施南水北调工程,把长江的水引到黄河流域,为大量缺水的超大城市提供水源,比如北京、天津。

中国城市增长令人吃惊的步伐是由于乡村的快速工业化以及城市劳工的巨大需求。但它也反映了这样一种发展模式:快速增长的收入几乎都被用于建设,并且,建筑公司已经成为强大的参与者,地方和区域政府越来越独立,创造了一些大众喜爱的项目。同时房地产项目的投机性开始升级,市场变得更加不透明。

自2012年底以来,从郑州郊区住宅到鄂尔多斯新城,数以千万新的高层住宅空置的现象越来越明显。大部分的公寓价格在6万美元到12万美元不等,这个价格基本达到中国的平均水平。实际上大量的公寓是已经卖出去的,但是对于富裕的城市新中产阶级成员来说并不想永远住在这里,并且断定该地区的房价会像以前一样持续上升。由于空置房过多,鄂尔多斯在2013年早前建造的30万新住宅中,仅有10%的居住率。同时房地产建设仍然持续地进行着。

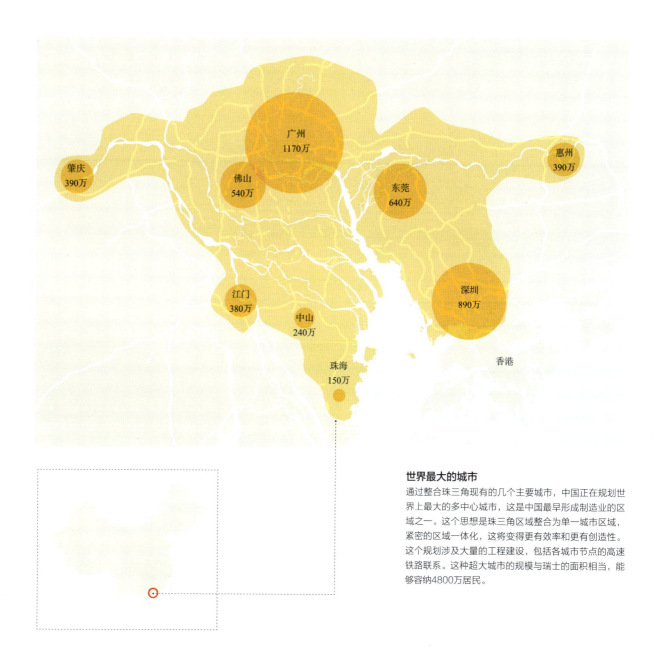

世界最大的城市

通过整合珠三角现有的几个主要城市,中国正在规划世界上最大的多中心城市,这是中国最早形成制造业的区域之一。这个思想是珠三角区域整合为单一城市区域,紧密的区域一体化,这将变得更有效率和更有创造性。这个规划涉及大量的工程建设,包括各城市节点的高速铁路联系。这种超大城市的规模与瑞士的面积相当,能够容纳4800万居民。

第 9 章 速生城市
THE INSTANT CITY

露西娅·科尼-西达德 LUCIA CONY-CIDADE

核心城市 Core city
巴西利亚 BRASILIA ——

次级城市 Secondary cities
阿布贾 ABUJA ——
昌迪加尔 CHANDIGARH ——
堪培拉 CANBERRA ——

左图：巴西利亚，巴西

图解城市

速生城市：引介

速生城市衍生于政治和经济等方面的需要，常常被作为国家首都进行规划和建设，而且被赋予变革性和象征性的期望。首都的地位至关重要，因为这不仅是国家政府和高级行政部门的所在地，同时还代表了国家的形象。由于与国家紧密联系，首都往往成为政治力量斗争的核心以及表达对国家未来发展的承诺。因此，城市品质的水平作为政府运作效率的结果，可以从城市的形式与功能、时间与空间的象征性方面进行理解。

"世界上有两百多个国家首都，其中许多属于速生城市。速生城市的规划能够将旧的首都功能迅速转移为新的城市中心。"

世界上有两百多个国家首都，其中许多属于速生城市，这一现象的出现也许并不奇怪。速生城市的规划能够迅速完成功能的转移，从以前的首都到一座新的城市中心。作为巴西的首都，巴西利亚是从草图演变为现实城市的国家首都建设的一个杰出案例。除此之外，还有其他首都城市规划案例，其中包括澳大利亚的首都堪培拉、尼日利亚的首都阿布贾以及印度旁遮普邦的首府昌迪加尔。

巴西利亚的选址
对于拥有辽阔疆土的国家，一个具有战略性意义的地理位置也许是人口相对稀少的区域。1954年，联邦政府通过决议，明确巴西利亚选址于人烟稀少的巴西中部高原，而远离主要的滨海城市。并于1960年4月，巴西利亚取代里约热内卢，成为巴西的新首都。

勒·柯布西耶的现代城市

昌迪加尔作为旁遮普邦的首府，创建于1947年的印巴分治之后，其标榜对传统的突破，并提出一个关于国家未来的大胆声明。继美国建筑师阿尔伯特·迈耶（Albert Mayer）之后，瑞士建筑师勒·柯布西耶受聘负责完善新城市的总体规划和大量行政建筑设计，这使得昌迪加尔成为现代都市中具有国际知名度的焦点。功能主义者及都市主义的先进分子关注《雅典宪章》的宗旨，《雅典宪章》是基于国际现代建筑协会（CIAM）的研究，并由勒·柯布西耶在1943年发表的。《雅典宪章》的主要内容是优先将城市进行功能分区，运用高层建筑和高密度区域，将城市按扇形划分区域，并用公园进行穿插。基于强调理性主义，现代主义运动明确了城市的四大主要功能：居住、工作、游憩、交通。昌迪加尔和巴西利亚是仅有的根据《雅典宪章》的宗旨进行规划和建设的两个城市，他们从创建到现在也不过短短的几十年时间，其中昌迪加尔始建于1951年，巴西利亚始建于1956年。作为速生城市，这两个城市代表了现代主义的主要原则，开辟了一片新天地，成就了这一具有挑战性、创造性和争议性的现代建筑学派。

促进发展

巴西新首都的选址远离了沿海或近海人口密集的主要城市，这代表了一个全国性的转变。政府倡导工业化和区域发展的政策，强调思想进步，促进国家经济增长。土地利益是联邦显著特征的背景，巴西的新首都不仅象征了国家统一和民族团结的潜能，而且承诺了一个有活力的现代化时代即将到来。巴西利亚由于具备现代主义的城市规划和建筑设计而受到了广泛的关注，并于1987年被联合国教科文组织（UNESCO）宣布为"世界文化遗产城市"。自此，巴西利亚发展成为了一个国际化大都市。

成就与挑战

昌迪加尔、巴西利亚和堪培拉都在各自国家提供了最高水平的人均收入、教育水平和生活质量。但与此同时，阿布贾和巴西利亚均遭受人口过多、就业不正规、收入普遍不平等众多情况的影响。由于城市范围迅速蔓延到了原本是农村的地区，巴西利亚很快面临了速生城市所特有的许多问题：联邦区的中心地带出现了服务业岗位比例失调的现象；核心区域过高的地价迫使大部分雇员迁至城郊地区，其中只有少量城郊地区开始逐渐成为新的商业和服务业的次中心；过度的中心化和稳定形成的居住社区两者共同导致了公共服务供给量和基础设施不足的失衡，尤其体现在新开发的低收入人群的住区。在速生城市中，贫富差距形成了强烈对比。

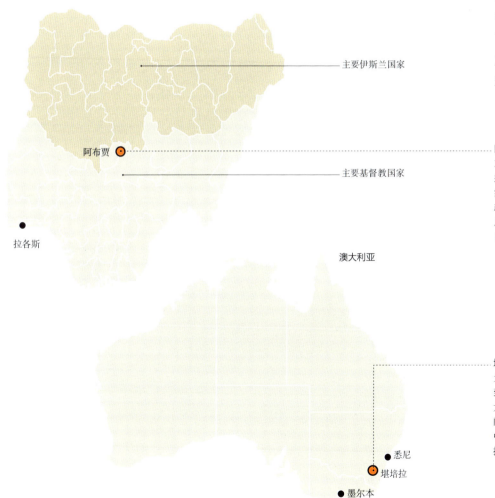

尼日利亚

主要伊斯兰国家

阿布贾

主要基督教国家

拉各斯

阿布贾的选址
对于具有民族冲突或宗教对立的国家，国家首都最理想的位置是内陆中部地区。1976年，阿布贾选址于国家南北分界线上，被认为是尼日利亚的民族、宗教和政治争端的中间位置。并于1991年12月，阿布贾成为尼日利亚的新首都，取代了人满为患且拥挤不堪的港口城市拉各斯。

澳大利亚

悉尼
堪培拉
墨尔本

堪培拉的选址
为新居民点选址是一个基础性的战略决定，可能受到一些因素的影响。1908年，悉尼和墨尔本作为澳大利亚最大规模且最具影响力的两个城市，他们之间的政治纷争和经济竞争决定了首都选址于两者的中间位置——堪培拉。经过漫长的建设过程，堪培拉于1924年1月举办了联邦内阁的首次会议。

图解城市

规划速生城市：现代主义的乌托邦与现实的窘迫

速生城市的总体规划不仅是通过一种空间组织结构的设计来战胜有机聚集所带来的典型的和困难的尝试机会，而且代表了设计乌托邦社会的愿景。尽管理性主义者有这种倾向，但经济、社会、文化传统始终对建成环境仍然保持着基础性的限定。

1956年至1960年期间，巴西利亚花了五年时间进行建设并落成。为了体现国家进入了发展的新纪元，新首都很快显露出坚守现代化的缺点，也被贴上社会和经济方面差距较大的标签。在这种情形下，以尝试容纳政府官员的核心区——飞机型平面规划区域保留了现代性和其他筛选后的特征，这意味着随中心城区建设而来的工人被驱逐到不发达的边缘地区定居。这些被忽视的区域与主要就业中心区相差甚远，并且缺乏服务业，但其借鉴了"花园城市"的用地划分，后来成为了众所周知的卫星城。飞机型平面区、卫星城、新开发的街区与周边农村连成一体而称为"联邦区"，形成多中心布局，分布着

飞机型平面区

在飞机型平面区中，主轴线的东段聚集了巴西联邦共和国的三大权力机构：行政机关、立法机关和司法机关（即总统府、国会大厦和联邦最高法院）。西段设置了联邦区的行政大楼。主干道两旁布置超大街区，每一街区内设置6层楼高的现代建筑居住区，并由绿色开敞空间分隔，以及穿插本地商业街区。公交客运站被设置在轴线的交汇处，成为通往城市不同地区的交通枢纽。集中的商业中心和文化娱乐中心创造了一个更具吸引力的核心区域。

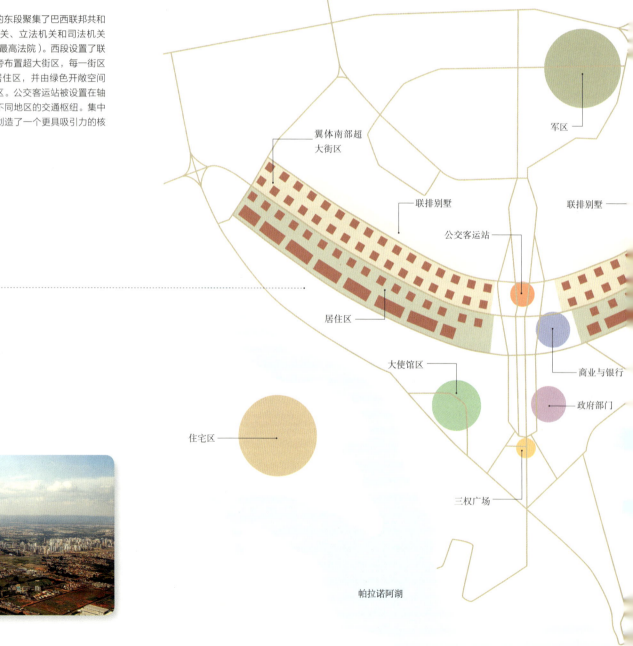

巴西利亚鸟瞰图

经济活动受限且人口密集的居住区。尽管类似于塔瓜廷加（Taguatinga）和瓜拉（Guara）这些新的商业和服务业中心以及少数完善的次中心已经开始发展，这些地区仍不同程度地依赖于飞机型平面区，并以这个区域作为毋庸置疑的就业中心区。

巴西利亚起初的边界范围内规划人口上限是50万居民。但是这个初始的想法显然不切实际，仅仅联邦区的人口已远远超过这个限度，人口数量于2000年达到了200万，并于2010年达到了250万。在巴西的城市中心区人口排名中，联邦区位列第四，排在圣保罗（1140万人）、里约热内卢（640万人）以及萨尔瓦多（270万人）之后。飞机型平面区的高额房价导致了人口流失，随之，城市化范围已扩散到包含邻近城市在内的周边地区。这股人口流动不仅包括低收入居民，还包括中等偏上收入的家庭，随之而来的还有非法土地的分割和对公共用地的侵占。近年来，参照新城市主义运动中关于城市郊区的农村用地开发原则，大型城市的开发商已经推行了一些高端方案，但现代速生城市跟全球化网络中任何一个城市一样，被证明是无法控制和无力应对政治、人口和经济所带来的压迫。

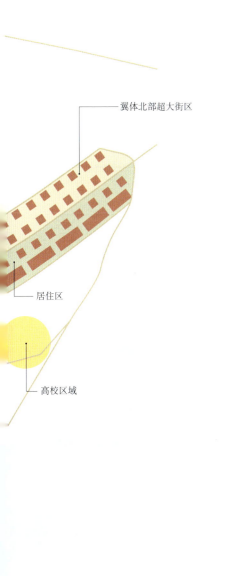

帕拉诺阿湖

- 翼体北部超大街区
- 居住区
- 高校区域

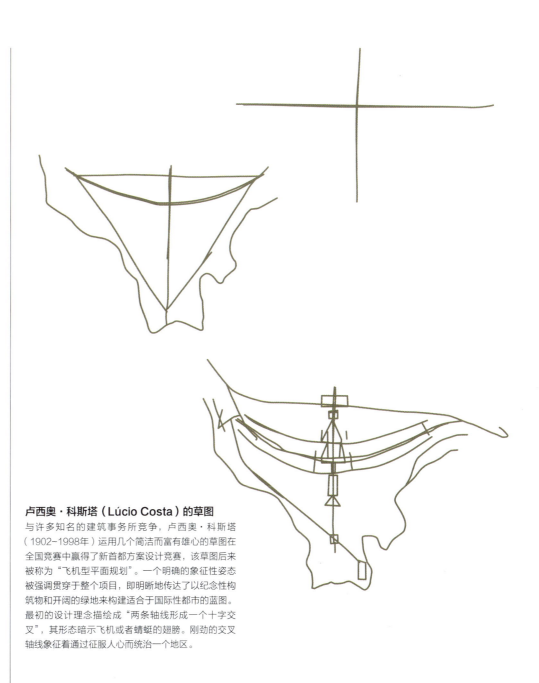

卢西奥·科斯塔（Lúcio Costa）的草图

与许多知名的建筑事务所竞争，卢西奥·科斯塔（1902~1998年）运用几个简洁而富有雄心的草图在全国竞赛中赢得了新首都方案设计竞赛，该草图后来被称为"飞机型平面规划"。一个明确的象征性姿态被强调贯穿于整个项目，即明晰地传达了以纪念性构筑物和开阔的绿地来构建适合于国际性都市的蓝图。最初的设计理念描绘成"两条轴线形成一个十字交叉"，其形态暗示飞机或者蜻蜓的翅膀。刚劲的交叉轴线象征着通过征服人心而统治一个地区。

填充腹地

在巴西的中西部设置新首都，其背后的目的不仅是为联邦政府机构提供保护、以防外敌入侵，还为了对较大范围的无人居住区和未完全征服的领域实行控制而建立一个基地。至20世纪中叶，区域经济较大程度上集中于重要城市，其中大部分重要城市位于沿海地区或海岸线附近。铁路网络连接采矿、农业等主要生产地区与大多数首府。值得关注的是，圣保罗州农业区的咖啡生产吸引了投资，进而修建了直达桑托斯港口的铁路。而巴西铁路此前未曾在相对孤立的亚马孙州以及相当一部分的内陆地区开辟建设。

自20世纪40年代起，在已建铁路网络的基础上，公共政策大大促进了公路的建设。然而，在1956年巴西利亚刚开始建设的时候，巴西的交通网络非常有限，主要是沿海地区的路线和向内陆首都延伸的路线，而且其中大部分道路仍只是土路。因此，在地广人稀的农业地区创建一个新城市，面对基础资源，更不用说建筑材料供应匮乏的挑战，需要尽力建设一个大型后勤供应点。除机场以外，在新首都的建设期间，由于输送建筑工人和建筑材料的需求，连接巴西利亚与相邻城市的公路和铁路得以部署。交通网

道路网络的发展

建设巴西利亚带来基础设施、道路网络的演变展现出从滨海向内陆稳定的递进式发展。近几十年来出现了高速道路连接的密集化，这表明加强整合拉丁美洲的目标。政府出于逐步控制领域的战略，道路网络支持了农业边界的急剧扩展，包括农业企业的创立及出口商品的增加。然而，乡村的日益城市化和大规模环境恶化随之接踵而来。

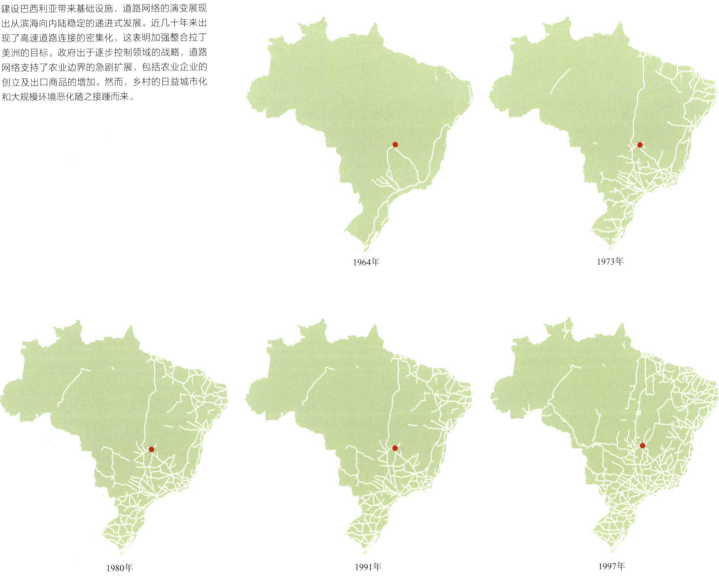

1964年　　1973年

1980年　　1991年　　1997年

络的扩展除了对领土的控制至关重要，同时对刚刚起步的巴西汽车业的发展起到必不可少的推动作用。此外，新的基础设施是必要的，它能够促进产业链发展，以至于带动东南部、南部地区不断发展的制造业流向迄今尚未被纳入新兴国家市场的地区。

巴西利亚的建设开工典礼后作出的第一批决策之一是1958年发起的"贝伦–巴西利亚线路"的道路建设，以连接帕拉州的北部和戈亚斯州的中西部。新首都的作用还体现在其他大量道路的建设上，例如1959年的"贝洛奥里藏特–巴西利亚线路"、1970年的"萨尔瓦多–巴西利亚线路"、1976年的"库亚巴–圣塔伦线路"、1978年的"圣保罗–巴西利亚线路"和"库亚巴–波多韦柳–里奥布兰科线路"等道路建设。相应的，铁路网络变得次要并逐渐被忽视。在完善基础设施的过程中，政府的规划同样关注能源网络和通信网络，其重视程度等同于交通网络。在随后的几十年里，随着路网的拓展，新首都的建设带动了内陆城市的发展和中西部各州的农业扩展。当时，传统制造业的成片区域享有相对独立并受保护的市场。领土的整合就是为了打破由东南地区的公司资本对国家市场的统治，使其呈现均势状态。其结果是，地区间的不平衡变得愈发凸显。

1956年，道路系统由大量土路组成并贯穿巴西腹地，大部分道路已经逐步修建成碎石柏油路。

1957年，BR—040被建成碎石柏油路，并延伸到巴西利亚，可以从首都快速抵达贝洛奥里藏特和里约热内卢。

BR—050被建设为划分圣保罗和联邦区的高速公路。其规划是为了2013年加强中部农业区的戈亚斯州（Goias）和矿产资源丰富的米纳斯吉拉斯州（Minas Gerais）的连接。该道路是打通首都南北走向的快速路径。

来源：Déak/IBGE　　　2007年

带动内陆发展

远不同于单独发展的城市，速生城市常归类于汇聚全国力量并体现政治野心的尝试。自殖民时期起，巴西的国家经济收入主要依靠基本资源的出口，包括糖、黄金和咖啡等商品。咖啡的生产循环所产生的庞大利润为制造业的发展奠定了基础，并出乎意料地反过来促进了圣保罗的发展，使得圣保罗在人口和经济生产中的排名上升至第一位。在20世纪中叶，公共政策越来越鼓励和支持早期制造业的发展。依赖于市场和集聚经济，这些转变促进并强化东南部和南部各州的主要中心城市的发展。

内陆城市的建立扩大了国内市场的基础。实施项目包括增强现有城市的经济，比如，里约热内卢州的沃尔塔雷东达市（Volta Redonda）在1941年收购了钢铁厂。自1935年以来，位于戈亚斯州（Goiás）中西部的首府戈亚尼亚市（Goiânia）实行了现代化规划，这座城市的创建提供了一次国家向内陆发展的机会。这座城市不仅成为一个至关重要的商业和服务业中心，同时也是一个不断扩展中的农业种植地区的支撑核心。20世纪

"巴西利亚-阿纳波利斯-戈亚尼亚"发展轴线

作为巴西利亚、戈亚尼亚和阿纳波利斯的交点，戈亚尼亚附近的一个热闹交通枢纽成为了该地区最具影响力的中心之一。近年来，一个充满活力的区域城市体系出现了，其中涵盖"巴西利亚-阿纳波利斯-戈亚尼亚"发展轴线和一大群城镇和农业地区，这个城市体系汇集了中部高原地区经济活动和密集的人口。轴线上的三大主要人口聚集区（戈亚尼亚大都市区、阿纳波利斯微型区和巴西利亚联邦区）及其周边地区共同组成了综合发展区域，并已得到了显著发展。虽然这片区域的人口在1970年仅占巴西总人口的1.63%，但其经过持续增长，1980年达到了2.29%、1991年达到了2.61%、2000年达到了3.01%，并于2010年达到了3.34%。轴线上的三个城市加在一起的人口总量，预计到2010年将占巴西总人口的2.21%，并占据国内生产总值的4.89%。同期，这三个城市将达到中西部地区的总人口的30%，并占据中西部生产总值的52%。

年份	轴线总人口	巴西总人口
1970年	1521545	93134846
1980年	2725072	119011052
1990年	3826528	146825475
2000年	5109795	169799170
2010年	6373261	190755799

巴西总人口
"巴西利亚—阿纳波利斯—戈亚尼亚"发展轴线总人口

来源：Haddad/IBGE (2010)

70年代,在阿纳波利斯市(Anápolis)附近创建了工业区,工业区的建立有助于加强早期的城市网络与巴西利亚的合并。许多城镇出现在新首都与其他内陆城市相连接的公路沿线上,绝大部分城镇成为了矿业挖掘和农业生产活动的支撑核心。

与新首都相关的发展规划作用之一是推进了农业边界的扩张。养牛、种植玉米、豆类、棉花、特别是大豆;然后是甘蔗成为占据中西部和北部地区土地的动态过程。农业生产的现代化和技术进步,以及农业综合体的建立,加强了土地财产的集中和对传统人口的排斥。传统农业的资本化且发展不景气的状态使得劳动力得以解放,加上制造业的岗位增长以及城市里显而易见的财富等共同作用,加快了人口流入城市中心。农业活动的扩大是中西部地区发展的一个重要因素。与此同时,在塞拉多(Cerrado)和亚马孙出现大范围的自然资源退化。这是由于为养牛而清除森林所导致的,尽管对巴西利亚经济增长有显著作用,农业推动所导致的大范围的环境影响也带来了政治性争论,呼吁出台相关政策去抑制这些负面影响。

创建新首都是提高经济发展的创新政策的一部分,不仅能够带动城市化发展,而且可以刺激工业化和农业商业化。然而,负面的影响同样存在,包括城市人口过度增长、失业情况加剧以及大量无土地人口、环境退化等。近年来,人们意识到国家首都的发展应如同其他大城市地区一样,将前期的决策结合实际情况进行相应调整而做到与时俱进。

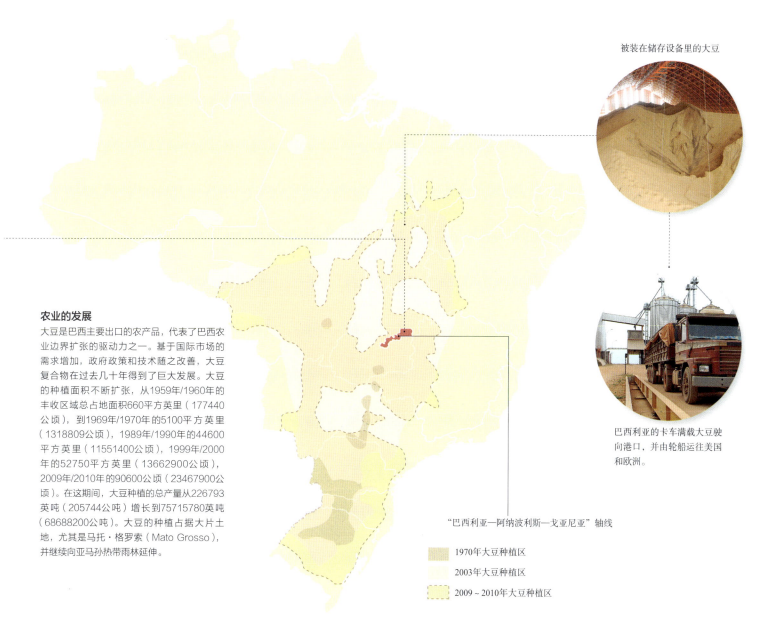

被装在储存设备里的大豆

巴西利亚的卡车满载大豆驶向港口,并由轮船运往美国和欧洲。

农业的发展

大豆是巴西主要出口的农产品,代表了巴西农业边界扩张的驱动力之一。基于国际市场的需求增加,政府政策和技术随之改善,大豆复合物在过去几十年得到了巨大发展。大豆的种植面积不断扩张,从1959年/1960年的丰收区域总占地面积660平方英里(177440公顷),到1969年/1970年的5100平方英里(1318809公顷),1989年/1990年的44600平方英里(11551400公顷),1999年/2000年的52750平方英里(13662900公顷),2009年/2010年的90600公顷(23467900公顷)。在这期间,大豆种植的总产量从226793英吨(205744公吨)增长到75715780英吨(68688200公吨)。大豆的种植占据大片土地,尤其是马托·格罗索(Mato Grosso),并继续向亚马孙热带雨林延伸。

"巴西利亚—阿纳波利斯—戈亚尼亚"轴线

1970年大豆种植区
2003年大豆种植区
2009~2010年大豆种植区

来源:IBGE, Brazilian Ministry of Agriculture

决策制定与政治包容

将国家首都的职能迁移到距离里约热内卢750英里的内陆地区一个人烟稀少的农业地区而建立的速生城市,这是一项高度政治化的努力。在1960年巴西利亚的迁都仪式上,伴随着反对的意见,巴西总统儒塞利诺·库比契克(Juscelino Kubitschek)展现出他有能力将行政、国会和司法部门分别安置在各自的建筑中。私人支援最早资助建设了报刊和电视台,而后是酒店和其他商业。第一个政府行动是向国会提议设立联邦大学(巴西利亚大学)的提案。

取代已有的、宝贵的、世界闻名的首都城市里约热内卢,这一行动从一开始就是一个巨大的挑战。批评的言论强调新首都的建设需要投入大量的资金,须在通货膨胀下确保国家政府的收入。然而,在库比契克任期(1956~1960年)后的第一年,巩固新首都的建设产生了政治动荡,而后经过长达20年的军事统治(1964~1984年),才平息了这不可逆转的政变。1988年新颁布的国家宪法成为由首都作出的民主成就之一。在随后的几十年里,除了仅有的少数几个国家事业单位在里约热内卢保留了重要分部之外,基本上所有重要政府机构都设在首都。至2010

行政和教育的能力

作为一个瞬间转变为当代大都市形成的焦点城市,巴西利亚围绕着知识和信息交流而运作。联邦大学(巴西利亚大学)成立于1962年4月21日,到2012年,这所拥有50年历史的学校已容纳超过27000名在读本科生和近9000名在读研究生,有105个大学本科课程和147个研究生课程。此外,还有其他大学和大量专科院校位于城市和其他地区,为联邦区和地方政府的不同岗位培养人才。高等教育中心附近出现了专业培训的机构。

年，巴西利亚建成五十周年，已成为巴西无可争议的首都。

在联邦区中，以知识为基础的产品和服务具有重要意义，其中有许多关注于如何减少能源消耗和降低环境影响，例如信息和通信技术、医药、物流服务以及民用建筑等。正在建设的数字科技园区和废品回收中心所代表的对未来的愿景是将首都转变为大都市，首都的经济应基于知识和创新，并居于环境可持续发展的世界领先地位。

由于具有一种国际多元文化背景的关系，巴西利亚成为了一个国际活动的重要场所。随着容纳来自巴西不同地区的人口，首都展现出多元文化相互影响的现象。有关电影、音乐、舞蹈和美食等相关节庆活动在城市里定期举行。巴西利亚"巴西电影节"自1965年起开始举办，随后首届"巴西利亚国际电影节"于2012年7月举行。此外，其他节日还包括在众多使馆支持下，由联邦区政府组织并于2012年1月首次举办的"巴西利亚国际艺术节"、"巴西利亚流行文化节"、"巴西利亚木偶剧国际节"和同样于2012年开始举办的"巴西利亚音乐节"。政府还鼓励承办大型体育活动，比如2014年世界杯足球赛，其中一个公共建筑项目是备受争议的国家体育馆，这成为世界上第一个由美国绿色建筑委员会认证的生态建筑。

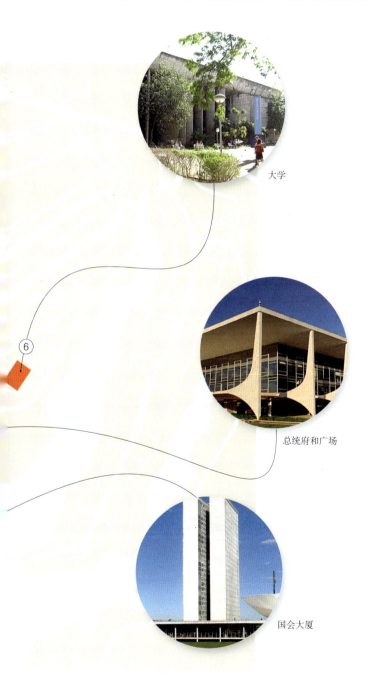

大学

总统府和广场

国会大厦

巴西利亚国际艺术节
凭借著名的现代主义建筑群，首都城市提供了适合多元文化和艺术展示的平台。

艺术
巴西利亚国际艺术节（Festival Internacional de Artes de Brasillia）

文化
巴西利亚流行文化节（Festival Brasilia de Cultura Popular）
狂欢节（Festival Internacional de Palhaços）

舞蹈
国际舞蹈节（Festival Internacional da Novadanca）

音乐
巴西利亚音乐节—BMF
"我爱爵士"国际节（Festival Internacional I Love Jazz）

电影
巴西利亚"巴西电影节"—FBGB
巴西利亚国际电影节—BIFF
国际儿童电影节—FICI（Festival Internacional de Cinema Infantil）

剧院
巴西利亚木偶剧国际节（Festival Internacional de Teatro de Bonecos）
巴西利亚国际剧场节（Festival Internacional de Teatro de Brasilia-Cena Contemporanea）

建成环境

自从工业革命以来，城市增长的加速问题一直困扰着政府官员以及相当数量的建筑师和规划师。在进步思想的转变中，现代性规划设想了城市设计作为一种手段，将理性主义渗透进混乱的建造环境中，以促进理想化未来的实现。19世纪中叶由奥斯曼实施的巴黎大改造（详见"理性城市"，第102~119页）为速生城市提供了一个大胆而具争议性的参考案例，巴黎大改造通过创建宽敞的林荫大道和开放空间以协助控制群众叛乱和改善房地产市场。

在初始规划的联邦区建设期间及其后联邦区设置了大量的大众化居民点，以此作为应对措施解决乌托邦项目经济与社会不相称和不平衡的问题。卫星城设置在与城市中心区有一定距离的区域，并穿插进入到周边的农业地区。相比于首都的景象，卫星城就像一种灰色地带，遭受基础设施较差和就业机会缺失的窘迫。尽管卫星城经过数十年的人口稳定增长和基础服务逐步改善，以及周边地区不断向新中产阶级提供了高品质用地，但首都的主导形象仍停留在最早期著名的飞机型平面区。

受现代主义的影响，以及国家全面推动

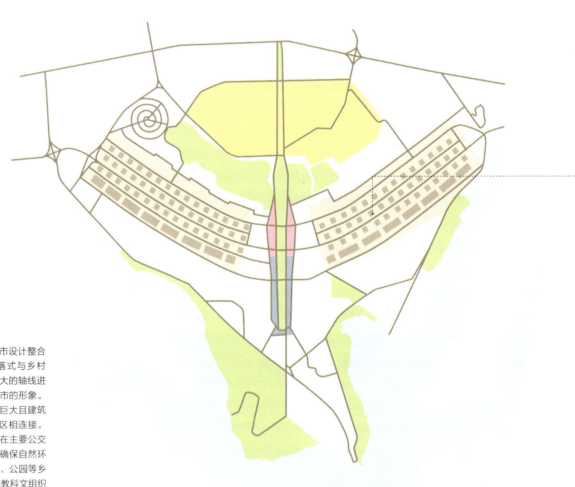

高度结构性和计划性的中心

出于飞机型平面，卢西奥·科斯塔的城市设计整合了四方面要素，纪念性、居住的、聚落式与乡村式。公共建筑群以巨型建筑沿着宽阔巨大的轴线进行阵列展示，被设想为传递一种首都城市的形象。住宅区最初用于安置政府官员，其体块巨大且建筑高达6层楼，街道和绿地点缀并与住宅区相连接。为了促进聚会和社交互动，社交场所设在主要公交站点周围，包括娱乐、服务和购物区。确保自然环境和公共开放空间的存在，绿地、水库、公园等乡村用地分布在城市中。1987年，联合国教科文组织（UNESCO）将巴西利亚作为现代城市设计典范列入了《世界文化遗产名录》。

住宅
议会/政府
军事/产业/居住/娱乐
商业/文化/交通枢纽
休闲区

重工业和汽车业发展项目的情况下，巴西利亚初始规划的中心区显然给予了汽车特权。基本城市设计是由两个相交的交通轴线和满足不同城市功能的相邻扇形区域组成，同时呼应了十字交叉和飞机的形态。两个立体交叉的主干道连接城市中心与周边地区和国家道路体系，共同构成方案主体。为了适应工业化时代的发展，联邦区内城市化区域的交通系统大体上更偏好以汽车为主要交通方式，塑造"没有人行道"的城市景观。地铁从2001年开始建设，连接人口最密集的城市周边地区和城市中心区。然而，尽管属于巴西范围最大的三大地铁系统之一，巴西利亚在铁路线路，尤其在公交线路上并没有很好地形成整体网络，即便现在有了初步政策，鼓励城市交通方案将地铁交通融入公交网络。

为了实现政府关于普及电信的承诺，巴西利亚大力扩展电话接入并连接到数字化的计算机网络。作为具有多功能的城市中心，首都拥有现代化的交通和通信设施。巴西利亚国际机场是巴西和拉丁美洲地区的主要机场之一，连接巴西利亚与全国各地，乃至海外的目的地。巴西利亚国际机场由于经常拥挤并且早已超出容量而得以扩建。在乘客无法选择铁路到达中心区域的情况下，公交路线为机场提供了捷运服务。

人口密度与社会不平等

巴西利亚同其他许多具有较好基础设施和服务的大城市一样，人们在这里能够快速进入中央商务区，因此，地价较高的区域对应着高收入人群。通过加强土地管理措施，例如，为周边地区的贫困人口提供完善的基础设施，随着与飞机型平面区的距离增加，对应人群的收入呈梯度式明显减少。总的来说，高密度区域对应着低收入人群。

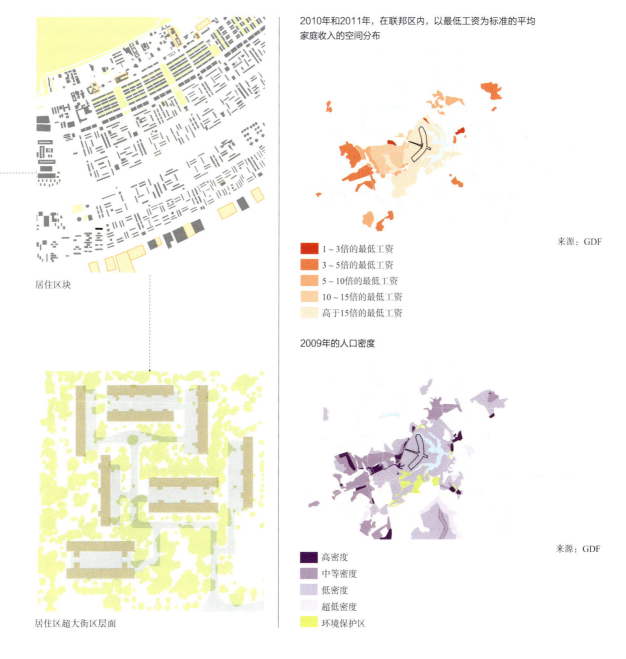

居住区块

居住区超大街区层面

2010年和2011年，在联邦区内，以最低工资为标准的平均家庭收入的空间分布

来源：GDF

1~3倍的最低工资
3~5倍的最低工资
5~10倍的最低工资
10~15倍的最低工资
高于15倍的最低工资

2009年的人口密度

来源：GDF

高密度
中等密度
低密度
超低密度
环境保护区

经济与人口

在一个活跃的经济环境下，通过公共管理和服务业发展，巴西利亚已经演变成明显的第三产业城市，附带少量轻工制造业。由于大多数就业岗位的公共性质，首都的经济变化已经趋向于相对稳定的状态，而且能够提供优越的工资待遇。2010年，联邦区拥有全国最高的人均生产总值，是同期巴西平均水平的三倍，比排名第二的圣保罗还多一倍。

2004~2008年期间，联邦区内所有制造业的活跃度都增加，尤其是转型产业。在低收入阶层工资有所提高的影响下，食品、服装、民用建筑等产业劳动力的购买力大大增加，同时刺激了零售商和制造商的销售。联邦区的产业偏重于图形制作和信息技术，公共部门是主要客户。而经济最活跃的部门仍然是服务业。与其他首府相比，在服务行业相对于其他各州首府的最高总产值比例增加的情况下，巴西利亚的服务业附加产值在2008年占据了总额的5.7%，仅排在圣保罗

2010年巴西利亚的就业情况

作为首都，巴西利亚围绕着服务政府主导的经济和商业而发展。为了摆脱脆弱的物质环境，巴西利亚不得不专注于第三产业活动和非污染工业。作为联邦政府的心脏，巴西利亚汇集了许多类似公共或半公共事业单位以行使直接的管理职能。这些岗位享有相对优厚的报酬，且大体上能够抵抗危机，公共部门雇员建立了一个稳定的市场服务和商业活动氛围。对应联邦区约16%的就业率，由于商家乐于参与产品和服务的公开招标，而使得公共行政管理像一个功能强大的磁铁。

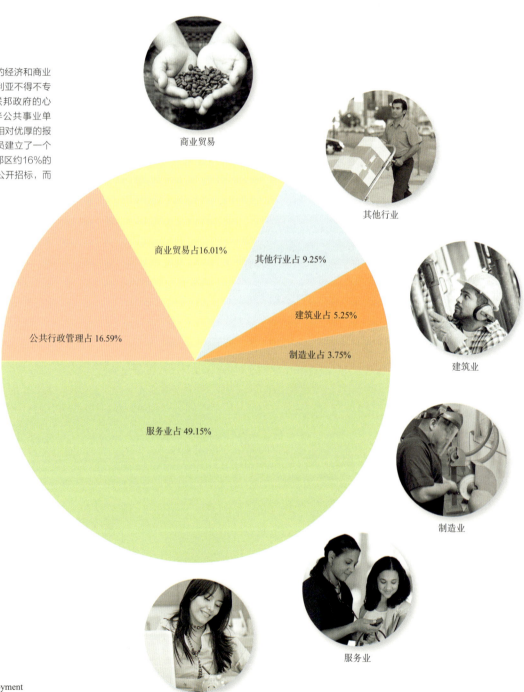

商业贸易占 16.01%
其他行业占 9.25%
建筑业占 5.25%
制造业占 3.75%
公共行政管理占 16.59%
服务业占 49.15%

商业贸易
其他行业
建筑业
制造业
服务业
公共行政管理

来源：Brazilian Ministry of Labor and Employment

和里约热内卢之后,高居前三。2004~2008年期间,公共管理、公共卫生、公共教育和社会保障占据联邦区经济结构的比例高达50%。2010年,联邦区的就业人口达到100万左右,其中49.15%为服务业岗位、16.59%为公共管理岗位、16.01%为商业岗位,其余5.25%为建筑业、3.75%为制造业和9.25%为其他行业。

被丰富而活跃的环境所吸引,移民不断从家乡涌入首都。虽然移民涌入的速度已经放缓,但是新来的、缺乏培训的工人数量仍居高不下,有的已经被建筑业聘用,这属于接收不合格工人的传统单位。另一个重要群体已经通过正规市场被聘用,仍有一些人不得不面临失业。作为一个成长中的大都市,巴西利亚的工人享受着最好的工资待遇,但巴西利亚已跃升为经济收入最不平等的城市。

巴西利亚的水系流域面积覆盖298个直辖市,约占67万平方英里的面积,并于2007年拥有居住人口970万。尽管拥有优越的区位条件,相比于圣保罗和里约热内卢巴西利亚所辐射的城市网络较小,仅占巴西人口的2.5%和国内生产总值的4.4%。在有限的拓展范围内,巴西利亚的城市网络覆盖到巴伊亚(Bahia)西部以及在戈亚斯州和米纳斯吉拉斯州西北部的一些城市。值得关注的是中心区的人口和收入,中心区占据了巴西利亚城市网络的72.7%的人口和90.3%的国内生产总值,是巴西利亚整体城市网络中人均生产总值最高的区域。

来源:Codeplan/GDF

2010年巴西的实际人均收入(单位:R$)
- 250~999
- 1000~2999
- 3000~4999
- 5000及以上

相对收入分配

联邦区的收入分配非常不平衡,在2010年拉戈扎(Lago Sul)行政区域中最高人均收入(R$5420.00)是普通最贫困居民收入(R$299.00)的18倍。

可持续发展

速生城市的开发建设对周边地区的自然环境条件负有义务。不可避免地，城市化对自然景观的影响、对资源的使用等产生了压力。位于中央高原脆弱的稀树草原、巴西新首都出现的地区必须能够提供一个国家首都的所有必要支持功能。该地区不仅穿插了一些河道和溪流，同时还是巴西三大主要流域交汇的重要地点，分别为巴拉那河（Parana）、阿拉瓜亚河（Araguaia）与托坎廷斯河（Tocantins）、圣弗朗西斯科河（São Francisco）。因为水流倾向于起始水力较弱并向下渗透到较低水位，所以高原地区的水源利用的有效性很大程度取决于对他们的保护。由于不仅需要保护水源，还需要保护其他自然特征，联邦区包括几个环境保护单位。

首都有许多保护区，其中包括巴西利亚国家公园，大约90%的领土受法律文书保护，这可能会导致人们认为环境被高度保护起来。然而，联邦区的环境其实并不是被保护得很好，因为其生态多样性常常受到威胁。这是因为保护区的建立和明确并没有

帕拉诺阿湖（Paranoá）的环境保护区

巴西利亚最突出代表之一是帕拉诺阿湖。帕拉诺阿河堤大坝的建造是为巴西利亚早几年的建设提供水资源和能源，并保持一定的湿度以抵御冬天的干燥。帕拉诺阿湖原本还计划提供公共开放的休闲区。尽管法律保证公众的使用权利，然而，事实上只有少数几个区域向公众开放。湖泊周边的用地被侵占并建设成高收入人群的居住区、私人会所以及高档餐厅，限定了能够进入该区域游玩的人群。由于帕拉诺阿湖与卫星城相距较远，而且公共交通的供应有限等因素，更进一步限制了人们对湖泊的使用。帕拉诺阿湖的吸引力在人们心中根深蒂固，同时感觉到帕拉诺阿湖不完全属于公共资源。

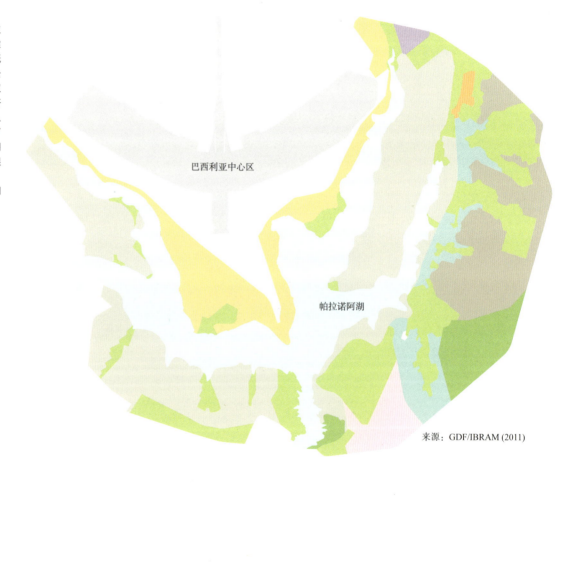

来源：GDF/IBRAM (2011)

- 野生动物保护区
- 野生动物保育区
- 水体流域区
- 湖泊总体区
- 巴西利亚总体区
- 巴纳纳尔特区
- 环境权益特区
- 帕拉诺阿特区
- 塔夸里特区
- 瓦尔让特区

伴随有效的管理政策的实施。除了缺乏人力、资金、法律资源外,主要问题在于缺乏土地规范化、缺乏设备和基础设施、科学研究激励机制过低、过度使用公共土地、土地投机现象过多、缺少环境保护教育、本土生物多样性重视度过低等。有两个主要缺陷削弱了保护措施和环保单位的有效实施:一个是司法和法律方面的缺陷,一个是技术和操作方面的缺陷。对于后者,问题出自于已成立的管理委员会数量过少,限制了针对以上确实存在问题的有效预防行动。在联邦和地区的层面上,许多问题必须与政府统治意愿和利益缺失联系在一起。然而,主要问题似乎是缺乏有关土地状况和土地登记的数据以及这些地区缺乏管理规划和管理委员会。为了解决这些问题,政府已委托相关机构进行生态经济领域的详细研究。

随着巴西利亚在没有切实控制的情况下向其自然环境扩张,这个城市很快就开始产生环境退化。一个显著特征是无序的城市发展以及由此带来的水资源压力。联邦区及其毗邻地区的消耗正逐渐达到水资源供应的极限。此外,虽然首都已经有效地对全市范围进行垃圾收集,但仍然缺乏一个有效的垃圾回收利用系统。尽管首都拥有高效的全市性垃圾收集系统,但仍然缺乏有效的垃圾循环再利用系统。最近,由于缺乏足够公共交通,大量的汽车高峰时段的交通拥堵,使这个迄今以天空和开阔地平线之美著称的城市空气污染加剧。

来源:GDF/Seduma (2012)

农村
城市
保护区

农村、城市以及整体保护

城市的纹理扩展到农业主导性的地区和少许受限制的保护区域,并将联邦区的边界逐渐向东北方向、南向和西向延伸。首先是低产值的农业用地被纳入城市范围,随后再到中等产值土地的发展和高产值土地的公寓建设。巴西利亚的部分发展沿着公路方向延伸,这些公路与都市圈内巴西利亚的相邻城市和其他重要首府相连接。

第 10 章 跨国城市
THE TRANSNATIONAL CITY

简·纳吉曼 JAN NIJMAN
迈克尔·希恩 MICHAEL SHIN

核心城市 Core city
迈阿密 MIAMI ———

次级城市 Secondary cities
温哥华 VANCOUVER ———
香港 HONG KONG ———
迪拜 DUBAI ———
新加坡 SINGAPORE ———
都柏林 DUBLIN ———
洛杉矶 LOS ANGELES ———

左图，迈阿密，美国

跨国城市：引介

跨国城市及其区域互动

跨国城市，例如香港、温哥华和贝鲁特都分别促进了世界上不同区域间的互通和交流。迈阿密将美国与南美洲、中美洲联系在一起的同时，也将加勒比海联系在一起，迈阿密通常被称之为拉丁美洲的首都。这些全球连接枢纽恰好塑造了跨国城市的全球文化和城市景观。

在世界各地的多元文化交汇区域里，跨国城市是指来自不同国家的人、文化以及思想汇聚、碰撞、繁荣的地方。跨国城市汇聚了不同的文化与思想，并为这些文化与思想的碰撞和繁荣提供了生长的土壤。这种聚合产生社会矛盾，也创造了大量的经济机会，并且不断地与"本地特点"融合而定义新的文化。20世纪的跨国城市只是被简单地称之为"多元文化的城市"，而21世纪的跨国城市则是更多地联系、更复杂、更具吸引力，还兼具目标和期望。跨国城市将"世界主义"一词进行了重新定义，即将其重新定义为国际都市。

得益于地理区位优势，跨国城市常常在地区贸易及移民网络中占据着中心节点的位置。为了促进地区间人、物品、服务和思想文化的交流，跨国城市需要多元性，需要外国出生的人口。此外，跨国城市作为全球经济流通和生产网络的节点，各相关要素将在此地进行重新配置，与此同时，城市的构成成分及其所具有的特殊城市职能也将经常发生相应的变化。例如香港，一个在亚洲地区、西方世界主动碰撞东方世界文明的前英国殖民城市，就是前跨国城市的一个缩影。如果没有重新定义和替换的话，那么跨国城市的特征将面临挑战，例如温哥华，在北美洲地区东方与西方在这里相遇。

跨国城市表现出了一种特殊的活力、韧

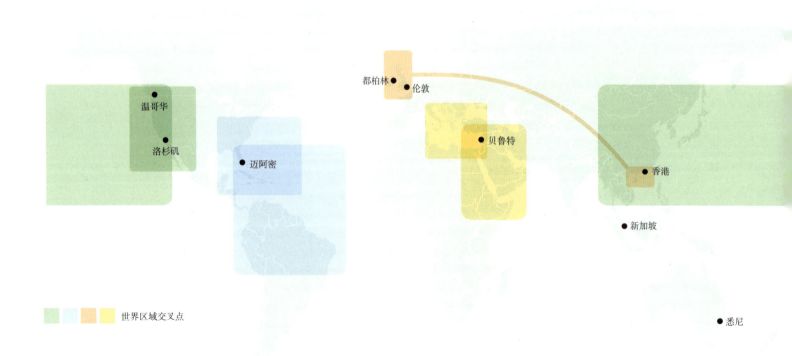

性和弹性，这其中的大部分原因要归功于其内部的多样性，归功于它们面对外部社会、政治和经济压力时的敏锐反应能力和其本身所处的固定地理位置。贝鲁特，中东地区的一颗明珠，在经过几十年的内战焚毁之后，现如今已经得到了重建，并且成为世界级的旅游目的地、文化中心、跨越欧洲和中东地区的商贸城市。

世界上没有任何一个城市要比迈阿密更具世界性、可见性、包容性及自豪感了。尽管迈阿密在跨国城市的历史进程中还稍显年轻，但迈阿密重新定义了跨国城市和世界主义城市的内涵。因为迈阿密有超过一半的市民是外籍人士，因此迈阿密与其余美国城市相比，更具有拉丁美洲城市的特性。为了不同居民的多元需求，像迈阿密这样的当代跨国城市必须提供文化、餐饮及商业上的便利设施、移居海外的关系网、语言社交圈、融合的烹饪法、正宗的本地口味以及来自于家庭的零售链等，以上这些特点造就了世界性的都市景观和氛围，这类景观与氛围不同于世界上的任何一个地方。

这些世界性新事物的起源要归因于跨国城市的兴起与平稳发展。迈阿密国际机场是由境外进入美国的第二繁忙国际通道（仅次于纽约的约翰·菲茨杰拉德·肯尼迪国际机场），每年接纳巴西游客150多万人次，以及来自墨西哥和哥伦比亚的游客100多万人次，此外还有超过75万人次的游客来自英国、加拿大、委内瑞拉和多米尼加共和国。同时，迈阿密还是美国第三大的领事馆所在地，有超过70个领事馆选址于此。当然，在迈阿密和其他跨国城市中的人来说，参观者、市民，移民及本地人之间的界限是非常模糊的。

"跨国城市重新定义了'世界主义'一词的内涵，即国际都市。"

跨国城市内部也存在深刻而显著的矛盾。与"世界主义"所能提供的、最好的事物不相匹配的是其不均衡的收入、地位及住房条件，这些矛盾在跨国城市中显露无遗。此外，司法不公和权力泛滥也使得跨国城市成为各种违法犯罪行为的活动中心。

随着边境渗透性的增强，同时也伴随着人员流动自由度的扩大以及全球经济的进一步发展，跨国城市将会发生怎样的变化呢？是否会有新的跨国城市兴起？诸如迈阿密一样的城市将作怎样的应对和重新定位呢？本章将对国际都市中复杂且常在的矛盾进行探索，以期理解跨国城市的内涵，并对全球的跨国城市进行描绘。

从拉丁美洲始发至迈阿密国际机场航空路线
依据2012年1900多万的国际乘客交通量的统计数据，迈阿密国际机场是仅次于纽约的约翰·菲茨杰拉德·肯尼迪国际机场的第二大机场。迈阿密国际机场货运量排在国际货运量的前列，与美国其余的货运机场相比，迈阿密国际机场的货运量也排在第三位。图中航线的粗细与来自不同地点的乘客数量成比例。

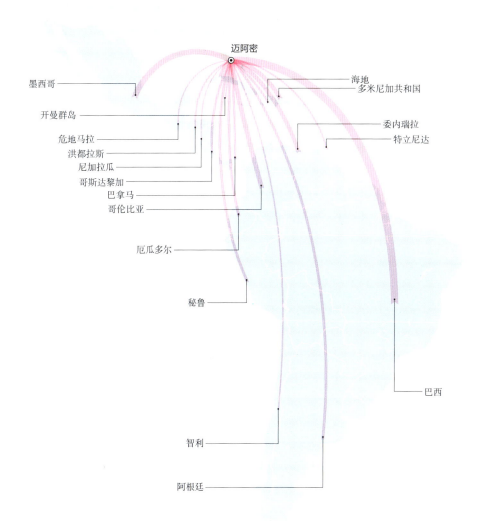

来源：Miami International Airport Statistics

移民目的地

跨国城市是高度多元化的国际移民的首选目的地。跨国城市所具有的流通力主要来自于自身所拥有的地区吸引力：它们是全球景观的节点，具有高度的可视性，对于各类人群来说都具有较好的吸引力，能够吸引成千上万的移民。大多数情况下，移民们前往这些跨国城市主要是为了获取经济利益，但是，因为这些城市所具有的开放性，他们也将这些城市作为其落脚的首选地。跨国城市为移民提供了舒适的空间、良好的物质条件和已经存在的移民社区。

相对于规模，迈阿密接收的外国移民比美国任何其他城市都多。它就像全球人流动系统中的一个高压阀门，平均每5年，就有大约28.5万名外国移民涌入这座城市，并且还有许多人居住在城市的周边地区。同期，迈阿密还会接纳大约27万名来自美国其他地方的新移民。加起来总共有超过50万的移民生活在这座拥有420万居民的城市里。

因为迈阿密位于美国南部边缘地区的原因，其外籍人口主要来自于中美洲和南美洲地区。当然，最为人所知的是，这些人大部分来自于古巴（现今已逐渐达到70万人）。其他外籍人口来自世界上众多的国家，其中

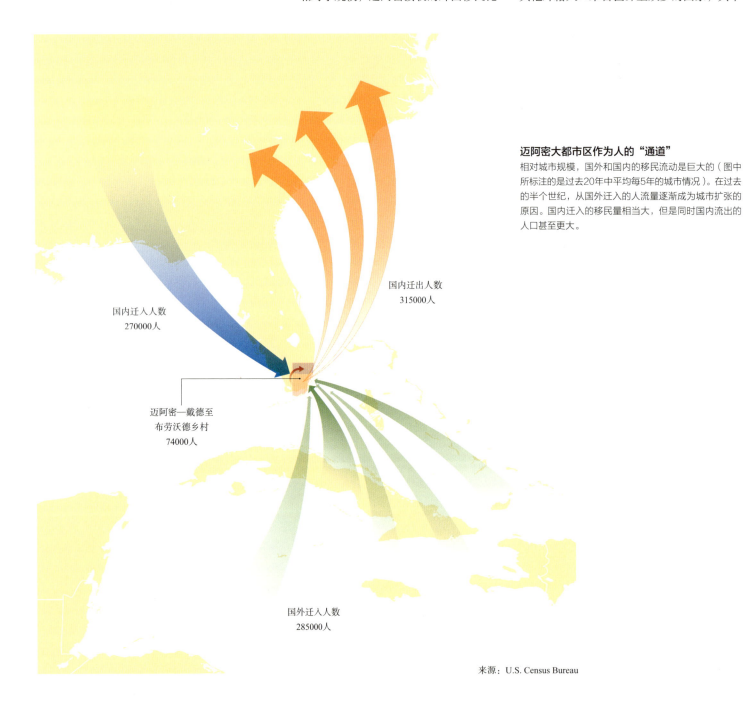

迈阿密大都市区作为人的"通道"

相对城市规模，国外和国内的移民流动是巨大的（图中所标注的是过去20年中平均每5年的城市情况）。在过去的半个世纪，从国外迁入的人流量逐渐成为城市扩张的原因。国内迁入的移民量相当大，但是同时国内流出的人口甚至更大。

国内迁入人数 270000人

迈阿密—戴德至布劳沃德乡村 74000人

国内迁出人数 315000人

国外迁入人数 285000人

来源：U.S. Census Bureau

绝大多数人来自海地、哥伦比亚、尼加拉瓜和牙买加。

如果没有一些人离开，迈阿密将不可能容纳新移民：在同一平均每五年内，原先居住的31.5万人离开这里到美国的其他地方。这些离开的人主要是早期的国内移民和当地人，他们决定选择北方更同质化和安静的牧场。迈阿密的城市地区有几年是人口净流出（平均每五年就有大约7.4万人），这些人是从迈阿密戴德的乡村区域迁移到更加郊区的布劳沃德地区。然而，有一段时间，大都市内部区域也经历了衰退：布劳沃德地区是逐渐变得国际化和多元化的。32%的布劳沃德人口是外籍人士，差不多是其余美国城市的3倍，大多数人并不认为布劳沃德是一个郊区。

全球移民是否以及如何创造新的跨国城市，或者改变和重塑像迈阿密这样的城市，还有待观察。伴随着不断扩大的世界人口流动，城市转变将不是一个何时发生的问题，而是一个在哪里发生的问题。

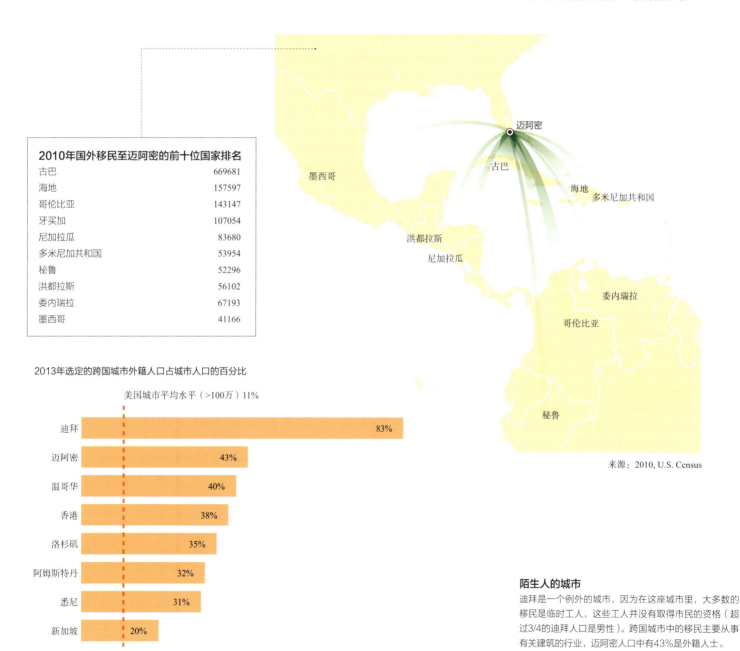

迈阿密作为人口磁石

迈阿密位于美国的边缘区域，但与此同时，它也处于哥伦比亚和拉丁美洲南部延伸区域的顶端位置。迈阿密是南美洲、中美洲和加勒比海区域移民最受欢迎的城市。图表标示了迈阿密外籍人士的主要分布地。

来源：2010, U.S. Census

陌生人的城市

迪拜是一个例外的城市，因为在这座城市里，大多数的移民是临时工人，这些工人并没有取得市民的资格（超过3/4的迪拜人口是男性）。跨国城市中的移民主要从事有关建筑的行业，迈阿密人口中有43%是外籍人士。

图解城市

迈阿密：世界级的跨国城市

世界城市作为全球经济的主要节点，从促进和调节金融市场之间的资金流动到作为跨国公司总部的首选地点，世界城市同时也是当代经济全球化的产品和赞助者，恰恰是世界城市的跨国特性，使其成为一个有吸引力的商业地点。这并不仅仅是与其他世界城市相联系，还因为在世界城市内部可以找到世界自身。来自于不同地方、不同文化、不同种族的人群在此地聚集、多重语言的流通，有关地方习俗的知识、国际商贸实践以及多民族的烹饪技术并不是奢侈品，而是21世纪世界城市应当具有的基本要求。

经济、政治和文化的混合诠释了像迈阿密、香港和伦敦一样的城市。尽管其中的每一座城市都是奢侈品和奢华服务的市场，是创新设计的试验场，是下一次合并与收购的地点，但每一座城市也保留着一种独特的城市气质。无论是世界主义代表性的拉丁美洲城市还是具有灵活市民身份特征的香港，跨国城市都是区域的产物，人们居住于此，并穿梭于此。

类似迈阿密、香港和都柏林等城市都可被看作时代的产物，但它们作为世界城市的出现和崛起是在不同的环境和条件下发生的。例如，香港和迈阿密都经历了大规模的难民潮，分别是20世纪60年代的中国大陆难民潮和20世纪80年代的古巴难民潮。这些人口的流入成为冷战时期地缘政治的延伸部分，对这些城市也是极其重要的，因为这些移民带来他们金钱和商业的敏锐，最重要的是加强了与本土的联系。这些移民和难民的愿望和能力维持了跨国城市的特征及世界城市网络自身。比较迈阿密和香港，这些城市的全球地位很少是规划出来的，且在某些方

迁入和迁出的人

跨国城市所具有的战略区位使之成为控制人员、物品和服务贸易进出口的理想港口。离开迈阿密的所有出口产品中，有一半以上是通过迈阿密国际机场或迈阿密港运往拉丁美洲的。

2012年迈阿密、香港和都柏林区域出口所占比例（近期数据）

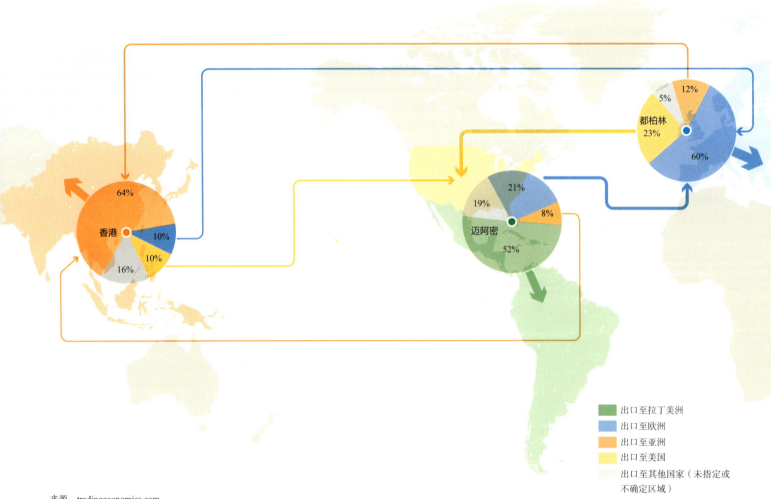

来源：tradingeconomics.com

面还具有争议。相比之下，通过政治手段和政策途径都柏林吸引外国投资，以此获得更为先进的制造业，这也使得都柏林更具现代化的优势。通过这些努力，结合高等教育、技能培训以及在劳动力中普及英语口语的方式，20世纪90年代都柏林成功实现了城市目标，并成为全球受欢迎的城市。

无论其历史和起源如何，世界城市网络中的每个城市都依赖于货物、服务和人员的及时和有效的交流。信息通信技术的进步带动了经营效率的显著提升，促使商品迅速流通，尤其是人与人的交流对世界城市网络的运营极其关键。由于跨国和全球不同族群精英的到来，并去到类似迈阿密和香港一样的城市，商业是一项全接触的活动，需要面对面的交流方式。由于巨大的国际交通量，迈阿密国际机场（MIA）成为仅次于纽约JFK机场的全球第二大机场。迈阿密国际机场以及迈阿密港口承载了超过210亿的进口额和400亿的出口额，这些出口额来自于中国、哥伦比亚、巴西、瑞士、委内瑞拉和法国。有超过70个领事馆设址于此，同时还包括21个外国贸易办公中心，超过40个国家级商会。迈阿密是全美洲的半个商业中心。

尽管像香港和迈阿密这样的城市地理位置对它们的成功至关重要并具有优势，但正是这些地方的商业精英和当地居民的跨国特征、需求和取向，加强了每个城市在世界城市网络中的地位。

与迈阿密联系的公司数量

就企业影响力而言，迈阿密作为商业来源和目的地，肯定会发挥其优势。对于拉丁美洲公司的总部或分支机构来说，迈阿密是一个具有吸引力和熟悉的地点，也被认为是拉丁美洲市场的一个主要商业中心。

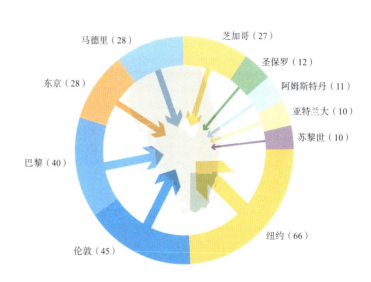

对迈阿密具有最大企业影响力的城市

图中表示的是活跃在佛罗里达州南部，并拥有最多跨国公司数量的10座城市。

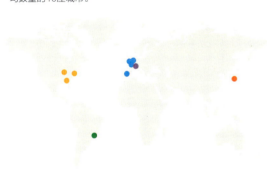

以迈阿密为总部基地的公司影响最为深刻的城市

图中10座城市是在佛罗里达州南部中拥有最多跨国公司分支机构的城市。

来源：Nijman（2011）

图解城市

迈阿密：跨国城市景观中的本地人、流亡者及暂住者

定义跨国城市的特征之一就是居民的多样性，并通过不同的方式和不同的层面表达这个多样性。城市中汇集着各式的语言，例如迈阿密，除了广泛的西班牙语使用而使得其区别于其他的美国城市之外，对于居住在北部的美国人而言这里具有"外来的"，甚至说是"外国的"色彩。同时，恰好是这些特点才使得迈阿密成为深受拉丁美洲人喜爱的目的地，其商业活动也逐渐向南部转移。

尽管迈阿密的大部分人都说英语，但流利的西班牙语在购物、外出就餐或申请汽车驾驶证时都具有较好的优势。但是，仅仅会说西班牙语是远远不够的。会说哪一类型的西班牙语同时也可以为其迅速地打开或关闭机会大门。迈阿密使用的是美国口音的西班牙语，带有这种口音的语言区分了本地人与外地人，作为一种"商务西班牙语"的拉丁美洲方言也常常被推动和教育。当然，在迈阿密古巴社区内部，古巴方言也定义和再造了成员身份。语言革命是跨国城市的功能之一，也是类似迈阿密这样城市的跨国特征之一。例如，使用英语与西班牙语混杂的"西班牙英语"可能被认为是世界主义的必然

2011年迈阿密的语言分布图

在跨国城市中可以听说各式各样的语言。根据美国人口调查局的社区调查和评估：大约2/3的迈阿密市民将西班牙语作为母语。也就是说，不同类型的西班牙语，例如混合的西班牙语和被英国人称之为"西班牙式英语"都能够在整个城市中运用。

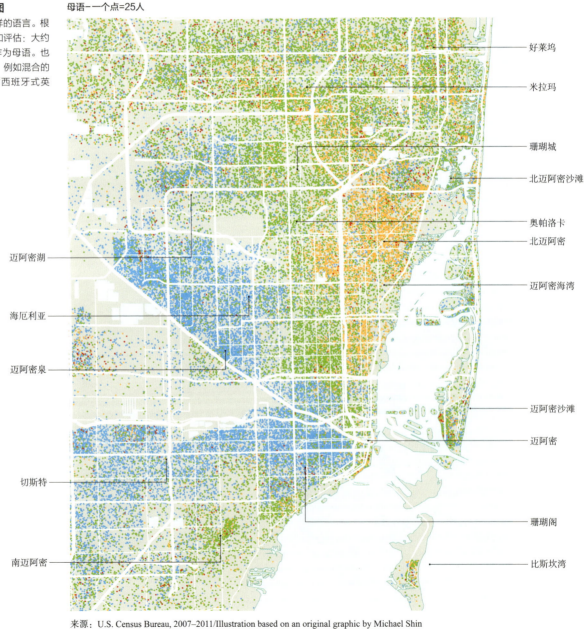

母语－一个点=25人

- 西班牙人
- 英国人
- 印度-欧洲人
- 亚洲人

来源：U.S. Census Bureau, 2007–2011/Illustration based on an original graphic by Michael Shin

性，或者是纯粹语言的悲剧，哪一个看法取决于你问的是谁。

跨国城市的语言、文化、商业以及生活的几乎所有方面的杂交是由瞬息变化，且不断地由进出城市的人群所推动的。在迈阿密，不足20%的市民在这里出生或是从小在这里长大，其中许多孩子是非本地人生育的。对于这些留在这里的外国出生的孩子和少量的"本地人"，文化的融合和紧张是常态。

对于"流亡者"而言，迈阿密是一个很受欢迎的目的地。尽管古巴的流亡者社区吸引了大多数注意力，但是来自尼加拉瓜、海地、委内瑞拉和其余拉丁美洲的流亡者占据了迈阿密城市人口构成的1/3。对流亡者来说，迈阿密并不是一个真正意义上的"家"，而是一个驿站或者是一个暂住地。不论这是否现实，在流亡者与流亡者社区关系，以及城市之间流亡者对于返回家乡的渴望都扮演着主要的角色。此外，在城市中存在的"流动人口"，与富有联系在一起，并且来去自由。在迈阿密的整个历史进程中，这些"流动人口"在城市的演变过程中扮演着重要的角色。曾经，这些地区是作为度假和养老的场所，是来自美国北部地区的"雪候鸟"待的地方，现在，迈阿密吸引了更多的拥有全球背景的流动人口。对他们来说，迈阿密仅仅是一个临时住处，他们的富裕和独立性似乎不利于社区参与公民身份。

像迈阿密一样跨国城市的文化和语言多样性时常被认为是一种好处，对其他城市的规划师而言是一种愿望的表达。然而，文化的特质也因为语言、政治和阶级而变得碎片化。跨国城市拥抱、面对和解决这些问题的方式仍在不断的发展。

迈阿密城中特定身份群体的住宅区位

在跨国城市中的居民身份和特定的街坊是由人流持续的涨落所显形。尽管古巴的流亡者社区曾经将迈阿密进行了定义，但这座城市又被新一代移民所重新塑造，来自于拉丁美洲及欧洲的富人也在持续增加。

小哈瓦那的自由墙

南部海滩天际线

来源：Illustration based on an original graphic by Jan Nijman

本地人
逃难者
流动人口

跨国城市插图:从唐人街至小哈瓦那城

跨国城市的一个决定性特征是,你可以在里面找到世界,通过在区域中的地理位置,跨国城市同时呈现出熟识的和异国的。这是一个多元文化的熔炉,世界各地的精英们都来这里用餐,做生意,与多种族的当地人游戏。按照飞机上的时尚杂志推荐的,如果你的财富可以支付中途过夜,这就是一个你能够体验的地方,或者是美国航空《半球杂志》中所描述地度过"完美三日"的地方。

跨国城市的特征有时会用"族群飞地"来定义,最为常见的就是唐人街。但是,哪一个唐人街是我们要讨论的呢?是温哥华的?还是米兰的?抑或是曼谷的?世界上遍布的唐人街并不仅仅显示了中国人的跨国特征,也通常反映了跨国主义的动力特征。尽管老的唐人街是围绕着烹饪、舞龙节和风俗习惯建立起来的,例如拉各斯的唐人街就很

世界范围内的唐人街

唐人街是世界上最为典型和传统的"族群飞地"。一些唐人街被提升成为旅游区,其余的大部分唐人街是为迁移而来的中国人服务。地图上的圆圈大小表示了世界上具有代表性的唐人街在当地的重要性。迈阿密没有唐人街,最近的唐人街在古巴的哈瓦那,这也许并不令人惊讶。

少出于旅游的目的，而是服务于中国来的移民。

与普遍存在的唐人街形成完全对比的是地理性的特殊飞地，这种飞地反映了世界上某些特定区域的特征，并且帮助跨国城市区别于其他城市。位于迈阿密的小哈瓦那城是展示单一民族飞地如何塑造一座城市的典型案例。小哈瓦那的经济、政治和城市景观都与其他城市不同。作为迈阿密最大和最为人熟知的民族集群，现在迈阿密70多万古巴人中只有少数人真正居住在大迈阿密。迈阿密的小海地城在名气和人口数量上都在古巴城面前黯然失色。同时，海地人也拥有着不同的和较少的社会、政治和经济优待权力（与美国庇护政策有关）。因此，小海地城地理位置的明确性及标识性都不及小哈瓦那城。

跨国城市的图像和图标往往是贯穿于整个城市景观的矛盾现象。族群飞地可以被视为矛盾的空间形式之一，新迁入的族群聚集于此，在这里创造和再生，并进而将此地逐渐演变为一种文化象征，而且这种文化象征根源于遥远的地方。这样的飞地是否真正代表了这个区域的本质还有待讨论。全球化的力量使许多跨国城市的景观看起来都很相像（比如胡志明市的星巴克），当我们离家在外时，这些远离家乡却又很像家的地方或许能让我们找回自己。

日本神户

迈阿密的族群飞地

尽管迈阿密城内没有唐人街，但是小哈瓦那城和小海地城也是被世界所公认的族群飞地。尽管小哈瓦那城的影响力有限，但是古巴的流亡者社区已经成功的渗透到了迈阿密生活的方方面面，从商业领域至当地政府部门，而且现在已经不断地延伸并拓展至更大的迈阿密区域。

新加坡

悉尼

跨国旅游

位于世界上重要区域的跨国城市成为旅游者出行的理想目的地。例如迈阿密，它拥有世界上最大的游艇港口，在2012年共接待了超过370万的多日航行游客，其中很多是外国人。这个规模相当于整个大迈阿密城市区域人口数量的2/3，并带来了大量的额外价值。这也使得迈阿密成为了最为著名的旅游胜地之一，其他跨国城市也与此类似，常被作为旅行目的地。

除了是旅游转运中心之外，跨国城市为购物和消费提供了无与伦比的机会。新加坡、迪拜以及迈阿密都是当地有名的商业之城，国外顾客成群地涌入奢侈品零售店、著名的时装屋、知名大厨主理的餐饮店以及免税商城。跨国城市中零售、餐饮及休闲活动间的联系通常难以区分，这些设施常被用于提升跨国城市作为旅游目的地或有吸引力的旅途中转站。

与跨国城市的购物旅游相辅相成的是医疗旅游，医疗旅游指的是为健康和医疗目的

从迈阿密港出发的游轮

迈阿密居于全球游轮始发量的首位，而城市本身也是全球旅游胜地。游轮乘客常常在游轮出发前几天抵达，在航行结束后也会留下几天，用来体验迈阿密的高档购物中心、热情洋溢的热带文化及充满生气的夜生活。

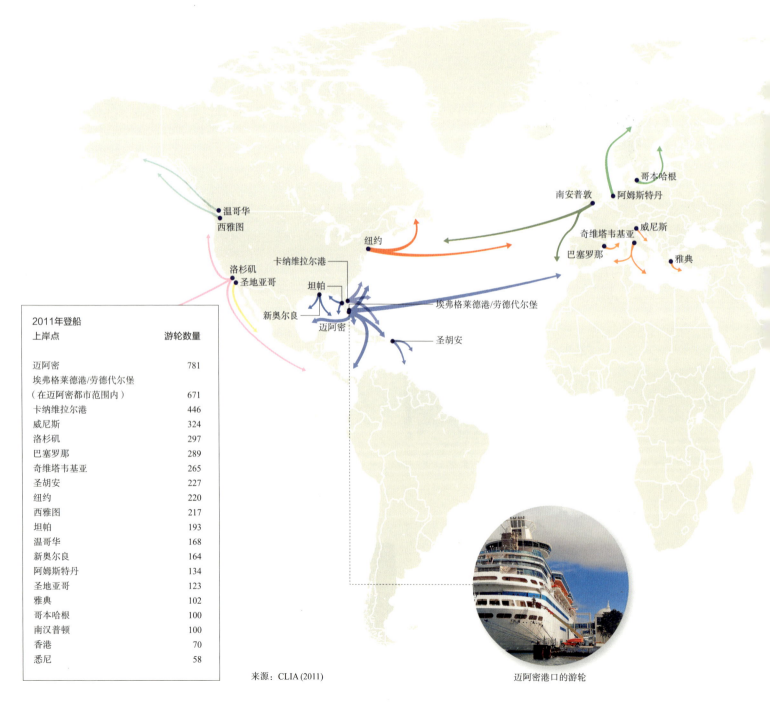

2011年登船	
上岸点	游轮数量
迈阿密	781
埃弗格莱德港/劳德代尔堡（在迈阿密都市范围内）	671
卡纳维拉尔港	446
威尼斯	324
洛杉矶	297
巴塞罗那	289
奇维塔韦基亚	265
圣胡安	227
纽约	220
西雅图	217
坦帕	193
温哥华	168
新奥尔良	164
阿姆斯特丹	134
圣地亚哥	123
雅典	102
哥本哈根	100
南汉普顿	100
香港	70
悉尼	58

来源：CLIA (2011)

迈阿密港口的游轮

的旅行。医疗旅游在新加坡和迈阿密等城市得到了很好的发展,它提供了从整容到器官移植的经济实惠的高质量医疗,以及方便的,有时是异国情调的热带地区提供负担得起的全方位病人康复选择。事实上,每一年都有成千上万的外国病人前往迈阿密去寻求医学治疗,并以一系列的服务来吸引他们,如VIP市场折扣,豪华轿车服务,医疗签证援助和全球套餐折扣率。

对世界上许多城市而言,医疗旅游是主要的经济发展策略之一。成为跨国医疗旅游目的地可以明显提高潜在的收入。更重要的是,医药旅游产业的发展需要高技能的劳动力(如专业的医疗工作者)、低技能的工作者(如护工)以及大量的投资(医疗和康复器械)所共同支撑,对处在良好区位的跨国城市而言,这些都是较容易获取的资源。

购物和医疗旅游证明了跨国城市正在不断演化,包括在地区甚至在全球经济中的地位都在发生变化。旅行者的目的也正在发生改变。现在,为旅游而旅游已经过时了。为什么懒于旅行?除非自己可以与富人和名流一起逛街购物,可以在一家知名大厨主理的餐馆里就餐,或是可以通过收腹、隆鼻手术重返年轻。

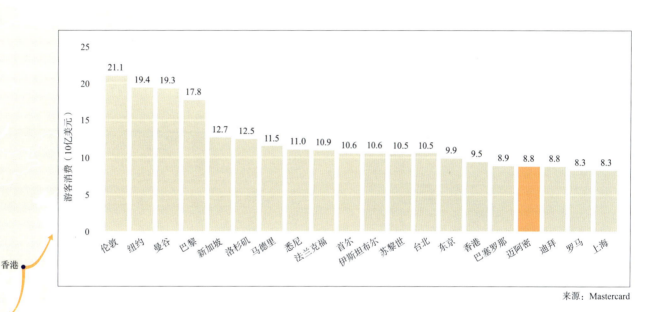

来源:Mastercard

2012年国际游客在跨国城市中的消费
许多跨国城市的游客消费总额超过了几个国家的GDP。无论是花在酒店、餐、免税购物还是购买公寓上,这些交易的钱都在其他跨国城市之间循环,反过来,又回来吸引更多的游客和更多的消费者。

图解城市

跨国经济：毒品、银行及房地产

作为来自世界不同地区的人员、货物和服务的停靠港，跨国城市也是巨大财富的储存地。这些财富通常集中在城市的少数人手中，并且集中在城市中的特定地点。尽管此类的不均衡现象在大多数的城市中是普遍存在的，而在跨国城市中富人仿佛越来越富，穷人越来越穷。

产生这种财富的国际交易也需要自己的一套专门服务。从金融服务到国际银行和私人银行，钱是跨国城市最大的商务。大部分的财富是通过正当的途径所获取的，也有少部分不是。20世纪70年代和80年代发源于南美洲和哥伦比亚的可卡因贸易将迈阿密推向了国际视野，现金像洪水一样淹没了整个城市。迈阿密大量讲西班牙语的人和认同这些文化的人促进了洗钱机构，这有助于迈阿密成为国际性的银行业中心。

当时直接在迈阿密兴起的是用于毒品交易的货币是美元。任何地方都认可和接受的美元，对20世纪80年代拉丁美洲债务危机引发的通货膨胀免疫的美元，过去是，现在也仍然是全球经济的首选货币。姑且不论非法的基础和历史，无论是好或坏的年代，对于外国人而言，迈阿密的银行系统和美元仍然是安全的避风港。

由于大量的财富集聚于跨国城市内，炫耀性的消费和投资成为了一个最受人们喜爱的消遣行为。房地产既是财富的指标，也是金融智慧的指标，至少对那些有能力的人来说是如此。那些认为跨国城市是一个临时的

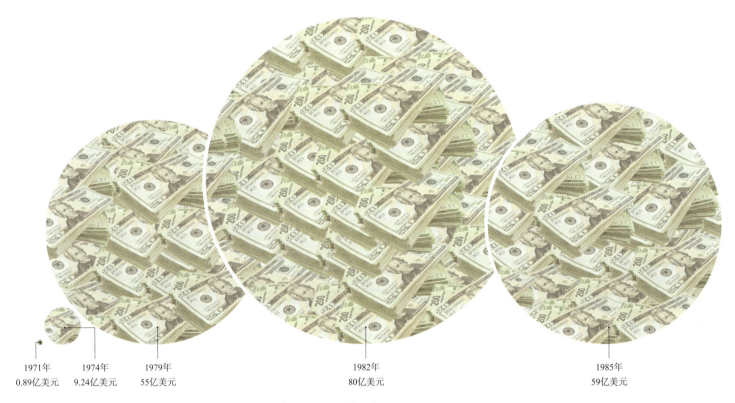

| 1971年 | 1974年 | 1979年 | 1982年 | 1985年 |
| 0.89亿美元 | 9.24亿美元 | 55亿美元 | 80亿美元 | 59亿美元 |

来源：Nijman (2011)

迈阿密地区的银行现金盈余
依据联邦储备局所进行的统计，在选定的年份对迈阿密银行现金盈余进行汇集。这里给出美国经济的现金总量和大多数城市的年度基准倾向于中间平衡。迈阿密的盈余被归因于大量的可卡因美元的私人存款，其中大部分是20美元的纸币。这些年来迈阿密是这个国家主要的可卡因分配中心，并且绝大多数的收入又重新返还至迈阿密。

迈阿密布里克尔金融区

或第二居所的人，往往是那些最富裕且寻求最好居所的人（沿海区位的豪华高层公寓）。在迈阿密，外国人拥有第二居所是非常普遍的。这些居所大多位于城市中最为昂贵且独一无二的地段。对进入和在这个跨国城市内拥有一席之地的需求，使房地产价格超出了大多数当地人的承受能力。例如，贝鲁特和香港的每平方英尺房屋价格就要比纽约贵。

值得拥有的房产、容易且廉价的资金、炫耀性的消费文化可能引导周期性的投机活动，跨国城市并不限制此类投机活动，因此，房地产泡沫更大，危机也更严重。20世纪20年代迈阿密首次的房地产泡沫在很大程度上属于一起城市内部性事件，但在21世纪初爆发的房地产泡沫无疑是由城市跨国中心的地位所引发的。然而，周期正在持续，来自巴西、哥伦比亚、委内瑞拉和其他拉丁美洲国家的有钱人正在为物质资产寻求一个政治稳定、保管安全的流亡所。迈阿密房地产市场最近一次的泡沫破灭使得它再次吸引了本地的和外国的投资者，这些投资者寻找房产并推动了房产价格上涨至一个新的高度。

跨国城市的经济是复杂的，金融的流动与沉淀的混合方式千变万化，其中一些是合法的，而另一些是不合法的。城市中财富与贫困并存，差距越拉越大，并且强化了这个矛盾，矛盾的背后是形成跨国城市的世界性资本主义。

迈阿密的不动产

迈阿密最好的房地产业集中在海滨地区，超过一半的第二居所为跨国居民所拥有。2013年，华尔街日报报道称，在迈阿密有超过85%的新买家是来自于国外，许多订单是通过现金的方式进行支付的，鉴于经济的不确定性，外国投资者从迈阿密寻求实物资产。

非原住民
50%～60%
超过60%

来源：Nijman (2011)/Illustration adapted from an original by Jan Nijman

跨国城市中的生存与死亡

2012年10月,载有23名古巴难民的救生艇在驶向迈阿密的途中沉没,据报道共有14人溺亡。此前也发生了几百人的溺亡事件,可以确信的是这将不会是最后一起类似事件。每一年都有1000多个中美洲人死于非法穿越美国国境的事件中。几乎可以说,跨国城市是迈向死亡的场所。具有讽刺意味的是,就算他们曾经在这些跨国城市立足,穷其一生也鲜少有人能实现自己的最终梦想。对于大多数人来说,这只是一个暂住地,不论是一处流亡的场所,还是一处升迁的跳板,抑或是新的机会出现前的暂留地。没有人想死在这里,所以随着时间的推移,许多人计划回家。

在这个跨国城市中,外国出生的人和外籍人士的数量不成比例,死亡和遣返是一个稳定的业务。据估计,南佛罗里达州20%的死者的遗体被运出,比美国任何其他地区的遗体都多,大多数出国的HR(业界对遗体的简称)都是从迈阿密国际机场离境的。依据首席执行官皮尔森,这位从1964年就是这个行业的领导者说:大约80%的生意是国际性的,航运要穿越中美洲、南美洲以及大多数的欧洲国家到达国外的目的地。

船运遗体的花费并不便宜,价格幅度大致在500美元到几千美元之间,运载和人体

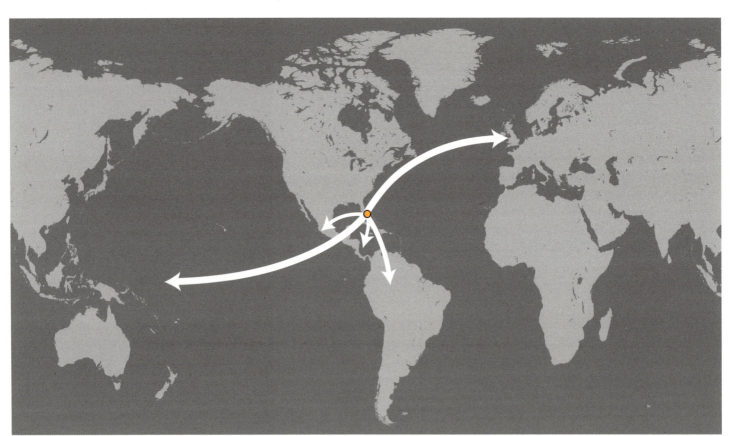

来源:American Airlines

从迈阿密出发船运遗体的花费

伴随着越来越多的移民迁移至跨国城市,他们也在那里死亡。即便是死亡,他们仍然需要支付返家的费用。迈阿密是美国航空公司在拉丁美洲的枢纽,表中的数字是该航空公司在2013年遣返客死他乡遗体的费率。

原籍国	目的地	不能火化的遗体		
美国		1~75磅	76~500磅	501磅多
	欧洲/太平洋	$500	$2500	$3000
	加勒比海/中美洲	$300	$900	$1200
	墨西哥	$225	$1005	$1255
	南美洲	$400	$1200	$1600

遗骸的递交也要符合宗教、文化和公共健康的要求。这项工作需要花销,那些年轻的且没有投保的遇难者却缺少政府的支助,因此,为了帮助和抵消花费,跨国城市中的移民组织有时会来安排葬礼。一些信用合作社组织和非正规的健康保险项目的起源可以追溯到早年在纽约的意大利人、犹太人和希腊人所建立的社团,这是美国第一个跨国社团。在几个跨国城市中,新一代的墨西哥人、中国人、菲律宾人及孟加拉国人做着同样的事情。

非常清楚的是,客死异国他乡是一个难题,因为移居国外的人很少打算将自己所居住的跨国城市作为永恒的归宿。例如,在迪拜,如果没有已故外国人的遗嘱,则适用伊斯兰法,并取代死者祖国的继承法。所有的资产,如果有的话,都会被冻结,随后由伊斯兰教法院酌情分配。

那些经过或生活在跨国城市的人很少想到死亡,相反,成为跨国城市的外籍人士或移民,是对自己如何看待生命的公开宣言,而不是死亡。然而,正是在死亡来临之际,跨国城市为出生在国外的人提供了最严酷和最终归属的选择——在本地和全球之间,在宇宙和地球之间,在短暂和永恒之间的选择。

回家

总部设在都柏林的爱尔兰航空公司的遗体遣返网络(约2013年)的范围反映了这个城市和爱尔兰人的跨国特性,遗体服务曾一度中断,在遭到移民团体的谴责后,航空公司于2004年恢复了遗体服务。

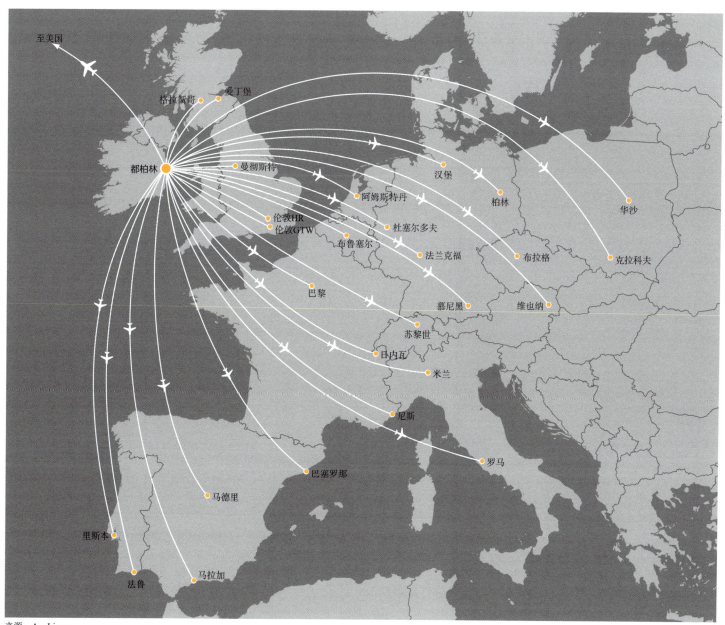

来源:Aer Lingus

第11章 创意城市
THE CREATIVE CITY

保罗·诺克斯 PAUL KNOX

核心城市 Core city
　　米兰 MILAN ——

次级城市 Secondary cities
　　巴黎 PARIS ——
　　纽约 NEW YORK ——
　　伦敦 LONDON ——
　　波特兰 PORTLAND ——
　　洛杉矶 LOS ANGELES ——

左图：米兰，意大利

创意城市：引介

"在创意产业分支多样化的场所里，互相影响、分享思想和资源，促进'创意共鸣'的发展。"

长久以来，大城市一直被认为是重要的文化生产场地：文化创新的温床、时尚的中心和品位的仲裁者。大城市的密度和多样性会产生意外的发现、杂合以及思想的重新组合，这些思想促成生产和变革，也使得城市成为令人兴奋的场所。过去，在这些城市中形成了创新氛围——雅典、罗马、京都、佛罗伦萨、维也纳、伦敦、巴黎和纽约，毋庸置疑，这些城市在创新和创意方面都曾有过与众不同的"黄金年代"。

近年来，当代创意产业和"创意阶层"工作者的重要性受到更多的关注和重视，使得经济繁荣并且城市具有活力。西方社会发展比以往都更加强调快乐、体验和美学，这种趋势引发了"梦想经济"，使得商品和服务能够提升人的自身形象、彰显身份并建立自己的社会关系。在欧洲和北美洲，最具活力的大都市已经进入后工业经济时代：依赖于技术密集型制造业；高档的商业，金融业和个人服务业；文化产业（例如媒体、电影、音乐和旅游）；设计和时尚前沿产业，例如服装、家具、产品设计、室内设计和建筑设计等。

理查德·佛罗里达用新型经济下的中产阶级群体来宽泛的定义"创意阶层"。他注意到，在不同的城市中，本土经济的增长和"创意阶层"的数量明显呈正相关关系，他提出城市经济的发展将更加依赖于这座城市是否能够吸引和留住"创意阶层"，这是一个易变而又挑剔的群体。

创意产业

在美国，大约有60万从事设计的专业人

创新设计城市
大城市人口的高密度和多样性容易形成意外的发现、意料之外的邂逅和思想的重新组合，这些意料之外通常就导致了创新的产生。在一些城市中，创意设计者、企业家和制造商的互动交流产生了独一无二的本土设计文化、独特的风格和符号化的产品，从而成就了城市本身，就像20世纪初始的维也纳和20世纪30年代的巴黎，它们成为了全球性的风尚开拓者。

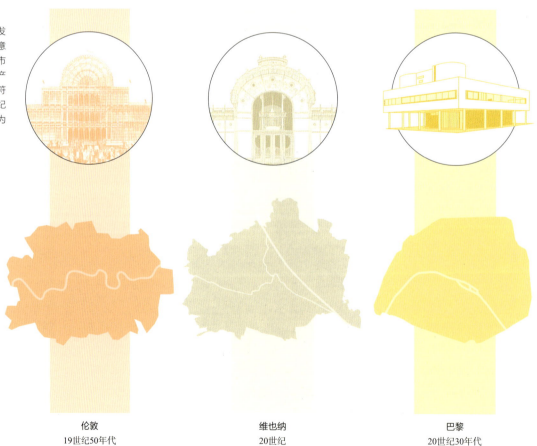

| 伦敦 | 维也纳 | 巴黎 |
| 19世纪50年代 | 20世纪 | 20世纪30年代 |

士。毫无例外,这些工作高度集中于大都市地区。纽约、芝加哥、洛杉矶、波士顿和旧金山这些城市占有绝大部分比重,尤其是聚集了许多建筑设计师。但是,底特律和圣荷西集中了大部分工业设计师,而西雅图则拥有最多的平面设计师。在英国,大约有20万人从事设计行业,每年的产值估计超过150亿英镑。有将近一半的设计师集中在伦敦和英国东南部的大都市里,其次集中于曼彻斯特、伯明翰市、利兹和布里斯托等地。在欧洲的其他地方,设计和创意产业主要集中于巴塞罗那、柏林、米兰、巴黎,其次是阿姆斯特丹、赫尔辛基、马德里、布拉格、罗马和维也纳等地。

这些城市的创意文化中有一些共通之处,包括具有明显的跨学科性。因为独立产业如电影、时装、平面设计、建筑、摄影等,最好的就是在这样的背景下运作,处于一个允许合作、互相审视各自的产品、互相提供跨界和分享技能工作岗位的状态。在这样的背景下,创意产业的各分支不断地相互接触,分享想法和资源,形成一种"创意共鸣",通常会形成当地独特的氛围、生活方式,音乐、美学、装饰和服装都典型地反映了酷、前卫和新波西米亚元素。艺术家、工匠、设计师、摄影师、演员、学生、教师和咖啡厅、餐厅、俱乐部里的作家的相互交流,开放式美术馆、社交宴会后的时尚派对、音乐发布活动和名流聚会,这些交流与活动模糊了社交世界中工作与生活的界线,这是大城市创意产业文化特有的状态。

创意空间

似乎以上所说的都需要一个富有的、老式时尚的,甚至是比较拥挤的场址。文化氛围的内在凝聚力十分重要,因为它能够提供一个可见的、作为创意中心的城市品牌身份。一些城市之所以拥有强大的竞争优势是由于其拥有内在凝聚力的产品和公司:纽约的时尚产业和平面设计;伦敦的建筑、时尚产业和出版业;米兰的家具、工业设计和时尚产业;巴黎的高级时装;波特兰和俄勒冈州的运动服等。文化产业人士和企业的大规模密集使得这些城市成为了全球风尚的指示标,进而吸引更多的创意类型企业的专业设计师来到这里。

在许多大都市中,创意活动的发展导致(和有所帮助)土地用途有选择性地重组,并伴随着城市基础设施和建成环境的重大改变。除了创意区域和设计区域本身,这种现象还涉及历史街区、大尺度的城市复兴项目、博物馆区域、由著名建筑师设计的标志性建筑物、高端时尚品牌的旗舰店的专柜以及高级餐厅、咖啡厅、艺术画廊、古董行和奢侈品专柜等。

米兰就是一个具备了上述所有特征的城市。这座城市在某些设计方面有很长的专业化的历史,直到20世纪70年代,为了响应限制工业化的政策,这座城市才开始有意识地提出以设计而闻名的城市重塑战略。该战略的成功已经在其建成环境中显现出来了:政治、教育机构、设计区、金色广场的奢侈品专柜以及米兰时装周。

在城市复兴战略中设计发挥了显著的作用,设计服务在提升城市经济的价值(和利益)中起到越来越重要的作用,城市品牌的重要性日益增加,也出现了通过吸引"创意阶层"来促进城市经济增长的新理念,这表明越来越多的城市正在积极地推进设计。例如,约翰内斯堡已经建立了一个品牌化的时尚区;安特卫普开创了一种本土模式,建造了一座包含了时装学院、时装博物馆和弗兰德斯时装研究所的多功能综合性建筑;首尔正在建造由扎哈·哈迪德设计的"东大门设计广场",这个项目包括一座设计博物馆和设计图书馆以及设计师专用办公区和零售场所。其他城市也在积极地将促进设计和创意产业作为一种经济发展战略,包括曼谷、科伦坡(斯里兰卡)、哥本哈根、赫尔辛基、伊斯坦布尔、吉隆坡、马尼拉、墨尔本、普纳、悉尼和多伦多。

洛杉矶　　　　　米兰　　　　　东京
20世纪40年代　　20世纪50年代　　20世纪80年代

图解城市

创意的城市区域

每一个大都市区域都拥有一个广阔的腹地：大都市在经济上扩张的领域与大都市自身相互依存。米兰的腹地就扩大到几乎整个伦巴第地区，包括许多小城镇和几个大城镇，像贝加莫（Bergamo）、布雷西亚（Brescia）、科莫（Como）、克雷莫纳（Cremona）和瓦雷泽（Varese）。米兰和这些大小市镇之间保持着劳动力、就业、基础设施、公共服务、政策与政治的紧密联系，这个城市区域同样拥有共同的历史。

这个地区经济发展的根源可以追溯到中世纪，欣欣向荣的农业、贸易和银行业务使其成为当时欧洲最繁荣的地区之一。在此发展过程中，米兰也成了欧洲思想和文化的中心。文艺复兴时期，贵族们通过赞助的方式推进艺术的发展，并且将列奥纳多·达·芬奇带到了这座城市。近代以

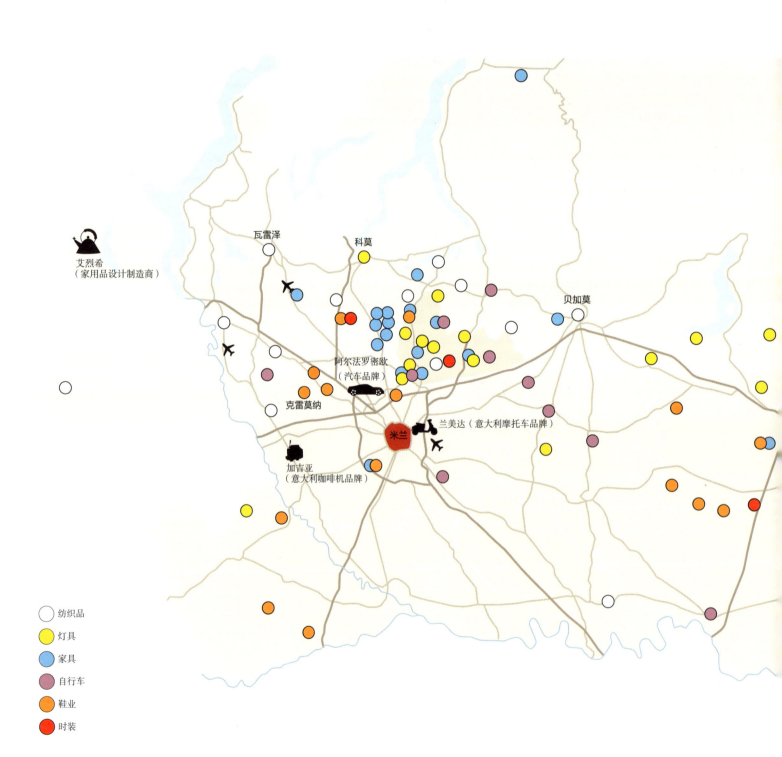

来，米兰成为了意大利歌剧和未来派先锋的中心。工业革命为米兰带来了具有影响力的出版业、制造业和建筑业。与此同时，米兰周围较小的市镇也发展了各自特色的产业：比如科莫的丝绸生产；贝加莫、贝拉和瓦雷泽的羊毛和棉织品；卡普里的针织业；卡斯泰尔戈夫雷多的袜业；从米兰北部延伸到蒙兹以外的布里安扎地区的家具和木制工艺品。

专业化的工作坊和技术工人成为独特的"意大利式"设计美学的摇篮。随着大规模的工厂搬迁到有更廉价的劳动力和更少规章制度监管的国家，米兰城市区的产业重点由生产转向产品设计和开发，利用知识与专业相结合的环境优势，米兰出现了杰出的建筑师、平面设计师、工业设计师，也产生了小公司、工匠和工作坊特色融合的区域。

伴随着这个显著的转变，米兰逐渐成为一个时尚和高端男女成衣的中心，同时这个城市区域也成为欧洲最大的创意工作者（整个地区总共超过25万）和公司（超过8万）聚集地之一。这个地区仅时装供应链上大约有6万多名工人、大约7千家生产公司和大约7千家零售公司。米兰的腹地孕育了这个巨大的创意和创新经济，尤其是布里安扎地区，拥有许许多多高度分散，但又十分灵活且富有创造力的从事家具、纺织、服装及纺织设备生产的中小型企业。

主要时装中心　　建筑

标志性制造业　　工作坊　　艺术与设计

米兰的创意城市区
20世纪许多由意大利设计的标志性产品都在米兰大城市区范围内制造，例如阿尔法·罗密欧汽车（在阿莱赛Arese）、比安奇自行车（Treviglio）、加吉亚咖啡机（Robecco sul Naviglio）、兰布列达牌摩托车（Larnbrate）、阿莱西本土陶器（Omegna）以及阿基米德灯（Telgate）。20世纪70年代，当米兰的许多重工业和制造业在衰退时，这座城市和他周边的地区已经发展了由专业制造商、公共组织、商业杂志、设计工作室、教育项目和研究机构组成的独特产业生态。

城市基础设施与创意

20世纪70年代中期以后,世界各地的城市管理者都非常重视通过创造一个"良好的商业环境"来吸引投资。随着城市管理中企业主义思想的增长,使得在大城市中普遍性地优先进行城市景观重建、再生与重塑。许多城市出现了文化遗址、标志性的摩天大楼、会议中心、大型综合开发项目、仓储、滨水区的恢复工程、遗产地、大型体育场和游乐场综合体等,这些项目通常更倾向于消费而不是生产,由此构成了一种适应于后工业经济的、新的经济基础设施。

在这个背景下,由著名建筑师即"明星建筑师"设计的标志性建筑,在城市地位和身份的竞争中显得越来越重要。前卫的设计风格所造就的、引人瞩目的建筑能够使一座城市从世界地图上脱颖而出,悉尼歌剧院就是典型的例子,它由丹麦设计师约恩·伍重在20世纪50年代末设计并于1973年建成。近来(20世纪90年代),西班牙城市毕尔巴鄂提出了一种基于物质复兴的、备受瞩目的策略,希望以标志性建筑作为现代化象征,将城市转变成为一个文化、旅游和有先进商务

复兴的米兰

随着波维萨(Bovisa)和比可卡(Bicocca)的艺术复兴以及设计项目的开展,罗镇中心以西的新展览区域取代了位于西北郊区菲耶拉(Fiera)的旧展览区。新的展览中心配备了酒店、大型购物中心、警局、教堂、清真寺、餐厅、咖啡厅、地铁及高速铁路站点,就像一个自给自足的小镇。这里一年一度举办的国际家具博览会是世界上优质的展销活动。从1961年开始,国际家具博览会已经成为家具、灯具、橱柜、卫浴、办公设备、五金配件、室内装饰纺织品及其配件的综合商品展销会(以米兰设计周为品牌)。在设计周内,米兰几个主要的露天广场将举办7个交易会,其余地方将服务于附属设计,总计可以容纳大约35万参观者。

服务的、繁荣的国际中心。毕尔巴鄂的战略中心就是由弗兰克·盖里设计的古根海姆博物馆,这个项目名声大震,使得许多城市迫不及待地也开始使用物质复兴策略。城市资本象征效应的一部分是来源于城市与"明星建筑师"的联系与合作。"明星建筑"和城市品牌相辅相成,房地产开发商意识到"明星建筑"可以增加整个项目的价值,城市的领导人想方设法地邀请顶级建筑师来设计标志性建筑,这样能够使得这座城市在世界地图上更为醒目,并且这样的建筑可以作为时尚摄影、电影场景、电视广告、音乐视频和新闻报道的背景出现。

米兰的复兴策略也用相似的脉络来建构,那就是非常明确的关注于创意产业。城市的一大部分及其基础设施是由城市联合政府、地方政府和私营业者进行重建。其中最重要的是菲耶拉,这是一个新的商品交易会展中心,拥有五百多万平方英尺的展览空间,由建筑师马希米亚诺·福克萨斯设计,造价7.5亿欧元。同时,距离市中心更近的旧展览中心部分被保留,与丹尼尔·里伯斯金、扎哈·哈迪德和矶崎新设计的摩天大楼一起重新发展成为"城市生活"居住与商业区的一部分。其他以文化为导向的复兴工程还包括完善米兰理工大学设计学院在前波维萨工业区的教育设施,以及重新发展比科卡的另一个废弃的工业区,在新的米兰比科卡大学(University of Milan-Bicocca)的周边建设新的剧院、文化设施场所和文化与创意工厂。

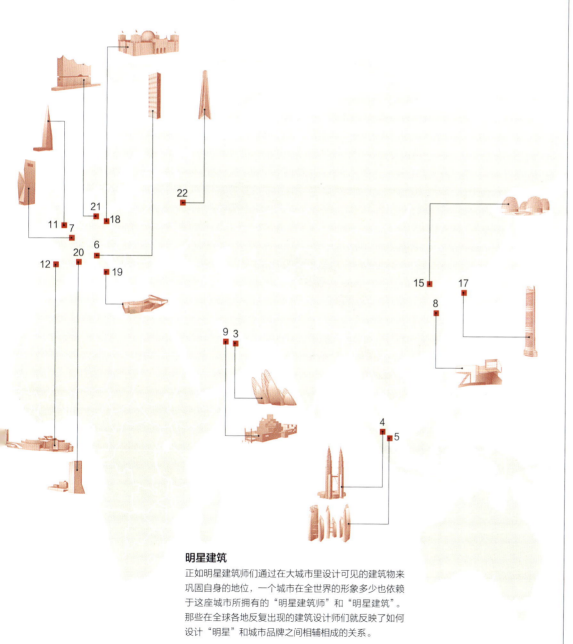

明星建筑

正如明星建筑师们通过在大城市里设计可见的建筑物来巩固自身的地位,一个城市在全世界的形象多少也依赖于这座城市所拥有的"明星建筑师"和"明星建筑"。那些在全球各地反复出现的建筑设计师们就反映了如何设计"明星"和城市品牌之间相辅相成的关系。

明星建筑图集

1. **纽约**,赫斯特大厦,诺曼·福斯特
2. **达拉斯**,自然科学博物馆,汤姆·梅恩
3. **阿布扎比**,扎耶德国家博物馆,弗兰克·盖里
4. **吉隆坡**,双子星塔,西萨·佩里
5. **新加坡**,吉宝湾映水苑,丹尼尔·里伯斯金
6. **米兰**,安联大厦,矶崎新
7. **巴黎**,Carpe Diem大楼,罗伯特·A. M. 斯特恩
8. **南京**,四方当代美术馆,斯蒂文·霍尔
9. **多哈**,伊斯兰艺术博物馆,贝聿铭
10. **拉斯韦加斯**,维德拉温泉酒店,拉菲尔·比尼奥利
11. **伦敦**,碎片大厦,伦佐·皮亚诺
12. **毕尔巴鄂**,古根海姆博物馆,弗兰克·盖里
13. **洛杉矶**,迪士尼乐园,弗兰克·盖里
14. **旧金山**,旧金山现代艺术博物馆,马里奥·博塔
15. **北京**,银河SOHO,扎哈·哈迪德
16. **里约热内卢**,城市音乐大厅,罗伯托·马里尼奥、克里斯蒂安·德·波特赞姆巴克
17. **首尔**,龙山国际商务中心大楼,多米尼克·佩罗
18. **柏林**,德国国会大厦,诺曼·福斯特
19. **罗马**,国家当代艺术中心,扎哈·哈迪德
20. **马赛**,CMA CGM总部,扎哈·哈迪德
21. **汉堡**,易北河爱乐音乐厅,赫尔佐格与德梅隆;汉堡科学馆,雷姆·库哈斯
22. **莫斯科**,俄罗斯塔,诺曼·福斯特

激发创意：设计区

大城市的环境与创意分不开，大城市的环境是文化创新的温床以及创意品味的竞技场。只有专业人士们互相有密切的接触，并且与客户、与其他创意个人保持紧密联系的情况下，创意产业自身才可以得到良好的发展。因为创意产业的创新通常需要整合大量的、不同类型的专业知识。因为各种设计服务和创意产品行业需要互相接触、分享理念和资源，它们往往是本地化的；分布在不同的地段。社会性和交流能够强化这个地段，对于文化产业而言，密切的人际交往和非正式的信息交流是十分重要的。

托尔托纳设计区

被称为托尔托纳的地区靠近米兰废弃的纳维格利欧运河和铁路线，这条铁路是通往热那亚铁路的终点站，这个地区最初以重工业和廉价房为主，如今已经转变成了世界闻名的设计区。艺术家、工匠、设计师、摄影师、演员、学生、教育者和作家的融合形成一种工作和生活界线模糊的社区，这对设计和其他相关行业的知识传递和创新的推广有着十分重要的作用。

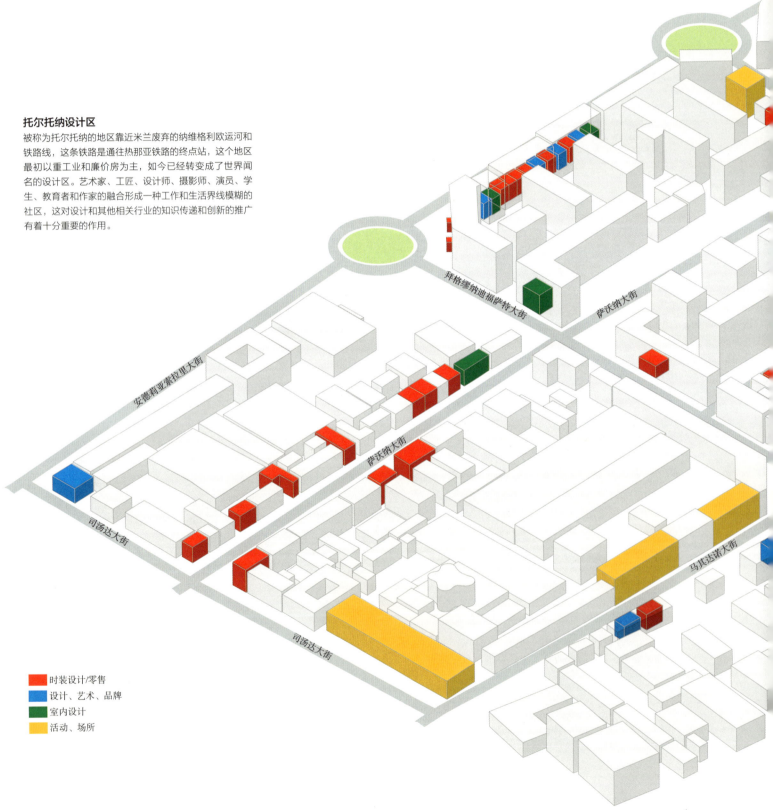

- 时装设计/零售
- 设计、艺术、品牌
- 室内设计
- 活动、场所

第11章 创意城市

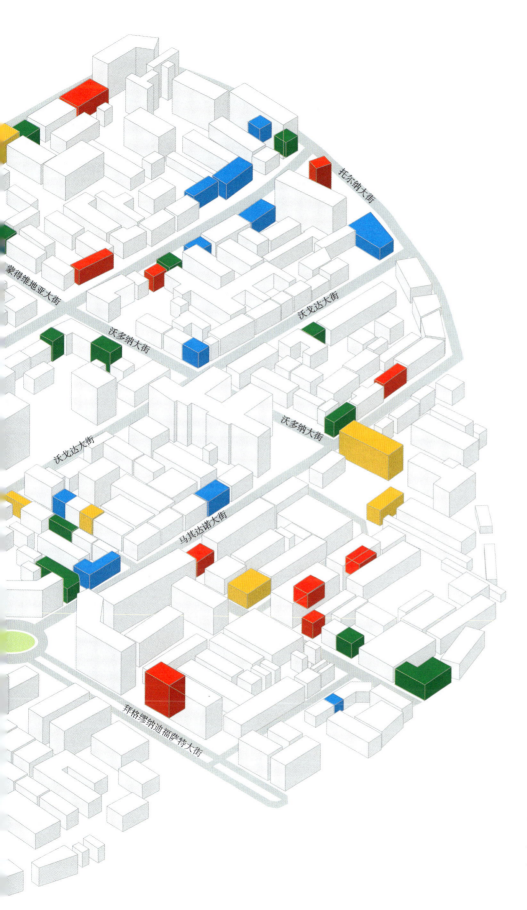

涉及艺术、建筑、平面设计、产品设计、室内设计、照明设计、布景设计、音乐、时装和摄影的个人和小公司更倾向于寻求市中心的低成本住房而并非郊区。这意味着他们被吸引到一些老的工人阶级区域，或者说是以前的工业区。相关的机构和服务促成了他们之间相互依赖的关系，也促成了独特的文化区。这个过程的必然结果是这个街区的"中产阶级化"，因为更多年轻而又富裕的专业人士来到这里，在这个地区内寻找自己的角色和社交网络，由于租金和房价的上升，这里原本贫困的住户最终将被替换。

以上就发生在米兰市中心托尔托纳地区，19世纪时托尔托纳地区作为工人阶级工厂和仓储地而发展起来。第二次世界大战以后，由于安赛尔多（Ansaldo）、通用电气（General Electric）、欧司朗（Osram）和里瓦·卡尔佐尼（Riva Calzoni）这些大型工程公司聚集在通往波尔塔方向的铁路附近，托尔托纳由此而繁荣；但是，历史上由于限制工业化的进程而使得这个地区遗留了大量的衰败工厂和房屋。

20世纪80年代中期，意大利《时尚》（Vogue）杂志的艺术总监弗拉维奥·卢基尼（Flavio Lucchini）和摄影师法布里奇奥·费里（Fabrizio Ferri）在一个废旧的自行车工厂里建立了超级工作室，拉开了托尔托纳地区转变的序幕。其他摄影工作室很快也在这里出现，这个地区迅速地吸引了许多年轻的艺术家、建筑师和设计公司。1990年，米兰市政府购买了前安赛尔工程公司的废旧地块和设施，并作为斯卡拉歌剧院的服装道具仓库、工作室和排练场。随后市政府又委托英国建筑师戴维·奇普菲尔德（David Chipperfield）将这个巨大的综合场地改造成"文化城"——大都会博物馆机构。随后，画廊、书店、时尚餐厅、酒吧、咖啡厅与时装陈列室、编辑部、时装设计学校、非常别致的设计师酒店及雕塑展览空间也迅速地入驻。2002年，当原来的雀巢公司厂房由日本设计师安藤忠雄改造成为乔治·阿玛尼公司的总部并重新开放时，托尔托纳地区毫无疑问地成为了世界级的设计区。

推动创意：场所营销

工业革命引发了世界经济的一系列转变，从那以后，提升创新和创意成为城市竞争力的重要因素。如今，场所营销已经成为了城市设计和规划的中心任务，同时，许多城市的政府采取频繁的城市品牌宣传活动，并凭借城市品牌形象成为设计和创意的中心。一直以来，许多城市都拥有自己的宣传杂志，这些宣传杂志作为"城市幻象"的媒介，不仅用于传播城市"品牌"，并且用于构建以及美化和商品化城市身份。

最早的促进创新和创意的例子是世界博览会，"凯旋空间"是基于法国举办国家展览的传统。1851年第一届世界博览会于伦敦举办，建造了经典的水晶宫寓意"万国工业产品展览会"，这是世界城市中第一座壮丽的巨型结构建筑。早期世博会所展示的创意

欧盟文化首都

自20世纪80年代中期以来，欧盟提倡城市品牌的经营和以文化与设计的方式促进和支持区域共同发展以及共同的欧洲文化遗产的概念。1983年希腊文化部长梅利纳·梅尔库里提出了"文化首都"的方案；1985年，雅典被正式认定为第一个"文化首都"。尽管在不同情况下，欧盟给予这些城市的财政支持总共只有几十万欧元，但欧盟所承认的城市品牌重塑与地方营销才是其真正的价值所在。

和创新主体都是围绕着工业化和现代化来建构；然而从20世纪80年代以后，世博会开始更加注重主办城市和主办国的品牌营销及推广。

米兰以各种方式建立并巩固了它作为时尚、设计和创意之都的城市形象。1881年，米兰举办了国家博览会，1906年举办了世界博览会，吸引了大约四百万游客。1923年，蒙扎（Monza）举办了"三年展"，作为一个现代装饰和工艺美术的展览，同时也旨在拉近工业与应用艺术之间的关系。1933年"三年展"转移到了米兰市中心，展览会之后的会议、实验性的建筑项目，以及国际艺术、建筑、设计及艺术展为意大利的设计提供了名扬国际的平台。2015年，米兰将举办下一届世界博览会，这将促进米兰许多地区的城市复兴，也将成为城市品牌的新平台。同时，米兰的时装和设计公司已经通过他们优质的产品树立起了自己的城市品牌，反过来，城市亦能提升品牌的知名度。通过这种方式，米兰与伦敦、巴黎、纽约和洛杉矶等城市一同成为了全球时尚的风向标，这些城市也成为了设计对象本身。

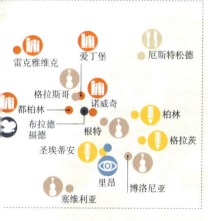
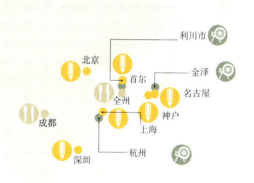

 文学
 电影
 音乐
工艺和民间艺术
设计
传媒艺术
美食

2013年联合国教科文组织的创意城市网络
联合国教科文组织建立了一个"创意城市网络"，是通过各类创意产业促进社会经济文化发展的各种类型"创意中心"。

图解城市

时尚地理：作为品牌平台的城市

直到20世纪50年代，巴黎一直是无与伦比的高级时装之城。查尔斯·弗雷德里克·沃斯（Charles Frederick Worth），一个英国的设计师，在1848年来到巴黎并且创办了第一个设计师品牌，成为了女装设计师，并成为时尚风格和品位的仲裁者。在20世纪早期，借助时装海报的效应和工厂化生产的引进，巴黎发展成为大众化的国际时尚体系，巴黎风格更是成为基本的参照系。但是由于纳粹企图将所有的高级时装贸易搬到柏林和维也纳，并且由于战后物资配给不足，以及人们收入的普遍下降，巴黎原本得天独厚的优势在第二次世界大战以后被严重削弱。

随着后来出现的成衣设计和迅速膨胀的全球消费市场时尚成为城市间全球竞争的一个重要特征，也是大都市品牌建设和助推战略的一个部分。纽约和伦敦是巴黎没落以后的第一批受益者，这里的时装设计师甘愿忍受高昂的生产成本并坚持致力于奢侈品制作，而没有像巴黎那样扩展成衣市场。在"摇摆的60年代"伦敦以前卫而又创新的时装中心亮相，同时，纽约也成为了休闲装和商务便装的设计中心。

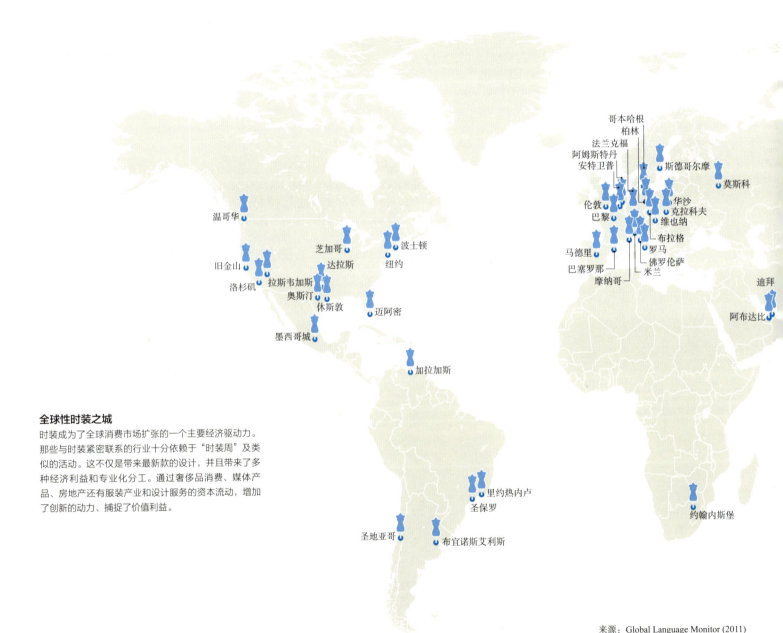

全球性时装之城

时装成为了全球消费市场扩张的一个主要经济驱动力。那些与时装紧密联系的行业十分依赖于"时装周"及类似的活动。这不仅是带来最新款的设计，并且带来了多种经济利益和专业化分工。通过奢侈品消费、媒体产品、房地产还有服装产业和设计服务的资本流动，增加了创新的动力、捕捉了价值利益。

来源：Global Language Monitor (2011)

米兰利用制作高质量衣帽的传统工艺、相对低廉的成本、家具的国际声誉和好的产品设计作为优势。20世纪70年代，米兰举办了第一个时装秀，打破了之前佛罗伦萨传统的、令人乏味的高级时装展，米兰从此树立了时尚之都的地位。乔治·阿玛尼（Giorgio Armani，）、杜梅尼科·多尔奇（Stefano Dolce）、奇安弗兰科·费雷（Gianfranco Ferre）、伊里奥·费尔鲁奇（Elio Fiorucci）、多梅尼科·班纳（Domenico Gabbana）、缪西娅·普拉达（Miuccia Prada）和詹尼·范思哲（Gianni Versace）等迅速崭露头角的米兰设计师和他们的服装品牌使得米兰这座城市迅速地吸引了大批摄影师、模特、采购商、制造商、交易商和记者。

如今，这座城市拥有许多最大的国际顶级奢侈品和时尚企业的总部。米兰总共有12000家涉及服装生产的公司以及数百个商品陈列室、17个聚焦于时尚与设计的教育机构，以及大量与企业界有密切关系的时尚媒体。男人和女人的时装周主宰着米兰的商业活动，同时吸引了来自世界各地的买家和时尚记者。例如，米兰女装展的秋季时装周，吸引了大约两万个贸易商和两千名特派记者覆盖到100多个分布在城市各个角落的不同T台时装秀。时装周成为了米兰巩固"世界城市"地位的重要方式。这些时装周影响了全球时装产业的工作和生产周期，将时装设计师、时装零售商和批发商、衣服制造商、纺织品制造商、活动组织方、时尚媒体和其他时尚机构汇聚在一起。像米兰、巴黎、伦敦和东京这样的城市起到了全球时装展览的作用。以时尚与设计作为背景，这些城市的形象与他们大型的时装企业有着密不可分的关系。

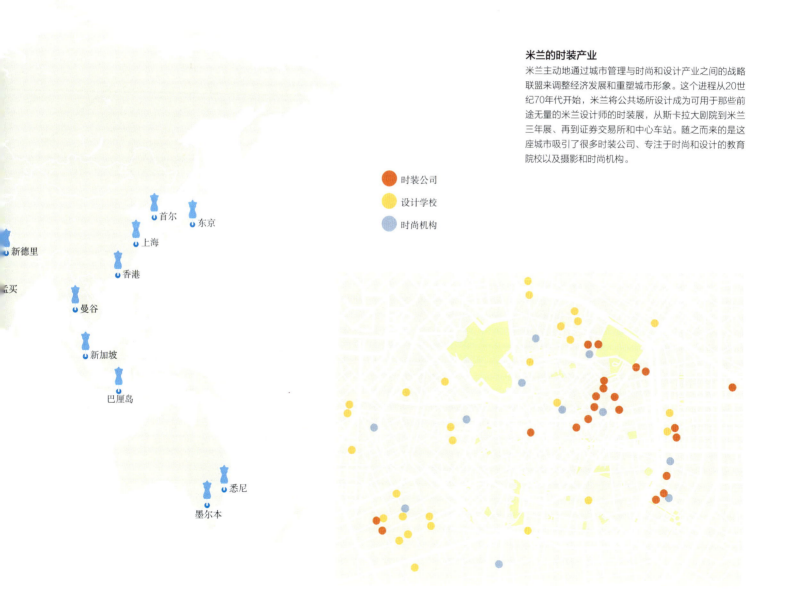

米兰的时装产业

米兰主动地通过城市管理与时尚和设计产业之间的战略联盟来调整经济发展和重塑城市形象。这个进程从20世纪70年代开始，米兰将公共场所设计成为可用于那些前途无量的米兰设计师的时装展，从斯卡拉大剧院到米兰三年展、再到证券交易所和中心车站。随之而来的是这座城市吸引了很多时装公司、专注于时尚和设计的教育院校以及摄影和时尚机构。

消费产业的基础设施

城市既有生产,也存在消费。随着19世纪新中产阶级的出现,城市开始发展新的消费产业的基础设施。巴黎的拱廊商业步行街和布鲁塞尔、米兰、伦敦、那不勒斯的拱廊和长廊就是现代高档购物中心的前身。随着物质消费成为西方经济的主要驱动力,每一座大城市都建立了市中心的零售商业区,同时,小城镇也建立了以零售商店为主的繁华大街或主要街道。

世界上的许多大城市都出现了满足国内和国际客户需求的专属购物区。例如拥有很多奢侈品店的巴黎第八区的香榭丽舍大道、蒙田大道和乔治五世大道所组成的三角形地区被称作是一个"格里芙空间(Griffe spaciale)",亦称"格里芙",用时尚的语言来说,Griffe是贴在奢侈品上的设计师标签。

20世纪80年代,大城市的零售区发展成为"品牌景观",以专门的奢侈品专卖店为

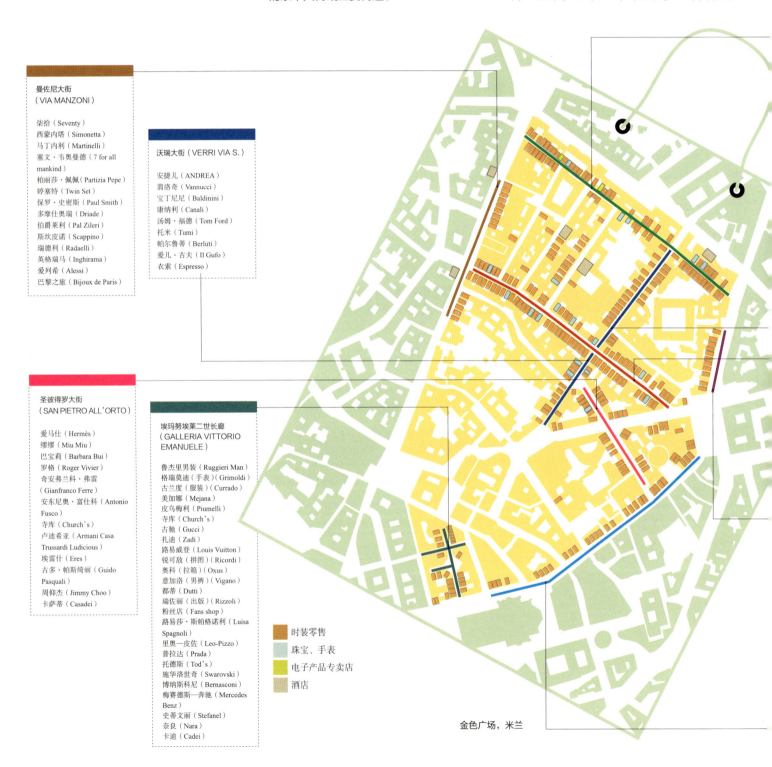

曼佐尼大街 (VIA MANZONI)
柒拾(Seventy)
西蒙内塔(Simonetta)
马丁内利(Martinelli)
塞文·韦奥曼德(7 for all mankind)
柏丽莎·佩佩(Partizia Pepe)
婷塞特(Twin Set)
保罗·史密斯(Paul Smith)
多摩仕奥瑞(Driade)
伯爵莱利(Pal Zileri)
斯坎皮诺(Scappino)
瑞德利(Radaelli)
英格瑞马(Inghirama)
爱列希(Alessi)
巴黎之旅(Bijoux de Paris)

沃瑞大街(VERRI VIA S.)
安捷儿(ANDREA)
翡洛奇(Vannucci)
宝丁尼尼(Baldinini)
康纳利(Canali)
汤姆·福德(Tom Ford)
托米(Tumi)
帕尔鲁蒂(Berluti)
爱儿·古夫(Il Gufo)
衣索(Espresso)

圣彼得罗大街(SAN PIETRO ALL'ORTO)
爱马仕(Hermès)
缪缪(Miu Miu)
巴宝莉(Barbara Bui)
罗格(Roger Vivier)
奇安弗兰科·弗雷(Gianfranco Ferre)
安东尼奥·富仕科(Antonio Fusco)
寺库(Church's)
卢迪希亚(Armani Casa Trussardi Ludicious)
埃雷什(Eres)
古多·帕斯绮帕(Guido Pasquali)
周仰杰(Jimmy Choo)
卡萨蒂(Casadei)

埃玛努埃莱二世长廊(GALLERIA VITTORIO EMANUELE)
鲁杰里男装(Ruggieri Man)
格瑞莫迪(手表)(Grimoldi)
古兰度(服装)(Currado)
美加娜(Mejana)
皮乌梅利(Piumelli)
寺库(Church's)
古驰(Gucci)
扎迪(Zadi)
路易威登(Louis Vuitton)
锐可敌(拼图)(Ricordi)
奥科(拉箱)(Oxus)
意加洛(男裤)(Vigano)
都蒂(Dutti)
瑞佐丽(出版)(Rizzoli)
粉丝店(Fans shop)
路易莎·斯帕格诺利(Luisa Spagnoli)
里奥-皮佐(Leo-Pizzo)
普拉达(Prada)
托德斯(Tod's)
施华洛世奇(Swarovski)
博纳斯科尼(Bernasconi)
梅赛德斯-奔驰(Mercedes Benz)
史蒂文丽(Stefanel)
奈良(Nara)
卡迪(Cadei)

■ 时装零售
■ 珠宝、手表
■ 电子产品专卖店
■ 酒店

金色广场,米兰

主，如切瑞蒂、古驰、芬迪、菲拉格慕、芙拉、马克·雅各布、米索尼、莫斯奇诺、普拉达和华伦天奴，并辅以昂贵的餐厅、咖啡厅、艺术画廊和古董店。这是中上层阶级富裕的直接后果，它得到了信贷业、繁荣的金融市场和新经济中不断增长的工资支持。

米兰有意识地把自己建设成为一个全球时尚与设计之都，利用竞争趋势和炫耀性消费将自己打造成奢侈品消费的目的地。米兰极具风格的时装和设计——一面是现代主义风格的典雅和奢华，一面则是范思哲般的铺张和招摇，这完美地契合了20世纪80年代至90年代所谓的"梦想经济"。高端时装店坐落于市中心维多利亚二世拱廊（Galleria Vittorio Emanuele Ⅱ）和埃马努埃莱二世拱廊（Corso Vittorio Emanuele Ⅱ）附近，同时，从城市街区里的建筑山墙到火车站和机场的室内空间，广告存在于每一面可以看见的墙面上，这些广告牌显示出奢华的时尚对于这座城市的重要性。甚至连米兰大教堂修复工作的脚手架上都挂着巨大的时尚广告（包括著名明星麦当娜代言的瑞典时装公司H&M的广告）。

米兰金色广场

时尚奢侈品零售业的发展状况反映在城市的品牌时装零售区，金色广场坐落在与米兰大教堂和购物长廊相隔几个街区的地方。从前这里是古董商的地盘，现在变成了成百上千个高档时装的门店，许多店铺是这里独有的，且不主动迎客。许多时装店分为两个部分：一层展示厅用于吸引游客和只逛不买的人，二层或里间则作为全球各地的高消费人群的专属空间。在这些门店和展厅中，配合布置了一些五星级酒店，例如有一家四季酒店就征用和翻新了一座14世纪修道院。更引人注目的是米兰艾德大酒店，位于巨大的阿玛尼专卖店对面，酒店内设有8000平方英尺的阿玛尼零售区，其中包括阿玛尼的家具和配饰专柜、安普里奥咖啡、纽约松久寿司餐厅的分店，以及在顶层有一个五星级阿玛尼酒店。

圣安德斯大街（VERRI VIA S.ANDREA）

爱马仕（Hermès）
缪缪（Miu Miu）
芭芭拉裴（Barbara Bui）
罗杰维维亚（Roger Vivier）
安东尼富仕科（Gianfranco Ferre Antonio Fusco）
寺库（Church's）
阿玛尼·凯撒（Armani Casa）
楚萨迪（Trussardi）
卢迪希业（Ludicious）
埃雷什（Eres）
古多帕斯绮丽（Guido Pasquali）
周仰仰（Jimmy Choo）
卡萨帝（Casadei）
芬迪（Fendi）
迈克高仕（M. Kors）
莫斯奇诺（Moschino）
香奈儿（Chanel）
爱丽丝（Iris）
巴尔缇妮（Ballantyne）
班纳（手袋）（Banner）
帕奇奥缇（Cesare Paciotti）
多利亚尼（Doriani）
米索尼（Missoni）
伊蒂之屋（House）
米奇（Miki）

斯必伽大街（VIA DELLA SPIGA）

道格拉斯（Douglas）
小黄狗（Harmont & Blaine）
史博洛斯（Byblos）
哥伦布（Colombo）
皮咖杜（Piquadro）
罗可巴罗可（Roccobarocco）
塞特卡蜜丝（Sette Carmice）
茹蔻兰（Rucoline）
浪凡（Lanvin）
大大熊（Daad）
洛卡（Rocca）
蒂芙尼（首饰）（Tiffany & Co）
法兰克穆勒（Franck Muller）
瑞沃塔（Rivolta）
绯（Fay）
布内罗古奇拉利（B. Cucinelli）
缪缪（Miu Miu）
萧邦（Chopard）
格拉迪尼（Gherardini）
帕斯绮丽如琪（Pasquale Bruni）
美嘎时尚（Mega Fashion）
尼鲁法（画廊）（Nilufar）
古驰（Cuccinelli）
蓝色情人（Blumarine）
莫斯奇诺（Moschino）
杜嘉班纳（Dolce & Gabbana）
托德（男装）（Tod's Man）
托德（女装）（Tod's Woman）
斯宝麦思（Sport Max）
普拉达（Prada）
哥伦布（Colombo）
纽约美妞（Gio Moretti Baby）
马罗（Malo）
莫里克林（Monyclear）
吉列（Gilli）
斯图尔特·威炎曼（Stuart Weitzman）
开车鞋（Car Shoe）
奇门托（Chimento）
法尔科内里（Falconeri）

蒙特拿破仑大街（VIA MONTENAPOLEONE）

库什（Cusi）
格拉索（Galasso）
布奇拉缇（Bucellati）
彼雅泊（Jacente Piombo）
豪格（Hogan）
托斯卡鲁（Tosca Blu）
欧米加（Omega）
玩具（Toy Watch）
思琳（Celine）
天使女装（Miss Sixty）
圣罗兰（Yves Saint Laurent）
蒙派合（Mont Blanc Loro Piana）
威图（手机）（Vertu）
强烈安利（Sergio Rossi）
威罗（Vierre）
杰尼亚（Zegnaman）
法比（Fabi）
法龙（Faraone）
阿斯佩西（Aspesi）
范思哲（Versace）
温尼尼（Venini）
劳伦斯（G. Lorenzi）
保罗和鲨鱼（Paul & Shark）
巴蒂尼尼（Baldinini）
芙蕾特（Frette）
铁狮东尼（A.Testoni）
艾诺逸（Agnona）
拉塔卢米尼（Larusmiani）
古驰（Gucci）
佩代尔扎尼（Pederzani）
保罗和鲨鱼（Paul & Shark）
拉佩拉（La Perla）
菲拉格慕（Ferragamo）
迪奥（Dior）
曼特莱斯（Mantellassi）
葆蝶家（Bottega Veneta）
艾绰（Etro）
奈良凸轮冰（Nara Camice）
兄弟（F.lli）
罗塞蒂（Rossetti）
布鲁马妮（Bruno Magli）
克莱利亚尼（Corneliani）
戈克斯（Geox）
劳力士（Rolex）
朱塞佩萨诺零（Zanotti Giuseppe）
设计（Design）
思波利（Vetrerie di Empoli）
菲拉格慕（男装）（Ferragamo Man）
瓦伦蒂诺（男装）（Valentino Man）
瓦伦蒂诺（女装）（Valentino Woman）
阿尔伯特菲尔蒂（A. Ferretti）
德达姆（Drumohr）
卡迪尔（Cartier）
保罗和鲨鱼（Paul & Shark）
璞琪（Emilio Pucci）
斯沃琪（Swatch）
迪奥（男）（Dior Man）
迪奥（女）（Dior Woman）
冰山（Iceberg）
达米安尼（Damiani）
普拉达（Prada）
罗莎（Ars Rosa）
菲德丽（Fedeli）
巴利（Bally）
萨巴蒂尼（Sabbadini）
西耶那–蒙特纳普（Seia-Montenap）
露营者（Camper）
宜若（Cielo）
普拉达（男装）（Prada Man）
爱彼（Audemars Piguet）
拉夫劳伦（Ralph Lauren）
阿玛尼（Armani）
路易威登（Louis Vuitton）
宝格丽（Bulgari）
博斯（Boss）

温尼亚大街（CORSO VENEZIA）

艾尔格里（Allegri）
杜嘉班纳（Dolce & Gabbana）
吉米丘（Uomo）
巴宝莉·博瑞（Burberry Brit）
亨利·卡登统（Henry Cottons）
杜嘉班纳（D & G）
塞利斯塔尼（Celestani）
蔻丝（Cos）
普拉达（Prada U/D）
倍耐力（轮胎）（Pirelli）
飒拉家具（Zara Home）

埃马努埃莱二世大街（CORSO VITTORIO EMANUELE）

波利尼（Pollini）
索洛丝（Solaris）
Jdc
海恩斯·莫里斯（H&M）
西里奥（Celio）
泰力罗华（Terranova）
卡赞尼（Tezenis）
芙拉（Furla）
马雷拉（Marella）
金点（Golden Point）
班尼·布拉克（Penny Black）
麦克斯（Max & Co.）
贝纳通（Benetton）
招美素澳洲（Pica）
加勒多尼亚（Calzedonia）
飒拉（Zara）
麦克肯尼（Mc Kenzy）
玛瑞莉娜（Marilena）
戈归（Gobbi）
斯沃琪（Swatch）
戈克斯（Geox）
都蒂（Dutti）
迪赛尔（Diesel）
缇缇帕嘉（Bagatt）
佛拉德（Phard）
搏吉（Boggi）
摩利斯基（Moreschi）
英缇米斯蜜（Intimissimi）
恺恺米切（Camicissima）
莫瑞拉托（Morellato）
瓦比萨（Varpisa）
爱酷（Alcott）
奈良（Nara）
雅迈麦（Yamamay）
米罗利奥（Motivi）
沃吉利奥（Vergelio）
巴适卡（Bershka）
丝芙兰（Sephora）
易披（Replay）
芒果（Mango）
香蕉共和国（Banana Republic）
盖璞（Gap）
步乐斯（Foot-Locker）
刘乔（Liu Jo）
玛瑞娜·瑞纳迪（Marina Rinaldi）
鲁莎帕格诺里（Luisa Spagnoli）
欧秀（Oysho）
绰里欧（Stroili Oro）
纳丁妮（Nadine）
希思黎（Sisley）

第12章 绿色城市
THE GREEN CITY

海克·迈耶 HEIKE MAYER

核心城市 Core city
弗莱堡 FREIBURG ——

次级城市 Secondary cities
斯德哥尔摩 STOCKHOLM ——
波特兰 PORTLAND ——
库里蒂巴 CURITIBA ——
马斯达尔城 MASDAR CITY ——
古辛 GÜSSING ——
维尔德波尔茨里德 WILDPOLDSRIED ——

左图：弗莱堡，德国

绿色城市：引介

随着海平面上升容易受到风险的城市

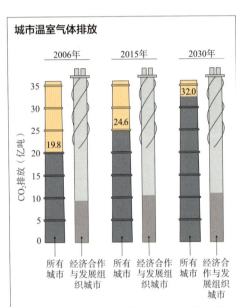

自20世纪70年代初以来，受发展中国家的经济增长，以及因此所带来的能源消耗的推动，全球温室气体排放量急剧增加。用于住宅和商业建筑的发电和供热是温室气体排放的主要来源之一。许多绿色城市减少热损失的目标是采用节能建筑标准，但是，也可以通过其他方式供热。温室气体的另一个主要贡献者是交通。减少交通排放量的努力包括推动公共交通，自行车和步行。

"绿色城市是一个场所，在这个场所人们致力于更具弹性的城市环境。"

这些城市处在有关生态保护和可持续性成就的最前沿。过去10年，大城市和小城市两者都遵循向绿色城市转型的发展目标。这些城市是一个场所，在这个场所中，政治家、城市规划者和公民努力发展更具韧性的基础设施和组织机构，以帮助他们面对气候变化问题。

为什么城市处在应对气候变化的前沿？城市只占全球陆地面积约2%，却消耗全球能源的80%，占全球温室气体排放的75%。在影响气候变化方面，城市留下了很大的痕迹。因此，认定城市是气候变化问题的一部分，城市领导人和政治家们形成共同意识，即他们应当团结起来去解决与气候变化相关的问题。在解决气候变化问题上城市确实比国家更具优势。城市政府通常比国家机构更灵活，可以对其居民可能面临的机会和威胁作出更迅速的反应。由于城市是密集且紧凑的，提高机动性的创新技术或更可持续的能源创新生产技术的应用可以更快。可以动员城市居民接受新的行为习惯和采纳更可持续的生活方式。总之，城市是复杂的系统，城市的社会和物质性基础设施提供一种创造性的、综合解决问题的机会，这有助于适应气候变化。学者和政策制定者都认同，地方行动是克服气候变化带来负面效应的关键。

处于危险状态的城市

气候变化尤其威胁着世界上的城市人口。根据政府间气候变化专门委员会的资料，1906~2005年全球平均气温上升了1.3华氏度（0.74摄氏度）。过去20年的全球平均表面温度上升速度更令人吃惊，从1990年以来，上升了0.6华氏度（0.33摄氏度）。作为温度变化的结果是海平面上升了6.7英寸。温度变化导致更高频率的气候多变性及极端天气事件。随着城市化的不断增加，城市将越来越多地感受到气候变化，诸如高频率的昼夜温度升高、暴雨、严重的干旱、洪水的威胁和海平面上升等。这些极端天气事件会影响到城市的社会和物质性基础设施。类似沙尘暴的飓风，于2012年10月底席卷了纽约市，它不仅损害了交通系统和电力供应，而且还严重破坏了当地的经济和人民生活。像纽约这样位于沿海地区低海拔的城市，将更容易受到气候变化的影响，人口超过1000万以上的特大城市受到的影响更大。预计到2070年将有更多城市受到海岸潮水的影响，例如：加尔各答、达卡、广州、胡志明、上海、曼谷、仰光、迈阿密、海防

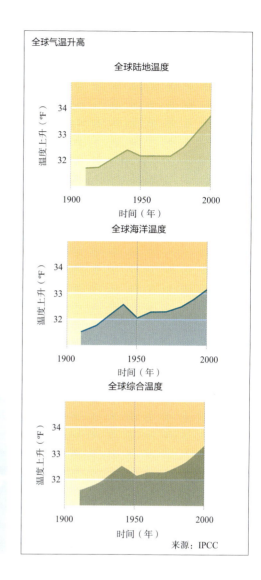

来源：OECD

来源：IPCC

市。除迈阿密外，所有这些城市都位于亚洲的发展中国家，并且大多数是人口众多的城市。

城市以特别明显的方式释放温室气体，所以它要对气候变化负责。城市释放的温室气体主要是消耗化石燃料所产生的。用于发电、交通、工业生产和建筑物的能源消耗是城市地区温室气体的主要来源。城市中温室气体排放的水平依赖许多因素，除了其他原因外，也与城市人口密度有关，更有赖于人们在可持续生产和能源消耗方面所做的努力。

迎接挑战

许多城市被动员起来应对气候变化。在联邦行动缺位的情况下，超过1054名美国市长签署了一项协议，这个协议承诺他们的城市将以满足和超过在京都议定书规定的温室气体排放标准。大小城市都加入了这个运动，并以敦促上级政府通过立法方式支持他们的地方行动。在欧洲，自1994年以来，可持续的城市和城镇运动一直在促使实施《奥尔堡宪章》（Aalborg charter）。该宪章呼吁制定和实施地方可持续发展计划来推进《21世纪议程》（Local Agenda 21 Process）。39个国家的2500多个地方和区域政府已经承诺了遵守这个宪章。自2005以来，C40网络已经聚集了世界众多大都市，一同致力于减少温室气体排放。这些例子表明，大城市和小城市一样都致力于更加绿色的未来。

怎样才能成为一个绿色城市？政治家和政策制定者的领导能起到作用，可持续生活方式的支持性规划和政策也是及其重要的。城市生活方式和行为习惯的改变，并且以这两种方式发展城市经济是必须

全球变暖将影响城市

城市将经历气候变化的影响，这些影响主要来自日常气候的变化或天气变化性的增加。1906年至2005年之间全球平均气温上升了1.3华氏度（0.74摄氏度）。全球海洋温度也有所上升。政府间气候变化专门委员会（IPCC）认为，气温上升的最大原因可能是人类排放的温室气体的增加所致。

的。已经有几个领导这种生活方式转变的案例，弗莱堡是绿色城市运动的先锋，库里蒂巴和波特兰也是这样，本章将要列举更多的案例。

绿色愿景与可持续规划

弗莱堡位于德国南部，大约有22万居民，是一个风景如画的城市。不仅因为它邻近的黑森林是一个绿色城市，而且还因为城市领导人和政治家们遵循了一个雄心勃勃的目标，就是把弗莱堡变成世界上最可持续的地方之一。弗莱堡城市可持续发展理念的实施已获得国际公认。为实现2030年碳排放量减少40%的目标，创造性地综合了城市环境、经济和空间政策。

弗莱堡作为绿色城市发展可以追溯到第二次世界大战后的时代。城市规划师决定按照传统的模式重建被摧毁的城市中心区。与德国其他城市相反，弗莱堡有意识地避免了更现代化的重建方式，即优先考虑小汽车交通的城市模式，取而代之的是保留了狭窄的街道以及小巷里的迷人个性。为了回应在小社区附近建设核电站的计划，从20世纪70年代中期开始实施了一项积极的环境保护计划。20世纪80年代，弗莱堡是第一个建立环境保护机构的城市之一，在1986年切尔诺贝利核电厂灾难后该市宣布支持太阳能。1996年弗莱堡城市议会气候保护决议，这个决议要求到2010年降低25%的碳排放量，到2009年，弗莱堡已经减少了18%的碳排放量。尽

瑞斯菲尔德区

瑞斯菲尔德是弗莱堡一个新的城市区域。邻里单位按照严格的生态标准和法规来规划和建设。这张图展示了瑞斯菲尔德在降低二氧化碳排放上所采取的措施，同时也将他们与传统的住宅开发进行了比较。通过使用低消耗、高密度的住房建设标准，热电联供系统，能源节约措施，以及改善公共交通系统等措施，可以减少50%以上的碳排放量。

传统住宅发展模式

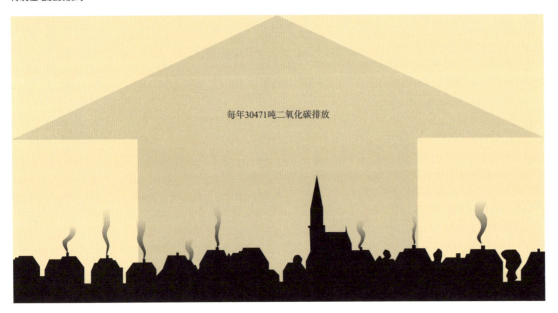

每年30471吨二氧化碳排放

瑞斯菲尔德的发展模式

高效的公共交通
低能耗建筑
节约能源
高密度住宅
电热联供系统

每年15845吨的二氧化碳排放

来源：City of Freiburg

管碳排放量的削减是令人敬佩的，但他们仍然没有实现十多年前制定的目标。然而，城市领导人和政治家们并没有放弃，取而代之的是设定了一个更高的目标：到2030年降低40%的碳排放量。

弗莱堡以严格的城市规划和环境保护战略的方式追随自身的绿色愿景。环境友好型交通方式和交通政策鼓励步行、自行车或公共交通等交通方式。城市的能源政策鼓励太阳能、风能或生物能源等可再生资源利用，以及制定了住房开发的能源消耗标准。作为积极发展太阳能的成果，弗莱堡是许多经营环境产业的企业总部，如光伏产业。由于住房市场的强劲增长和持续压力，依据生态标准弗莱堡已经开发了两个新的邻里社区。瑞斯菲德，一个新的占地面积170英亩（70公顷），10000到12000个居民的大型城市住区，具有便捷的公共交通，以及使用光伏发电和太阳能这两个低能耗技术标准建设的住宅。临近沃邦地段有容纳5000居民的住宅，其中许多住宅没有车库，同时规划条例还规定只能采用低能耗的施工方法。这种生态敏感社区的开发是绿色城市愿景走向成功的核心，弗莱堡的事实表明：绿色愿景能够实现。例如，瑞斯菲德住房二氧化碳的排放量比德国传统的住宅减少20%。

到2030年，弗莱堡的目标是减少40%的碳排放量。从1992年到2005年城市的碳排放量减少了7.3%。到2007减少了14%，几乎是成倍地减少。大部分的节约是利用再生能源的转变来促进节能，以及更严格的建筑节能标准来控制建筑。该市还推出了一项名为二氧化碳菜单的策略，通过这个菜单居民可以计算自己的碳足迹，继而接受有关如何减少碳排放的措施。

高效的公共交通　　环保的出行方式　　高密度的住宅　　低能耗的住宅　　可再生能源

可持续设计与交通

像弗莱堡这样的绿色城市，更加关注城市建成环境设施的可持续发展。城市的建成环境如何安排，以及建筑物如何使用和节约能量是绿色城市中建筑可持续发展的重要组成部分。使用以下几种替代性交通方式：如散步、骑自行车或公共交通等不仅仅是改变了机动交通的模式，而且也减少了碳排放。此外，可再生能源的使用也降低了城市对进口石油的依赖程度。

可持续的城市设计始于街区尺度。类似弗莱堡的瑞斯菲德或斯德哥尔摩的翰莫比滨湖的生态城市街区，都是将土地利用与交通规划相结合，并且强化了公共交通的可达性。这种紧凑的城市设计聚焦于不同土地用途的混合。这些街区还结合了公共绿地，而公共绿地经常连接着附近的、具有小型绿地的历史保护区域，这种点缀模式遍及整个城市纹理。这样紧凑的和精明的生态街区不仅吸引居民，同时也为动植物提供生存空间。

绿色城市关注建筑结构和建造方式，以

绿色城市设计

更可持续的房屋设计和建造有多种方式。可以在屋顶上收集雨水用于浇灌植物或洗车，可以使用太阳能技术生产热水，也可以在屋顶上设置小型风力发电机组用于发电，采用隔热玻璃有助于减少建筑热量的损失，使用节能电器来节约能源。绿色建筑的成本较高，它可以通过节省的电量和水量来弥补。斯德哥尔摩翰莫比滨湖街区是绿色设计的优秀案例，这是一个环境友好型的街区。以高密度街区模式建造住宅，街区设计的主要轴线是公共停车场，那里有免费的车辆。由于建筑消耗大量的能源，采用绿色建筑技术和可再生能源有助于减少城市地区的碳排放。

及建成环境如何使用能源。绿色建筑使用可持续的材料和生态友好的产品，比如木材和石头，这些材料不会释放化学物或其他污染物。新的建筑标准确保了节能和能源再生。例如，弗莱堡就把重点放在太阳能技术的应用上。为实现减少碳排放的目标，城市支持各种利用太阳能的项目，城市中有400多个光伏装置，通过太阳能技术提供热水，许多房屋采用了被动式太阳能设计。

尽管建筑能源消耗是绿色城市降低碳排放的重要内容之一，但是，城市机动性管理也是绿色城市的一个重要因素。类似弗莱堡、斯德哥尔摩、哥本哈根、波特兰等绿色城市，以及新兴国家巴西库里蒂巴都发展了多种多样的替代性交通，包括步行或自行车等"慢行交通"方式，以及使用巴士、轻轨、有轨电车等公共交通工具。

绿色城市是利用诸如阳光、木材和水等可再生能源的先锋，通常它们都实现了整合与分布式的解决方案。例如：斯德哥尔摩的翰莫比滨湖街区从废水中提取热能，以及邻近弗莱堡的瓦尔德基希小镇，小型的、分布式的碎木屑焚烧供热系统生产的热量不仅为一个高级中学供热，还同时服务了整个街区。

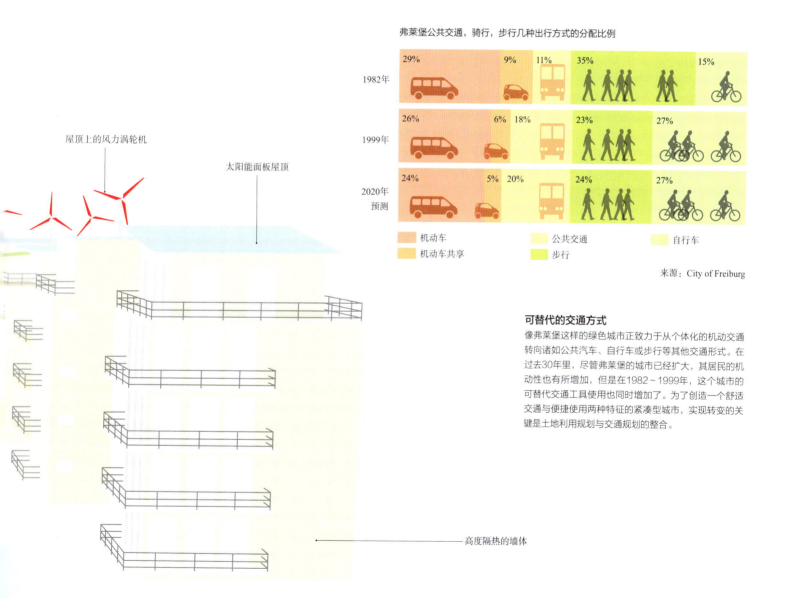

可替代的交通方式

像弗莱堡这样的绿色城市正致力于从个体化的机动交通转向诸如公共汽车、自行车或步行等其他交通形式。在过去30年里，尽管弗莱堡的城市已经扩大，其居民的机动性也有所增加，但是在1982~1999年，这个城市的可替代交通工具使用也同时增加了。为了创造一个舒适交通与便捷使用两种特征的紧凑型城市，实现转变的关键是土地利用规划与交通规划的整合。

可持续的生活方式

只有其城市居民具有可持续的生活方式，绿色城市才具有可持续性。生活方式和消费习惯是人类影响环境的重要因素。"欧盟可持续的生活方式2050"项目定义物质性额度为每人每年8.8吨，这种物质性的额度是一个人消耗的所有资源，包括住房、食品、交通等。当前欧洲生活方式的每人平均水平是从29.7吨到44吨。要实现可持续生活方式的目标，消费习惯必须改变。已经出现某些趋势，它促成了本地化生产和消费，即所谓：本地资源循环。

城市中新兴的一个趋势是城市园林，有时也被称为都市农业，其理念是利用城市的绿色开敞空间来种植水果和蔬菜。城市中生

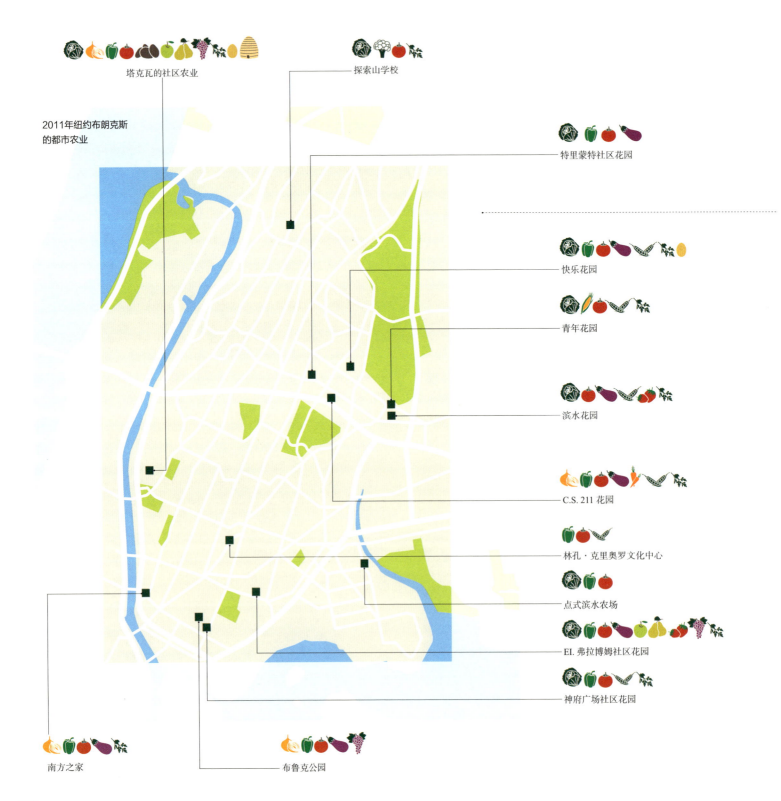

塔克瓦的社区农业

探索山学校

2011年纽约布朗克斯的都市农业

特里蒙特社区花园

快乐花园

青年花园

滨水花园

C.S. 211 花园

林孔·克里奥罗文化中心

点式滨水农场

EI. 弗拉博姆社区花园

神府广场社区花园

南方之家

布鲁克公园

产的农产品可以被耕种者自身消费，或在本地农产品市场上售卖，这种观点是本地生产的食品更新鲜、更健康，并且也使得更多的城镇居民更容易获得这些新鲜食物，包括那些通常无法获得良好食物的人。像底特律和克利夫兰这样萎缩的城市，空置的土地已经开始生产食品，如生菜、大黄和土豆等。底特律是世界上最大的城市农场所在地。为努力降低物质性额度，都市农业创造了本地资源循环的一个样本。

迈向可持续发展而改变生活方式的另外一种方式就是放弃独立拥有小汽车，而加入一个汽车共享计划。自20世纪90年代中期以来，汽车共享已经流行，即使在拥有汽车还非常普遍的美国，通过汽车共享作为替代交通的人数也在增长。许多城市已经开展了本地自行车的共享计划项目，这个项目为本地居民、观光客和游客提供租赁自行车。例如：米兰于2008年实施了共享自行车计划，到现在整个城市有超过3000辆自行车和173个驿站。汽车共享和自行车共享有一个共同点：这是一种社会创新，其目的是改变当地的生活方式和消费习惯。

汽车共享和都市农业仅仅是改变生活方式的两种途径。环境价值观与目标以更多的方式开始改变行为。诸如绿色时尚、碳中性啤酒、可持续的本地食品趋势，以及以太阳能为动力的音乐场馆说明：怎样把握绿色生活方式。

纽约布朗克斯的都市农场
许多城市都出现了城市农场。例如，纽约的布朗克斯有超过150个农场和社区花园。根据布朗克斯"绿色提升"项目（由纽约植物园运营的项目），其中80%的场地用于生产食品。在每年的旅游季节人们可以参观这些农场。布朗克斯的例子显示纽约市的街区正在逐渐绿化。布鲁克林有大约290所学校、社区花园和农场，曼哈顿有大约165个类似的场地，屋顶菜园和小花园也流行起来。

主要都市农业

- 青菜、莴苣、卷心菜
- 西兰花
- 洋葱、大蒜
- 辣椒
- 玉米
- 西红柿、树番茄
- 茄子、南瓜、黄瓜
- 豌豆、豆类、菜豆
- 胡萝卜
- 土豆
- 苹果
- 梨、桃子、李子
- 草莓
- 葡萄、无花果
- 草本植物
- 鸡蛋
- 蜂蜜

全球汽车共享
放弃私人拥有汽车和加入汽车共享项目变得越来越普遍。依据加利福尼亚大学伯克利的可持续交通发展研究中心的报告，在全球范围内参加汽车共享项目的成员超过170万人，共享车辆超过43550辆。北美洲的汽车共享比例最大，像旧金山、华盛顿特区和纽约等大城市的年轻人使用尤其多。欧洲通常是在城市中心区实施汽车共享项目，这样可以更灵活的被使用。

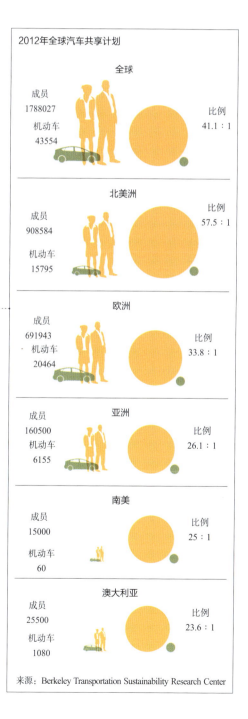

2012年全球汽车共享计划

全球
成员 1788027
机动车 43554
比例 41.1 : 1

北美洲
成员 908584
机动车 15795
比例 57.5 : 1

欧洲
成员 691943
机动车 20464
比例 33.8 : 1

亚洲
成员 160500
机动车 6155
比例 26.1 : 1

南美
成员 15000
机动车 60
比例 25 : 1

澳大利亚
成员 25500
机动车 1080
比例 23.6 : 1

来源：Berkeley Transportation Sustainability Research Center

走向绿色经济

绿色城市以替代性的发展方式创造经济利益。绿色经济被定义为低碳、资源高效和社会包容。绿色经济发展重点是可持续发展的质量方面,而不是经济发展的规模增长。

通过可持续城市设计和基础设施的投入,绿色城市可以创造大量的经济利益。新的工业部门将会出现,这些部门将发展和生产可持续的技术产品,其结果是创造大量的就业岗位,从而使居民得到经济收益。以弗莱堡为例,绿色经济包含大约2000个企业,雇用近12000人。积极的太阳能政策的结果就是其自身的太阳能产业部门约有100多个企业和2000名员工,是全国平均水平的3～4倍。弗莱堡绿色经济收益来自一批研发新技术的研究机构和大学。

另一个类似的案例是美国波特兰市。支持可持续建筑的政策结果是使得波特兰成为一个充满活力和不断增长的企业集群,以及

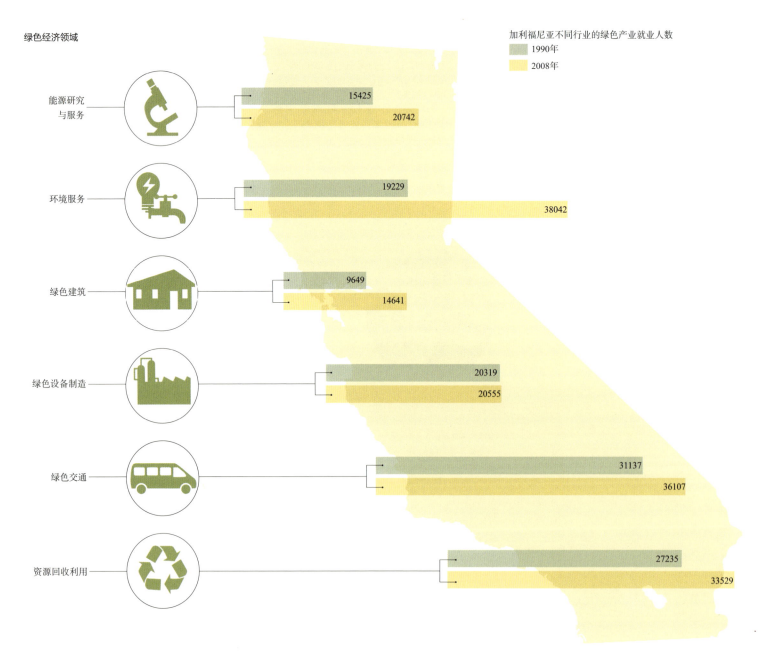

来源:UCB Center for Community Innovation, Berkeley

绿色建筑产业的总部。而发展的关键是建立一个绿色建筑技术援助计划，这个计划是由一个志愿者公民团体首创的。今天，绿色建筑计划专注于技术援助、金融激励、教育以及政策制定。围绕着绿色建筑技术，该计划帮助创建地方竞争力，也使得本地企业家具有竞争的优势。

为了更可持续的产品和服务，绿色经济不仅提供创新产品，同时也显著地提升了就业条件。加州大学伯克利分校的研究人员分析了绿色经济的规模，并发现绿色经济部门有163616名雇员。虽然绿色经济占加利福尼亚州的整体经济份额相对较小，但它正在迅速增长。此外，绿色经济常常集中在类似洛杉矶大都会区域。在绿色经济生产创新方面，像硅谷这样的传统高新技术地区正在转型并迎接可持续的机遇。

创造绿色经济有多种方式，绿色经济所致力的领域从替代现状产业而创造价值的激进的方式，到类似规划和建设生态工业园等传统方式。这些努力的共同点就是刺激环境友好型产品的需求和服务，以及生态驱动的创新。

绿色经济的领域（左）

界定绿色经济的界限和确定绿色产业类型是发展绿色经济的一部分，这类工作是非常艰难的。传统产业和新的产业共同构成了绿色经济。新型产业和新兴产业大多是那些生产环境敏感度高或能源消耗少的技术产品，如光伏或生物燃料。然而，传统的行业正在改变自己的产品类型或改变服务方式，也可以成为绿色经济的一部分。此外，诸如能源产业和公用事业、绿色建筑产业、废物管理与再回收产业、交通运输产业等产业类型是我们的经济向更可持续的未来转型的关键。

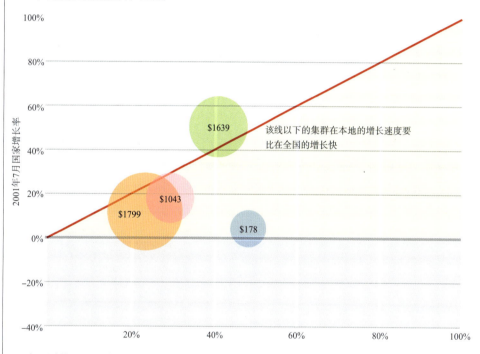

2001年7月波特兰的增长率。圆圈的大小代表2007年相关产业产值的大小

来源：Portland Development Commission

波特兰绿色经济

波特兰是俄勒冈州最大的城市，是耐克和英特尔等著名公司的所在地。这些企业是专业运动服、户外装备和先进制造等工业集群的中心。近年来，城市也成为了一批绿色经济企业的基地，城市经济发展主体称此为清洁生产的工业集群。这个图表形象比较了波特兰的四大产业集群。尽管波特兰的清洁生产企业的增长率比全国平均增长更慢，但也表现出显著的附加值，并且成为城市经济发展主体的重要目标。

图解城市

新兴国家的绿色城市

像弗莱堡、波特兰这样的绿色城市出现在工业化国家。然而，对于那些处于城市化发展阶段和面临高度贫困化威胁的新兴国家，建设绿色城市是一项挑战。为实现绿色城市理念，这些国家在城市治理方面和资源方面存在较大的局限性。然而，也有许多例子证明了发展中国家的城市是如何转向更可持续发展的。

由于建设了大型快速公共交通系统（BRT），巴西的库里蒂巴市赢得了许多奖

库里蒂巴的公交系统

库里蒂巴因其创新性的快速公交系统而闻名，大型快速公共交通系统在1974年投入使用。每天超过130万乘客使用这个系统，该系统为城市提供了舒适、廉价、快捷的交通。独特的设计是采用专用的自动步梯管廊来建设巴士站，使巴士更容易让残疾人士乘坐。公共汽车车身很长并且只在专用车道上行驶，每班公共汽车之间只需等待90秒的时间。结合简单和廉价的票价结构（只有一个票价），该系统的高效性受社会各阶层的欢迎。

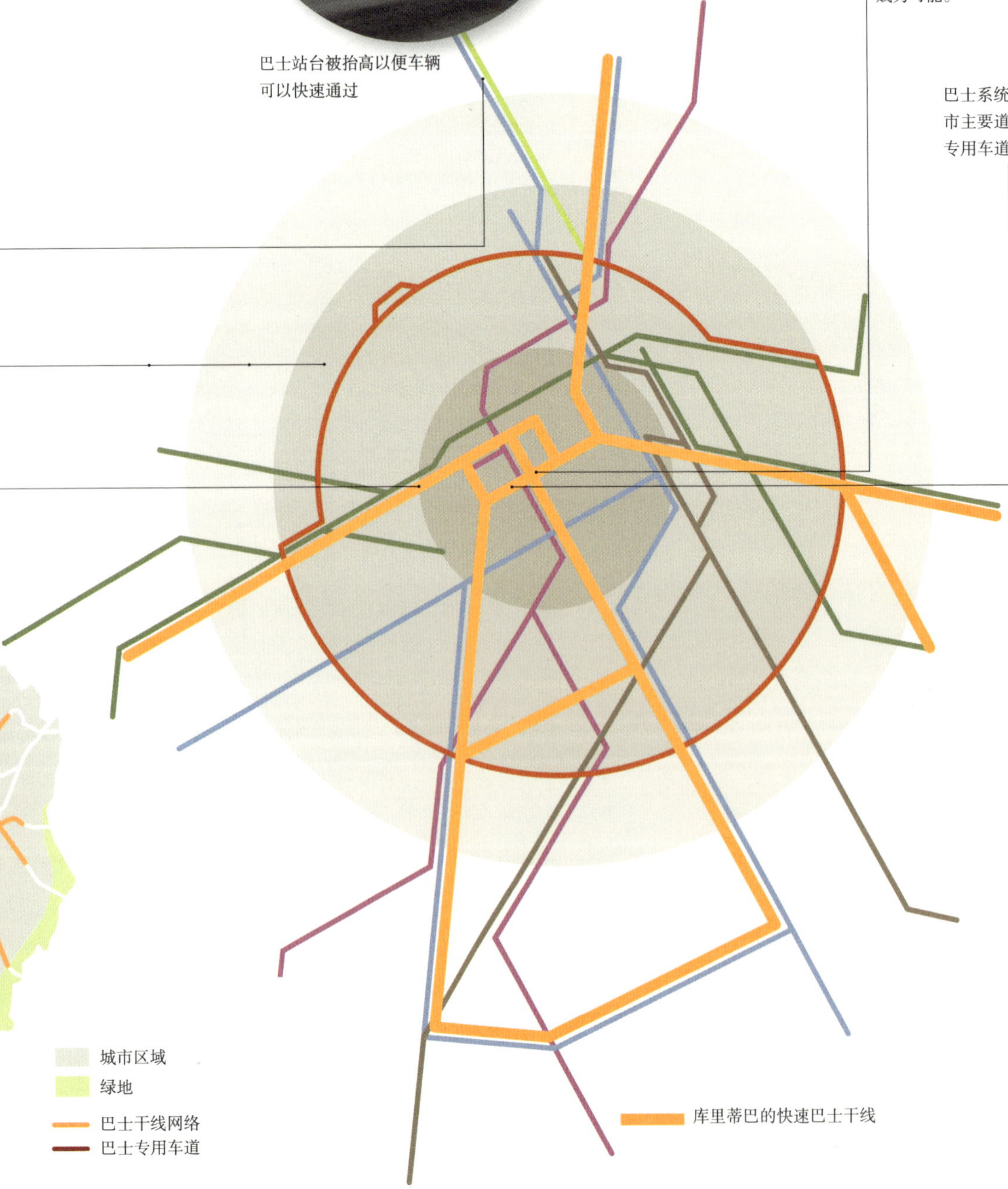

巴士站台被抬高以便车辆可以快速通过

快速和频繁的服务有效地移动大量的人，这使得高密度的建筑成为可能。

巴士系统使用城市主要道路上的专用车道。

为了便于识别，车道跟巴士喷涂了不同的颜色。

巴士车道设计成环形，每一个环都向郊区更远的地方扩展。

快速巴士干线被整合到出城的交通体系里面。

城市区域
绿地
巴士干线网络
巴士专用车道
库里蒂巴的快速巴士干线

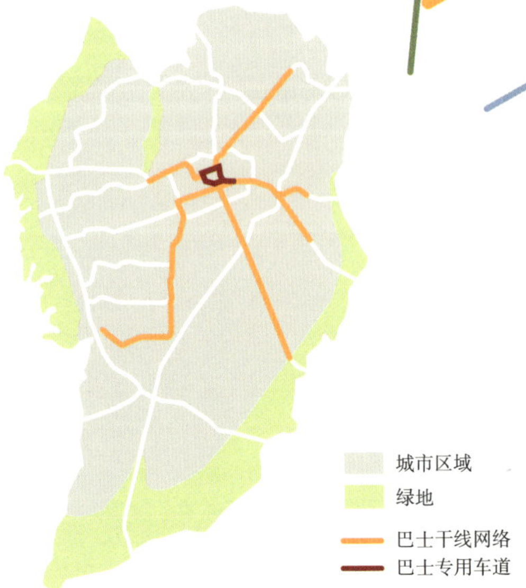

236

项。公共汽车沿着普通的街道运行，因此它最大限度地降低了基础设施的建设成本，车站被建造成架空管廊。由于巴士系统是灵活性，以及不需要大量的固定投资（相对于铁路），其成本可以保持在最低的票价，使得它可以被大多数居民接受。该系统已经带动了其他许多城市，如墨西哥、雅加达和吉隆坡等。由于引入了快速公交系统（BRT），库里蒂巴成功地从汽车出行转变为公交出行。今天，快速公交系统每天提供约12500车次，乘客量超过130万人。此外，该系统实现了社会可持续发展的目标，即：库里蒂巴的居民在出行方面只花费其总收入的约10%。

在中东，一个很有前途的项目旨在从头开始在沙漠中建设一个绿色城市——阿布扎比规划建设成马斯达尔城，这是一个能够容纳约47500居民的生态城市。该市一旦建成，将只使用可再生自然资源（太阳能）来生产能源，这个计划被称作太阳能发电的海水淡化装置。建筑环境受到传统阿拉伯城市的启发，传统的阿拉伯城市的建筑布局和建造方式能够最大限度地减少阳光的暴晒。马斯达尔城由英国明星建筑师诺曼·福斯特设计，计划到2025年就可以居住。然而，评论家声称马斯达尔城的建设仅仅是一个实验，而其门禁社区的特征无益于绿色城市模式的普及。

在新兴国家和发展中国家发展绿色城市将是未来的一个重要挑战。在这些国家，随着越来越多的人口居住到城市，他们将面临由于气候变化而导致的更加脆弱的环境。国际社会认识到，使这些城市更具弹性地适应环境风险和危险是未来最重要的任务之一。

马斯达尔城

马斯达尔城位于阿联酋的阿布扎比。它被马斯达尔公司定位成一个生态城市，这个公司是穆巴达拉发展公司的一个子公司，穆巴达拉发展公司则是由阿布扎比政府主要出资成立的。这个城市的主要能源是利用太阳能，并且最终实现能量零消耗的目标。在马斯达尔城将成立国际可再生能源机构，同时开发人员希望马斯达尔城可以成为其他绿色经济主体的中心。能否在沙漠环境中实施绿色城市的想法，看上去将十分有趣。

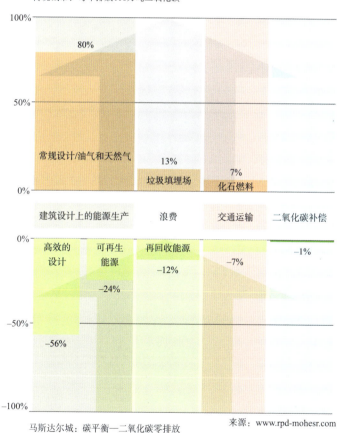

马斯达尔城：碳平衡—二氧化碳零排放 　　来源：www.rpd-mohesr.com

马斯达尔城位置

小城镇的可持续性

大城市的绿色化必须深入到邻里层面，世界上的许多小城镇主导了这个工作。在国家城镇体系中小城镇扮演了重要的角色。在欧洲的一些国家，全国有超过一半的人口生活在50000人以下的中小型城镇。诸如美国或中国这样的国家，小城镇作为更多周边地区的支柱发挥着重要作用。与常常被整合到全球网络中的大城市不同，小城镇却在努力应付各种挑战。

大城市群附近那些成长中的小城镇，一方面要努力遏制大城市蔓延，另一方面还要保持可识别性和遗产。那些正在萎缩的小城镇正努力留住原有居民，同时小城镇的政策制定者正在努力创造一个可实施的社区，使之能够包含大量就业机会与社区服务。很多关于小城镇如何发展的战略案例正在研究，有的是为了促进更加可持续的和更加稳定的经济发展，有的是应对气候变化和其他环境问题的挑战，有的是为了促进社会公平。意大利、德国、瑞士、美国、中国和韩国的许多小城镇为了实现可持续发展的目标而加入了国际交流的网络。

举例而言，这些网络包括：国际慢城运动、生态城市运动、山城网络、阿尔卑斯山

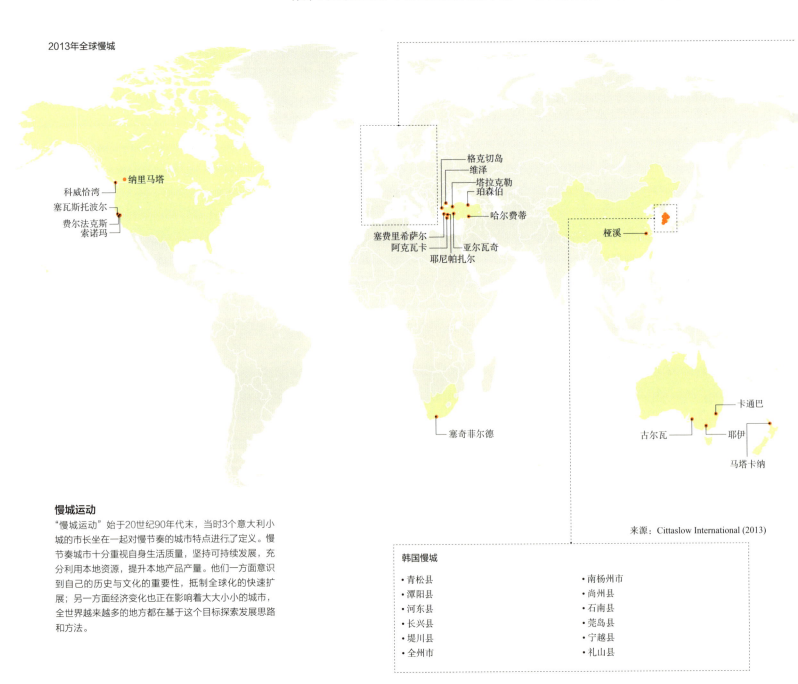

2013年全球慢城

慢城运动

"慢城运动"始于20世纪90年代末，当时3个意大利小城的市长坐在一起对慢节奏的城市特点进行了定义。慢节奏城市十分重视自身生活质量，坚持可持续发展，充分利用本地资源，提升本地产品产量。他们一方面意识到自己的历史与文化的重要性，抵制全球化的快速扩展；另一方面经济变化也正在影响着大大小小的城市，全世界越来越多的地方都在基于这个目标探索发展思路和方法。

来源：Cittaslow International (2013)

韩国慢城

- 青松县
- 潭阳县
- 河东县
- 长兴县
- 堤川县
- 全州市
- 南杨州市
- 尚州县
- 石南县
- 莞岛县
- 宁越县
- 礼山县

联盟，还有公平贸易城镇运动等。加入这些运动的小城镇致力于实现自己特定的可持续发展目标。通过在国际网络中的联系，能够互相学习并交流想法，比如：什么可以做？什么不可以做？

慢城运动主要围绕在人口50000以下的小城镇之间进行。25个国家中有超过166个城市已经加入了这项运动，他们正在实施"五十四点纲领"，这个纲领旨在打造一个更平和、少污染的环境，保护当地的遗产，培育当地的手工艺和烹饪技艺，创造出更可持续的经济，形成一个休闲的生活方式。例如，意大利小镇奥维多已经建立了一个更加可持续的公共交通系统，该系统以使用电动公共汽车为基础。位于黑森林附近的德国小镇瓦尔德基希，众所周知的社会培育项目，主要为了供养家庭、培养年轻人、支持新的移民和帮助失业人员。中国第一个慢城桠溪，正在努力打造可持续性的旅游业。虽然慢城运动因其突出标签而获利，但是越来越多的小城镇开始认真对待自身价值观，贯彻落实各种可持续发展的措施。

在探索可持续发展问题的解决方案时，小城镇便成了先锋。维尔德波尔茨里德是德国南部一个大约只有2500个居民的小城镇，但它生产的能量是它所需总量的3.2倍。其结果是，该镇向国家电网供电的收入约为400万欧元。这一举措可以追溯到1999年，该镇确定了能源独立的发展目标。该镇提供众多的替代能源，如沼气、风车和太阳能电池板。该镇还利用水作为一种可再生能源资源，以及区域所能获得的木材修建了一座停车楼。由于在综合气候保护方面所做的努力，维尔德波尔茨里德获得了"2009年欧洲能源奖"。

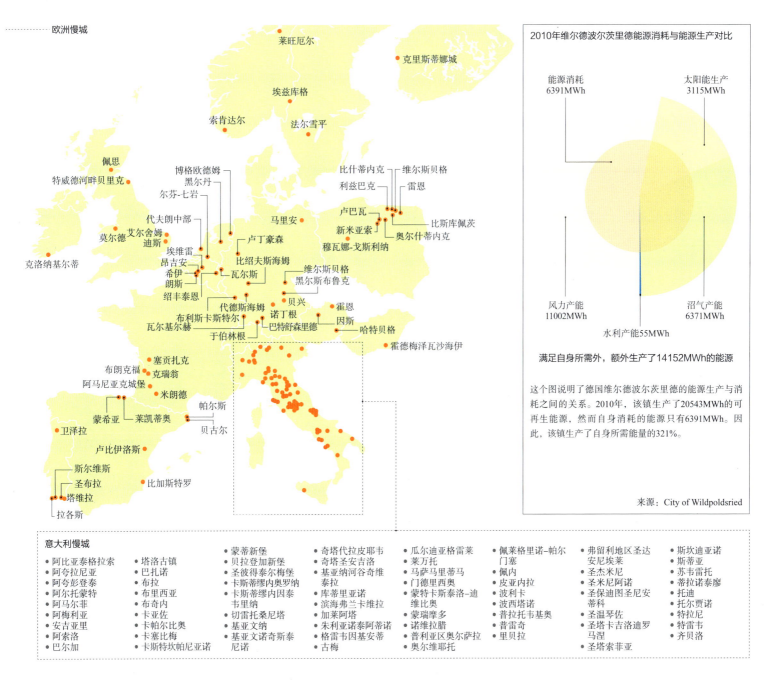

满足自身所需外，额外生产了14152MWh的能源

这个图说明了德国维尔德波尔茨里德的能源生产与消耗之间的关系。2010年，该镇生产了20543MWh的可再生能源，然而自身消耗的能源只有6391MWh。因此，该镇生产了自身所需能量的321%。

来源：City of Wildpoldsried

第 13 章　智能城市
THE INTELLIGENT CITY

凯文·C. 德苏扎　KEVIN C. DESOUZA

核心城市 Core city
伦敦 LONDON ─────

次级城市 Secondary cities
阿姆斯特丹 AMSTERDAM ─────
东京 TOKYO ─────
纽约 NEW YORK ─────
新加坡 SINGAPORE ─────
首尔 SEOUL ─────
旧金山 SAN FRANCISCO ─────
芝加哥 CHICAGO ─────
悉尼 SYDNEY ─────
维也纳 VIENNA ─────

左图：伦敦，英国

智能城市：引介

"智能城市为生活在其中的居民带来信息和资源，居民利用这些资源能够提高他们自身的生活质量。"

与其他组织一样，一座城市的兴盛或衰败取决于一种能力，就是处理环境信息的能力。由于缺乏对实时决策进行数据处理的能力，城市在行政机构、工作流程和突发事件的管理等方面是缺乏效率的。这导致了大量资源和机会的浪费。此外，到目前为止大多数市民仍旧是政策的被动接受者，而这些政策是由他们选举出来的官员们所制定的。以往的城市规划师和设计师们通常将注意力放在为市民生活进行创新设计，而不是与市民一同改革创新。然而，为市民提供自我创新的资源和能力，才是更好的选择。

而今，随着通信和计算（机）技术的进步，城市为了能够使自身变得更加"智能"，正时刻处理着各类数据和信息。移动技术的应用和互联网的普及使得信息对大多数人来说唾手可得，即使是那些最贫穷的人也可以很容易地获取数据。为了能够通过实时处理数据来实现精明决策的目标，城市在物质空间和社会环境等领域融合使用了多种技术。此外，城市也正在开放从前对公众有所保留的数据。相应地，在打造未来城市环境方面，市民也正扮演着更加积极的角色。市民不仅创造出了更加智能的应用程序，而且为了从其他同伴那里获取问题及其解决方法，他们还搭建了一个线上平台。

通过对信息的收集和分析，城市的情境意识提高了，这也促使城市可以更好地作出实时决策来提高居民的生活质量。以阿姆斯特丹为例，他们与网络计算公司思科

1. 旧金山
旧金山研发了智能停车系统，SF Park。这个系统允许城市在其范围内重新分配停车需求。网页服务和手机应用帮助市民按地点和价格寻找停车处。（智能停车）

2. 芝加哥
芝加哥开发了"虚拟盾牌"的项目，这个项目是世界上最大的视频安全部署之一。这个统一的光纤网络将部署一个无线监控战略性基础设施，通过这个设施来进行实时的、与司法相关的安全应用的视频采集与监控。（智能安全）

3. 纽约
纽约加入了很多合作组织以拓展纽约市的无线和宽带连接业务，这些连接对公众免费开放以鼓励公众拓展和创业。（智能连接）

合作，共同开发了"城市生态地图"这款软件。城市生态地图是一款基于互联网工具，可以依据碳排放量的多少将市民的活动对城市的影响变得可视化。这款软件在区域层面可以使这些数据以可视化的方式得到呈现，同时给市民一些生活方式的建议，引导他们如何更持续改进日常活动来降低排放。诸如伦敦等城市是通过闭路电视和一些复杂的视频及图像处理技术来监控其边界内的活动。城市可以融合不同来源的数据，通过安装在各种产品上的传感器来进行实时决策，在汽车和道路上都安装这种传感器，甚至安装到市民携带的身份徽章里等。通过城市无线网络等信息技术的研发，信息设备与个人用户之间通过无线网络连接，这也使城市信息互联变得可能。诸如首尔等城市已经在利用无线网络来检测关键的基础设施以提高公共安全。

在我们已知的众多智能城市的技术应用中，应用最普遍的就是能源领域，这是为了让我们在珍稀资源开发上能够作出明智的决策。新加坡在2006年开展了一项为期十年，耗资32亿美元的总体规划，以期将自身建设为一个"智能国家"。智能计量系统为消费者提供一些能源消费的实时信息，以此来带动消费者改变自身的行为。此外，智能网格系统允许能源提供商回购客户未使用的能源，促进能源的高效利用。

通过创新的实施技术，现有的城市正在使自身变得更加智能化。这些城市正在改造自身的基础设施，提高工作流程的自动化程度，甚至通过提供信息来赋予市民革新的权利。我们也正在目睹"新"的智能城市发展，以智能化的方式从零开始建造。考虑一下藤泽市（一个位于东京西南方大约25英里的城市）的情况，这是一个由电子巨头松下公司牵头的项目，这座城市由1000多座智能房屋组成，城市的每一座房屋都配备了先进的传感器和信息技术，以优化资源消耗，并为居民提供每个事项的实时信息。城市将以一种可持续的方式建造，并运用信息网络来推动家电的智能使用，进而提高能源效率。

智能城市是创新的温床，特别是当涉及技术设计来解决城市挑战时。本章考虑了一系列的挑战，并通过"智能"技术应用来迎接这个挑战。

> **4. 伦敦**
> 伦敦通过伦敦数据商店，使市民可以免费获得并使用公共数据。这些数据主要由公共服务数据、交通拥堵情况更新和地铁运行情况数据组成。（智能获取）

> **5. 阿姆斯特丹**
> 阿姆斯特丹的乌特勒支气候街是一条自发改造的街道，它是通过可持续的垃圾收集、智能仪表、电车站和街道照明等设施将乌特勒支大街变成一条热门的购物餐饮街，发展成一条节能的、具有环境意识的街道。（智能街道）

> **6. 首尔**
> 首尔大都会政府制定了一个"智能工作中心"计划。这个计划允许政府雇员在靠近他们家庭的10所办公室工作，这些办公室配备了复杂的群体合作软件和远程会议系统，通过这些来进行工作。（智能工作）

> **7. 东京**
> 东京正在通过消除浪费行为和采取易于实施的可持续的节能措施把自己转变成一个"智能能源城市"，同时提高自身低碳程度和灾害抵抗能力。（智能节约）

> **8. 新加坡**
> 新加坡的出租车（配备了GPS）实时交通信息、综合公交系统以及电子道路收费系统，这些智能系统增强了地铁运载效率。（智能交通）

> **9. 悉尼**
> 悉尼通过实行"智能网络，智能城市"来测试一系列的智能网络技术，进而收集关于该应用技术收益与支出的信息。（智能计量）

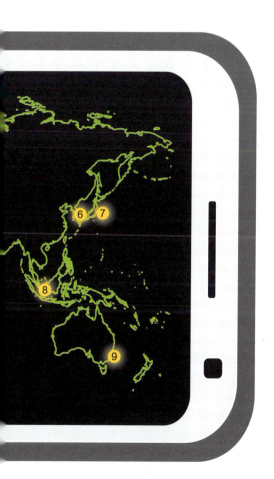

智能城市的世界地图

智能城市从客体、活动参与者，以及自身环境内外的事件获得感知数据去实现行动的知识信息，这些知识信息将被用于城市空间管理、工作程序优化和实践管理、市民组织、政府机构管理以及管理城市现在和未来发展。许多城市已经实现开放数据项目，通过这个项目，多种多样的关于运营和治理机制的数据变得可以被广泛地使用，以便最大化将这些信息应用在设计、规划和对资源与环境的治理上。

第13章 智能城市

图解城市

开放数据

智能城市努力通过多样地应用技术使市民享受到更加智能的生活。市民作为解决城市问题的主动参与者，不仅可以通过与公共机构合作，也可以通过与其他市民建立一种合作关系，利用他们的创造力、专长和洞察力来创新智能生活。为了促进公众参与，城市正在解放掩藏在管理、城市、基础设施和服务系统中的数据。开放数据服务是为动员创意阶层来设计智能城市空间，这就为市民提供机会来提出以技术为基础的创新性解决方案，包括从移动应用到众包平台。

伦敦处在"如何最大化整合现有资源和技术"这项研究的最前沿。在2010年，伦敦通过开设伦敦数据商店，让公众可以使用政府数据。在伦敦政府的管理下，伦敦数据商店让市民有机会浏览与使用城市机构和公务人员发布的原始数据。这些发布的信息包括了犯罪、经济、预算、优势资源以及来自交通系统的实时数据。向市民提供如此强大的信息工具背后是双重智慧：开放数据源不仅提高了政府官员工作的透明性，同时也加强了创业的积极性，而后者能通过降低支出使城市获益。受伦敦的开放数据系统鼓励，出现了一种重要的创业形式，就

伦敦自行车租赁APP
这是一个为伦敦的巴克莱自行车租赁计划而制作的应用程序，该应用使用快捷有效且用户体验较好。市民可以用APP定位伦敦市中心400个自行车存放站中的任意一个，获取自行车租赁站之间的路线，还可以使用预先载入到应用中的地图，这样在没有网络的时候也能够正常使用。

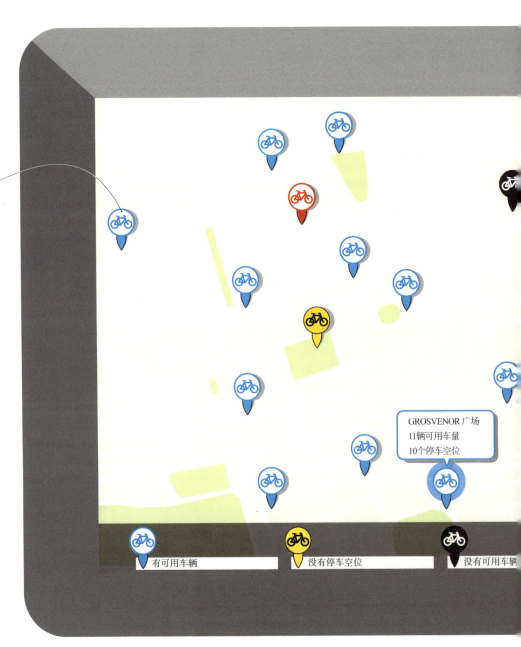

是研发一些可以在多种电子设备上运行的软件应用程序。马修·萨默维尔（Matthew Somerville），一位网页开发者，创建了一个伦敦地铁的在线地图应用，而这应用仅一天就获得了25万次的点击量。类似地，本·巴克（Ben Barker），一位电子工程师和骑行者通过从伦敦数据商店上获取的信息创造了一个自行车地图。像这样的应用程序致力于给公众提供便于理解与使用的信息。

纽约市不仅将城市服务范畴内的数据向公众开放，更鼓励研发一些移动应用程序来让这些数据变得可用。"NYC Big Apps①竞赛"（http://nycbigapps.com/）产生了一批创新性解决方案，包括：在城市里有效地找到车位的工具、改变空置物业用途的工具以及有效应用公共交通的工具等。此外，纽约市市长迈克尔·布隆伯格（Michael Bloomberg）还有一个"极客小队"，他们通过挖掘城市数据来寻找解决城市问题的创新性方案。纽约市政策与战略规划办公室里的这支"极客小队"由那些拥有很强的计量和分析技能、技术娴熟的专家组成。这个小队刻苦研究城市每日收集到的海量数据，通过研究使这些数据变得有意义。市民利用这些数据来创造提高城市治理水平的技术。市民通过创建移动应用提高了公共交通载客量，加强了对所在地区犯罪活动的认识，提升了实时问题的处理能力，制定了区域出行路线，优化了垃圾收集系统，减少了地方治理中的低效和腐败等。通过移动应用程序，市民在进行日常活动时，以一种更有意义、更加丰富的方式直接接入城市系统，并与城市进行互动。

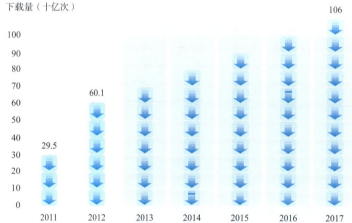

年应用下载量

下载量（十亿次）

到2017年的预计数字

来源：Berg Insight

APP使用量的增长

人们在日常生活中越来越多地使用应用程序（APP），因为其便携性、便利性和快速的信息生产。从智能生活的角度来看，APP最吸引人的一个方面就是它们能够个性化地适应一个人的日常需要。这就意味着精明和可持续的生活方式变得更容易协调和保持。

① NYC Big Apps Big Apple和Big Apps谐音，这里是美式幽默的一种体现。——译者注

基础设施

智能基础设施的创新可以提高一个城市满足公众需求的能力。智能基础设施的范例是：通过监控道路拥堵程度及预测事故多发地而进行相应限速的道路；根据不同时段调整规格不同的行驶车辆来满足变化需求的巴士系统；通过实时监控和预测来满足供电需求的电力网络。比如，实时停车量和停车预测应用程序可以降低居民的沮丧感和提高生活质量；放置在车位上的传感器可以确定某个停车位是不是空的，司机们可以通过智能手机中的应用来获取这个信息。为那些因担心没有停车位而不来的人敞开了城市大门，提高了本地商场的可达性，进而可以促进本地经济。"环街转圈"找停车位现象的减少，降低了二氧化碳排放，减少了交通量，还缩短了车程。

一些信息装置已经安装到更智能的基础设施中，市民可以在日常活动时使用这些装置。意大利电信公司创造的下一代电话亭就是一个在城市中嵌入智能信息设备的例子。其原型机被安置在都灵，就在都灵理工大学外面。这个电话亭既可以用来打传统电话，也可以让使用者找到关于本地景点、购物中心、公共服务机构，甚至是社交网络的

智能道路
路中央或者道路附近的无线传感器网络可以对城市交通基础设施的养护和建设有所帮助。无线传感器可以监控道路路面的状态，隧道中的空气质量以及天气状况，这一切信息监控都是为了保障出行者的安全和经济效益。

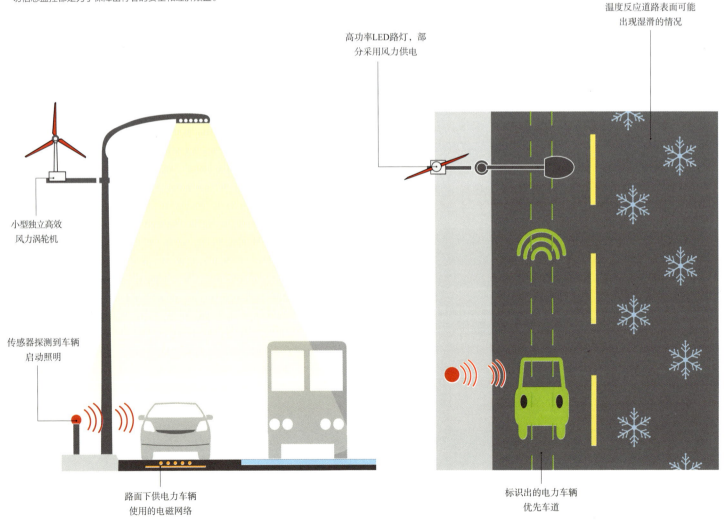

小型独立高效风力涡轮机

传感器探测到车辆启动照明

路面下供电力车辆使用的电磁网络

高功率LED路灯，部分采用风力供电

温度反应道路表面可能出现湿滑的情况

标识出的电力车辆优先车道

信息。来到都灵的访客们不必依赖于静态地图来寻找方向,他们还可以通过这些信息电话亭来获取动态的、带有具体地址的实时信息。

东京的金融机构正在开发一款更智能的ATM,这些ATM可以让顾客用指纹认证而不是传统的塑料卡片来进行交易。提供将手放到扫描设备上,在输入类似生日或PIN之类的认证密码,顾客就可以进入他个人的金融管理系统。这项技术将三个指纹的组合图案与掌纹数据进行配对,在几秒钟内就可以将成百上千万的、可能的身份筛选到数千个,然后依赖多个服务器上的平行计算进行细部图案识别。考虑到东京容易遭受自然灾害,而在自然灾害中人们很容易丢失所有个人物品,而捡回物品有可能面临危险,那么,指纹的应用就为获取资金提供了一种更友好、更灵活的方式。

智能基础设施设计的一个至关重要方面,就是推动市民自下而上的设计与规划。因为城市发展影响到市民日常生活的方方面面,也影响了后代的生活。为了更加可持续、更具创新的未来,赫尔辛基选择一个鼓励合作和理念发展的方式。在2009年,赫尔辛基与希特拉的芬兰创新基金合作,开展了"Low2No竞赛"(低碳到零碳)。这是一个可持续发展设计竞赛,它要求参赛队伍运用这四个核心原则来设计:高效使用能源;低/零碳排放;建筑、空间、社会的高价值结合;运用可持续的材料和方法。这不是一个建筑竞赛或是概念竞赛,而是要找到一个设计队伍,他们可以基于四项核心原则作出最好的可持续发展规划,最终来设计一座位于加卡萨瑞①的大型建筑综合体。

停车预测
停车预测系统会计算空位,也会预测什么时候停车场会有空位。结合历史数据(如之前的停车规律)和当前活动(如运动项目和演唱会)进行预测计算。

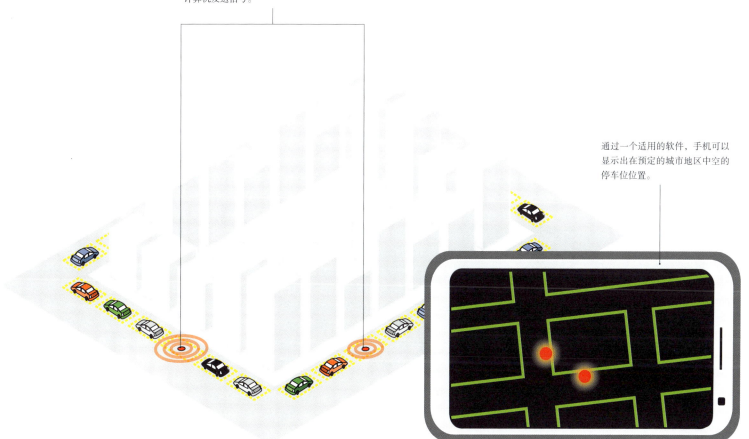

在停车场中安装的传感器可以识别车辆的出入,当没有车出现的时候,传感器会向中央计算机发送信号。

通过一个适用的软件,手机可以显示出在预定的城市地区中空的停车位位置。

---
① 加卡萨瑞(Jätkäsaari)是赫尔辛基的一个岛。——译者注

可持续性

智能城市正在部署一系列的技术和政策创新，以实现更多的可持续性。技术使个人和组织能够监测他们的个人行为如何影响他们所处的环境。通过提供实时信息，城市鼓励市民或组织改变自己的行为，从而降低他们对环境的负面影响。政策干预的重点则是改变市民消费和获取资源的经济模式。

为了在2040年之前成为国际知名的可持续城市，阿姆斯特丹为此作出了许多努力，这些努力的核心是通过技术革新促进可持续发展。技术革新第一步指向城市中心的一条人气很旺的繁华街道——乌特勒支大街。"乌特勒支大街气候街项目"是一个为期两年的试点项目，该项目的特征包括：以电力驱动垃圾收集车、智能测量、能量显示、电力车辆充电桩、夜间变暗的路灯、远程控制访问商场内的电子设备，所有这些技术都是为了降低乌特勒支大街的碳排放，这条街是城市中最繁忙的区域之一。"乌特勒支大街气候街项目"的初始目标是在市中心创造一个可持续的环境来教育市民降低自己的能源消费，并且鼓励人们以更加可持续的技术方式进行创业与合作。

作为对传统垃圾车的一种创新性回应，电力垃圾收集车在可持续性方面有许多优点。新的车辆不会造成污染或向大气排放二氧化碳，这些收集车利用一些特殊方式来高效利用能源，如能源回收制动系统，这个制动系统可以减少高达30%的能量消费，这对于持续"走走停停"的垃圾车而言是意义

智能小型电网
智能小型电网是智能电网的一个子元素，它们在当地产生，分配和调节流向消费者的电力。通过使用可再生资源、电力储备设施，以及一个智能电力设备控制配送系统来平衡电力荷载及电源的方式实现智能电网。智能电网所服务的社区可以使电力供应更加可靠、碳排放量降低、能源多样化，并且成本有所降低。

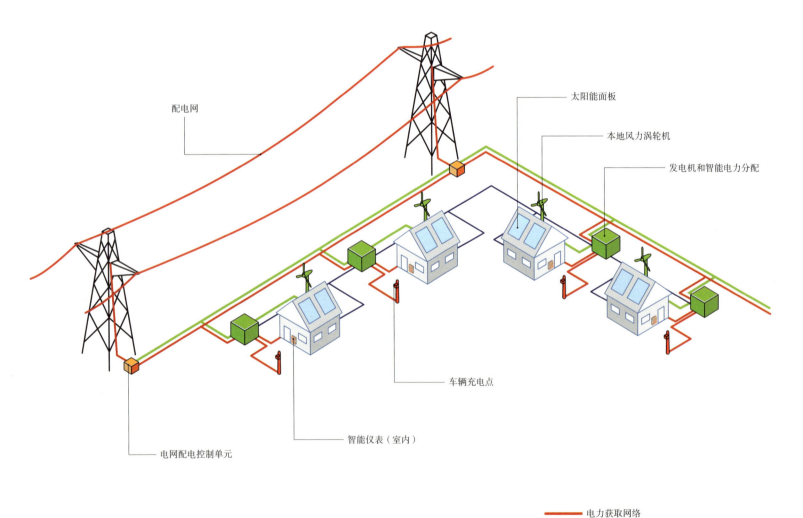

重大的。电力垃圾车配备了特别的制冷系统来帮助车辆在高温下运行,也可以在艰难的环境下运作。这些机器可以将垃圾箱和回收箱之类的东西举起,然后将里面的东西直接倒进垃圾压缩机中。所有这些特点导致能源消耗更少,对环境影响更小。在这个试点计划的末尾,也就是2011年,阿姆斯特丹官方宣布:通过节能措施二氧化碳排放下降了8%,而通过转换为清洁能源措施,更是让二氧化碳排放进一步下降了10%。

在澳大利亚,悉尼正在朝着成为一座智能城市的目标大步前进。为了节约电能,创造一个国内可获取的可再生能源,澳大利亚政府在纽卡斯尔和悉尼实施了一个商业级别的智能电网项目。智能电网为消费者和城市提供了一种实时获取能源使用信息的方法。这些信息允许使用者通过了解自身的能源消费方式来改变自己的行为。如果智能电网设备在全澳大利亚应用的话,政府估计澳大利亚人每年能够减少3.5兆吨的碳排放量。在纽卡斯尔和新南威尔士的司康,60个家庭被选中接入到一个试用的小型电网。这个小型电网是一个自给自足的、将本地能源连在一起的网络,每一处物业都有一个5千瓦的溴化锌电池,这个电池大约是电冰箱的大小,被安装在房屋外面。小型电网可以在非高峰期从主干电网中获取能量并贮存起来,因此使用这些小型电网中的物业可以抵御电力中断,还能独立地使用太阳能之类的其他能源。跟随能源高效使用的潮流,悉尼成为了澳大利亚第一座使用新的高能效LED街灯的城市。在悉尼各地多个邻里单位为期18个月的试用证实,高能效街灯使用可以减少碳排放,并节约50%的能量消耗。作为一个耗资700万澳元、耗时3年项目的一部分,GE能源公司与UGL有限公司开始在悉尼市政厅前面的乔治大街上安装了新的LED灯。这个计划表明,城市在作出更智能的生活选择时,一些小的改变也可以带来大的变化。

阿姆斯特丹乌特勒支气候街

创新技术,如使用节能灯的可持续街道照明,内置垃圾压缩器的太阳能垃圾箱,以及提供能源消耗反馈的能源显示器;只有乌特勒支的企业家和社区成员在减少能源使用方面取得一些进展。

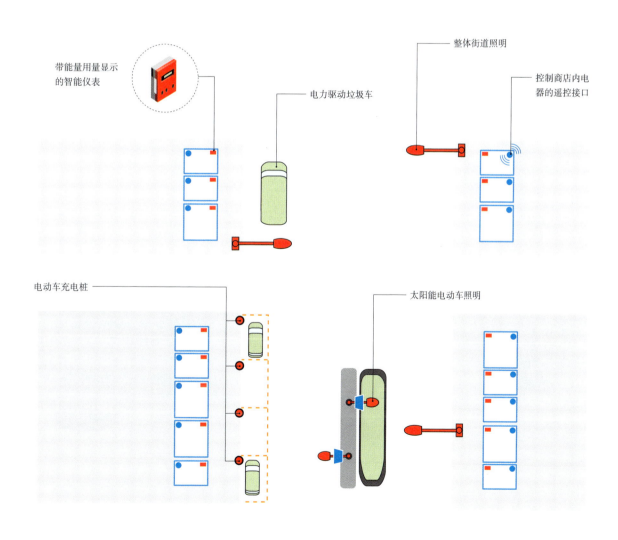

机动性

通勤交通不是一个小问题。据德克萨斯交通运输研究所估计，2015年全美平均每个通勤者为交通堵塞消耗的燃料和时间支出了900美金（在2010年这个数字是750美元）。2015年在交通堵塞中燃烧的燃料将达到25亿加仑（在2010年这个数字是19亿加仑）。当考虑到2020年世界汽车数量将从10亿辆倍增至20亿辆时，我们会更迫切地需要解决这个问题。事实上，据世界卫生组织统计，全世界每个月有超过10万人在交通事故中丧生，其中90%是人为过失的原因，所以无人驾驶车辆的研发就不足为奇了。

这些技术的好处不仅是减少了事故，而且还通过更加高效的路径减少了堵塞和污染。大部分主要汽车制造商已经研发出让我们更接近无人驾驶的技术，包括：适应性巡航控制、车道保持系统、自动泊车系统，以及基于激光或视线障碍检测的自动刹车技术。在其他汽车制造商中，宝马和奥迪已经在欧洲和美国测试过他们的无人驾驶汽车了。无人驾驶汽车使用了包括LIDAR（通过激光照射目标，分析反射光来确定距离的技术）、摄像机、GPS、超声波传感器、雷达传感器、车辆间通信系统、加速计，以及陀

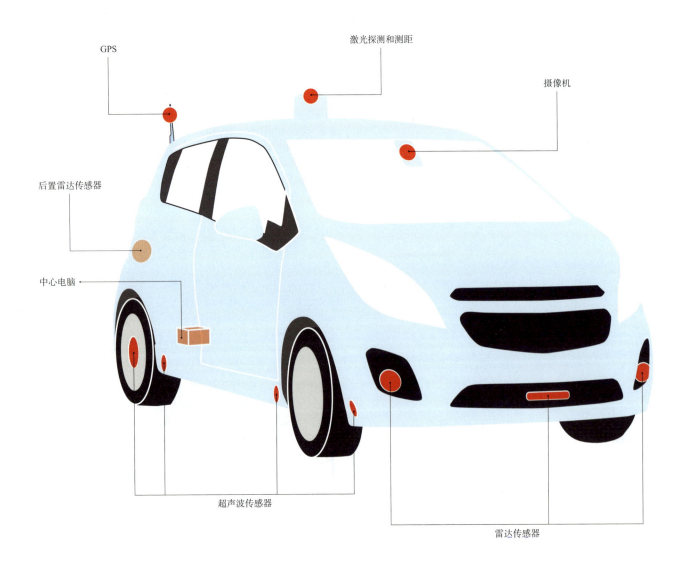

螺仪等技术在内的技术集成。谷歌正在投入一款软件设计，该软件可以通过处理来自车上多个传感器的信息以实现无人驾驶汽车。无人驾驶汽车发展的关键在于我们当前图像和图案识别技术发展水平的提高。

伦敦采取了一系列措施来解决市民交通方面的问题。伦敦在2003年实施了交通拥堵的收费制度，按照每日10英镑（16美元）的收费标准，通过使用车牌自动读取器对驶入拥堵区的车辆收取费用。伦敦的收费政策鼓励人们减少私人交通工具的使用和降低二氧化碳排放，还为伦敦的公共交通系统募集了资金。个体机动交通的使用下降到20世纪80年代的水平。2003年伦敦为市内的所有公共交通引入了一个预付储值卡系统（牡蛎卡，the Oyster card），让乘客更快捷地乘坐火车、电车和公交车。今天，每周有570万人使用牡蛎卡，超过80%的公交车和地铁车票是通过牡蛎卡支付的。另外一个提高可达性、减少交通的案例是2010年伦敦开展的巴克莱自行车租赁项目。这个项目允许会员和一般使用者在线注册，随时租赁或归还自行车。截至2013年4月，已完成了2120多万次租赁。在伦敦2012年奥运会期间，这个项目达到了单日47105次租赁。自行车项目的成功就是一个通过创新技术来提高机动性的、可持续发展的案例。

新加坡已经采取多种措施来限制城市中的汽车使用。市民必须拥有购买汽车的权利参加拍卖，为车牌支付的费用约为每年5万到7.5万美元不等。此外，政府还对车辆的销售价格征收了高额税收（大部分时间超过100%）。新加坡还利用电子道路收费系统等技术，通过道路的不同收费标准方法来控制城市的交通量。

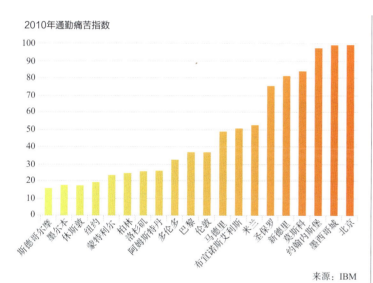

城市中的驾驶问题和智能解决方案
IBM全球通勤痛苦调查将世界最重要的经济城市的通勤感受和经济代价按从1到100的排名，其中100代表繁重的。尽管在某些区域这个指数是高的，尤其是南半球一些新的发展中城市。但是部分西方城市随着处理交通拥挤和改善公交网络等基础设施投入的增加，其通勤痛苦指数也有所下降。

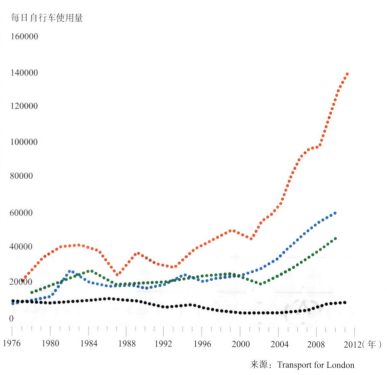

伦敦自行车的兴起
伦敦在提高自行车可获取性和安全性上取得了很大进展。除了自行车租赁项目外，巴克莱还资助了自行车超高速通道，这个项目是为了连接内外伦敦，同时在城市中心及周边提供安全的自行车地带而开发的。

创业

智能城市正在采取积极的措施来聚集有创意、有天赋的创新技术发展专家。这个创意阶层包括了理工科、设计、教育、艺术和娱乐方面的从业者,他们的经济功能就是创造新的创意内容。城市中的创意阶层在城市设计、组织推动创新的活动和项目,以及营造一种催化经济发展的创业文化等几个方面都扮演了关键角色。

在伦敦,以加州的硅谷为模板的东伦敦科技城集聚了诸如思科(Csico)、脸书(Facebook)、英特尔(Intel)、谷歌(Google)以及沃达丰(Vodafone)等科技巨头。在这个坐落于老街环路附近的科技城里,技术型初创项目和那些已经站稳了脚跟的公司,在2008年至2011年间从约15个增长到200个。特别是,一开始这个项目是由政府创办的。科技城从政府获得5000万英镑的投资,用以提升其全球性的技术形象和作为重要国际科技集成的知名度。科技城发展中涌现了许多创新机构:思科的设备制造商、电信、帝国理工大学和伦敦大学学院(简称UCL)共同建立的"智能基础设施"研究中心;而英特尔组建了一个高性能计算机集群为当地的公司提供尝试新技术

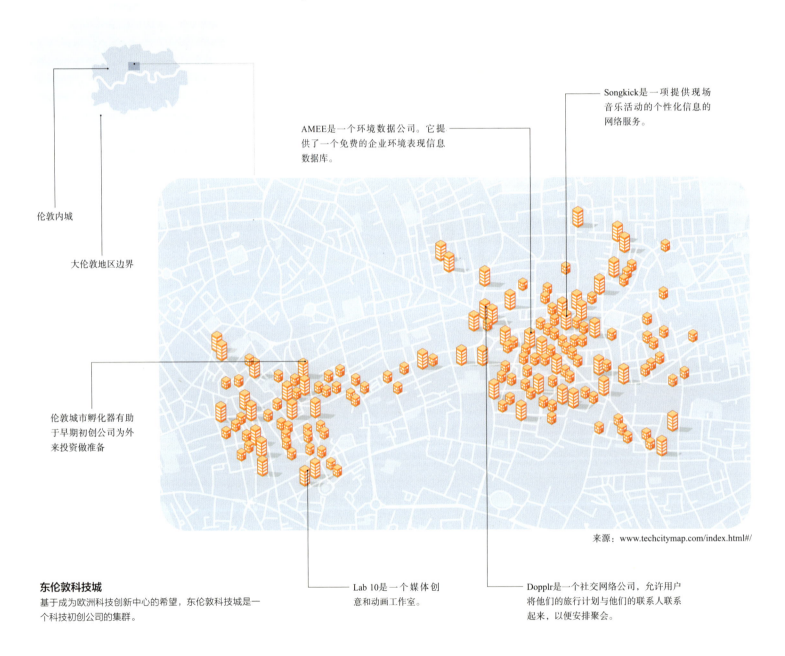

伦敦内城

大伦敦地区边界

伦敦城市孵化器有助于早期初创公司为外来投资做准备

AMEE是一个环境数据公司。它提供了一个免费的企业环境表现信息数据库。

Songkick是一项提供现场音乐活动的个性化信息的网络服务。

Lab 10是一个媒体创意和动画工作室。

Dopplr是一个社交网络公司,允许用户将他们的旅行计划与他们的联系人联系起来,以便安排聚会。

来源:www.techcitymap.com/index.html#/

东伦敦科技城
基于成为欧洲科技创新中心的希望,东伦敦科技城是一个科技初创公司的集群。

的机会。为了更好地合作和创新,科技城允许企业和专家聚集到一起,而更好的合作和创新可以为未来吸引更多的专业人才和技术创新。

城市必须具有企业精神以避免陷入衰退。随着城市的社会经济环境的改变,城市必须采取前瞻性的措施来发现衰退的信号,理解信号背后的意指,进而以必要的创新性来作出回应。一度衰落的都灵如今成为了一个领先的智能城市,作为意大利汽车之都,拥有如菲亚特这样的主要汽车制造商,在意大利汽车部门衰落中都灵受到严重打击。当汽车产业开始下滑,都灵的领导察觉到了多样化产品生产和发展非基础工业的必要性。都灵将其精力投入到国际市场、城市规划和创新投资中,而没有继续将自己作为"意大利汽车之都"推销。同时政府还为食品部门和旅游部门发展提供了支持。

在都灵调整姿态和重新确定方向的这个时期,它成为了意大利最有活力的城市之一。经历了人均GDP增长超过10%,远远高出2012年的意大利国家平均水平,都灵如今正在一个上升期。许多旧的工业综合体被改造成繁荣的商业区域,如购物中心、旅馆、艺廊和餐馆。都灵创造性地将自身作为一个可以提供满足多种需求的、一站式购物体验的贸易综合体进行营销。这种方式推动了都灵多项产业发展,而不是只加强一个大的产业门类,这种方式被证明是有效的。都灵理工大学在都灵发展过程中扮演了关键角色,确保了毕业生都具备促进当地经济发展的相关能力。同时都灵理工大学还主持了I3P孵化器项目,这个孵化器是一个非盈利的教育、商业和政治机构的团体,通过用投资人、项目专家和顾问的网络化聚集支持初创企业,并进而培养初创企业。

2012年美国前10名科技初创公司
美国是世界上许多资本最富裕的科技初创公司的故乡。科技初创公司是有利于生产教育、人才、融资和有利于生产环境的混合体。这些城市都拥有对这些寻求成功的萌芽期创业公司具有吸引力的属性。

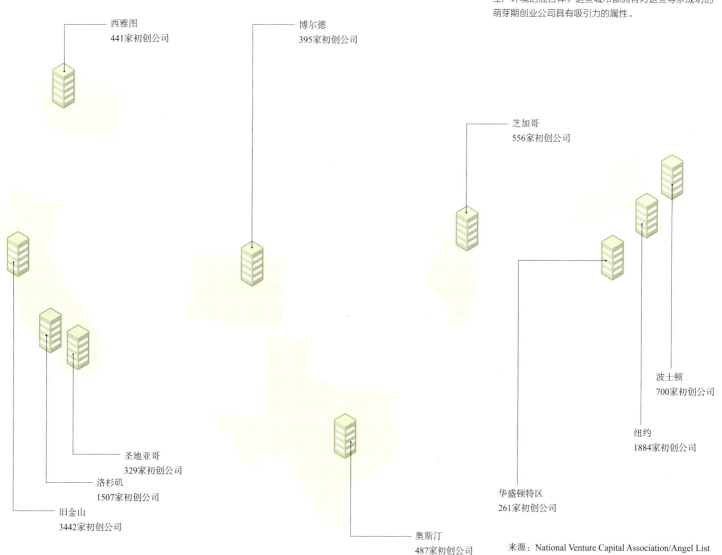

西雅图 441家初创公司
博尔德 395家初创公司
芝加哥 556家初创公司
波士顿 700家初创公司
纽约 1884家初创公司
华盛顿特区 261家初创公司
圣地亚哥 329家初创公司
洛杉矶 1507家初创公司
旧金山 3442家初创公司
奥斯汀 487家初创公司

来源:National Venture Capital Association/Angel List

生活质量

智能城市努力创新就是为了保证市民享受高标准的生活。运用技术保持城市基础设施与时俱进是实现保证居民享受高标准生活这个目标的关键。这就要求城市不仅考虑其当前,而且还要考虑是否满足未来的期望。城市经历变革的过渡时期,常被视为从市民中获取回馈而进行尝试的时期。

我们来看看维也纳的案例。维也纳是世界上最佳生活城市之一。到2050年,这个城市将会经历重大的人口变化,从奥地利最老龄化的地区之一变成最年轻化的地区之一(目前只有20%的维也纳人的年龄超过60岁)。为了适应这种人口变化,维也纳已经让自己变得对年青一代更友好、更平易近

维也纳智能城
维也纳市政府正在改进其城市的设计、开发和观念。维也纳正试图通过长期基础设施、能源和交通的改进来改善市民生活品质。

无车居住区
居民承诺不拥有或使用自有车辆。作为替代,他们步行或使用公共交通工具和自行车。

自行车之城
从前的北火车站地区将在2025年前成为一个全新的城市地区。

改善足迹
欧洲气候中性(不对气候造成危害)城市区域通过运用革新性的新技术和建筑技术改善他们的碳足迹。

太阳能发电厂
维也纳市民有机会投资社区出资的太阳能发电厂。任何居住在奥地利的个人都可以持有维也纳市民太阳能发电厂的股份。

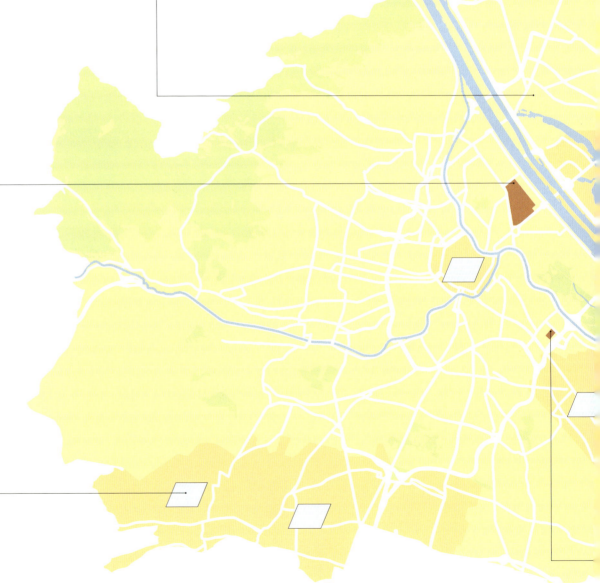

人。"维也纳智能城"设计模型主要专注于降低城市对其环境的影响,以及为快速变化的人口进行规划,为建设更智能的城市树立榜样。实现这个目标的主要方式就是建立自行车友好型城市。市政府承诺:维也纳将在2015年前将骑车占所有交通方式的比例从5.5%增加到10%。维也纳将注意力放在创造"自行车友好的街道",升级主要路线,如峰值使用人数多达每天7000多名骑行者的"环伦德"自行车道,进一步扩建自行车停车设施(现在已有超过3万个停车位),提出新的自行车与公共交通结合的方法。自行车停车设施,尤其是在铁路站点的停车设施也正在进行投资建设。

保持良好生活质量的一个关键领域是保证城市与市民和游客保持一种亲近的状态。在对抗高物业价格方面,东京通过引入创新性解决方案领先其他所有城市,与大部分城市一样,东京的房地产价格很高,这让一般市民和旅客难以亲近这个城市。因此,酒店正在试验提供胶囊式的住宿,东京一间传统酒店的客房每晚大概需要250美元。相比之下,你仅需花费每晚35美元就可以租到一个有床、电视、无线网络、闹钟和与人生物节律一致的程控式照明的胶囊。一间传统酒店客房可以容纳大约8个胶囊,淋浴和行李存放由公共部分提供。由于这些胶囊使人更容易接近城市而大受欢迎。

阿斯佩恩

作为欧洲最大的城市开发项目之一,维也纳城市湖岸将成为一个城中之城。这个预计在2028年完成的项目,将建造能供2万人居住的8500间住宅单元,并预计创造2万个就业岗位。

Smile

SMILE,即智能交通信息及售票系统,是一个全奥地利多模式交通平台。它为公众和个人交通服务提供易于理解的信息。

Marxbox

奥地利的第一座获得由美国绿色建筑协会颁发的LEED(领先能源与环境设计)金奖的"绿色"实验建筑。

来源:smartcity.wien.at/site/

2012年最宜居城市前50名
源自美世生活质量调查

1	**维也纳**	奥地利
2	苏黎世	瑞士
3	奥克兰	新西兰
4	慕尼黑	德国
5	温哥华	加拿大
6	杜塞尔多夫	德国
7	法兰克福	德国
8	日内瓦	瑞士
9	哥本哈根	丹麦
10	伯恩	瑞士
10	**悉尼**	澳大利亚
12	**阿姆斯特丹**	荷兰
13	惠灵顿	新西兰
14	渥太华	加拿大
15	多伦多	加拿大
16	柏林	德国
17	汉堡	德国
17	墨尔本	澳大利亚
19	卢森堡	卢森堡
19	斯德哥尔摩	瑞典
21	珀斯	澳大利亚
22	布鲁塞尔	比利时
23	蒙特利尔	加拿大
24	纽伦堡	德国
25	**新加坡**	新加坡
26	堪培拉	澳大利亚
27	斯图加特	德国
28	檀香山	美国
29	阿德莱德	澳大利亚
29	巴黎	法国
29	**旧金山**	美国
32	卡尔加里	加拿大
32	赫尔辛基	芬兰
32	奥斯陆	挪威
35	波士顿	美国
36	都柏林	爱尔兰
37	布里斯班	澳大利亚
38	**伦敦**	英国
39	里昂	法国
40	巴塞罗那	西班牙
41	米兰	意大利
42	芝加哥	美国
43	华盛顿特区	美国
44	里斯本	葡萄牙
44	**纽约市**	美国
44	西雅图	美国
44	**东京**	日本
48	神户	日本
49	马德里	西班牙
49	匹兹堡	美国
49	横滨	日本

生活实验室

图解城市

智能城市正在将自身转变成生活实验室，以场所的方式轻松地体验新的技术。生活实验室将城市当作一个实验性环境，在这里个人和机构可以进行实地实验以测试新技术，产生新的知识。新知识将提高城市的规划和设计、改善管理系统、优化办公程序和基础设施。

生活实验室是一个真实的测试环境，也是一个试验性的环境。在这个环境中，市民可以自主创新并共同创造。生活实验室利用共创、探索、实验以及评价几种方式来寻找解决方案。这些活动都可以在不同的情景发生，并产生不同的结果。生活实验室可以提高创意成功的机会，因为这些想法已经通过了用户、制造商和公众的测试。阿姆斯特丹开设了欧洲最早的生活实验室——阿姆斯特丹生活实验室。它专注于完善可持续的理念，而这些理念可以为市民提供高效的服务，例如大规模交通管理以减少交通拥堵，通过智能环境及反馈获得更高的能源使用效率，以及通过媒体的帮助促进同城居民之间创意交换。阿姆斯特丹生活实验室的关

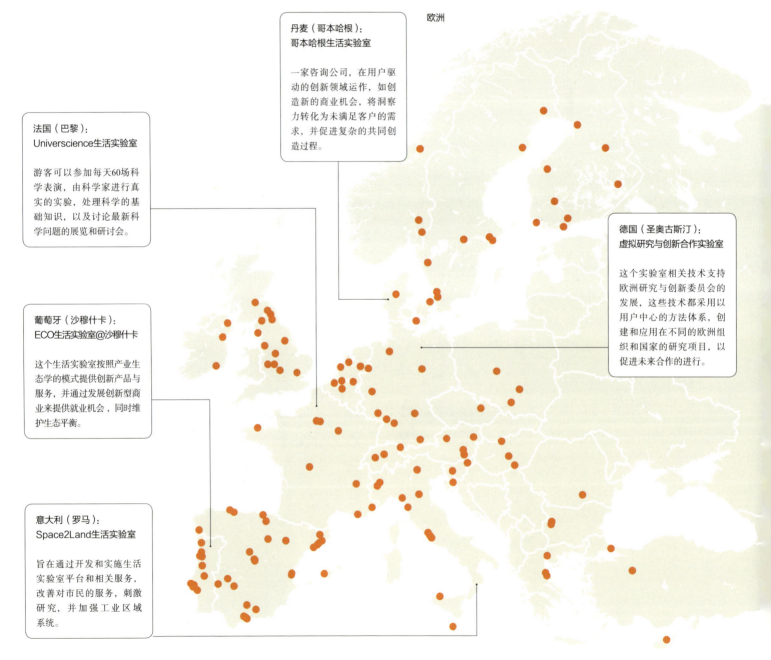

法国（巴黎）：Universcience生活实验室

游客可以参加每天60场科学表演，由科学家进行真实的实验，处理科学的基础知识，以及讨论最新科学问题的展览和研讨会。

葡萄牙（沙穆什卡）：ECO生活实验室@沙穆什卡

这个生活实验室按照产业生态学的模式提供创新产品与服务，并通过发展创新型商业来提供就业机会，同时维护生态平衡。

意大利（罗马）：Space2Land生活实验室

旨在通过开发和实施生活实验室平台和相关服务，改善对市民的服务，刺激研究，并加强工业区域系统。

丹麦（哥本哈根）：哥本哈根生活实验室

一家咨询公司，在用户驱动的创新领域运作，如创造新的商业机会，将洞察力转化为未满足客户的需求，并促进复杂的共同创造过程。

欧洲

德国（圣奥古斯汀）：虚拟研究与创新合作实验室

这个实验室相关技术支持欧洲研究与创新委员会的发展，这些技术都采用以用户中心的方法体系，创建和应用在不同的欧洲组织和国家的研究项目，以促进未来合作的进行。

来源：www.openlivinglabs.eu

注点是理解优秀设计与用户实际行为之间的互动方式。而将创意转化实际技术的关键是让生活实验室加强合作，鼓励创新和促进技术研发，并最终通过这些工作方式来获得成功。

生活实验室也涉及众包想法，并主动让市民参与到试验和寻找解决方案的过程中。随着阿姆斯特丹持续面对市民们的挑战，社区领袖们建立了提高生活质量的方法，就是让各种利益相关者共同参与思考如何提高生活质量。阿姆斯特丹能否成为智能城市取决于它解决社区问题的渴望和决心，而解决的方法需要通过互相合作和技术创新来寻找。在2010年的一个众包实验中，城市提出了三个社区需要关注的地方政策挑战：（1）阿姆斯特丹的自行车储存问题；（2）通过红灯区重新设计和再利用来吸引新的商业；（3）说服房屋业主自己生产能源的方式。市政当局收到了100个想法，并考量了这些想法应对社区挑战的实用性和众包平台作为政策制定工具的可行性。

出于对研究新知识和测试尖端概念（其中很多出自R&D实验室）的需求，城市时常与学术机构建立伙伴关系。一部分生活实验室最初于大学中创立，另一部分则是由有意探索新概念的企业资助。新加坡与麻省理工学院联合创立了新加坡-麻省理工研究与技术联盟（SMART）。这个由新加坡国家研究基金出资的项目已经吸引到500多名研究人员，这些研究人员致力于设计技术方面来解决无数的城市挑战。

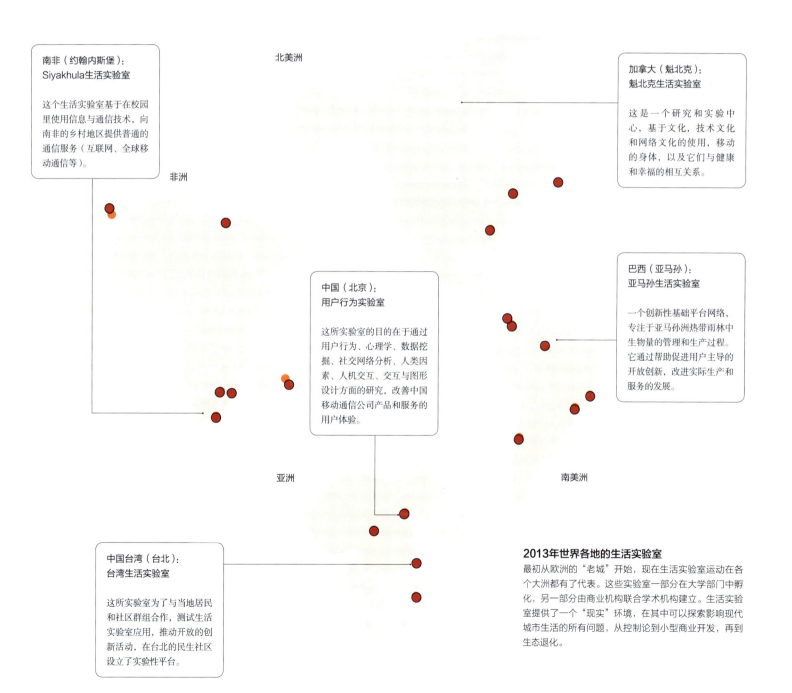

2013年世界各地的生活实验室

最初从欧洲的"老城"开始，现在生活实验室运动在各个大洲都有了代表。这些实验室一部分在大学部门中孵化，另一部分由商业机构联合学术机构建立。生活实验室提供了一个"现实"环境，在其中可以探索影响现代城市生活的所有问题，从控制论到小型商业开发，再到生态退化。

术语表

卫城（Acropolis）：源自希腊语，意为"最高的城市"，雅典卫城是建在山丘上的防御工事，是地中海沿岸许多古代城市的核心特征，是战时市民的避难所。最著名的卫城是雅典卫城。

市集（Agora）：在古代地中海城市中，市集是一个开放的空间，市民们会在这里聚集在一起，听取统治机构的宣告或报到服兵役。市集也是一个集市，开放的广场或空地一直是地中海城市的一个特点。

农业企业（Agribusiness）：经营粮食作物的生产和销售业务，特别是以集约化耕作、广泛使用化肥和农药为基础的大规模机械化作业。

奥德曼（Alderman）：城镇或城市管理委员会的成员，有时是由委员会自身推荐而非民众选举产生的高级成员。这一名称起源于英国，但在英国已不再使用；许多美国的城市都是由市议员委员会管理。

汇票（Bill of exchange）：一种有约束力的协议，规定一方当事人有义务在未来某一特定日期向另一方支付一笔固定的款项。在中世纪的欧洲，由于可靠的信使服务，这些票据在欧洲的引入，使贸易便利化，因为汇票消除了面对面交易和实际现金运输的必要性。

生物质（Biomass）：从可用作燃料的植物中提取的生物材料；木材是一个明显的例子，但甘蔗渣、稻壳和藻类也是实际或潜在的生物燃料来源。

助推器（Boosterism）：指的是在"谈论某一城镇或城市的优点"的过程中，可能涉及简单的言辞举止，如市长的演讲或宣传特技，也可能涉及大规模的市政投资，如举办国际体育赛事或建造引人注目的建筑。

资产阶级化（Bourgeoisification）：又称"绅士化"，是指由于去工业化等原因而失去了原有功能的城市工人阶级地区被重新开发利用，以适应被挤出城市其他地区的中产阶级居民的居住或商业需求。

建成环境（Built environment）：是指人们生活和工作的整个人类制造的空间。不仅包括建筑物和道路，而且还包括公园和开放空间、基础设施以及娱乐或零售商品等服务。

芝加哥学派（Chicago School）：20世纪20年代和30年代以芝加哥大学为中心的一群社会学家，他们研究并建立了城市环境对生活在其中的人的文化和行为的影响理论。芝加哥学派的著名成员包括路易斯·沃斯（Louis Wirth）、弗雷德里克·E. 克莱门斯（Frederic E. Clements）和罗伯特·E. 帕克（Robert E. Park）。

城邦（City-state）：在古典时期和其以后的时期，许多城市对周围地区行使指挥和控制职能，从而形成了小城邦，例如小亚细亚的希腊城邦，或文艺复兴时期的米兰和威尼斯。

清洁技术（Cleantech）：是指开发利用可再生能源技术的总称，这些技术具有效率和生产力，并能减少废品或污染。

集群（Clustering）：某一特定部门内提供服务或产品的公司为了互惠互利而在特定地点聚集在一起的过程，这一过程是一个自给自足的过程，随着时间的推移，往往将其他地点排除在这些活动之外。也称为"集聚"。

集装箱化（Containerization）：将货物包装成标准尺寸的钢箱进行运输和配送的过程，使港口城市的活动机械化，在20世纪60年代，利物浦和鹿特丹等城市的就业模式发生了大规模的变化。

创意阶层（Creative class）：由城市理论家理查德·佛罗里达（Richard Florida）确定的一个群体，由科学和工程、建筑和设计、教育、艺术、音乐和娱乐等领域的工作人员组成，他们的经济功能是创造新思想、新技术和新内容。

人口统计学（Demographics）：从统计学上可量化的子集，例如，可将特定人口按年龄、性别、收入、种族、教育、流动性等方面划分为不同的子集。

设计景观（Design scape）：有计划地通过引人注目的或综合的建筑项目来塑造建筑环境，以创造特定的形象，例如，投射出创意、商业活力或文化卓越的印象。

规模经济的不经济性（Diseconomy of scale）：增加组织规模造成的不利影响，与规模经济相反。

卧城（Dormitory town）：仅作为居民居住地的社区。人们在另一个通常是大都市地区工作，除了零售店以外，很少有本地就业来源，居民从另一地区获得收入。

反乌托邦（Dystopian）：与"乌托邦"相反，指的是生活条件远非理想的地方，有时适用于那些存在犯罪、过度拥挤、环境恶化、经济不平等或无家可归等方面的城市。

生态足迹（Ecological footprint）：人类个体或集体活动对环境的总影响，包括能源消耗和废物处理。计算一个人口的生态足迹是评估该人口的生活方式在生物圈现在或潜在资源方面是否可持续的一种手段。

圈地（Enclosure）：从16世纪起，英国的公有土地或开阔的牧场被围起来，由特定的土地所有者享有权利；这种做法将土地合并成更大的地块，限制了农业工人的共同利益，促进了农村人口向新的工业中心迁移，以寻找工作。

外部性（Externality）：外部性是指一项活动所产生的成本或利益，影响到没有参与该活动的第三方。一个明显的例子是工业或农业活动造成的环境污染，它给这类活动产品的生产者或消费者以外的其他各方造成了成本(无论是社会成本还是经济成本)。

花园城市运动（Garden city movement）：由埃比内泽·霍华德（Ebenezer Howard）于19世纪末发起，这是一个城市规划概念，设想了一个高度规划的城镇，大约有3万人，有开放空间和周围的绿化带；这些社区将可以自给自足，并将农业和工业纳入规划。

地缘政治学（Geopolitics）：研究地理问题对国家间政治关系的影响，其中可能考虑到实际位置、交通路线、自然资源和人口等因素。

温室气体（Greenhouse gases）：地球大气层中吸收和释放热辐射的气体，主要是二氧化碳和甲烷；如果没有这些气体，地球的大气层将明显变冷，因为太阳的热辐射不会在大气层中循环利用，并向地球再辐射。化石燃料的燃烧增加了大气中的二氧化碳含量，从而促进了全球变暖的进程。

行会（Guild）：由工匠或手工业者组成的协会，控制其特定行业的做法，规定资格标准，保护他们的共同利益。在中世纪的欧洲，行会对其特定行业拥有专属特权，这意味着他们在地方政府的政治中拥有强大的发言权。

腹地（Hinterland）：严格来说，它是指港口接收产品装运的区域。更广泛地说，它指的是在商业、文化或政治等方面受其影响的周边地区。

基础设施（Infrastructure）：一个组织或社会运作所需的基本设施。就城市空间而言，将包括供水、下水道、电力供应、道路和铁路以及电信系统，是开展生产性经济活动所必需的要素。

地方资源循环（Local resource loops）：合作项目的目的是在关键的资源、产品和服务方面发展一定程度的地方自给自足，例如，城市农场为其周边地区提供商品供应，或在特定社区内直接兑换商品和服务。

卢迪特（Luddites）：19世纪英国的一个熟练纺织工人运动，他们抗议引进可以由非熟练工人操作的机器，从而威胁到他们的生计。

超大城市（Megacity）：通常指人口在1000万或以上的城市。大多数超大城市都在发展中国家。

网状网络（Mesh network）：由无线节点组成的无线通信网络，由一个个无线节点组成的网状网络，在网络中，节点（例如笔记本电脑或智能手机）可以通过一系列的短链路在大范围内共享信息，如果有一个节点从网络中掉出，可以找到不同的路由绕过故障节点。

大都会（Metropolis）：源自希腊语，意为"母城"，大都会最初是定居者从那里出发建立殖民地的城市。在现代用法中，大都会是指对一个地区具有重要的政治、经济和文化影响的大城市；许多国家对大都会有一个特定的定义，具有行政意义。

单一中心（Monocentric）：指由一个单一的居住地发展起来的城市，而不是由几个原本在空间上独立的城市中心逐渐凝聚而成的城市，即"多中心"城市。一般来说，西方国家的城市往往是多中心城市，而发展中国家的城市通常是单中心城市。

新自由主义（Neoliberalism）：在其最新版本中，它指的是一种自由放任的资本主义形式，提倡自由贸易、放松管制和政府对经济的极其有限的干预。

新城市主义（New Urbanism）：是一种城市设计运动，倡导不排斥汽车、自由出入的开放空间、混合住宅类型、社区机构、当地企业和服务的步行街区。其目的是减少城市的无序扩张，创造自我组织和自我管理的社区。

节点（Node）：网络中两个或多个链路相交的点，能够接收、发送或转发信息。

寡头制（Oligarchy）：一小群人行使权力的一种治理结构，通常但不总是因为他们控制着财富而行使权力。

拉动因素（Pull factors）：吸引人们来到一个地方的条件，例如就业机会或更好的住房。

推动因素（Push factors）：导致人们离开一个地方的条件，例如过度拥挤或缺乏肥沃的土地。

服务部门（Service sector）：广义上讲，是指经济中涉及提供某种服务的部门，包括公共行政、医疗卫生、教育、金融、法律服务、零售、媒体和酒店业。也被称为第三产业，有别于第一产业（农业、渔业、矿产开采）和第二产业（制造业）。

奴隶制生产方式（Slave mode of production）：根据马克思主义理论，各种生产方式（指生产资料与特定社会中的法律和社会结构的结合）是人类历史上特定时期的特征。在古代世界，奴隶制生产方式要求某些阶层的人，通常是在战争中被俘的外国人被承认为财产，这些人提供生产劳动。

智能电网（Smart grid）：利用信息技术系统收集能源使用情况的数据，并根据情况自动进行调整的电网，例如在整个电网中重新分配电力，允许从分布式电源中取用电力，或提醒用户或附属于电网的设备在不同时间使用能源的可变成本，以鼓励更有效地使用能源。

雪鸟（Snowbird）：来自美国北部或加拿大，习惯性地在较温暖、较南方的地方过冬的人，通常是佛罗里达、亚利桑那、加利福尼亚或加勒比海地区。

郊区化（Suburbanization）：人口中较富裕的阶层从城市中心向城市边缘地区迁移，往往是为了逃避过度拥挤、污染或其他认为的生活质量不利因素。其结果导致社会阶层分层，贫困人口被留在城市中心，城市无序扩张，以及由于人们在城市中心通勤上班，交通量增加。

交易成本（Transaction cost）：执行或参与某种经济活动的成本，例如，找到你想买的特定物品的机会成本，支付给经纪人的佣金费用，或起草一份规定所进行活动细节的合同成本。

转化工业（Transformation industries）：制造业中涉及将原材料加工成可用于制造成品的二级材料的部门。

过渡时期（Transitional state）：就城市而言，这是一个城市要适应人口结构或经济状况变化的时期，这一过程既带来机遇，也带来威胁。

城市化（Urbanization）：广义上说，是指人口从农村地区向城市地区迁移的过程，其生活方式向城市转型，城市化的驱动因素包括经济和教育机会等。在发展中国家，城市化进程正在以前所未有的速度推进。

参考文献

（注：页码为原书页码）

奠基性城市

Image references

p. 18: Toynbee, A. ed., 1967. *Cities of Destiny*. London: Thames & Hudson; Leontidou, L., 2011 (in Greek). *Ageographitos Chora [Geographically illiterate land]: Hellenic idols in the Epistemological Reflections of European Geography*. Propobos, Athens; Dimitrakos, D. & Karolides, P. 1950s (in Greek). *Historical Atlas*, vol. 1. D.&V. Athens: Loukopoulos Editions.

p. 19: Benevolo, L., 1993. *The European City*. Oxford: Blackwell; Pounds, N. J. G. 1990. *A Historical Geography of Europe*. Cambridge University Press.

p. 20: Pavsanias, 1974 edn. (in Greek) *Pavsanias' Hellenic Tour: Attica*. Papachatzis, N. D. (ed. 1974), Ekdotiki Athens; Travlos. I., 1960 (in Greek). *Urban Development of Athens*. Athens: Konstantinides- Michalas.

pp. 21–3: Travlos, I., 1960 (in Greek). *Urban Development of Athens*. Athens: Konstantinides-Michalas; Biris, C. 1966 (in Greek) *Athens – From the 19th to the 20th Century*. Athens: Foundation of Town Planning and History of Athens.

pp. 24–5: Based on Leontidou-Emmanuel L., "Working Class and Land Allocation: The Urban History of Athens, 1880–1980," PhD dissertation, London School of Economics, 1981, p. 66, 290; also Leontidou, L. *The Mediterranean City in Transition: Social Change and Urban Development* (Cambridge: Cambridge University Press, 2nd edn, 2006 [1990]), p. 55 Fig. 2.1, p. 150 Fig. 4.8; page 25 also: Couch, C., Leontidou, L. & Petschel-Held, G. (eds) 2007. *Urban Sprawl in Europe: Landscapes, Land-use Change and Policy*. Oxford: Blackwell.

p. 30: Based on Benevolo, L., 1993. *The European City*. Oxford: Blackwell; Pounds, N.J.G. 1990. *A Historical Geography of Europe*. Cambridge University Press; also Wikimedia commons: Andrei Nacu: http://upload.wikimedia.org/wikipedia/commons/b/bb/Roman_Empire_125.png

pp. 32–3: Adapted from Leontidou, L., 2011 (in Greek). *Ageographitos Chora [Geographically Illiterate land]: Hellenic Idols in the Epistemological Reflections of European Geography*. Athens: Propobos; Demand, N. H., 1990. *Urban Relocation in Archaic and Classical Greece: Flight and Consolidation*. Norman: University of Oklahoma Press; Dimitrakos, D. & Karolides, P.,1950s (in Greek). *Historical Atlas*, vol. 1. D.&V. Loukopoulos editions, Athens.

Text references and further reading

Bastea, E., 2000. *The Creation of Modern Athens: Planning the Myth*. New York: Cambridge University Press.

Couch, C., Leontidou, L. and Petschel-Held, G. (eds), 2007. *Urban Sprawl in Europe: Landscapes, Land-use Change and Policy*. Oxford: Blackwell.

Demand, N.H., 1990. *Urban Relocation in Archaic and Classical Greece: Flight and Consolidation*. Norman: University of Oklahoma Press.

Diamantini, D. and Martinotti, G. (eds), 2009. *Urban Civilizations from Yesterday to the Next Day*. Napoli: Scriptaweb.

Lefebvre, H., 1991. *The Production of Space*. Oxford: Blackwell.

Leontidou-Emmanuel, L., 1981. *Working Class and Land Allocation: The Urban History of Athens, 1880–1980*. Ph.D Dissertation, University of London.

Leontidou, L., 1990/2006. *The Mediterranean City in Transition: Social Change and Urban Development*. Cambridge: Cambridge University Press.

Leontidou, L., 2009. "Mediterranean Spatialities of Urbanism and Public Spaces as Agoras in European Cities" in Diamantini, D. & Martinotti, G. (eds), 2009. *Urban Civilizations from Yesterday to the Next Day*. Napoli: Scriptaweb, 107–126.

Leontidou, L., 2011 (in Greek). *Ageographitos Chora [Geographically illiterate land]: Hellenic Idols in the Epistemological Reflections of European Geography*. Athens: Propobos.

Leontidou, L., 2012. "Athens in the Mediterranean 'Movement of the Piazzas': Spontaneity in Material and Virtual Public Spaces" in *City: Analysis of Urban Trends, Culture, Theory, Policy, Action*, vol. 16, no 3: 299–312.

Leontidou, L., 2013. "Mediterranean Cultural Identities Seen through the 'Western' Gaze: Shifting Geographical Imaginations of Athens" in *New Geographies* (Harvard University Press), vol. 5, 14.3.2013: 111–122; 27–28, 46–47.

Loukaki, A., 2008. *Living Ruins, Value Conflicts*. Aldershot: Ashgate.

Martinotti, G., 1993. *Metropoli: La nuova morfologia sociale della citta*. Bologna: Il Mulino.

Martinotti, G. and Diamantini, D., 2009. Preface in Diamantini, D. and Martinotti, G. (eds) *Urban Civilizations from Yesterday to the Next Day*. Napoli: Scriptaweb, 5–22.

Martinotti, G., 2012. "La fabbrica delle città, Postfazione" in Hansen, M. H. *Polis. Introduzione alla città-stato dell'antica Grecia* (trsl. McClintock, A.), Milano: UBE-Egea, pp. 221–259.

网络城市

Image references

p. 36: Abu-Lughod, J. L., 1989. *Before European Hegemony. The World System A.D. 1250–1350*. New York: Oxford University Press, p. 34: "Figure 1. The eight circuits of the thirteenth-century world system."

p. 38: Seibold G.,1995. *Die Manlich. Geschichte einer Augsburger Kaufmannsfamilie*. Sigmaringen: Jan Thorbecke Verlag.

p. 39: Hanham, A., ed., 1975. *The Cely Letters 1472–1488*. London: Oxford University Press.

p. 40: Bairoch, P., Batou, J., and Chèvre, P., 1988. *La Population des villes européennes: Banque de données et analyse sommaire des résultats, 800–1850*. Geneva: Librairie Droz.

p. 41: Lane, F. C., 1973. *Venice, A Maritime Republic*. Baltimore and London: Johns Hopkins University Press, pp. 339–41: "Merchant galley fleets in the fifteenth century."

p. 42: Melis, F., 1973. "Intensità e regolarità nella diffusione dell' informazione economica generale nel Mediterraneo e in Occidente alla fine del Medioevo" in *Mélanges en l'honneur de Fernand Braudel. Histoire économique du monde méditerranéen 1450–1650*. Toulouse: Edouard Privat, pp. 389–424/b.

p. 43: Laveau, G., 1978. *Een Europese post ten tijde van de Grootmeesters van de familie de la Tour et Tassis (Turn en Taxis)*. Brussels: Museum van Posterijen en van Telecommunicatie, p. 54: "Wegenkaart van de Internationale Post georganiseerd door de Tassis (1490–1520)."

p. 44: Dollinger, Ph., 1970. *The German Hansa*. Translated and edited by D. S. Ault and S. H. Steinberg. London: Macmillan.

p. 45: Verlinden, Ch., 1938. "La Place de la Catalogne dans l'histoire commerciale du monde méditerranéen médiéval" in *Revue des Cours et Conférences*, 1st series, 39.8: 737–54.

p. 46: Ryckaert, M., 1991. *Historische stedenatlas van België. Brugge*. Brussels: Gemeentekrediet, p. 172.

p. 47: Mack, M., 2007. "The Italian Quarters of Frankish Tyre: Mapping a Medieval City" in *Journal of Medieval History* 33: 147–65.

p. 48: Epstein, S. R., 2000. *Freedom and Growth. The Rise of States and Markets in Europe, 1300–1750*. London: Routledge, pp. 120–1.

p. 49: Spufford, P., 2002. *Power and Profit. The Merchant in Medieval Europe*. London: Thames & Hudson, p. 75: "Princes and their Paris palaces c. 1400."

p. 50: McNeill, W. H., 1976. *De pest in de geschiedenis*. Amsterdam: De Arbeiderspers, p. 6. Translated from McNeill, W. H., 1976. *Plagues and Peoples*. New York: Doubleday.

p. 51: Reith, R., 2008. "Circulation of Skilled Labour in Late Medieval and Early Modern Central Europe" in S. R. Epstein and M. Prak, eds., *Guilds, Innovation, and the European Economy, 1400–1800*. New York: Cambridge University Press, p. 120.

Further reading

Grafe, R. and Gelderblom, O., 2010. "The Rise and Fall of Merchant Guilds: Re-thinking the Comparative Study of Commercial Institutions in Premodern Europe" in *Journal of Interdisciplinary History* 40.4: 477–511.

Hunt, E. S. and Murray, J. M., 1999. *A History of Business in Medieval Europe (1200–1550)*. Cambridge: Cambridge University Press.

Jacobs, J., 1969. *The Economy of Cities*. New York and Toronto: Random House.

Lane, F. C., 1973. *Venice, A Maritime Republic*. Baltimore and London: Johns Hopkins University Press.

Lapeyre, H., 1955. *Une Famille de marchands: Les Ruiz. Contribution à l'étude du commerce entre la France et l'Espagne au temps de Philippe II*. Paris: Librairie Armand Colin.

Spufford, P., 2002. *Power and Profit. The Merchant in Medieval Europe*. London: Thames & Hudson.

Taylor, P. J., 2013. *Extraordinary Cities: Millennia of Moral Syndromes, World-systems and City/State Relations*. Cheltenham: Edward Elgar.

Taylor, P. J., Hoyler, M., and Verbruggen, R., 2010. "External Urban Relational Process: Introducing Central Flow Theory to Complement Central Place Theory" in *Urban Studies* 47.13: 2803–18.

Van der Wee, H., 1963. *The Growth of the Antwerp Market and the European Economy (Fourteenth–Sixteenth Centuries). II. Interpretation*. Louvain: Université de Louvain.

Verbruggen, R., 2011. "World Cities before Globalisation: The European City Network, A.D. 1300–1600." PhD thesis, Loughborough University.

帝国城市

Image references

p. 65: Kara, M., "The Analysis of the Distribution of the Non-Muslim Population and their Socio-Cultural Properties in Istanbul (Greeks, Armenians and Jews), in the Frame of 'Istanbul: European Capital of Culture 2010,'" Masters thesis, 2009.

p. 66: *Vatan* newspaper, October 17, 2010, http://ekonomi.haber7.com/ekonomi/haber/624733-istanbuldaki-kentsel-donusum-projeleril

p. 67 United Nations, Department of Economic and Social Affairs, http://esa.un.org/unup/CD-ROM/Urban-Agglomerations.htm

Further reading

Driver, F. and Gilbert, D., 1999. "Imperial Cities: Overlapping Territories, Intertwined Histories" in F. Driver and D. Gilbert, eds., *Imperial Cities: Landscape, Display and Identity*. Manchester: Manchester University Press, pp. 1–17.

Freely, J., 1998. *Istanbul: The Imperial City*. London: Penguin Books.

Hall, P., 1998. *Cities in Civilization*. New York: Pantheon Books.

Harris, J., 2007. *Constantinople: Capital of Byzantium*. London: Continuum Books.

Kirecci, M. A., 2011. "Celebrating and Neglecting Istanbul: Its Past vs. Its Present" in M. A. Kirecci and E. Foster, eds., *Istanbul: Metamorphoses in an Imperial City*. Greenfield, MA: Talisman House Publishers, pp. 1–17.

Kuban, D., 1996. "From Byzantium to Istanbul: The Growth of a City." *Biannual Istanbul* (Spring 1996): 10–42.

Mansel, P., 1996. *Constantinople: City of the World's Desire 1453–1924*. New York: St. Martin's Press.

Mumford, L., 1961. *The City in History*. New York: Harcourt.

Seger, M., 2012. "Istanbul's Backbone – A Chain of Central Business Districts (CBDs)" in S. Polyzos, ed. *Urban Development*. s.l.: InTech, pp. 201–16.

Other resources

Byzantine Constantinople: http://en.wikipedia.org/wiki/Constantinople

The Silk Road: http://en.wikipedia.org/wiki/Silk_Road

Via Egnatia: http://en.wikipedia.org/wiki/Via_Egnatia

工业城市

Image references

p. 75: (bottom right) *Spinning the Web—The Story of the Cotton Industry*, http://www.spinningtheweb.org.uk/m_display.php?irn=5&sub=cottonopolis&theme=places&crumb=City+Centre

p. 76: Lancashire County Council: Environment Directorate: Historic Highways, http://www.lancashire.gov.uk/environment/historichighways/

p. 77: Chicago Urban Transport Network, Lake Forest College Library special collections, http://www.lakeforest.edu/library/archives/railroad/railmaps.php/

p. 84: Chicago Census map, http://www.lib.uchicago.edu/e/collections/maps/ssrc/

p. 85: Marr Map of Manchester Housing, 1904, Historical Maps of Manchester, http://manchester.publicprofiler.org/

p. 87: (top graph) Manufacturing output as share of world total, http://fullfact.org/factchecks/Growth_Labour_manufacturing-28817, original source UN National Accounts Database

p. 87: (bottom graphs) *Spinning the Web—The Story of the Cotton Industry*, UK imports of cotton piece goods 1937–64, http://www.spinningtheweb.org.uk/web/objects/common/webmedia.php?irn=200106; exports of cotton and manmade fibre piece goods 1851–64, http://www.spinningtheweb.org.uk/web/objects/common/webmedia.php?irn=2001062

Other resources

Historical Maps of Manchester, http://manchester.publicprofiler.org/

University of Manchester Library online map collection, http://www.library.manchester.ac.uk/searchresources/mapsandatlases/onlinemapcollection/

理性城市

Image references

p. 94: Small graph, based on Harvey, D., 2003. *Paris: Capital of Modernity*. New York and London: Routledge.

p. 97: Sewer maps. Gandy, M., 1999. "The Paris Sewers and the Rationalization of Urban Space" in *Transactions of the Institute of British Geographers*, New Series, 24.1: 23–44.

p. 99: Growth of railways maps. Clout, H. D., 1977. *Themes in the Historical Geography of France*. New York: Academic Press.

Other resources

The City of Paris's official web site: www.paris.fr (in French)

Turgot map of Paris, 1739, http://edb.kulib.kyoto-u.ac.jp/exhibit-e/f28/f28cont.html; the Turgot map is a highly detailed street map of mid-18th century Paris, before the changes inaugurated by the French revolutionaries and Napoléon III.

University of Chicago Library web site "Paris in the 19th Century," with many maps of the city: www.lib.uchicago.edu/e/collections/maps/paris

"Paris Marville ca. 1870 & Today," a web site showing photographs taken by Charles Marville, a photographer engaged to record scenes of Paris before the city's redevelopment by Haussmann, together with what the places look like today: http://parismarville.blogspot.com/p/map.html

Further reading

Ferguson, P. P., 1994. *Paris as Revolution: Writing the 19th Century City*. Berkeley, CA: University of California Press.

Gluck, M., 2005. *Popular Bohemia: Modernism and Urban Culture in Nineteenth-Century Paris*. Cambridge, MA: Harvard University Press.

Harvey, D., 2003. *Paris, Capital of Modernity*. New York and London: Routledge.

Kennel, S., 2013. *Charles Marville: Photographer of Paris*. Chicago: University of Chicago Press.

Sramek, P., 2013. *Piercing Time: Paris after Marville and Atget, 1865–2012*. Bristol: Intellect.

Truesdell, M., 1997. *Spectacular Politics: Louis-Napoleon Bonaparte and the Fête Impériale, 1849–70*. Oxford: Oxford University Press.

Weeks, W., 1999. *The Man Who Made Paris Paris: The Illustrated Biography of Georges-Eugene Haussmann*. London: London House.

全球城市

Image references

p. 110: http://www.gsma.com/latinamerica/aicent-ipxs-vision

p. 111: CAPA Centre for Aviation, http://centreforaviation.com/data/

p. 112: Wall, R. S. and Knaap, G. A. v.d., 2011. "Sectoral Differentiation and Network Structure within Contemporary Worldwide Corporate Networks" in *Economic Geography* 87.3: 266–308.

p. 114: Emporis Skyline Ranking, http://www.emporis.com/statistics/skyline-ranking

p. 115: Lizieri, C. and Kutsch, N., 2006. *Who Owns the City 2006: Office Ownership in the City of London*. Reading: University of Reading Business School and Development Securities, pp. 27 + iii.

p. 116: Walker, D. R. F. and Taylor, P. J., 2003. "Atlas of Economic Clusters in London. Globalization and World Cities Research Network, http://www.lboro.ac.uk/gawc/visual/lonatlas.html

p. 117: Pain, K., 2006. "Policy Challenges of Functional Polycentricity in a Global Mega-City Region: South East England" in *Built Environment* 32.2: 194–205.

p. 118 Fiscal Policy Institute, 2008. "Pulling Apart in New York: an Analysis of Income Trends in New York State," http://www.fiscalpolicy.org/FPI_PullingApartInNewYork.pdf

p. 119: http://www.globalpropertyguide.com/Europe/United-Kingdom/Price-History

p. 120–1: http://www.plutobooks.com/display.asp?K=9780745327983

p. 123 Office of Travel and Tourism Industries, U.S. Department of Commerce, http://travel.trade.gov

Further reading

Burn, G., 2000. "The State, the City and the Euromarkets" in *Review of International Political Economy* 6: 225–61.

Lai, K., 2012. "Differentiated Markets: Shanghai, Beijing and Hong Kong in China's Financial Centre Network" in *Urban Studies* 49.6: 1275–96.

Sassen, S. ,1999. "Global Financial Centers" in *Foreign Affairs* 78: 75–87

Wójcik, D., 2013. "The Dark Side of NY-LON: Financial Centres and the Global Financial Crisis" in *Urban Studies*. doi:10.1177/0042098012474513.

名人城市

Image references

pp. 128–9: County Business Pattern Industry Data, BLS 2008/County Business Pattern Industry Data, BLS 2007 (businesses) and 2008 (payroll); Currid-Halkett, E., 2010. *Starstruck: The Business of Celebrity*. New York: Faber & Faber.

p. 130: Currid-Halkett, E. and Ravid, G., 2012. "'Stars' and the Connectivity of Cultural Industry World Cities: An Empirical Social Network Analysis of Human Capital Mobility and its Implications for Economic Development" in *Environment and Planning A* 44.11: 2646–63.

p. 131: Lorenzen, M. and Täube, F. A., 2008. "Breakout from Bollywood? The Roles of Social Networks and Regulation in the Evolution of Indian Film Industry" in *Journal of International Management*, 14.3: 286–99; Lorenzen, M. and Mudambi, R., 2013. "Clusters, Connectivity and Catch-up: Bollywood and Bangalore in the Global Economy" in *Journal of Economic Geography* 13.3: 501–34.

pp. 132–3: Ravid G. and Currid-Halkett, E., 2013. "The Social Structure of Celebrity: An Empirical Network Analysis of an Elite Population" in *Celebrity Studies* 4.1 : 182–201.

pp. 135–7: Currid-Halkett, E. and Ravid, G., 2012. "'Stars' and the Connectivity of Cultural Industry World Cities: An Empirical Social Network Analysis of Human Capital Mobility and its Implications for Economic Development" in *Environment and Planning A* 44.11: 2646–63.

pp. 138–9: Currid, E. and Williams, S., 2010. "The Geography of Buzz: Art, Culture and the Social Milieu in Los Angeles and New York" in *Journal of Economic Geography* 10.3: 423–51.

Further reading

Adler, M., 1985. "Stardom and Talent." *The American Economic Review* 74.1: 208–12.

Boorstin, D., 1962. *The Image*, New York: Atheneum.

Braudy, L., 1986. *The Frenzy of Renown: Fame and its History*. Oxford: Oxford University Press.

Currid, E., 2008. *The Warhol Economy: How Fashion, Art and Music Drive New York City*. Princeton, NJ: Princeton University Press.

Currid-Halkett, E., 2010. "Networking Lessons from the Hollywood A-list" in *Harvard Business Review*, October 25th.

Currid-Halkett, E., 2011. "How Kim Kardashian Turns the Reality Business into an Art" in *Wall Street Journal*, November 2nd.

Currid-Halkett, E., 2011 "Where Do Bohemians Come From?" in *New York Times*, Sunday Review, October 16th.

Currid-Halkett, E., 2012. "The Secret Science of Stardom." Salon.com, February 24th.

Currid-Halkett, E. and Scott, A., 2013. "The Geography of Celebrity and Glamour: Economy, Culture and Desire in the City" in *City, Culture and Society* 4.1: 2–11.

Gamson, J.,1994, *Claims to Fame: Celebrity in Contemporary America*. Berkeley, CA: University of California Press.

McLuhan, M., 1964. "The Medium is the Message" in *Understanding Media: Extensions of Man*. New York: Signet.

Mills, C. W., 1956. *The Power Elite*. Oxford: Oxford University Press.

Rosen, S., 1981. "The Economics of Superstars" in *American Economic Review* 71.5: 845–58.

超大城市

Image references

p. 147: Demographia, 2013, http://www.demographia.com

pp. 150–1: Various sources, including U.S. Census Bureau data. Total number of slum dwellers estimated from various publications of Cities Alliances NGO; population density for Dharavi based on Nijman, J., 2010. "A Study of Space in Mumbai's Slums" in *Tijdschrift voor Economische en Sociale Geografie* 101: 4–17.

p. 153: Various sources including Globescan and MRC McLean Hazell, 2012. "Megacity Challenges: A Stakeholder Perspective." Munich.

p. 154: Indira Gandhi Institute of Development Research, 2013, http://www.igidr.ac.in

p. 155: The World Bank, http://www.worldbank.org

速生城市

Image references

pp. 164–5: Brazil, paved roads (1964), Professor Csaba Déak, Universidade de São Paulo, http://www.usp.br/fau/docentes/depprojeto/c_deak/CD/5bd/2br/1maps/m02rd64-/index.html; evolution of the road network (1973, 1980, 1991, 1997, and 2007), IBGE – Instituto Brasileiro de Geografia e Estatística. Atlas Nacional do Brasil 2010., ftp://geoftp.ibge.gov.br/atlas/atlas_nacional_do_brasil_2010/4_redes_geograficas/atlas_nacional_do_brasil_2010_pagina_282_evolucao_da_rede_rodoviaria.pdf

p. 166: Population of Brasilia-Anápolis-Goiania axis as percentage of Brazil, 1970–2010, IBGE—Instituto Brasileiro de Geografia e Estatística. Census—2010, http://www.ibge.gov.br/cidadesat/topwindow.htm?1; raw data for 1970–2000: Marcos Bittar Haddad, "Eixo Goiânia—Anápolis–Brasília: estruturação, ruptura e retomada das políticas públicas," Eixo Goiânia–Anápolis–Brasília: estruturação, ruptura e retomada das políticas públicas Seminário Nacional Governança Urbana e Desenvolvimento Metropolitano, 1–3 September 2010, UFRN, Natal, RN, Brasil, http://www.cchla.ufrn.br/seminariogovernanca/cdrom/ST1_Marcos_Haddad.pdf

p. 167: Data for 1959/1960 and 1969/1970: Bonato E. R. and Bonato, A. L. V., *A soja no Brasil: história e estatística* (Londrina, PR: Embrapa—Empresa Brasileira de Pesquisa Agropecuária/CNPSo—Centro Nacional de Pesquisa de Soja, 1987), http://www.infoteca.cnptia.embrapa.br/handle/doc/446431; data for 1989/1990: Brasil. Ministério da Agricultura, Pecuária e Abastecimento. Companhia Nacional de Abastecimento—Conab. SIGABrasil—Sistema de Informações Geográficas da Agricultura Brasileira, http://www.conab.gov.br/OlalaCMS/uploads/arquivos/60b1081123ce2c30f1940d73a0ca3319.jpg; data for 1999/2000: Brasil. Ministério da Agricultura, Pecuária e Abastecimento. Companhia Nacional de Abastecimento—Conab. SIGABrasil—Sistema de Informações Geográficas da Agricultura Brasileira, http://www.conab.gov.br/OlalaCMS/uploads/arquivos/d73c1ab59b310194ebfba21dc8407175..jpg; data for 2009/2010: Brasil. Ministério da Agricultura, Pecuária e Abastecimento - Conab. SIGABrasil – Sistema de Informações Geográficas da Agricultura Brasileira, http://www.conab.gov.br/OlalaCMS/uploads/arquivos/13_08_19_17_37_07_brsoja2010.png

p. 171: GDF—Governo do Distrito Federal. Seduma—Secretaria de Desenvolvimento Urbano e Meio Ambiente; Greentec Tecnologia Ambiental. Zoneamento Ecológico-Econômico do DF. Subproduto 3.5—Relatório de potencialidades e vulnerabilidades. Subproduto 3.5—Relatório de potencialidades e vulnerabilidades, p. 77, http://www.zee-df.com.br/Arquivos%20e%20mapas/Subproduto%203.5%20-%2Relat%C3%B3rio%20

de%20Potencialidades%20e%20Vulnerabilidades.pdf; Federal District, demographic density: GDF—Governo do Distrito Federal. Seduma—Secretaria de Desenvolvimento Urbano e Meio Ambiente. PDOT—Plano Diretor de Ordenamento Territorial do Distrito Federal; Documento técnico. Brasília, novembro de 2009. Mapa 5—Densidade Demográfica (densidade bruta ocupação), http://www.sedhab.df.gov.br/images/pdot/mapas/mapa5_densida_bruta_ocupacao.jpg

p. 172: Pesquisa de emprego e desemprego no Distrito Federal - PED. Brasil. Ministério do Trabalho/FAT; GDF/Setrab; SP/Seade; Dieese. Maio, 2010, p. 4, http://portal.mte.gov.br/data/files/FF8080812BA5F2C9012BA5F3890A05D1/PED_DF_ma_2010.pdf

p. 173: GDF. Seplan. Codeplan. Delimitação das Regiões Administrativas. PDAD/DF—2011: Nota metodológica. Brasília: 2012, p. 17, http://www.codeplan.df.gov.br/images/CODEPLAN/PDF/Pesquisas%20Socioecon%C3%B4micas/PDAD/2012/Nota%20Metodologica_delimitacao2013.pdf

p. 174: GDF. Ibram. Plano de manejo da APA do Lago Paranoá. Produto 3. Versão resumida revisada. Março de 2011. (Technum Consultoria). Mapa de Zoneamento Ambiental da APA do Lago Paranoá, p. 6, http://www.ibram.df.gov.br/images/Unidades%20de%20Conserva%C3%A7%C3%A3o/APA%20do%20Lago%20Parano%C3%A1/PLANO%20DE%20MANEJO%20PARANO%C3%81.pdf

p. 175: GDF—Governo do Distrito Federal. Seduma—Secretaria de Desenvolvimento Urbano e Meio Ambiente; Greentec Tecnologia Ambiental. Zoneamento Ecológico-Econômico do DF. Subproduto 3.5—Relatório de potencialidades e vulnerabilidades. Subproduto 3.5—Relatório de potencialidades e vulnerabilidades. Brasília: 2012, p. 46, Padrões de uso predominante do território com o limite das 19 Regiões Administrativas que possuem limites oficialmente definidos, http://www.zee-df.com.br/Arquivos%20e%20mapas/Subproduto%203.5%20-%20Relat%C3%B3rio%20de%20Potencialidades%20e%20Vulnerabilidades.pdf

跨国城市

Image references

p. 179: MIA Passenger Services brochure, http://www.miami-airport.com/pdfdoc/MIA_Passenger_Services_brochure.pdf

p. 180: Average of aggregated figures for 1995–2000 and 2004–2009, U.S. Census.

p. 181: National origin of foreign-born population in Miami-Dade and Broward counties, 2010, U.S. Census.

p.182: Trading Economics, http://www.tradingeconomics.com

p.183: Nijman, J., 2011. *Miami: Mistress of the Americas*. University of Pennsylvania Press.

p. 184: U.S. Census Bureau, American Community Survey, 2007–2011, American Community Survey 5-Year Estimates, http://www.census.gov/geo/maps-data/data/tiger-data.html

p. 188: 2010 Cruise Lines International Association Destination Summary Report, http://cruising.org/regulatory/clia-statistical-reports

p. 189: Mastercard Global Destination Cities Index, http://insights.mastercard.com/wp-content/uploads/2013/05/Mastercard_GDCI_Final_V4.pdf

pp.190–1: Nijman, J., 2011. *Miami: Mistress of the Americas*. University of Pennsylvania Press.

p. 192: American Airlines: https://aacargo.com/learn/humanremains.html

p. 193: Aer Lingus, 2013, http://www.aerlingus.com/help/help/specialassistance/

创意城市

Image references

p. 206: Global Language Monitor, http://www.languagemonitor.com/fashion/london-overtakes-new-york-as-top-global-fashion-capital/

Further reading

Foot, J., 2001. *Milan Since the Miracle*. Oxford: Berg.

Knox, P., 2010. *Cities and Design*. London: Routledge.

绿色城市

Image references

p. 212: OECD/VIEA, 2006; World Energy Outlook, 2008; see also p. 25 in http://www.unhabitat.org/pmss/getElectronicVersion.aspx?nr=3164&alt=1

p. 213: p. 25 in the UN Habitat report, http://www.unhabitat.org/pmss/getElectronicVersion.aspx?nr=3164&alt=1

pp. 214–15: City of Freiburg.

p. 217: City of Freiburg.

p. 218: http://online.wsj.com/article/SB10001424053111904888304576476302775374320.html#

p. 219: Transportation Sustainability Research Center, University of California at Berkeley.

p. 220: Chapple, K. 2008. *Defining the Green Economy: A Primer on Green Economic Development*. Center for Community Innovation, University of California, Berkeley.

p. 221: Portland Development Commission.

p. 223: www.rpd-mohesr.com

pp. 224–5: Cittaslow International, http://www.cittaslow.org

p. 225: City of Wipoldsried, http://www.wildpoldsried.de/index.shtml?Energie

Further reading

Knox, P. L., and Mayer, H., 2013. *Small Town Sustainability: Economic, Social, and Environmental Innovation*. 2nd edn. Basel: Birkhäuser.

Beatley, T., 2012. *Green Cities of Europe*. Washington, D.C.: Island Press.

Birch, E. L., and Wachter, S. M., 2008. *Growing Greener Cities: Urban Sustainability in the Twenty-first Century*. Philadelphia: University of Pennsylvania Press.

Kahn, M. E., 2006. *Green Cities: Urban Growth and the Environment*. Washington, D.C.: Brookings Institution Press.

智能城市

Image references

p. 231: EWeek/Berg Insight, http://www.eweek.com/mobile/mobile-app-downloads-to-hit-108-billion-in-2017/

p. 237: (left) Commuting pain, http://www-03.ibm.com/press/us/en/pressrelease/32017.wss#resource

p. 237: (right) Transport for London, http://www.tfl.gov.uk/assets/downloads/corporate/tfl-health-safety-and-environment-report-2011.pdf

p. 238: Techcity, http://www.techcitymap.com/index,html#/

p. 239: Top ten technology start-ups in the US, http://usatoday30.usatoday.com/tech/columnist/talkingtech/story/2012-08-22/top-tech-startup-cities/57220670/1

pp. 240–1: Smart City Vienna, https://smartcity.wien.at/site/en/

pp. 242–3: Living Labs, http://www.openlivinglabs.eu/livinglabs

Further reading

Desouza, K. C., 2011. *Intrapreneurship: Managing Ideas within Your Organization*. Toronto, CA: University of Toronto Press.

Desouza, K. C. (Editor), 2006. *Agile Information Systems: Conceptualization, Construction, and Management*. Boston, MA: Butterworth-Heinemann.

Desouza, K. C. and Paquette, S., 2011. *Knowledge Management: An Introduction*. New York, NY: Neal-Schuman Publishers, Inc.

Desouza, K. C. and Flanery, T., 2013 "Designing, Planning, and Managing Resilient Cities: A Conceptual Framework" in *Cities*, 35 (December), 89–99.1.

Desouza, K. C. and Bhagwatwar, A., 2012. "Citizen Apps to Solve Complex Urban Problems" in *Journal of Urban Technology*, 19 (3), 107–136.

主要作者

简·克劳斯科（JANE CLOSSICK），在设菲尔德大学和东伦敦大学主修建筑课程，并曾在伦敦和曼彻斯特进行实践工作。她在2008年获得城市设计硕士学位，并于2010年在卡斯建筑学院跟随彼德·卡尔开展博士学位的研究，博士研究课题是探讨沟通的结构，将伦敦的社会、空间和政治的宏观与微观尺度联系起来。她还在伦敦城市大学本科建筑学教授"批评与文脉"研究课程。她与丈夫柯林·奥·沙利文，以及小儿子托马斯在东伦敦生活和工作。

露西娅·科尼-西达德（LUCIA CONY-CIDADE），是巴西利亚大学的副教授。作为大学地理系的一员，她教授城市地理学和巴西领土信息的相关课程，以及组织预备研究项目的博士生研讨会。她曾经是康奈尔大学城市与区域规划系的访问学者和讲师。她还是《Brasília 50 anos: da capital a metrópole》（UnB，2010）的副主编，以及其他学术期刊文章和书籍的作者。此外，她是国家科学技术发展委员会的研究员，全国协会（2009~2011年）城市与区域规划研究董事会成员。

伊丽莎白·柯里德-哈尔克特（ELIZABETH CURRID-HALKETT），是南加利福尼亚大学公共政策学院的副教授。她是《The Warhol Economy: How Fashion, Art and Music Drive New York City》（Princeton University Press，2007）与《Starstruck: The Business of Celebrity》（Faber & Faber，2010）的作者，是世界主流报刊和杂志的常约评论家。她的作品曾被刊登在纽约时报、华尔街日报、华盛顿邮报、沙龙、经济学人、ELLE、纽约客、泰晤士报文学增刊、金融时报以及BBC等媒体上。她还为纽约时报、华尔街日报、洛杉矶时报、哈佛商业评论以及其他一些主流和学术的出版刊物写过文章。她定期会被邀请到一些机构讲课，如谷歌、哈佛大学、92nd Street Y/特里贝克地区，也会被邀请到其他一些大学及世界各地去讲课。她最近在写一本关于美国消费模式与炫耀性消费演变的书，这本书即将由普林斯顿大学出版社出版。她在哥伦比亚大学获得了博士学位。现在她与丈夫理查德和儿子奥利弗居住在洛杉矶。

本·德吕代（BEN DERUDDER），是比利时根特大学人文地理学的教授，是"全球化和世界城市研究网"的副主任。作为"欧盟第七框架计划"的一名玛丽·居里研究员，目前他还受聘于莫纳什大学地理与环境科学学院。他的研究聚焦于跨国城市网络的概念化和实证分析，尤其是跨国城市网络的交通运输和生产组成部分。他的跨国城市网络研究成果已经发表在许多权威学术期刊中，同时，与他人共同合作编辑有关该研究的许多书籍，包括《Cities in Globalization》（Routledge，2006，其他作者还有P. J. Taylor, P. Saey, and F. Witlox）和最近一本名为《International Handbook of Globalization and World Cities》（Edward Elgar，2012，其他作者还有P. J. Taylor, F. Witlox, and M. Hoyler）的书。

凯文·C. 德苏扎（KEVIN C. DESOUZA），是亚利桑那州州立大学公共事务学院副教授，以及公共项目研究院副主任。他曾在华盛顿大学、伦敦政治经济学院、威特沃特斯兰德大学、弗吉尼亚理工大学和卢布尔雅那大学当老师和/或进行特约研究。他撰写或合著了九本书，最新的一本书是：《Managing Ideas within Your Organization》（University of Toronto Press，2011）。他发表了超过150篇学术论文，涉及的领域包括：软件工程、信息科学、公共管理、政治科学、技术管理和城市事务等。他已获得来自私人和政府机构的研究经费超过170万美元。有关更多信息，请访问HTTP://www.kevindesouza.net。

安德鲁·赫罗德（ANDREW HEROD），是美国佐治亚大学地理系杰出的研究者和教授。他的大部分研究成果是关于全球化与劳工问题，对政治实践与空间形式的互动关系也很感兴趣。四十年前他第一次到访巴黎时，就爱上了这座城市，现在他在巴黎运营一个海外留学项目。

迈克尔·霍伊尔（MICHAEL HOYLER），是英国拉夫堡大学人文地理学的高级讲师，是"全球化和世界城市研究网"的副主任。他是一名城市地理学家，对全球化中的城市和大都市区域转型感兴趣。他最近的研究聚焦于当代（世界）城市、城市区域网络形成的概念化和实证分析。在城市研究领域发表了许多研究成果，包括与他人共同编写的《Global Urban Analysis: A Survey of Cities in Globalization》（Earthscan，2011）、《The International Handbook of Globalization and World Cities》（Edward Elgar，2012）、《Cities in Globalization》（Routledge，2013）、《Megaregions: Globalizations New Urban Form?》（Edward Elgar，2014）。

保罗·诺克斯（PAUL KNOX），是一位弗吉尼亚理工学院暨州立大学的杰出的教授，同时也是世界城市论坛和区域韧性学的联席主管。作为城市事务和规划部的一员，他讲授关于欧洲城市化和城市与设计的课程。他是十几本书的作者，包括《Palimpsests: Biographies of 50 City Districts》（Birkhauser，2012）、《Cities and Design》（Routledge，2011）、《Urban Social Geography》（与斯蒂芬·平奇合著，Longman，2010）。他是七家国际期刊的编辑委员会成员之一，曾担任《环境与规划A》和《城市事务》杂志的合作编辑。他获得过许多荣誉和奖项，包括2008年美国地理学家协会的杰出学术奖。

莉拉·列昂提督（LILA LEONTIDOU），是希腊开放大学地理学和欧洲文化学的教授，欧洲文化研究主任，希腊开放大学创业板研究室主任。2012年担任伦敦政治经济学院高级研究员，1986年担任约翰霍普金斯大学高级研究员，已经在希腊亚里士多德大学、国立雅典理工大学（20世纪80年代）和英国伦敦国王学院（20世纪90年代）获得终身教职称，是爱琴大学第一个希腊地理系的创始成员（理事会和第一任主席）（20世纪90

代）。她于2002年来到希腊开放大学，并曾两次当选人文学院院长。她用希腊语、英语和法语发表的著作已经被翻译成西班牙语、意大利语、德语和日语。著有《The Mediterranean City in Transition》（Cambridge University Press，1990/2006）、《Cities of Silence》（希腊文，1989/2001/2013）、《Geographically Illiterate Land》（希腊文，2005/2011），合著《Mediterranean Tourism》（Routledge，2001）和《Urban Sprawl in Europe》（Blackwell，2007）以及其他8本书。她还发表了超过180篇研究论文、文章、教科书和专题论文。她是四个国际学术期刊和几个希腊学术期刊的编辑顾问委员会成员。她能够流利地讲三种语言，还能够阅读三种语言。

吉多·马丁诺蒂（GUIDO MARTINOTTI），于2012年11月5日在巴黎逝世，他是最后一批被称为"大师"的学者之一，因为他开创了社会学和城市研究的新理论和新方法。吉多是意大利最重要的社会学家之一，在欧盟，他曾担任欧洲社会基金会社会科学常设委员会主席。他在美国几所大学任教，如密歇根大学、纽约大学和加利福尼亚大学。他还在意大利（那不勒斯、都灵、帕维亚、米兰、佛罗伦萨）和法国的几所大学任教。他是米兰比可卡大学的创始成员，并在那里任教直到退休，他也是欧洲社会学研究协会的创始成员。著作有《Metropolis: The New Social Morphology of the City》（ll Mulino，1993；trans. 普林斯顿，1993），他编辑了《The Metropolitan Dimension and Development of the New City Government》（ll Mulino，1999）和《Atlas of the Needs of the Milanese Suburbs》（Municipality of Milan，2001），合著了《Education in a Changing Society》（Sage Publications，1977）。

海克·迈耶（HEIKE MAYER），是瑞士伯尔尼大学区域经济发展中心副主任，地理研究所的经济地理学教授。她的主要研究领域是本地和区域经济发展，尤其对创业与创新驱动力、空间营造和可持续发展几个方面特别关注。她在美国开始了她的职业生涯，她在那里完成了城市研究的博士学位（波特兰州立大学），被弗吉尼亚理工大学聘请为终身教授。她著有《Entrepreneurship and Innovation in Second Tier Regions》（Edward Elgar，2012）和《Small Town Sustainability》（与Paul Knox合著，Birkhäuser，2009）。

简·纳吉曼（JAN NIJMAN），是阿姆斯特丹大学城市研究中心的主任。他的研究方向是城市地理学、全球化城市，聚焦于北美洲、南亚和西欧区域范围的城市发展与规划。在印度城市地区，主要是在孟买他具有超过15年实地工作经验。在北美洲地区，他的大部分工作集中在迈阿密，最新著作是《Miami: Mistress of the Americas》（University of Penn Press，2011）。他是前任古根海姆学者，目前在"欧洲国家地理全球勘探基金会"任职。

阿斯利·杰伊兰·奥内尔（ASLI CEYLAN ONER），是佛罗里达大西洋大学城市和区域规划学院的助理教授，主要教授本科生和研究生的城市化和历史发展，以及城市规划方面的课程。她的主要研究领域包括全球化、全球城市规划与治理、比较城市化、建成环境、大都市区增长等方面。已经出版了多篇与这些领域相关的期刊论文和专著，参与了许多欧洲和美国的学术会议。同时她还是全球化和世界城市研究小组（GaWC）的成员。

迈克尔·希恩（MICHAEL SHIN），是加利福尼亚大学洛杉矶分校的助理教授。他的工作是应用地理空间信息技术和地理可视化的技术解决问题，并采集经济、政治、健康地理方面的数据。他还是加州大学洛杉矶分校地理空间信息系统和技术项目的主任，在意大利和意大利政治研究领域出版了大量的著作。

彼得·泰勒（PETER TAYLOR），是（英国）诺森比亚大学人文地理学的教授，是"全球化和世界城市研究网"的创始主任。他写作或编辑的书籍超过30本，最近出版或编辑的书包括：《Extraordinary Cities》（Edward Elgar，2013）、《Cities in Globalization》（Routledge，2012）、《Seats, Votes and the Spatial Organization of Elections》（欧盟共同体政治研究，2012年被再版）、《International Handbook of Globalization and World Cities》（Edward Elgar，2011）、《Political Geography: World-Economy, Nation-State, Locality》（Longman，2011，第六版）和《Global Urban Analysis: A Survey of Cities in Globalization》（Earthscan，2011）。他还是"地缘政治学"和"国际政治经济评论"这两个期刊的创始编辑。他是英国科学院的院士，并获得了美国地理学家协会"杰出学者"称号，他分别从奥卢（芬兰）大学和根特（比利时）大学获得荣誉博士学位。

拉夫·韦尔布鲁根（RAF VERBRUGGEN），是历史城市地理学的博士。他在拉夫堡大学（英国）地理系"全球化和世界城市研究网（GaWC）"获得博士学位，研究方向是中世纪晚期和现代早期的欧洲城市网络，他与别人合作撰写过多篇关于全球化历史的论文，现在工作是弗拉芒青年理事会（比利时）空间规划领域的政策顾问。

弗兰克·韦特洛克斯（FRANK WITLOX），在埃因霍芬理工大学城市规划专业获得了博士学位，是比利时根特大学经济地理学的教授。他也是比利时安特卫普大学交通与海运管理学院的客座教授，"全球化和世界城市"（GAWC）的副主任。自2010年以来，担任比利时根特大学自然科学博士学院的院长。在2013年8月，成为诺丁汉大学地理学院的名誉教授。他也一直是隆德大学-赫尔辛堡校区（瑞典）、塔尔图大学（爱沙尼亚）和重庆大学（中国）的客座讲师。他的研究聚焦于出行行为特征的分析与建模、出行与土地使用、可持续机动性问题、商务旅行、跨境流动、城市物流、全球商品链、全球化与世界城市的形成、多中心城市的发展、当代农业土地利用面临的挑战和企业区位分析等几个方面。

致谢

出版商感谢以下组织和个人,感谢他们允许在本书中复制图片。我们已尽一切努力对这些图片表示感谢,但是,如果有任何无意的遗漏,我们表示歉意。

All images from Shutterstock, Inc./ www.shutterstock.com and Clipart Images/ www.clipart.com unless stated.

Alp Baray: 61, 62bl, 63t, 63bl, 63br, 64, 65.
Adam Hook: 26tl.
Lyana Lanaway: 105.
Lila Leontidou: 23cr.
Library of Congress, Washington D.C.: 73b, 77br, 95, 101, 103.
Sergio Nascimento: 50br, 167br.
Jan Nijman: 149t, 149br, 151br.
Bernd Untiedt: 7, 256.
Wikipedia/Ignis: 99; Morio: 222t; Sudameris: 40br, 165cr; VollwertBIT: 40b.
Zachary Woodward (copyright Jan Nijman): 140, 141.

译后记

为进一步普及城市规划和城市设计的基础知识，出版社选择一批常识性的城市设计基础读物，其中就建议这本《图解城市》由我们组织翻译。样书寄到后简单浏览一遍，发现该书图文并茂、文字不多，而且是分章节由不同的作者独立写作，内容的整体性和文字的连续性都不强，比较适合集体翻译，因此应承下来并组织本人指导的硕士研究生进行翻译。翻译工作采取集体学习的方式，一个学生负责一个章节，草稿出来后采取分章节汇报与讨论的方式把握主旨内容及语言特征，大约组织了6次讨论会，涉及相关背景知识再补充查阅资料，在两个月内基本完成翻译初稿，随后由本人进行逐章校译，翻译成稿后再由鲍梓婷博士对图片和文字进行对照核查，校译者的体会已写入译者导言，在本书付印之前本人又进行了全面的校审，所有翻译问题由本人负责，不当之处敬请批评指正。

教学相长，本书翻译作为研究生教学的成果，十分感谢同学们的基础性工作。

参与本书初稿翻译和相互校对的研究生名单及分工如下：

序号	章节	翻译	校对
0-1	序	罗圆	张若兮
0-2	前言	全体	罗圆
1	奠基性城市	张若兮	罗圆
2	网络城市	王秋婧	骆媛婷
3	帝国城市	罗圆	张若兮
4	工业城市	刘洁敏	纪晓玉
5	理性城市	纪晓玉	刘洁敏
6	全球城市	蓝素雯	陈昱帆
7	名人城市	骆媛婷	王秋婧
8	超大城市	陈昱帆	蓝素雯
9	速生城市	朱璐	李怡林
10	跨国城市	唐斌	段泽坤
11	创意城市	李怡林	朱璐
12	绿色城市	段泽坤	唐斌
13	智能城市	佘亘晋	段泽坤、唐斌

周剑云
2021年5月于广州